Un ocean fericit de diversitate prețioasă

Un sumar imparțial al perspectivelor și practicilor apărute în mod gradual din învățăturile tradițiilor de înțelepciune ale lumii.

སྣ་ཚོགས་ནོར་བུའི་རོལ་མཚོ།

ༀ། །རིས་མེད་འཛམ་གླིང་རིག་པའི་གཞུང་ལུགས་བྱུང་རིམ་སྔ་རྒྱབ་ཅིང་བསྡུས།།

de Shar Khentrul Jamphel Lodrö

Editat de Joe Flumerfelt

Dzokden

Autor: Shar Khentrul Jamphel Lodrö
Traducător în limba română: Daniela Fotache
Editorul român: Bogdan Braescu

Prima ediție

ISBN (Paperback): 978-1-961659-86-5

ISBN (ePub): 978-1-961659-87-2

Publicat de:
Dzokden

Această lucrare a fost produsă de Dzokden, o organizație non-profit operată în întregime de voluntari. Această organizație este dedicată propagarii unei viziuni non-sectariane asupra tuturor tradițiilor spirituale ale lumii și predării budismului într-un mod complet autentic și, în același timp, practic și accesibil culturii occidentale. Este dedicată în special răspândirii tradiției Jonang, o bijuterie rară dintr-o zonă îndepărtată a Tibetului, care păstrează învățăturile prețioase Kalachakra.

Pentru mai multe informații despre activitățile programate sau materialele disponibile sau dacă doriți să faceți o donație, vă rugăm să ne contactați la:

Dzokden
3436 Divisadero Street
San Francisco, CA 94123
USA
www.dzokden.org
office@dzokden.org

Cuprins

PARTEA A TREIA: MOȘTENIREA SPIRITUALĂ A TIBETULUI

Mulțumiri

Mă simt foarte norocos că, în sfârșit, am finalizat această carte despre diversitatea înțelepciunii globale și despre sistemele de credință ce au fost dezvoltate din această înțelepciune. Nimic dintre acestea nu s-ar fi realizat fără bunătatea învățătorilor mei din tradițiile tibetane budiste majore. Înțelepciunea pe care mi-au împărtășit-o este baza pe care s-a format această carte. Această viziune, de asemenea, nu ar fi fost posibilă fără inspirația pe care am primit-o de la Sfinția Sa Dalai Lama, care m-a încurajat să-mi extind ideile și să gândesc cu adevărat la un nivel global.

În peste unsprezece ani, cu ajutorul binevoitor al altora, am încercat să îi îndeplinesc dorințele și să fac ca acest proiect să se manifeste. Acum, în 2015, simt că am realizat mai mult în acest an decât în toți cei zece ani anteriori laolaltă. Aceasta e puțin spus, datorită muncii grele și determinării lui Joe Flumerfelt, ce a depus enorme eforturi pentru ca să realizăm împreună această carte. Doresc să-i exprim mulțumiri din toată inima și aprecierea mea față de măreața sa inteligență și perseverență.

Sunt atât de mulți oameni ce au contribuit la acest proiect, oferindu-și timpul lor valoros sub forma discuțiilor, ideilor, cercetărilor despre tradiții și compilării notelor. Deși sunt prea mulți pentru a-i menționa aici, vreau ca voi toți să știți că contribuția voastră m-a ajutat să scriu această carte ce e acum gata și, de aceea, vă sunt atât de recunoscător!

Mă rog ca prin puterea interdependenței, a înțelepciunii Celor Două Adevăruri și prin binecuvântarea Celor plini de compasiune, fie ca toate ființele simțitoare, mamele noastre dragi să se conecteze la această realitate plină de sens și fie ca ele să obțină bunătatea temporară, cât și beneficiul ultim.

Khentrul Rinpoche

August 2015

Prefața editorului

Când pornești într-o călătorie spirituală, poate să fie înspăimântător uneori. Intri într-un teritoriu necunoscut, unde terenul nu îți este familiar și drumul de urmat nu îți e întotdeauna clar. Te întâlnești cu mulți oameni, din care unii sunt de încredere și alții nu. E ușor să fii confuz și să te rătăcești. Dar indiferent de ce se întâmplă, tu mergi în continuare înainte. De ce? Deoarece în adâncul sufletului tu știi că întrebările ce-ți vin în minte sunt valoroase și că, cu fiecare răspuns pe care-l descoperi, tu ești mai aproape de îndeplinirea dorințelor tale.

Această carte a fost scrisă gândindu-mă la o minte iscoditoare. La o persoană ce a ajuns într-un punct al vieții în care superficialitatea pur și simplu nu o mai satisface. Acea persoană ce vrea să meargă mai în profunzime, vrea să înțeleagă, vrea să se conecteze cu ceva mai extins decât ea însăși. Cartea este pentru o persoană ce caută în mod activ înțelepciunea care să o conducă spre o semnificație și un scop al vieții sale.

Această persoană, acest căutător, se află la o răscruce de drumuri. Trebuie să facă față unei alegeri foarte dificile. Cu atât de multe căi ce pot fi luate de cineva, cum poți decide care ți se potrivește cel mai bine? Poți merge un pic pe o cale, apoi un pic pe alta, dar nu vei ajunge prea departe. Nu vei fi niciodată apt să realizezi cu adevărat ceva profund, dacă nu ești dispus să te angajezi la acel ceva. Dar cum te poți angaja la ceva, când nu ești sigur ce ai de făcut? Acest fel de îndoială te leagă și te împiedică să avansezi. Te ține într-un tipar ce te reține și alergi la nesfârșit în cerc.

Frica și îndoiala fac parte din călătorie, nu poți scăpa de ele. Dar putem învăța cum să lucrăm cu ele, astfel încât ele să nu devină obstacole pentru noi. Putem dezvolta strategii despre cum să ne abordăm călătoria noastră spirituală. Strategiile ne ajută să îmbrățișăm însăși diversitatea, care poate fi uneori atât de copleșitoare.

Atunci când Khentrul Rinpoche mi-a cerut să colaborez cu el la acest proiect, am fost foarte extaziat de această oportunitate, dar, în același timp, am fost îngrozit de amploarea domeniului de aplicare al acestei încercări. Rinpoche scrisese deja o carte de mică amploare, numită Calea Viziunii Pure, în care prezenta un sumar al celor șase tradiții majore din Tibet. Prezentase acea carte Sfinției Sale Dalai Lama, care i-a lăudat cartea și apoi i-a cerut să-i extindă premisele.

Asta a fost acum mai bine de zece ani. De atunci, Rinpoche și-a discutat ideile cu mai mulți colaboratori, fiecare ajutându-l să dezvolte diverse aspecte ale cărții și să efectueze cercetări preliminare în diverse subiecte. Astfel că atunci când m-am alăturat proiectului, spre sfârșitul anului 2014, Rinpoche deja adunase o cantitate destul de mare de materiale. Provocarea a fost să le adun împreună într-un format accesibil, care să-i poată comunica ideile în mod clar și concis.

Discutând împreună cu blândețe, Rinpoche și cu mine am dezvoltat structura finală și punctele esențiale ale conținutului pe care doream să-l prezentăm. Pe baza acestei structuri, am realizat apoi o serie de interviuri cu Rinpoche, pentru a-și expune gândurile sale specifice asupra diferitelor subiecte. Forma materialului acestor interviuri a fost apoi combinată cu notele de cercetare extinse, pentru a putea produce cea mai mare parte a conținutului fiecărui capitol.

Natura acestei munci a constat în primul rând în sintetizarea prin care am încercat să condensez bogăția de informații în doar zece sau douăsprezece pagini. Aceasta a însemnat că trebuiau sacrificate o mulțime de detalii, pentru a face capitolele mai ușor de gestionat de către cititor. De regulă,am ales să mă focalizez pe semnificația esențială a lucrurilor, mai degrabă decât să facem prea mult digresiuni prin terminologia tehnică sau în subtilitățile filozofice. Când a trebuit să prezint informațiile istorice, m-am concentrat, de asemenea, mai degrabă pe secvența corespunzătoare, decât pe precizarea datelor exacte când s-au petrecut evenimentele.

Intenția lui Rinpoche a fost ca această carte să fie ceva ce poate fi citit destul de repede (în mod ideal, în doar câteva zile). Cu așa de mult material de referință deja disponibil, nu a fost niciodată menită să aibă o natură exhaustivă. În schimb, Rinpoche a dorit să ofere o imagine de ansamblu foarte extinsă a peisajului spiritual, un fel de ghid practic în abordarea sa și care ar putea ajuta cititorul să identifice principalele repere ale unei anumite căi spirituale.

Pe tot parcursul scrierii acestei cărți m-am străduit să fiu cât mai aproape de materialul sursă al fiecărei tradiții. Acestea fiind spuse, trebuie să accept faptul că ceea ce am scris este totuși o interpretare a lor. Eu nu mă erijez în a fi vreun expert în vreuna dintre aceste tradiții, prin urmare îmi accept în totalitate responsabilitatea pentru interpretările și erorile pe care le-am introdus în carte. Salut orice sugestie referitoare la modalitățile de a perfecționa prezentarea acestor idei, uneori foarte complexe și subtile. Amândoi, Rinpoche și cu mine, vedem în această ediție punctul de plecare pentru discuții ulterioare și așteptăm cu nerăbdare părerile voastre.

Este aspirația mea sinceră ca voi să aveți fiecare ceva beneficii personale din lecturarea acestei cărți. Fie ca aceasta să devină o cauză pentru realizarea viziunii lui Khentrul Rinpoche și pentru ca fiecare dintre noi să cultivăm o mai mare pace și armonie în inimile noastre și în relațiile noastre cu ceilalți.

Joe Flumerfelt
Belgrave, Australia
August 2015

PRIMA PARTE

Cultivarea diversității

CAPITOL 1

Natura Credinței

Înainte de a porni în expediție, de regulă, un bun explorator petrece ceva timp pregătindu-se pentru provocările la care va face față pe drum. În mod similar, înainte de a sări în terminologia specifică a diverselor sisteme de credință ale lumii, poate fi util să ne petrecem mai întâi ceva timp familiarizându-ne cu conceptele esențiale ce influențează și formează aceste sisteme.

În acest capitol, vom urmări în mod specific felul în care apar diversele credințe și în ce scop. Vom prezenta fundația teoretică a conceptelor prezentate aici în capitolele ce vor urma.

PROBLEMA INCERTITUDINII

Pentru a putea realiza o înțelegere mai bună a naturii credințelor, trebuie mai întâi să realizăm sensul funcției lor de bază în viața noastră. De ce le avem? La ce scop servesc ele? Pentru a răspunde la aceste întrebări, ne reîntoarcem la dorința noastră de bază, aceea de a fi fericiți.

Așa cum am discutat anterior, motivația fundamentală ce stă la baza tuturor acțiunilor noastre constă într-o dorință-sămânță profundă de a fi fericiți și dorința-opusă, de a fi liberi de suferință. Aceste dorințe ne conduc spre fenomenele pe care noi le considerăm a fi cauzele fericirii și ne îndepărtează de cele pe care le credem a fi cauzele suferinței.

Totuși, logica sugerează că întrucât fiecare dorește să fie fericit, cu toții ar trebui să fie fericiți; deoarece nimeni nu vrea să sufere, nimeni nu ar trebui să sufere. Însă nu se întâmplă așa, nu-i așa? Doar aruncați o privire în jurul vostru și veți vedea că noi suferim cu adevărat, iar fericirea autentică este rară. De ce reprezintă asta o asemenea problemă pentru noi?

Rădăcina problemelor noastre constă în ignoranța noastră fundamentală referitoare la cauzalitate. Putem să ne dorim să fim fericiți, dar știm noi cum să ne îndeplinim complet această dorință? Noi ne dorim fericirea, dar nu cunoaștem adevăratele cauze ale fericirii. Există o incertitudine paralizantă care, atunci când noi căutăm răspunsurile, ne conduce spre multe decizii greșite.

De unde vine această incertitudine? De ce nu ne sunt evidente cauzele fericirii? Incertitudinea apare deoarece nu avem o vedere de ansamblu, lucrăm doar cu mici bucățele dintr-un sistem mult mai complicat. Complexitatea pură a legăturilor cauzale maschează diversele influențe ce acționează împreună, pentru a da naștere experienței noaste proprii. Nu avem nici o problemă în a percepe rezultatul, un moment de plăcere sau de durere. Am putea vedea chiar câteva condiții mai evidente, care ajută la declanșarea apariției unei anume experiențe. Dar ceea ce noi nu putem vedea sunt toate aceste multe influențe subtile ce ne influențează. E precum oceanul. Noi vedem valurile, dar nu putem vedea toți curenții submarini ce fac să apară aceste valuri.

CĂUTAREA SEMNIFICAȚIEI

În fața acestei incertitudini, noi începem să ne punem întrebări. Începem să căutăm răspunsurile care să ne ajute să umplem lacunele din cunoașterea noastră. În cea mai mare parte, întrebarea fundamentală la care trebuie să ne răspundem este: Cum aș putea fi eu fericit? Cum aș putea eu face ca viața să-mi devină semnificativă? Cum îmi pot realiza complet potențialul? Deși sunt multe feluri în care să ne exprimăm aceste idei, ele ne indică un scop similar.

Toate întrebările noastre sunt încercări de a ne depăși ignoranța. Dacă ne vom depăși ignoranța, atunci vom fi capabili să putem vedea cauzele necesare fericirii și, prin urmare, vom fi apți să ne îndeplinim cea mai adâncă dorință. Aceasta este ceea ce eu numesc căutarea semnificației vieții. Aici, sensul este orice ne-ar face fericiți; orice ne conduce spre o satisfacție autentică și o fericire durabilă. Prin urmare, o activitate semnificativă este o activitate ce servește la apropierea de adevărul pe care îl cauți. Dacă ne umplem viețile cu acest tip de activități, atunci vom dezvolta un sens mai profund al scopului nostru și al direcției de urmat.

DEPĂȘIREA IGNORANȚEI

Întrucât problema noastră este în principal o problemă a ignoranței, ea poate fi remediată prin dezvoltarea înțelepciunii. Înțelepciunea reprezintă un tip de cunoaștere sau un fel de cunoaștere. Este un fel de cunoaștere care concordă cu realitatea, așa cum e aceasta. De asemenea, ignoranța e și ea un fel de cunoaștere. Singura diferență e că ignoranța interpretează greșit realitatea, o distorsionează și vedem lucrurile într-un fel în care de fapt ele nu există. Prin urmare, pentru a ne depăși ignoranța, va trebui să analizăm modalitățile prin care știm efectiv ceea ce știm.

La modul cel mai general, putem spune că sunt doar două surse de informații cu care lucrăm: experiența noastră individuală sau experiența altora. Haideți să aruncăm o privire mai detaliată asupra fiecăreia dintre aceste două modalități.

Experiența individuală

În fiecare zi, în fiecare clipă, este un flux constant de experiențe ce apar și apoi pleacă din mințile noastre. Pentru fiecare persoană, aceste apariții sunt unice și individualizate. Nu există doi oameni care să aibă exact aceeași experiență. Poate că sunt similare, dar niciodată nu sunt exact la fel.

Vă puteți gândi la aceste experiențe ca la datele noastre brute. Ne oferă materialele necesare ca să lucrăm cu ele, pentru a dezvolta o înțelegere a realității. Sunt două modalități de bază ale experienței personale: percepția directă și raționamentul conceptual.

Percepția directă

Percepția directă este experiența instantanee, de la un moment la altul: o hologramă mentală compusă din variate fluxuri de informații senzoriale. Putem avea două tipuri de percepție directă: percepția senzorială și percepția mentală.

Percepția senzorială

Percepția senzorială este informația pe care noi o obținem despre lumea fizică, prin cele șase facultăți ale simțurilor. În funcție de care facultate de simț e implicată, fiecare simț produce o formă diferită de conștiință senzorială:

- Vizuală: Lumina vine în contact cu ochii noștri și noi experimentăm culori și forme.

- Auditivă: Vibrațiile ajung în contact cu urechile noastre și noi experimentăm sunete.

- A mirosului: Mirosurile vin în contact cu nările noastre și noi experimentăm miresme.

- A gustului:Aromele vine în contact cu limba noastră și noi experimentăm gusturi.

Tactilă: Obiectele vin în contact cu corpul nostru și noi experimentăm senzațiile tactile de soliditate, fluiditate, energie și mișcare.

Percepția mentală

Cel mai facil mod de a înțelege percepția mentală este să ne gândim cum vede un copil lumea prin diverse apariții ce îi apar din percepțiile sale senzoriale. Dacă mintea este atentă la o anume apariție, se creează o impresie mentală. Dacă el este într-o stare anterioară vorbirii, este aproape ca un concept embrionar. Întrucât copilul nu are cuvinte pentru a descrie ce se întâmplă, el nu are experiențe subiective care să ia forma unor amintiri sau altor tipuri de relație mentală.

În timp ce percepția senzorială se bazează foarte mult pe facultățile simțurilor fizice pentru a condiționa experiența, percepția mentală este capabilă să funcționeze la mai multe nivele. La nivelul grosier, putem vorbi despre imagini mentale, amintiri și emoții ce apar în strânsă legătură cu activitatea electrică a creierului. La un nivel subtil, putem vorbi despre calitățile fundamentale precum extazul, vioiciunea și non-conceptualizarea. Acestea formează substratul pentru procesul cognitiv. În timp ce nivelul grosier este foarte accesibil pentru majoritatea oamenilor, nivelele mai subtile se manifestă de obicei doar prin intermediul antrenamentului contemplativ.

Raționamentul conceptual

Pe măsură ce creștem, noi dobândim uzul limbajului, care este în esență un set de etichete și reguli de combinare a acestor etichete. Prin limbaj, noi suntem capabili să construim gânduri, care sunt codificate cu semnificații, creând în mintea noastră un model simbolic pentru unele fenomene.

Deși conceptele sunt adeseori folosite ca modalitate de comunicare a experiențelor noastre către alții, puterea lor reală constă în abilitatea lor de a reprezenta fenomene la care nu avem acces prin experimentare directă. Combinând conceptele, suntem apți să construim straturi de abstracții care nu se bazează pe percepția directă. Și noi numim teorii aceste abstracții.

Abilitatea de a crea teorii este o armă puternică contra incertitudinii. Poate că nu suntem capabili să percepem direct natura ascunsă a fenomenelor, dar putem dezvolta teorii despre cum există aceasta. Chiar dacă modelele noastre încă nu sunt apte să ne ofere întreaga panoramă, ele ne ajută să mai umplem unele lacune.

Bazarea pe experiența altcuiva

Nu ne este suficientă informația pe care noi înșine o generăm. Mai devreme sau mai târziu, trebuie să privim dincolo de ea, pentru a putea găsi răspunsurile pe care le căutăm. Din fericire, sunt alți oameni ca noi și ei au, de asemenea, o percepție directă și sunt apți să dezvolte modele folosind raționamentele conceptuale. Totuși, deoarece experiențele lor sunt unicate, doar ale lor, e aproape cert că ei vor avea alte gânduri față de cele ale noastre. Aceasta înseamnă că există posibilitatea ca noi să ne extindem înțelegerea prin dobândirea unor idei noi, preluate de la alții.

Întrebarea care se pune acum este: "Cine reprezintă o sursă validă de informație? Ar trebui ca eu să mă încred în orice spune oricine altcineva? Cum voi reconcilia două idei ce par contradictorii una cu alta? Pe care să o aleg?" Evident, ne sunt necesare niște criterii, pentru a ști cum să validăm sau să acceptăm informațiile primite de la alții.

Vorbind în general, sunt patru modalități folosite la evaluarea persoanei în care să ne încredem:

- **Carisma:** Forma de încredere este construită pe modul în care o persoană vorbește sau își prezintă ideile. Cu toate acestea, nu e nici o garanție că acea idee va fi benefică, deci poate fi periculos să acceptăm fără nici un fel de îndoială informațiile din aceste surse.

- **Raționamentul:** Acesta se bazează pe înțelegerea conceptuală ce legitimează sau validează o anumită idee, în mod particular. Dacă sursa acelei idei vă oferă motivele pentru care se gândește în acest fel, atunci puteți să îi evaluați motivele și să concluzionați dacă acceptați sau nu acea informație. O idee ce urmează unui raționament e de regulă considerată a fi mai puternică și mai de încredere.

- **Istoricul comun cu o persoană:** Validarea poate proveni și din încrederea dintre indivizi ce împărtășesc de-a lungul timpului niște experiențe comune. O relație preexistentă cu cineva poate fi o bază suficientă ca să vă încredeți în acea persoană și să o considerați o sursă autentică de informație.

Recomandări: Ultima formă de încredere constă în acceptarea recomandărilor celor în care voi vă încredeți. Dacă un prieten apropiat susține pe altcineva ca fiind un expert într-un subiect anume, atunci poate că sunteți mai dispuși să aveți încredere în informația primită de la acea persoană.

Noi folosim aceste metode fie împreună, fie în mod separat. Există un set dinamic de condiții ce ne influențează în permanență alegea ideilor pe care le acceptăm sau le respingem.

În acest fel, fie că generăm niște idei personale, fie că achiziționăm ideile celor pe care-i întâlnim, în timpul vieților noastre noi dobândim un model de lucru despre cum există lumea. Exact la acest model ne referim atunci când vorbim despre vederile pe care noi le susținem. Este perspectiva prin care noi interpretăm și ne înțelegem experiențele.

DEZVOLTAREA ÎNCREDERII ÎN PROPRIA NOASTRĂ CUNOAȘTERE

Totuși, ideile nu sunt toate create în mod echilibrat. Unele idei par a fi mai puternice decât altele și joacă un rol dominant în viața noastră, influențându-ne orice decizie pe care o luăm și, prin urmare, ne modelează pe noi drept cine suntem și ce facem. Alte idei par a fi factori mai slabi, neimportanți, pe care le-am strâns de-a lungul timpului. Cu o paletă așa de largă de exprimări, ce determină de fapt în mintea noastră relativa putere a unei idei? Răspunsul este credința.

Aici eu folosesc termenul de credință pentru a indica nivelul de încredere pe care noi îl acordăm unei idei. Atunci când o idee este întărită prin încredere, atunci o putem numi credință. O credință e mai puternică decât o simplă idee—este convingerea că o anumită idee, în mod particular, exprimă adevărul. Împreună, credințele noastre reprezintă felul în care noi înțelegem a exista realitatea.

Ca majoritatea calităților minții, sunt diverse tipuri de credință pe care le putem identifica. Fiecare tip de credință reprezintă un anume tip de relație pe care îl putem avea cu acea idee. Unele relații pot fi mai puternice și mai stabile decât altele.

Credința oarbă

Acesta reprezintă o acceptare pasivă a unei idei, fără a avea în spate un raționament care să o sprijine. De regulă, o credință oarbă apare atunci când o idee e adânc impregnată într-un context cultural sau social. Apoi este acceptată pur și simplu din obișnuință sau familiaritate, mai degrabă decât să fie contestată sau să fie pusă la îndoială. Aceasta e adeseori o minte leneșă, care pur și simplu nu contestă nimic, nici nu se întreabă de corectitudinea informației primite.

Mai putem vorbi despre credința oarbă ce apare legată de încrederea unei persoane în sursa de informație. În multe tradiții sunt acceptate anumite idei drept incontestabile, deoarece persoana ce le afirmă e considerată a fi infailibilă. În acest caz, credința oarbă este construită deasupra unei forme mai puternice de credință hotărâtă.

Credința înflăcărată

Credința înflăcărată reprezintă o intuiție puternică că o idee ar fi adevărată. Acest fel de credință apare dintr-o combinație de condiții, în prezența unei persoane semnificative pentru voi, precum un învățător sau când vă aflați într-un anume loc și într-un anume timp. Indiferent de situație, condițiile se adună și voi experimentați un fel se senzație sau de sentiment foarte puternice.

Deoarece acest tip de credință se bazează pe condiții momentane, natura ei e de asemenea efemeră. Ea nu durează, ci apare și apoi se dizolvă. Uneori această dizolvare e rapidă, uneori zăbovește un timp, dar în final se va estompa. De aceea acest tip de credință este instabilă și, prin urmare, nu ne poate susține convingerile.

Totuși, credința înflăcărată are un impact puternic în viața noastră, oferindu-ne impulsul pentru a avea loc schimbarea. O intuiție puternică se dovedește a fi suficientă pentru a vă motiva să vă puneți întrebări despre credințele voastre actuale și să luați în considerare ideile noi. Odată ce se va risipi, pentru a vă susține opiniile va trebui să vă bazați pe una dintre celelalte forme de credință.

Credința hotărâtă

Simplu spus, credința hotărâtă înseamnă să știți de ce vă încredeți în ceea ce credeți. Ea apare din unele grade de certitudine referitoare la validitatea credințelor cuiva. Această certitudine poate fi generată în mai multe feluri.

Mai întâi, ne folosim de analiza logică și de raționament pentru a ne provoca sau testa credințele. Dacă procedăm în acest mod, vom găsi acele idei ce indică un aspect al adevărului care vor ține pasul cu analiza noastră. Cele ce se bazează pe înțelegeri greșite sau pe ignoranță de obicei se vor dezagrega. Acest proces de interogare conduce spre oportunitatea de a regla fin convingerile cuiva și de a dezvolta o mai mare claritate asupra lor. Cu cât crește claritatea, cu atât mai mare e și încrederea în ea.

O altă modalitate de a ne mări încrederea constă în examinarea experienței noastre. Dacă privim înapoi în timp, putem vedea diverse exemple despre felul în care o anumită credință ne-a influențat sau afectat în mod particular viața noastră. Credințele ce au produs efecte constructive vor fi întărite în timp, întărindu-ne încrederea în ele. Această formă de credință este cea mai stabilă și se bazează pe experiența noastră directă. Ca atare, credința devine parte integrată din viziunea persoanei și este puțin probabil să fie pur și simplu abandonată atunci când se schimbă condițiile.

Credința aspirantă

În sfârșit, credința aspirantă este mintea ce dorește să se întâmple ceva. Este o deplasare spre un rezultat particular, precum un impuls. Vă puteți gândi la ea ca la forța ce face ca balonul să se învârtă.

Ea apare când vedem valoarea sau beneficiul din angajarea într-o anumită activitate. Când ajungem să avem credinţă într-un anume rezultat, vom acţiona în mod natural, pentru a obţine acel rezultat. Prin urmare, credinţa aspirantă se bazează pe celelalte trei forme de credinţă.

Acest fel de credinţă este extrem de important în angajarea într-o anumită practică spirituală. Este rădăcina tuturor intenţiilor. Fără ea, nu aţi fi capabili să faceţi nimic şi, prin urmare, ar fi imposibilă transformarea voastră personală.

SISTEME DE CREDINŢE

Până în acest punct, noi ne-am concentrat pe dezvoltarea credinţelor în fluxul mental al unei persoane individuale. Acest individ colectează informaţii despre lumea sa prin observaţie directă, raţionament conceptual şi prin diverse surse de încredere. Prin combinarea acestor trei modalităţi, individul integrează ideile şi dezvoltă un model despre cum există realitatea. Acelaşi tip de proces apare peste tot în lume, la miliarde de oameni. Fiecare dintre ei au o experimentare unică şi o formulare unică asupra „realităţii".

Dacă privim în jurul nostru, putem vedea că unii oameni sunt mai fericiţi decât alţii. Ei par un pic mai mulţumiţi, un pic mai iubitori, un pic mai veseli. Orice calităţi am percepe, dacă sunt nişte calităţi dezirabile pentru noi, le vom observa şi în alţii. Şi dacă e aşa, apare întrebarea, „Cum au ajuns ei astfel?" Pe baza acestei întrebări simple, noi putem aborda acea persoană şi să îi cerem sfatul.

Şi în acest punct apar problemele. Cum poate cineva să-şi comunice experienţa sa personală, într-un fel în care alţii să-l înţeleagă? Un profesor talentat, abil, trebuie să ia în considerare audienţa căreia îi vorbeşte. El trebuie să îşi structureze şi prezinte ideile într-un mod în care să-şi provoace studenţii, fiind totuşi în acelaşi timp suficient de familiar pentru ca acele idei să le fie accesibile. Este dificil de acționat într-un mod echilibrat, iar atunci când luați în considerare profunzimea ideilor care sunt adeseori comunicate, ea se dovedește a fi chiar mai dificilă.

De aceea marii înțelepți ai lumii noastre sunt atât de uimitori. Nu numai că au fost capabili să exprime adevărul la un nivel atât de profund, dar, de asemenea, ei au putut să-l comunice în modalități foarte iscusite. Noi numim această reprezentare unică a experienței drept sisteme de credință. Ele sunt o serie de credințe ce au fost adunate sub forma unui model coeziv de înțelegere a realității.

Sistemele de credință sunt transmise, de regulă, în mod oral sau în formate textuale. O transmisie orală se bazează pe spusele învățătorului, precum și pe ascultarea lor de către studenți. Trebuie făcute eforturi specifice pentru a memoriza și verifica informația, pentru a ne asigura că ideile sunt transmise în completitudinea lor, de la o generație la alta. Eșuând în a proceda în acest fel, apar distorsiuni și, în final, sistemul este dat uitării. Pentru a preveni o asemenea problemă, majoritatea sistemelor au conservat un fel de format textual, care le-a permis să fie replicate mai ușor în timp.

MODALITĂȚI DE ANGAJARE

Odată ce un sistem ne-a fost comunicat, rămâne în responsabilitatea noastră felul în care ne angajăm în ceea ce ne-a fost prezentat. Amintiți-vă mereu că un sistem de credință nu e nimic mai mult decât o modalitate eficientă de a prezenta un număr mai mare de idei. Prin urmare, depinde de noi felul în care dezvoltăm credința în aceste idei și cum le integrăm ulterior în viața noastră. De regulă, sunt patru modalități pentru a proceda astfel:

- **Pasivă:** Aceasta este o acceptare oarbă a ideilor, încrezându-ne în ceilalți că au verificat autenticitatea modului în care le-au prezentat. Este puțin probabil ca angajamentul pasiv prelungit să producă vederi puternice și i-ar putea lăsa pe indivizi vulnerabili în fața manipulării.

- **Intuitivă:** Dacă vă urmați inima și simțiți o puternică conexiune cu un anume sistem, atunci alegeți un mod de angajare intuitivă. Ar putea fi dificil să descrieți în cuvinte atracția voastră către acel sistem, pur și simplu el vi se pare corect. Întrucât acest tip de angajament este conectat cu un nivel mult mai profund de experiență, el este mult mai puternic. Este personal și, în același timp și direct. Acest fel de angajare accentuează un sentiment de receptivitate sau de deschidere față de ideile ce ne-au fost prezentate.

- **Motivată:** În contrast, credința motivată se referă la o examinare activă a fiecărei idei prezentate, pentru a dezvolta o înțelegere conceptuală. Voi știți ce credeți și de ce credeți așa și înțelegeți intenția și scopul ce stau la baza fiecărei idei. Prin urmare, voi acceptați aceste idei pentru că au sens pentru voi, nu deoarece le acceptă alții.

- **Combinație intuitivă/motivată:** Aceasta aduce laolaltă ambele aspecte, "credința" și „motivul", adunând ce e mai bun din ambele abordări. Putem cultiva un simț al conexiunii prin intuiție, în timp ce investigăm și motivele acestei conexiuni. Aceste strategii complementare conduc spre o formă robustă de angajament.

Eu consider că e important să nu judecăm nici una dintre aceste modalități ca fiind în mod inerent mai bună ca alta. Fiecare are punctele sale forte și punctele sale slabe. Fiecare are limitări. Cel mai important aici este să fiți capabili să identificați diferitele combinații ce vă conduc spre credințele voastre. În ce fel vă angajați cu ele? Ce limitări le puteți vedea? Există ceva ce ați putea face ca să vă angajați mai eficient în ele? Luați-vă un moment în care să vă puneți aceste întrebări în contextul vieții voastre.

EVOLUȚIA UNUI SISTEM

Sistemele de credință nu sunt statice. Ca și lumea în care ele apar, ele sunt produsul unei rețele de influențe în continuă schimbare; ele se află,de asemenea, în continuă formare și transformare. Dacă noi ignorăm această natură dinamică, atunci riscăm să desprindem sistemul de adevărata realitate pe care el o descrie. Unele dintre influențele primare care modelează în timp un sistem anume sunt:

- **Filozofică:** Diferențele filozofice vor apare mereu, întrucât oamenii interpretează și înțeleg în mod diferit aceleași idei. În timp, aceste abordări diferite pot conduce spre divizarea comunității, atunci când sistemul se divide în diferite ramuri ale școlilor filozofice.

- **Geografică:** Oamenii sunt în continuă mișcare. Când ne deplasăm dintr-un loc în altul, purtăm cu noi cultura și obiceiurile. Așa cum noi ne amestecăm, tot așa se amestecă și culturile noastre. Acest amestec conduce mai departe spre variații în sistemele noastre de credință, în care ideile se adaptează spre a reflecta sensibilitățile și istoria particulară a regiunilor geografice și ale locuitorilor acestora.

- **Politică:** Pentru o lungă perioadă de timp în care au existat conceptele de triburi, oamenii s-au angajat în lupte pentru puterea politică între ei și cu comunitățile vecine. Conducătorii au fost cunoscuți ca reformatori ai unor credințe, astfel încât să legitimeze pretențiile lor de putere și, în același timp, ca să faciliteze niște puncte de vedere particulare. Această relație dintre putere și credință a condus spre diferențe semnificative între cum fost dezvoltat inițial sistemul, și cum a evoluat el ulterior.

- **Socială:** Ceea ce o societate umană prețuiește în mod particular este adeseori foarte legat de sistemele de credință ce există în acea societate. De exemplu, societățile ce promovează diversitatea adeseori vor accentua în sistemele lor de credință libertatea și toleranța. Aceste valori vor influența tipul de idei la care e expusă o persoană într-o anumită societate și o va conduce spre interpretări și variații ulterioare.

GESTIONAREA COMPLEXITĂȚII

După cum se poate vedea, există o mulțime de lucruri referitoare la credințele noastre. E ușor să ne pierdem în toate aceste detalii și, ulterior, să pierdem din vedere beneficiul ce apare dintr-o astfel de analiză. Ceea ce încercăm să dezvoltăm noi aici este o bază de lucru, pentru a putea să ne dezvoltăm ulterior abordarea diversității. Deci, cum vom proceda?

Mai întâi, să ne amintim că trebuie să obțineți o idee generală despre ceea ce se vorbește. Întoarceți-vă la începutul acestui capitol și urmăriți fiecare secțiune. Încercați să găsiți esența fiecărei secțiuni și puneți-o în cuvinte ce sunt semnificative pentru voi. Astfel, vă veți familiariza cu fundația, pentru o analiză ulterioară.

În al doilea rând, amintiți-vă că teoria de lucru pe care o dezvoltați e doar ceva temporar. Pe măsură ce veți continua să lucrați cu aceste idei, vă veți familiariza mai mult cu ele. Prin reflecție, începeți să realizați un sens pentru modul în care se potrivesc lucrurile unele cu altele. Veți observa, poate, că interpretarea voastră vi se schimbă, pe măsură ce introduceți noi idei în acest melanj. Dacă sunteți deschiși la această schimbare, atunci totul se va petrece într-un mod foarte organic.

Și, în final, amintiți-vă doar să aveți răbdare cu voi înșivă. Dacă petreceți ceva timp așa, cu siguranță că veți dezvolta încredere și putere în fața unei asemenea complexități. Perseverați și nu renunțați!

CAPITOL 2

Filozofia Rimé

„Rimé" este cuvântul tibetan pentru „imparțial" sau „non-sectarian".
Se referă cel mai adesea la o grupare de maeștri tibetani din secolul al
XIX-lea, ce puneau accent pe valoarea și beneficiul înțelegerii multiplelor
puncte-de-vedere. Acești maeștri erau oameni renascentiști, ce au studiat
și practicat în același timp învățături din toate tradițiile majore. Pe baza
vieții și scrierilor acestor personalități ce ne inspiră, noi putem trage niște
lecții valoroase despre cum să lucrăm cu diversitatea și complexitatea ei .

În acest capitol vă voi prezenta un cadru de lucru cu viziunea pe care eu
o numesc Filozofia Rimé. Acest cadru constă într-un set specific de calități
ce trebuie cultivate și de practici care vă ajută să le dezvoltați. După ce vă
veți familiariza cu aceste principii esențiale, restul cărții vă va ajuta să le
integrați în înțelegerea voastră.

Înainte de a ne uita la cadrul specific, va trebui să înțelegem mai întâi de
ce e necesar să dezvoltăm o astfel de vedere. După cum am văzut, folosim
sistemele de credință pentru a dezvolta un model despre cum funcționează
lumea; aceste modele sunt menite să ne aducă mai aproape de fericirea
autentică.

Fiecare dintre aceste sisteme este un vehicul autonom pentru
transformarea personală, oferindu-i practicantului tot ce îi este necesar
pentru a progresa pe calea aleasă. În solitudine nu v-ar fi realmente

necesară o *Filozofie Rimé* pentru a realiza acest tip de transformare. Vă este cu adevărat necesară doar atunci când indivizii încep să interacționeze cu alți oameni, ce dețin credințe diferite.

Așa cum am menționat anterior, atunci când două persoane se întâlnesc, există potențialul de a apăre fie un conflict, fie o armonie. Rezultatul efectiv depinde de atitudinea lor: atitudinea unora conduce la conflict, a altora spre armonie. Cu o *Filozofie Rimé* noi ne propunem să diminuăm atitudinile ce conduc spre conflicte și să întreținem acele atitudini ce ne conduc spre armonie.

SEMINȚELE CONFLICTULUI

Una din criticile care este adeseori ridicată în ceea ce privește religia este opinia că aceasta face mai mult rău decât bine. Mulți oameni judecă rapid credințele, pe baza multor evenimente violente ce au apărut în conexiune cu religia. Există ideea că religia conduce în mod inevitabil la conflict și că logica sau raționamentul este oarecum liber de prejudecățile care afectează religia.

Cred că această critică pierde din vedere cauza principală a multor conflicte care au apărut în istoria noastră. Și aș argumenta că nu sistemul de credință în sine este cel ce trebuie blamat. Ci modalitatea prin care noi ne raportăm la credințele noastre și atitudinile noastre față de credințele altora sunt cele ce ne conduc spre conflicte. Și atunci apare întrebarea: "Ce fel de atitudine provoacă probleme?"

Măsura bunului simț
Mai întâi, ar trebui să luăm în considerarea atitudinea de punere sub echivalență a familiarizării cu adevărul. Sunt atât de multe idei adânc

înrădăcinate în cultura noastră, că puțini se opresc să se întrebe despre validitatea lor. Aceste idei sunt denumite colectiv drept "bun simț".

Bunul simț este pur și simplu o înțelegere combinată a unei anumite comunități, moștenită de la o generație la alta. Ea e esențială pentru a ne ajuta în transmisia eficientă a cunoașterii și comportamentului nostru. Totuși, deși noi toți lucrăm cu presupunerea că aceste idei sunt adevărate, nu e chiar mereu așa.

De-a lungul timpului putem vedea multe exemple istorice de prejudicii și bigotism bazate pe "bunul simț" al credințelor despre inferioritatea unui anumit grup social. Acceptarea oarbă a acestor concepte a condus prea ușor la crearea unor stereotipuri despre "acel tip de persoană". În cazuri extreme, stereotipuri puternice i-au dus pe unii oamenii spre a fi demonizați și chiar la dezumanizarea lor.

Înțelegerile greșite și stereotipurile pot să ne distorsioneze percepțiile; prin urmare, trebuie să fim vigilenți în privința modului în care ne folosim de bunul simț. Trebuie să evităm să ne mulțumim doar cu el și întotdeauna să-l verificăm, pentru a ne asigura că acea credință deținută uzual chiar concordă cu realitatea.

Viziunea mea e mai bună ca a voastră

O altă atitudine problematică constă în credința în superioritatea vederii personale și prejudecata față de „eu" și „al meu" . Aceasta este în principal conectată cu modul în care noi ne dezvoltăm simțul unui sine solid și independent. Pe măsură ce noi integrăm această credință, începem să ne identificăm din ce în ce mai mult cu ea. Noi ne contopim simțul sinelui cu credințele noastre, devenind indistincte.

Problema care apare din aceasta constă în faptul că orice provocare a modului nostru de a gândi devine o provocare directă asupra modului nostru de a exista. Nu mai putem să separăm vederile în sine de oamenii care le dețin. Cei ce dețin vederi opuse pot fi percepuți ca fiind complet diferiți de noi, fiind în totalitate „alții".

Pe baza acestei separări artificiale între noi și alții, intrăm în tot felul de conflicte. Această atitudine e cea care conduce la segregarea raselor sau la atrocitățile unui genocid. Este o atitudine ce divide foarte mult, care desenează distincții clare între grupurile de oameni și adeseori neagă orice fel de umanitate împărtășită.

O mărime universală

Când cineva ajunge să se atașeze de calitățile bune ale propriului său sistem de credință, e foarte ușor să dezvolte o atitudine ce crede că toți ceilalți ar trebui să fie de acord cu el. Este o atitudine foarte dificil de detectat. Atunci când noi avem parte de beneficii evidente urmând un anumit set de credințe, este naturală dorința ca și alții, îndeosebi cei de care vă pasă, să experimenteze acele beneficii. În acest fel, această atitudine ne ascunde vederii noțiunea de diversitate. Ea suprasimplifică realitatea și reîntărește prezumpția că o " singură mărime e potrivită la orice".

Ce o face pe această atitudine să devină atât de periculoasă este alimentarea într-o asemenea măsură a atașamentului, încât legitimează eliminarea drepturile altora de a-și alege setul de credințe pe care doresc să le dețină. Vedem astfel de exemple de-a lungul istoriei, atunci când un grup se angaja în convertirea forțată a altui grup. Ei lucrau activ în distrugerea unui set de credințe și înlocuirea cu altul. Aceasta se făcea în mod violent, prin război, dar se poate face și prin mijloace culturale, prin "reeducare", adică interzicerea unui set de credințe și promovarea altuia.

Intoleranța față de diferențe

Ultima atitudine e caracterizată printr-o indisponibilitate generală de a accepta, de a lua în considerare sau chiar de a auzi idei noi. Vă puteți gândi la aceasta ca la înălțarea unei fortărețe în mintea voastră, cu ziduri uriașe și șanțuri în jurul ei. Înăuntrul ei sunteți protejați și în siguranță. Nimic nu intră, nici nu iese nimic de acolo.

Această atitudine se manifestă foarte repede ca aversiunea sau antipatia de a asculta vederile altora. Este alimentată de frică și aversiune. Într-un fel, există credința că venind în contact cu vederi conflictuale, viziunea cuiva poate să ajungă să devină pătată sau impură.

Rezultatul acestui fel de viziune este că mintea acelei persoane devine foarte rigidă și cu mare rezistență la schimbare. Credințele din mintea acelei persoane se solidifică și ea își pierde abilitatea de a se adapta la mediul în continuă schimbare. Această rigiditate acționează ca o barieră pentru a pătrunde mai adânc în propriile sale credințe și, de asemenea, o împiedică să trăiască armonios cu ceilalți.

Când e dusă la extrem, această minte inflexibilă conduce la fundamentalism. Aceasta e o problemă comună și particulară în lumea actuală, unde atitudinea intolerantă conduce spre o varietate de acte violente și oribile.

CULTIVAREA PĂCII ȘI ARMONIEI AUTENTICE

Din fericire, conflictul nu este o concluzie evidentă; el nu este inevitabil. Deoarece conflictele sunt motivate de stări mentale confuze, există posibilitatea să apară pacea și armonia. Este posibil ca noi să ne antrenăm în mod activ mintea spre a cultiva o atitudine propice, care să ajute la întreținerea toleranței și respectului.

Noi căutăm să dezvoltăm o înțelegere foarte largă a naturii complexe care se manifestă în experiența noastră cotidiană. Nu putem face asta limitându-ne pe noi înșine doar la un mic colț al realității. Trebuie să ne întărim cât de mult putem mintea, pentru a deveni conștienți de bogăția de metode disponibile. Făcând acest lucru, suntem apți să vedem modul în care diverse metode se potrivesc în mod particular la situații specifice. Prin urmare, putem învăța cum să ne adaptăm comportamentul și cum să găsim soluțiile cele mai armonioase, pentru a preveni conflictele.

Este important să nu simplificăm prea mult lucrurile. Nu există o singură stare „a păcii și armoniei globale". Nu ne trezim pur și simplu într-o dimineață și este numai pace și armonie în întreaga lume. Nu merge chiar așa. Armonia apare la nivelul interacțiunii unei persoane cu o altă persoană. Fiecare interacțiune individuală contribuie la gradul general de armonie a comunității. Dacă există armonie în interiorul comunității, atunci e posibil să fie armonie și între comunități. Și astfel se răspândește, ca undele într-un iaz. Acesta e motivul pentru care focalizarea noastră primară trebuie să se refere la transformarea noastră personală individuală.

Eliminarea înțelegerilor eronate

Înainte de a discuta despre ce este *Filozofia Rimé*, cred că ar fi util să discutăm un pic despre ce nu este ea. Pot exista multe frici amestecate în modul în care ne raportăm la credințele noastre și care, uneori, ne pot conduce la închiderea față de anumite idei. Uneori noi dezvoltăm înțelegeri greșite care nu servesc decât ca obstacole în calea dezvoltării noastre. Mai bine să ne limpezim mintea de aceste înțelegeri greșite, pentru a putea astfel să pornim cu o pânză curată, așa cum era ea inițial.

O idee uzuală pe care o au oamenii despre dezvoltarea abordării imparțiale este că nu poți avea idei favorite. Aceasta conduce spre un fel de abordare neconcentrată și generică a spiritualității. Deși este adevărat că însăși ideea de părtinire este de a avea preferință pentru un lucru față de altul, în acest context, nepărtinirea ne conduce spre un sens mai larg. Pentru a înțelege acestea, trebuie să lucrăm la două nivele.

La un nivel sistemic, recunoaştem că nici o tradiţie nu deţine monopolul asupra adevărului. Ele toate ne prezintă mijloace abile care să ajute indivizii să ajungă la o fericire mai mare în viaţa lor. La acest nivel, nu există sisteme favorite şi putem spune că sunteţi imparţiali. Lipsa de judecată vine din perceperea valorii comune pe care o are diversitatea de sisteme.

Totuşi, la un nivel personal, voi recunoaşteţi că sunteţi un individ unic, cu cauze şi condiţii specifice. Pentru voi înşivă, un sistem poate fi mai eficient decât altele. Prin urmare voi acceptaţi acel sistem ca fiind "favoritul" vostru. În acest fel voi reconciliaţi necesităţile voastre specifice cu diversele necesităţi ale altora.

O altă înţelegere greşită care apare este că ar trebui să amestecaţi împreună orice tehnici vi se par vouă mai atractive. Aceasta conduce la un fel de sistem de credinţă "personalizat". Problema acestui procedeu constă în nerespectarea contextului în care s-a dezvoltat o metodă particulară sau o idee specifică.

Amintiţi-vă că aceste sisteme s-au dezvoltat de-a lungul a sutelor, dacă nu a miilor de ani. Ele înglobează nu numai înţelepciunea fondatorului sistemului, ci, de asemenea, şi a numeroşi maeştri realizaţi ce l-au urmat. Când ignoraţi completitudinea sistemelor dezvoltate de către aceştia şi începeţi să amestecaţi şi să potriviţi, voi vă aventuraţi în teritorii neexplorate, iar rezultatul nu va fi în mod necesar unul dezirabil.

Prin urmare, *Filozofia Rimé* pune un accent puternic pe distingerea aspectelor unice ale fiecărui sistem, în integralitatea sa. Scopul este să evităm să amestecăm totul. Noi căutăm să dezvoltăm o claritate mai mare, care, la rândul său, ne va permite să relaţionăm mai eficient cu ceilalţi şi să promovăm astfel o mai mare armonie.

Principiile de bază ale filozofiei Rimé

Filozofia Rimé poate fi înțeleasă mai bine printr-o dezvoltare graduală a viziunii, în patru stadii distincte. Pe măsură ce progresați prin fiecare stadiu, viziunea vă devine mai stabilă și mai robustă, permițându-vă să integrați un grad mai larg de diversitate. Precum dezvoltarea unei flori, mai întâi plantăm sămânța, apoi creăm condițiile pentru ca ea să crească, apoi o alimentăm tot timpul și, în final, ea înflorește într-o minunată etalare de culoare. În mod similar, în fiecare stadiu, noi ne focalizăm pe calități specifice, care pun bazele pe care să se manifeste viitoarele calități.

Toleranța

Primul stadiu ce trebuie dezvoltat este crearea fundației toleranței, construită pe respect reciproc. Această fundație e esențială pentru ca noi să coexistăm. Dacă nu ne putem tolera unul pe altul, atunci nu există bază ca să putem să trăim armonios.

Toleranță nu înseamnă că trebuie să fiți de acord cu credințele altora. La acest stadiu, noi încercăm pur și simplu să lăsăm spațiu fiecăruia, fără să ne omorâm unul pe altul. Nu este vorba de a schimba mintea altcuiva. E mai degrabă vorba despre a învăța să acceptăm că există oameni care nu gândesc ca noi și a te simți confortabil cu asta.

Rădăcina toleranței este acceptarea. Este capacitatea de a vedea un fel de valoare în existența unui lucru sau a altuia. Dacă puteți vedea valoarea unei credințe, atunci puteți începe să dezvoltați acceptarea acelora care dețin acea vedere. Pe baza acestei acceptări, le puteți tolera prezența în viața voastră.

Acest fel de toleranță trebuie să se bazeze pe cele mai elementare dintre elementele noastre comune. Noi trebuie să trecem peste nivelul de suprafață ce ne separă și să privim mult mai aproape speranțele și temerile noastre comune. Atunci când vom putea vedea că ne aflăm cu toții în aceeași barcă și cu toții ne dorim același lucru, devine posibil să relaționăm unii cu alții într-o modalitate constructivă. Încetează să mai fie o problemă de „eu" contra „ceilalți" și ne apropiem spre sensul lui „noi".

Receptivitatea

Prin dezvoltarea unei mai mari toleranțe în viața noastră, recunoaștem că noi suntem legați de alții într-un mod fundamental. Există o conexiune cu care putem lucra. Următorul pas este să construim, pe baza acestei conexiuni, deschizându-ne pe noi înșine spre posibilitatea de a comunica unii cu alții. În acest stadiu, focalizarea noastră e în principal pe cultivarea calității de receptivitate sau de deschidere în interacțiunile noastre cu ceilalți.

Esența acestei receptivități constă în dezvoltarea unei minți neacaparatoare. De regulă, noi ne agățăm foarte puternic de credințele noastre curente. Ne construim apărarea ce ne protejează credințele. Acest proces ne închide și ne împiedică să auzim ce au alții de spus. Prin urmare, pentru a deveni mai receptivi, mai deschiși, trebuie să ne pierdem într-o anumită măsură controlul agățării noastre cu cât procedăm mai mult așa, cu atât mai mult putem crea oportunitățile pentru a ne auzi și a învăța unii de la alții.

Un alt obstacol major în fața receptivității noastre globale la idei este propria noastră frică față de unele dintre aceste idei. Adeseori poate să apară sentimentul că unele dintre aceste idei ne pot corupe sau răni în vreun fel. Fricile ne împiedică să vorbim și ne împiedică să ascultăm. Această frică e înrădăcinată într-o lipsă de încredere în propriile noastre credințe.

Atunci când începeți studiul și practica unui sistem, toate ideile sale vă sunt complet străine. Vă trebuie timp ca să vă familiarizați cu toate. Până apare familiarizarea, pot fi situații în care nu aveți puterea sau stabilitatea de a face față vederilor contradictorii. Veți auzi o idee contradictorie și asta vă va destabiliza atât de mult, încât toate credințele voastre vă sunt azvârlite în îndoială. De aceea, este natural să dezvoltați oarecare frică de a nu auzi orice v-ar conduce spre o asemenea instabilitate.

Puteți depăși acest tip de frică dezvoltând pur și simplu o mai mare claritate asupra propriului vostru sistem, înainte de a vă angaja în idei din alte sisteme. Dacă aveți claritate, atunci chiar nu există nici o bază pe care să apară frica. Combinând acea claritate cu atitudinea de non-agățare, voi creați condițiile pentru o mai mare receptivitate și deschidere.

Curiozitatea

Următorul stadiu apare natural, după ce cineva și-a depășit fricile și a cultivat o puternică disponibilitate de a se angaja față de alții. Întrucât sunteți încrezători în vederile pe care le dețineți, nu vă e frică de alți oameni. Prin urmare, vă puteți relaxa și vă veți permite să fiți deschiși spre comunicare. Atunci când voi creați un astfel de spațiu în viața voastră, veți percepe dezvoltarea în mod natural a unui sentiment de curiozitate.

Mintea curioasă este iscoditoare, pune întrebări și tânjește după răspunsuri. Este o cercetătoare, ce caută cunoașterea. Nu este vorba despre cunoașterea de dragul cunoașterii. Este vorba despre adunarea de informație adițională, care să sporească vederile cuiva sau să-l ajute să pătrundă spre un nivel mai profund de înțelegere.

Atunci când vorbim despre dezvoltarea curiozității noastre, o facem întotdeauna în contextul dorinței voastre personale de a obține o mai mare fericire și bunăstare. Cu fiecare bucată de informație, vi se relevă un pic mai mult din puzzle. Cu fiecare nouă înțelegere, noi putem vedea mai multe aspecte ale adevărului. Aceasta vă poate aduce o incredibilă satisfacție, iar această satisfacție ne face să continuăm; ne alimentează curiozitatea și ne motivează să avansăm pe calea noastră.

În acest stadiu, noi putem să ne angajăm realmente în dialogul deschis cu alții. Comunicația apare natural și ideile încep să curgă în mod liber. Pe măsură ce o fac, cel mai probabil noi putem să vedem cum perspectiva ni se schimbă cu rapiditate. Ca rezultat, lumea ni se lărgeşte și avem o sferă de acțiune mult extinsă.

Flexibilitatea

Când veți ajunge în ultimul stadiu de dezvoltare a Filozofiei Rimé, veți fi obținut un grad cert de măiestrie asupra propriilor voastre vederi. Vă veți fi provocat fiecare idee, o veți fi discutat îndelung și o veți fi comparat cu idei similare din celelalte sisteme. Veți fi dezvoltat un grad extrem de înalt de claritate.

Pasul următor este de a integra absolut totul. Aceasta nu înseamnă că trebuie să fiți de acord cu fiecare; înseamnă că v-ați lărgit suficient de mult perspectiva pentru a potrivi toate sistemele într-un model unic coeziv. Putem vedea multe tipare și putem să vedem cum unele tipare aduc niște beneficii mai mari în situații particulare. Putem vedea în mod clar valoarea diversității și ne simțim acum confortabili în fața unui grad incredibil de mare de complexitate.

Nu trebuie să uităm niciodată că acest proces e menit să ne ajute să dezvoltăm o armonie mai mare cu ceilalți. Acesta este scopul de care nu trebuie să uităm niciodată. Prin urmare, acest stadiu este extrem de important, întrucât vă oferă flexibilitatea de a vă adapta la orice situație se ivește în viața voastră. Sunteți apți să vedeți diverse condiții și să identificați ce metode de comunicație sunt mai efective spre a vă conduce la rezultatul mai armonios. Trebuie să vă adaptați reacțiile într-un fel ce vă va conecta cu necesitățile altor oameni. Pe scurt, veți fi apți să aduceți cu adevărat beneficii reale celorlalți.

PUNEREA ÎN PRACTICĂ A ACESTOR PRINCIPII

În secțiunea precedentă, eu am prezentat în esență punctul de vedere a ceea ce este *Filozofia Rimé* și cum să o dezvoltăm în timp. Deși teoriile sunt foarte utile pentru a dezvolta claritate în minte, în cele din urmă noi trebuie să actualizăm aceste idei, ca să aducă o transformare durabilă în viața noastră. Ca să închei, o să prezint două strategii esențiale, care ne ajută să dezvoltăm cele patru calități ale toleranței, receptivității, curiozității și flexibilității.

Ne începem antrenamentul lucrând cu mințile noastre. Prin folosirea unor tehnici simple meditative, noi putem să ne cultivăm în mod activ capacitatea mentală și să dezvoltăm o înțelegere asupra naturii vieții noastre. Apoi, după ce ne-am stabilizat o fundație solidă, continuăm să dezvoltăm abilități esențiale, care ne ajută în angajarea unui dialog fructuos cu alții.

Antrenamentul minții

Meditația reprezintă practica de familiarizare a minții cu calitățile pozitive. Esența practicii este de a aduce mintea mereu și mereu spre un anumit gând sau o experiență dorită. Cu cât mai des faceți aceasta, cu atât va fi mai integrată această calitate în fluxul vostru mental. În final, va deveni ca a doua voastră natură, pe care nici nu va mai fi necesar să o generați în mod conștient. Va fi spontană și prezentă în mod natural.

Când vorbim despre antrenamentul minții, ne referim la folosirea efectivă a meditației drept metoda noastră de a ne cultiva calitățile specifice, care ne conduc spre o stare dorită a minții noastre. Întrucât acest topic poate fi destul de larg, mă voi concentra pe acele calități ce sprijină dezvoltarea *Filozofiei noastre Rimé*. În alte cărți ale mele puteți găsi mai multe detalii despre cum se meditează efectiv.

Aducerea conştientizării asupra momentului prezent

Primul pas constă în dezvoltarea unui oarecare grad de stabilitate a minţii voastre. Cu cât sunteţi mai distraşi şi mai confuzi, cu atât mai greu vă va fi să aduceţi înţelepciunea în conduita voastră. Prin urmare, trebuie să petreceţi ceva timp ca să dezvoltaţi trei calităţi care formează baza pentru dezvoltarea perspectivei voastre:

1. **Vigilenţa:** Aceasta este capacitatea voastră de a fi conştienţi de situaţia actuală. Voi puteţi să vă gândiţi la aceasta ca la un gardian, care vă urmăreşte toate activităţile. Practica aici constă în obişnuirea de a verifica mereu ce se petrece în momentul prezent. Vă întrebaţi: " Ce fac acum cu corpul meu? Ce fac cu vorbirea? Ce fac în mintea mea?" În acest fel veţi dezvolta o mai mare conştientizare a contextului în care vă aflaţi. Prin urmare, va creşte informaţia la care aveţi acces, pentru a putea lua decizii.

2. **Mindfulness:** Literalmente spus, aceasta înseamnă a vă reaminti. În acest context, se referă la capacitatea de a ne aminti de intenţiile noastre. Intenţia este de a aplica principiile Filozofiei Rimé în experienţele noastre de zi-cu-zi. Pentru aceasta, trebuie să ne amintim care sunt principiile acestei filozofii. Trebuie să ne amintim care sunt atitudinile ce conduc spre armonie şi care nu o fac. Dacă ne putem aminti toate acestea, atunci vom începe să identificăm oportunităţile de a pune în practică aceste principii. Putem să dezvoltăm această capacitate prin revederea materialului ce v-a fost prezentat în primele două capitole. Faceţi-o din nou şi din nou, familiarizându-vă cu diferitele puncte prezentate şi asigurându-vă că vă sunt foarte clare în minte. Cu cât o să o faceţi mai des,

cu atât vă va fi mai ușor să vă reduceți în memorie informația, în acele momente când poate fi utilă.

3. **Conștiinciozitatea:** Și, în final, avem calitatea de bază, care ne leagă acțiunile cu scopul nostru. Conștiinciozitatea este mintea căreia îi pasă. Îi pasă de fericirea autentică. Îi pasă de adevăr. Îi pasă de armonie. Când vă uitați la situația voastră, conștiința e cea care vă îndrumă spre o acțiune care e în concordanță cu motivația voastră subiacentă. Vă puteți gândi la ea ca la impulsul ce alimentează alegerile pe care le faceți.

Aceste trei calități lucrează împreună pentru a vă ajuta să evaluați foarte rapid situația, conectând condițiile spre un curs de acțiune și apoi motivându-vă să acționați. Dacă puteți aduce acest grad de conștientizare tuturor acțiunilor voastre, atunci puteți fi siguri că vă veți apropia de scopul unei păci și armonii mai mari.

Coborârea din roller-coaster

Cu o mai mare stabilitate și claritate a minții, puteți începe acum să lucrați activ spre dezvoltarea unei fundații de toleranță. Întrucât scopul nostru este să dezvoltăm toleranța față de credințele altora, trebuie mai întâi să ne reducem atașamentul față de lucrurile care ne plac și aversiunea față de lucrurile care ne displac. Cu cât suntem mai mult sub influența atașamentului și a aversiunii, cu atât va fi mai extremă experimentarea intoleranței noastre.

Din acest motiv, noi trebuie să dezvoltăm un mai mare simț al echilibrului sufletesc față de suișurile și coborâșurile din viața noastră. Putem proceda astfel dacă ne folosim de facultățile de vigilență și mindfulness pentru a identifica situațiile în care am reacționat puternic din ataşament sau aversiune şi apoi să aplicăm antidoturile specifice, pentru a le contracara influenţa.

Dacă vezi că experimentezi ataşament faţă de cineva sau de ceva, îţi poţi diminua acel ataşament amintindu-ţi de natura nepermanenţei. Îţi poţi aminti că obiectul ataşamentului a apărut din cauze şi condiţii care se vor dizolva inevitabil cândva în viitor. Nimic nu dăinuie pentru totdeauna. Gândind în acest fel, vă slăbiţi agăţarea şi veţi vedea că obiectul ataşamentului vostru nu mai are un impact aşa de mare asupra voastră.

Tot aşa, dacă vedeţi că experimentaţi o puternică aversiune faţă de cineva sau de ceva, vă puteţi gândi la calităţile bune pe care le are acel obiect. Adeseori ne fixăm minţile doar pe defecte, percepând obiectele ca fiind completamente defectuoase, absolut îngrozitoare. Dacă puteţi să daţi un pas înapoi şi să priviţi o imagine mai completă a obiectului, atunci veţi realiza că lucrurile sunt rareori doar alb sau negru. În loc să le respingeţi complet, veţi vedea că totul este interconectat.

Pe măsură ce lucraţi cu aceste două tipuri de polarizare a minţii pe ataşament sau aversiune, cel mai probabil veţi descoperi că aţi dezvoltat o mai mare flexibilitate în faţa schimbărilor. Lucrurile nu vă mai deranjează la fel de mult şi puteţi să vă menţineţi un anume grad de stabilitate în faţa majorităţii situaţiilor.

Angajarea într-un dialog fructuos
Dacă aţi petrecut ceva timp lucrând cu mintea voastră prin intermediul practicilor formale sau informale, atunci până la acest punct v-aţi dezvoltat o fundaţie fermă, pe baza căreia puteţi să lucraţi cu alţii. Cea mai bună modalitate de a înţelege viziunea altcuiva este să staţi de vorbă cu această persoană. Următoarele abilităţi de conversaţie sunt extrem de importante, ajutându-vă să comunicaţi cu ceilalţi într-un mod benefic.

Ascultarea activă

Prima abilitate ce trebuie dezvoltată constă în capacitatea de a asculta. De regulă, când ne angajăm în diverse dialoguri, suntem așa de prinși în ceea ce vrem noi să spunem, că rareori oferim și celorlalți șansa de a vorbi. Chiar dacă apucă să strecoare și ei câteva cuvinte, adeseori noi nici măcar nu auzim ce ne spun, întrucât suntem concentrați pe ce urmează să mai spunem noi. Acest tip de conduită reprezintă un obstacol în dezvoltarea unei mai mari receptivități.

Ceea ce numesc eu aici ascultare activă este în esență o formă foarte implicată de a participa la ceea ce se vorbește. Când ești pe "modul de ascultare", trebuie să fii apt de a te putea elibera de propria ta viziune. În acel punct, nu e important ce crezi tu. Tu încerci să înțelegi ce cred alții.

Te poți baza pe vigilență, ca să verifici dacă ești distras de propriile tale gânduri. Cu mindfulness, poți să-ți aduci aminte să fii angajat și prezent în acea conversație. Dacă nu e necesar să pui întrebări, încearcă să te limitezi la întrebările ce te ajută să-ți clarifici informația pe care ai primit-o de la vorbitor.

Dezbaterea

Când simți că ai înțeles vederea celeilalte persoane, poți să te decizi să folosești dezbaterea ca metodă de a testa validitatea sau puterea ideilor tale particulare. E foarte important să fii atent la motivația ta, înainte de a dezbate. Dacă dorința ta e doar de a argumenta de dragul argumentării sau pentru a-ți umili adversarul, atunci mă îndoiesc că dezbaterea va fi ceva benefic. Dacă, pe de altă parte, amândoi participanții doresc să se angajeze într-o analiză sinceră a propriilor lor idei, atunci dezbaterea poate fi un mijloc foarte puternic.

În tradițiile tibetane, dezbaterea e foarte mult formalizată și structurată. Chiar dacă forma dezbaterii poate avea ceva avantaje, eu vă sugerez să folosiți în conversațiile zilnice o formă mai obișnuită. Următoarele indicii v-ar putea ajuta la o dezbatere mai eficace:

- **Focalizați-vă pe viziune, nu pe persoană:** Amintiți-vă întotdeauna că subiectul dezbaterii constă în ideile în sine, nu în oamenii ce le dețin. Criticile noastre trebuie să fie îndreptate direct spre acele idei. A proceda invers nu face decât ca adversarul să devină mai ostil și ne ascunde vederii noastre orice înțelegere care ar putea fi extrasă din acest exercițiu.

- **Luați-o încet, pas cu pas:** Când o persoană își expune raționamentul ce stă la baza ideilor sale, asigurați-vă că i-ați înțeles foarte clar fiecare demers. Nu treceți la alt motiv, până nu l-ați acceptat pe precedentul. Dacă aveți nevoie de mai multe informații, atunci cereți-le. Procedând astfel, vă asigurați că orice critică ați aduce, se referă efectiv la ce vi s-a spus și nu la înțelegerea voastră eronată.

- **Nu faceți comparații:** Încercați să evitați să faceți comparații directe ale credințelor unui sistem cu cele ale altui sistem. Deoarece aceste credințe sunt încorporate într-o viziune asupra lumii, sunt pur și simplu prea multe prezumpții făcute, pentru a putea să ajungeți la o concluzie semnificativă. În loc de asta, alegeți o idee dintr-un sistem și pur și simplu verificați-i validitatea , pe baza raționamentului vostru. Încercați să îi distingeți inconsecvențele și să vedeți dacă ideea face față analizei voastre. Dacă ideea se bazează pe un adevăr subiacent, atunci se va susține de la sine

- **Urmăriți implicațiile:** O modalitatea de a identifica inconsecvențele constă în căutarea tuturor implicațiilor acestora și urmărirea ideii prin consecințele sale logice. Dacă "asta" e adevărat, atunci ar însemna că și „asta sau aceea" ar fi adevărate. Urmați-le implicațiile și vedeți unde ajungeți. Dacă păstrarea unei idei specifice conduce spre o absurditatea logică, atunci acesta e un indiciu clar că ceva e greșit în ce ați înțeles voi.

• **Schimbați-vă perspectivele:** Când analizați un subiect anume, faceți un efort conștient de a vă schimba perspectiva și analizați ideea din mai multe unghiuri. Gândiți-vă la diversele tipuri de oameni și întrebați-vă cum ați putea înțelege acea idee. Procedând așa, aceasta e o componentă –cheie în dezvoltarea unei flexibilități mărețe a minții voastre. Nu numai că vă ascute claritatea , dar vă exemplifică, de asemenea, cum poate fi benefică o anumită idee.

Indiferent dacă vă concentrați în acumularea de informație sau în clarificarea înțelegerii voastre, dialogul este o unealtă fundamentală ce vă ajută la cultivarea unui simț mai puternic al armoniei cu ceilalți. Oferiți-vă timp pentru a vă dezvolta aceste abilități și poate să vă crească gradual sentimentul de conexiune și vă ajută să obțineți o mai mare încredere față de Calea voastră personală.

Pe măsură ce avansăm în celelalte capitole, vă vom prezenta mai multă informație referitoare la credințele deținute de diverse grupuri de oameni. Când le citiți, vă recomand să vă notați întrebările ce se ivesc în mintea voastră. Apoi, când veți avea șansa, puteți să discutați cu cineva ce deține acele credințe și puteți avea o discuție despre acea credință. În acest fel, puteți folosi prezenta carte ca pe o platformă de lansare spre dezvoltarea calităților și abilităților despre care am discutat până acum.

PARTEA A DOUA

Sistemele de credință ale lumii

Sisteme cu
Focalizare extrinsecă

CAPITOL 3

Tradițiile străvechi de înțelepciune

Conform istorisirilor despre creație ale aborigenilor din Australia, universul a luat ființă ca urmare a puterii creatoare a unei rase cunoscute sub numele de *Ființele ancestrale*. Pe măsură ce aceste ființe au rătăcit pe acest tărâm lumesc, ele au dat formă diferitelor caracteristici ale peisajelor și le-au populat cu creaturi noi, imaginate de ele. Realitatea noastră s-a format din visul lor. Atunci când și-au finalizat procesul de creație, unele au ales să se transforme pe ele însele în munți, ape sau orice alte manifestări fizice, în timp ce altele au luat forme umane.

Timp de peste 60.000 ani, poporul aborigen a povestit despre pământul său în cântece, dansuri, opere de artă și piese de teatru. Prin aceste istorisiri el și-a învățat lecțiile pe care ființele ancestrale ale viselor le-au lăsat lor, lecții despre cum să aibă grijă de pământurile lor, trăind în armonie cu natura și unul cu celălalt. Fiecare aspect al culturii lor e pliat pe aceste istorisiri și constituie rădăcina identității lor etnice.

Dacă avansăm dincolo de granițele Australiei, putem vedea că toate culturile antice care au apărut pe această planetă au dezvoltat propriul lor sistem de credințe. Spre deosebire de omologii lor moderni, aceste doctrine nu se bazează prea mult pe doctrine sau filozofii sistematizate, ci mai degrabă pe exprimarea unui grup uman particular, care-și împărtășește înțelepciunea și experiența sa cu ceilalți.

Deși este cu mult dincolo de scopul acestei cărți descrierea în detaliu a tuturor acestor tradiții străvechi, aș dori să mă concentrez pe câteva tipare ce ne ajută să distingem și să caracterizăm aceste sisteme, în contextul lumii moderne. Folosesc termenul de "tradiții de înțelepciune antică" pentru a mă referi aici la vasta gamă de sisteme de credință indigene și preistorice, care datează înainte de momentul scrisului.

Dintr-o o perspectivă foarte largă, putem identifica două tipuri de caracteristici principale pe care multe dintre aceste sisteme le au în comun: de regulă,este o puternică accentuare a relației cu natura și o bogată tradiție generalizată cu privire la ființele supranaturale sau spirituale, precum zei sau zeițe. Deși nu toate tradițiile se concentrează cu aceeași intensitate pe aceste două aspecte, ele sunt prezente într-un fel sau altul în majoritatea tradițiilor.

Pe baza acestor două fundamente, tradițiile străvechi tind să focalizeze majoritatea practicilor lor pe dezvoltarea relației lor, fie cu mediul natural, fie cu lumea spiritelor. Practicile tind să fie foarte ritualice și sunt strâns legate de ciclurile anuale de timp. Majoritatea evenimentelor sunt celebrate prin efectuarea de ritualuri pentru a asigura succesul unor activități precum agricultura, vânătoarea și armonia socială generală.

EVOLUȚIA ISTORICĂ

Timp îndelungat, de când oamenii au folosit o formă de limbaj, ei au spus povești. Istorisiri despre cum a început lumea, povești despre victorii și despre minuni. Peste tot, oamenii de toate vârstele se adunau în jurul focurilor de tabără și-și spuneau poveștile. În timp, aceste istorisiri au ajuns să întruchipeze istoria și credințele unui popor. Prin ele, a fost transmisă de la o generație la alta o combinație de cunoaștere și înțelepciune a comunității.

Cum fiecare dintre aceste tradiții a crescut în condiții specifice de timp și spațiu, fiecare a dezvoltat propria sa modalitate unică de descriere a lumii. De exemplu, într-o regiune precum Australia, sunt peste 400 de grupări lingvistice diferite, fiecare spunându-și propria sa poveste despre caracteristicile particulare ale lumii sale regionale.

Atunci când cultura unui popor e conectată așa de puternic de poveștile sale, povestitorii joacă un rol important, particular. Ei devin păstrătorii secretelor și custozii poporului lor. Însăși existența acestor tradiții depinde aproape în totalitate de continuitatea istorisirilor spuse de către acești povestitori. Dacă se întrerupe continuitatea, linia se pierde, istorisirile se pierd și cultura lor e dată uitării.

În timpurile străvechi, credințele dominante erau mereu conectate cu triburile dominante. Comunitățile mai slabe erau absorbite de cele mai puternice și credințele lor nu mai erau perpetuate. În timp, în regiuni specifice, diverse triburi au început să dezvolte mitologii împărtășite împreună, cu caracteristici comune.

Un bun exemplu ar fi dominația Imperiului Roman asupra Europei antice. Atunci când romanii au măturat totul prin Europa, ei s-au luptat și au biruit o mare varietate de triburi independente. După ce au căpătat controlul unei anumite zone, romanii au început să asimileze sistemele locale de credință în propria lor viziune. Au făcut aceasta prin reformarea zeilor și spiritelor locale ale acestora, în conformitate cu arhetipurile general acceptate de către romani. În acest fel folclorul tradițional, specific unui anume popor, a fost unificat ca o expresie a sistemului roman dominant.

Deși influența romanilor a adăugat straturi de abstracții peste tradițiile deja existente, cea mai mare parte a practicilor acestora au rămas neatinse. Numai după ce împăratul a ales creștinismul drept religia oficială a Romei, se poate vedea o schimbare drastică în structurile credințelor continentului european. În acel timp, tradițiile indigene au fost etichetate ca fiind în directă contradicție cu credința creștină și, pe această bază, un val de conversie forțată s-a răspândit de-a lungul imperiului, transformând Europa într-un bastion al creștinismului.

În fața unei asemenea intoleranțe religioase, tradițiile străvechi s-au retras în fundal. Chiar dacă și-au continuat unele practici în secret, nu a mai fost posibilă practicarea lor în public. Cei ce au procedat altfel au fost adeseori bătuți, închiși sau de-a dreptul uciși. În Europa, cea mai mare parte a tradițiilor străvechi au supraviețuit doar superficial, sub forma basmelor mitologice sau a obiceiurilor locale.

Acest tipar de dominare a continuat prin expansiunea influenței europene de-a lungul perioadelor colonialiste. Odată cu sosirea europenilor în țările îndepărtate, mulți indigeni au ajuns în situația de a lupta pentru salvarea culturilor lor locale de la extincție. O mare parte a violenței acelor timpuri a fost alimentată de vederea predominantă conform căreia coloniștii europeni erau mai civilizați decât "sălbaticii primitivi" ce erau colonizați.

Deși e ușor să vedem partea negativă a lucrurilor, trebuie să recunoaștem că de-a lungul istoriei diverse imperii sunt, de asemenea, răspunzătoare și de crearea unor condiții pozitive. Pe măsură ce se extindeau imperiile, se deschideau noi căi comerciale și odată cu intensificarea comerțului, a înflorit și fluxul de informații. Oameni care nu se cunoscuseră unii cu alții acum au avut oportunitatea de a se cunoaște. Curiozitatea sa dezvoltat, iar oamenii au început să cerceteze trecutul, încercând să înțeleagă ce se pierduse.

Această curiozitate a condus spre o renaștere modernă, prin care sistemele de credință sunt literalmente reconstituite pe baza descoperirilor arheologice, a mitologiilor și a folclorului. În ultimul secol, se vede un val de interes față bogăția incredibilă a acestor tradiții indigene, ce au supraviețuit până azi prin linii de descendență neîntrerupte.

Odată cu deteriorarea ecologică a lumii, a crescut de asemenea interesul față de aceste tradiții de înțelepciune străveche, care accentuau un echilibru mult mai profund cu mediul natural. Mulți tineri caută acum în mod activ aceste tradiții, ca pe o modalitate de a contracara vulnerabilitățile industrializate ce au fost atât de dominante în timpurile mai recente. Unii membri ai acestei mișcări cred că o reîntoarcere la „metodele vechi" de trai pe planeta noastră ne-ar putea aduce un mai mare echilibru în ceea ce ei percep ca fiind o lume care se stinge.

CREDINȚE DE BAZĂ

Chiar și o analiză superficială a credințelor antice ne poate dezvălui o matrice infinită de exprimări subtile și adevăruri ascunse. Fiecare cultură este înrădăcinată în limbajul său unic și, prin urmare, dă naștere la o narațiune unică care exprimă înțelepciunea unicat a unui grup specific de oameni. Din acest motiv, orice discuție despre credințele antice trebuie să recunoască rolul jucat de diversitate în formarea atât de multor variațiuni pe care le putem găsi. Aici nu sunt doctrine stabile, nu sunt seturi fixe de credințe. În schimb, vom vedea că fiecare cultură se focalizează pe diferite interpretări ale unor teme similare.

Lumea naturală

Prima temă pe ce se regăsește în prim-plan este relația umanității cu lumea naturală. În cele mai vechi tradiții, natura era văzută drept întruparea realității divine. Prin urmare, ea era percepută ca fiind sacră și ceva ce trebuie respectat și venerat mai presus de orice. Lucrând cu mediul natural, noi putem să dezvoltăm o relație cu divinitatea. Pe baza acestei relații, suntem capabili să ne îndeplinim complet țelurile noastre ca indivizi, dar și ca societate.

În unele tradiții, natura însăși este venerată, fără alte nuanțe metafizice suplimentare. În aceste tradiții, se pune accentul pe proximitatea naturii. Oamenii sunt recunoscuți ca făcând parte dintr-un ecosistem mai mare și, crescând conștientizarea noastre asupra acestui sistem, noi suntem apți să obținem un sentiment mai puternic de echilibru și bunăstare.

Indiferent de interpretările specifice, tradițiile străvechi pictau un tablou vibrant al lumii naturale, în care fiecare aspect al acesteia era impregnat cu semnificații și minunat. Natura devine un organism viu ce respiră și de care oamenii depind ca să supraviețuiască și să se dezvolte spiritual.

Lumea spirituală

Multe tradiții dedică o parte importantă din mitologiile lor pentru a descrie o lume ce transcende experimentarea ei directă. Prin aceste narațiuni, noi suntem introduși într-o sferă magică a realității, care e populată cu o mare varietate de ființe spirituale.

La nivelul cel mai înalt noi regăsim un panteon de diverse zeități care exercită diverse grade de influență asupra lumii oamenilor. Sunt multe tipuri de zei și zeițe. Unele sunt văzute ca regi sau conducători peste universul nostru, stabilind legile naturale prin care este guvernată lumea noastră. Altele sunt văzute ca ghizi sau protectori, care veghează și-și protejează adepții credincioși. Și mai multe sunt văzute ca trăind în mediul natural înconjurător —de exemplu, sub forma munților și râurilor.

În plus față de aceste multe zeități, adeseori sunt descrieri ale multor tipuri de ființe inferioare lor, care trăiesc în lumea naturală, dar au natură spirituală (precum zâne sau spiriduși sau spirite și demoni). Aceste ființe tind să se încadreze în cele două lumi, așa cum sunt ele acolo. Deși aceste ființe sunt rareori venerate precum zeitățile, de regulă sunt considerate ca fiind parte din natură și, prin urmare, trebuie respectate și tratate în mod armonios.

Diversele tradiții vor relata în mod diferit despre aceste ființe. Unele le vedeau ca expresii ale adevărurilor universale, personificările unor idei abstracte. Altele le puteau vedea ca pe entități ce existau separat, la fel ca pe orice altă persoană cu care vă întâlniți în viața voastră.

În funcție de cum era concepută lumea spirituală, varia și relația cu natura. Unele considerau natura ca pe rezultatul interacțiunii dintre diverse zeități. Altele vedeau natura ca pe manifestarea fizică a acelor zeități într-o formă în care se putea interacționa cu ele. În oricare dintre aceste cazuri, natura era metoda primară de accesare a acestui tărâm de experiență.

Poate că datorită întâlnirilor cu sistemele monoteiste, multe tradiții antice au dezvoltat credința într-o zeitate principală, din care derivau toate celelalte zeități. Toți zeii proveneau dintr-un Zeu principal și toate zeițele proveneau dintr-o Zeiță principală. Totuși nu e o idee universală și poate fi considerată mai degrabă ca o dezvoltare modernă a lor.

Scopul existenței

În cadrul acestei viziuni asupra lumii, scopul sau semnificația derivă din relația pe care individul o dezvoltă cu principiul divin, prin interacțiunea sa cu natura. În acest fel, semnificația este foarte individualizată și se referă la felul în care un anume practicant își abordează practica sa personală.

Prin folosirea cunoașterii transmise prin mitologii și practicile concepute pentru conectarea cu lumea spirituală, practicantul unei tradiții antice e lăsat să-și desemneze singur semnificația. Nu există noțiunea preconcepută de scop. În schimb, el trebuie descoperit prin experiență personală.

Întrucât tradițiile străvechi subliniază faptul că noi suntem o parte din natură, acolo erau rareori noțiuni ce trebuiau să o transcendă. În schimb, practicanții căutau să-și optimizeze existența lor lumească trăind în concordanță cu natura lor percepută. Se focalizau, de regulă, mult mai mult pe calitatea experienței lor directe trăite. Etica lor deriva în primul rând din recunoașterea interdependenței din cadrul acestui sistem natural.

Magia

Multe tradiții străvechi credeau într-o anumită formă de substrat energetic care leagă toate fenomenele împreună. Această rețea de bază îi conecta pe toți și era sursa fundamentală a unei interdependențe naturale. Magia este arta de a lucra cu aceste straturi subtile ale realității, prin folosirea unor ritualuri.

Ideea de bază este că ritualul furnizează o metodă de adunare a energiei și apoi de direcționare a ei spre rezultate specifice. În acest fel, magia se folosea spre generarea schimbărilor efective printr-o intenție focalizată. Intenția putea fi de natură lumească, cum ar fi obținerea unor resurse mai mari sau putea fi și de natură altruistă, precum vindecarea bolii altcuiva.

Ceea ce diferențiază această magie de știința modernă este faptul că ea încorpora o viziune mai largă a realității, care includea ceea ce era considerat a fi dimensiunea supranaturală a existenței. Aceasta permitea obținerea rezultatelor care nu erau direct inteligibile dintr-o perspectivă pur fizică.

PRACTICI COMUNE

Într-o manieră foarte largă de exprimare, cele mai multe dintre tradițiile străvechi își concentrau practicile pe lucrul cu natura în diverse feluri. Ele se conectau cu natura prin trei aspecte sacre: spațiu, timp și acțiune.

Spații sacre

Primul aspect al practicii era în legătură cu spațiile sacre unde se executau ritualurile. Întrucât natura era considerată poarta spre divinitate, majoritatea practicanților erau în favoarea unor medii naturale în aer liber. Situri îndeosebi de puternice erau identificate prin monumente, statui sau un fel de marcare naturală a lor.

Evident, întrucât pretutindeni este natură, orice loc poate fi transformat prin tehnologie într-un spațiu sacru. Aceasta se putea face prin folosirea unor granițe temporare precum un cerc simplu pe pământ. Odată practicile finalizate, granița era mutată și spațiul revenea la statutul său obișnuit.

O altă abordare de a crea un spațiu sacru era să construiești un altar sau un sanctuar. Altarele puteau avea tot felul de forme și mărimi. Unele erau mai simple, altele mai elaborate. Scopul lor era de regulă să funcționeze drept suport pentru un anume fel de practică spirituală. Putea fi simplu, doar ca să-i amintească practicantului o idee specifică prin care să folosească simbolurile sau putea să fie mai integrat în practici, pentru a aduce ofrande sau a dirija ritualurile.

Perioade sacre

Următorul aspect se referă la celebrarea unor evenimente importante în cadrul ciclului anual. De secole diverse culturi obișnuiau să marcheze anumite zile ca fiind semnificative pentru practica spirituală. Adeseori aceste zile erau strâns legate de schimbarea anotimpurilor sau de alte evenimente astrologice, ce erau importante pentru niște oameni care trăiau în comunități agricole.

Indiferent de motivele specifice pentru care se alegeau zilele, era de regulă un timp de sărbătorire, unde se adunau laolaltă membrii comunității, își împărtășeau povestiri și se angajau în diverse ritualuri sau ceremonii.

Aceste reuniuni formau o bază integrată de experienţe împărtăşite, care unea laolaltă comunitatea şi care au ajutat la perpetuarea culturii acesteia. Deşi festivalurile mai mari ale comunităţii erau anuale, practicanţii individuali făceau adeseori ritualuri zilnice, săptămânale sau lunare, pe care le executau în conformitate cu necesităţile sau înclinaţiile lor specifice.

Acţiuni sacre

Şi, în sfârşit, ultimul aspect al practicii se concentra pe o largă varietate de ritualuri şi ceremonii conduse de către practicanţi. Aceste ritualuri pot fi înţelese în mare ca fiind fie de natură de devoţiune, fie magică.

1. **Ritualuri de devoţiune**, care se focalizează pe dezvoltarea unei relaţii pozitive cu o anume zeitate sau fiinţă spirituală. Ele erau cel mai adesea făcute ca un fel de ofrande. Acest tip de ofrande era dat în funcţie de acea zeitate în mod particular şi adeseori includea arderea de tămâie şi ofrande de lumină, flori sau alimente. Deşi practicile de ofrande prin sacrificiile de animale (de exemplu ofrande de sânge) erau comune în culturile antice, ele sunt extrem de rare printre practicanţii moderni.

2. **Ritualuri magice**, care se focalizează pe generarea unei schimbări dorite în condiţiile personale sau ale mediului înconjurător. Adeseori astfel de practici erau proiectate în mod special pentru a genera o schimbare în conştiinţă, ce l-ar ajuta pe practicant să îşi îndeplinească ţelurile, prin care îşi propunea să realizeze sau să depăşească anumite obstacole din viaţa sa.

Ritualurile în sine puteau să aibă infinite forme. Unele ritualuri implicau dansuri, cântece sau incantări. Altele erau destinate consumului de substanţe care modifică percepţia şi ajută la conexiunea cu alte tărâmuri de existență. Ele putea să fie făcute în forme mult mai puțin dramatice, precum recitarea de liturghii sau meditații în tăcere.

Indiferent de forma în care decurgeau ritualurile, aceste activități ofereau practicanților oportunitatea de a se conecta cu o dimensiune sacră a vieții lor. Atunci când semnificația simbolică a acestor acțiuni este înțeleasă clar, atunci ritualul poate constituie o metodă puternică de transformare personală.

VARIAȚII INTERNE

În cadrul grupului destul de mare de tradiții de înțelepciune antică, putem distinge două tipuri de sisteme:

Liniile de descendență etice tradiționale

Acest tip de sistem de credință s-a transmis oral din timpuri preistorice. În general, el este încorporat într-o anumită cultură indigenă și, prin urmare, a fost strâns legat de o comunitate etică particulară. Următoarele sunt doar câteva exemple din aceste multe tradiții etice, care mai sunt active și în zilele noastre:

Șamanismul nativilor americani

În multe triburi aborigene din lume e ceva uzual să găsești Șamani sau Vrăjitori-doctori. Acești oameni înțelepți au jucat adeseori un rol important în cadrul culturii indigene, acționând ca sfătuitori sau vindecători ai comunității. În triburile din America de Nord și America de Sud, șamanismul este prezent în mod particular.

Șamanismul drept Cale spirituală se bazează pe credința fundamentală a unei lumi a spiritelor, populată cu spirite ancestrale, cu animale de putere și figuri –totem. Șamanii se antrenau ca să fie apți să intre în această lume și să extragă de acolo informații pe care le puteau folosi pentru vindecare sau pentru dezvoltarea înțelepciunii.

Metoda principală folosită pentru aceasta e o tehnică numită „călătoria", unde practicantul intră într-o transă meditativă ca etapă în care mintea sa îi părăsește corpul, pentru a putea călători în lumea spiritelor. Odată ajuns în lumea spiritelor, șamanul poate comunica cu ființele spirituale ce locuiesc acolo.

Unul din rolurile principale jucate de șamani era cel de vindecător. Ei foloseau adeseori informațiile colectate în lumea spiritelor pentru a putea identifica boala cuiva și pentru a înțelege cum se poate trata cel mai bine această afecțiune. Prin îndrumarea primită de la spirite, șamanul putea să creeze medicamente pe bază de ierburi medicinale, specifice pentru necesitățile pacienților săi.

În ultimii ani, a crescut interesul în tradițiile inspirate de practicile șamaniste. Totuși, în forma sa cea mai tradițională, șamanismul este încă păstrat în secret în cadrul culturilor tribale și rareori e dezvăluit celor din afara acelei comunități etnice.

Șintoismul japonez

Tradiția șintoistă japoneză se focalizează în mod exclusiv pe practicile de devoțiune ce permit ființelor umane să comunice cu ființele spirituale invizibile numite kami.

Kami nu sunt considerați zei. Ei sunt imperfecți și pot greși la fel ca și oamenii. Datorită conexiunii lor strânse cu oamenii, ei apreciază interesul oamenilor față de ei și sunt mulțumiți să le primească ofrandele. Tratat bine, un kami va interveni în viața persoanei, pentru a-i aduce o incredibilă sănătate sau succes în eforturile sale personale.

Kami poate fi considerat, de asemenea, ca fiind calitatea esențială sau sacră a tuturor. El pătrunde toate lucrurile și oferă fiecărui lucru natura sa esențială. În acest fel, un practicant șintoist se angajează în practici pentru a se conecta cu natura sa esențială, sub forma lui kami.

Atunci când practicanții șintoiști se angajează efectiv într-un anume ritual, o fac cu credința că este o putere și un beneficiu ce vin din însăși acel ritual. Nu e nevoie să înțelegem sau să aplicăm credințe metafizice adiționale în ritual; ceea ce contează, este să faci efectiv practicile.

Practicanții șintoiști construiesc altare atât în casele lor, cât și în comunitățile lor. Aceste altare sunt locuri unde practicanții se angajează în ceremonii publice sau private. Câteva din ritualurile efectuate în aceste altare includ:

- Jichinsai: Un tip de ceremonie de inovare, ce se efectuează de fiecare dată când trebuie să urmeze construirea unei cădiri. Scopul primar este să se lucreze cu kami locali din acea zonă, pentru ca ei să îndepărteze obstacolele ce ar sta în calea construirii și să asigure siguranța celor ce vor ocupa clădirea.

- Norito: Reprezintă niște cereri specifice făcute lui kami în cadrul unei ceremonii formale. Ele iau adeseori aspectul unor ritualuri de rugăciuni spuse de către un preot șintoist. Rugăciunile sunt formate din cuvinte sacre, despre care se crede că au capacitatea de a aduce rezultate norocoase.

- Harae: Aceste ritualuri de purificare sunt create pentru a îndepărta impuritățile ce împiedică o persoană să se conecteze cu kami. Substanțele uzuale sunt apa și sarea, folosite pentru a purifica corpul și mintea practicanților.

Liniile de descendență reconstituite

Acest tip de sisteme de credință este folosit pentru a ne referi la renașterea modernă a unei tradiții despre care se credea că s-a stins. Întrucât nu mai există o tradiție orală activă, practicanții trebuie să reconstruiască tradiția pe baza unor descoperiri arheologice, mitologii textuale sau a folclorului acceptat de ei. Aceste sisteme sunt în principal active în culturile vestice, cu un patrimoniu european comun.

Wicca și Witchcraft (Vrăjitorie).

Wicca este numele unei tradiții moderne a Vrăjitoriei Pagan. A început ca o practică publicată prin anii 1940, când oameni precum Gerald Gardner au publicat mai multe cărți în care descriau practicile de bază ale tradiției. Tradiția accentuează folosirea magiei ca metodă de a unifica atât indivizii, cât și grupurile, cu principiul divin creativ subiacent realității lor.

Pentru a fi acceptat într-o comunitate Wicca, cineva trebuie mai întâi să treacă printr-un proces de inițiere. Datorită unei istorii îndelungi de persecuție, comunitățile Wicca tind să fie prudente, asigurându-se că noii membri au fost pregătiți corect, înainte de a participa la ritualuri. În mod tradițional, această inițiere e dată numai celor ce au cerut-o în mod special și numai la un interval de un an și o zi după această cerere.

Cultul Wicca venerează principiile masculin și feminin. Aspectul feminin e personificat de Cele Trei Zeițe ale Fecioarei, Mamei și Babei. Fiecare dintre acestea e conectată cu o fază a ciclului lunar. Aspectul masculin e personificat de Zeul cu Coarne. Grupuri individuale pun diverse accentuări în relația dintre Zeu și Zeițe.

Cei din Wicca cred că pot să-și folosească puterea minții pentru ca să producă efecte tangibile în lumea naturală. Prin folosirea ritualurilor magice, ei se angajează în practici atât pentru vindecare, cât și pentru a ajuta oamenii să depășească obstacolele din viața lor. Deși sunt multe stereotipuri fictive de vrăjitoare angajate în magie neagră, marea majoritate a vrăjitoarelor modernă își conduc ritualurile sub ghiduri stricte de etică, pentru a se asigura că nu se face rău nimănui.

Religia Druizilor

Druizii au fost, în esență, elita educată a poporului celtic. Ei erau activi în regiunile cunoscute actualmente drept Irlanda, Marea Britanie și Țara Galilor. Cu o îngrijorare crescândă pentru degradarea mediului înconjurător care este acum în această lume, mulți oameni s-au reîntors la religia druizilor ca o modalitate de reconectare cu natura. Calea druidă se învârtea în jurul a trei tipuri de practicanți:

1. **Barzii:** Aceștia sunt păstrătorii cunoașterii. Ei se focalizează pe învățarea diverselor mitologii ale poporului lor și apoi exprimă acele povești prin mijloace artistice precum cântece, povestiri și poezie.

2. **Preoți (Ovates):** Acestea sunt profeți și clarvăzători ai comunității. În multe feluri, vă puteți gândi la ei ca șamanii druizilor. Sunt adepți ai ritualurilor și, deseori, supraveghează diferitele ceremonii.

3. **Druizii:** După ce s-a maturizat pe sine în cele două nivele precedente, un practicant poate atinge un anumit nivel de măiestrie și înțelepciune. În acel moment, el devine ceea ce este cunoscut sub numele de druid. Rolul său primar în societatea celtică era de sfătuitor și om înțelept.

Majoritatea practicilor druide se focalizau pe exprimarea unei forțe naturale numite *Awen*. Acest spirit curgător acționează ca inspirație pentru barzi, ghidare pentru preoți și înțelepciune pentru druid. El este de regulă invocat prin incantarea unei simple silabe monotone, precum o mantră.

Ritualurile druizilor se desfășoară de regulă în natură și sunt făcute pentru a aduce practicantul în conexiune directă cu aspectele pământului, mării și cerului. Ritualurile se țin, de regulă, legat de o anumită perioadă și un anume spațiu. În total, sunt opt festivaluri majore care se celebrează în timpul unui an, odată cu evenimente astronomice specifice.

Practicile de devoțiune se focalizează pe zeitățile și figurile din panteonul popoarelor galez, irlandez și galic. Istorisirile despre ele au fost țesute împreună în mitologiile create de barzi.

Toată practica druidă e menită ca în final practicantul să fie condus spre unitatea cu Awen. Călătoria începe în *Annwn*, care e sursa tuturor spiritelor. Odată născut, spiritul ia o formă fizică în ținutul lui *Abred*. În acest tărâm, sufletul învață tot ce e de învățat, pentru a putea progresa pe Calea sa. Dacă nu poate să facă asta în această viață, el alunecă înapoi în Annwn și se naște din nou.

În sfârșit, sufletul transcende acest nivel și intră în tărâmul *Gwynvid*. Din această sferă, ființele iluminate și profeții îndrumă alte suflete în Abred, prin visele și viziunile spiritului. Druizii sunt uneori apți să acceseze acest nivel și au cerințe specifice de îndrumare din partea acestor ființe iluminate.

Tradiția Nordică

Tradiția Nordică este definită ca o colecție a religiilor populare naturale bazate pe filozofia pagan a triburilor vorbitoare de limbi germanice din nordul Europei, precum anglo-saxoni, danezi, suedezi și islandezi.

Această tradiție mai e cunoscută drept Păgânism, făcând referire la faptul că era un sistem de credințe ce erau în mediul rural.

Focalizarea principală a Tradiției Nordice este pe construirea unei relații sănătoase cu zeii și zeițele, strabunii, spiritele înconjurătoare și pe ceilalți din comunitatea lor. Ei fac aceasta prin folosirea unor locuri sacre și a unor acțiuni obișnuite cotidiene.

Practicanții acestei tradiții sunt de regulă cunoscuți drept „politeiști duri", adică ei cred că fiecare zeu și zeiță este o entitate individuală separată. Ei există efectiv și nu sunt considerați ca fiind expresii ale unor arhetipuri universale. În acest fel, mitologia nordică ne prezintă o descriere concretă a lumii, ce include variate tărâmuri populate cu o mare varietate de ființe precum wight, giganți și alte "ființe populare ascunse".

Ritualurile au fost create inițial pentru a dezvolta relații armonioase cu aceste ființe. În cadrul acestor comunități erau două tipuri principale de ceremonii:

- **Bloți:** Un blot a fost inițial un ritual de sacrificiu al unui animal către unul sau mai mulți zei, spirite locale și alte ființe spirituale. Sacrificiul era menit a onora zeul și de a asigura lucruri precum pacea și succesul activităților comunității. Un blot modern se focalizează în primul rând pe oferirea de mâncare și băutură, urmat de un festin comunal.

- **Symbel:** Aceasta e o formă de ritual de ceremonie de băut, în care se trece un corn plin cu mied de la unul la altul. Indivizii toastează către zei și beau din corn.

Conceptul primar ce stă la baza eticii practicanților este conceptul de *wyrd,* o forță invizibilă, ce ține laolaltă toate fenomenele. Datorită acestei rețele incredibile interconectate, practicanții păgân vor recunoaște că acțiunile lor au repercusiuni nu numai asupra lor înșiși, ci și asupra comunității. Prin urmare, ei își asumă complet responsabilitatea a ceea ce fac.

Deși magia nu e o parte centrală a practicilor lor, simbolurile runice sunt uneori folosite ca protecție contra spiritelor maligne sau pentru ghicirea viitorului.

PUNCTE DE REFLECTAT

1. Natura joacă un rol central în multe dintre tradițiile străvechi. Luați-vă un moment pentru a vă analiza relația voastră personală cu medul ambiant. Luați în considerare cum afectează acțiunile voastre lumea naturală. Sunt aspecte ale stilului vostru de viață care au un impact negativ asupra mediului înconjurător? Cum ați putea crea în viața voastră un mai mare echilibru cu natura?

2. În toată lumea, culturile antice descriu lumi ascunse, dincolo de ce se poate vedea cu ochiul liber. Lumi care sunt populate de tot felul de ființe spirituale. Care e perspectiva voastră asupra mitologiei? Sunt ele simple povești sau credeți că există ceva adevăr acolo? Dacă nu credeți în ele, întrebați-vă pe voi înșivă: "Ce dovadă am că ele nu există? Cât de multe alte fenomene sunt prezente, pe care voi nu le-ați experimentat încă, dar credeți totuși că ele există?"

3. Aruncați o privire în jurul vostru și identificați tradițiile antice ce sunt încă prezente în țara sau regiunea voastră. Care sunt credințele și practicile acestora? Mai există practicanți activi? Dacă nu, de ce credeți că au dispărut? Reflectați la valorile poporului ce a practicat aceste tradiții. Ce lecții putem învăța din ele?

CAPITOL 4

Hinduismul

Timp de mii de ani subcontinentul indian a fost o regiune cu o mare diversitate de practici și credințe spirituale. În îndelungata sa istorie, pământul și-a demonstrat o capacitate uriașă de a păstra armonia în mijlocul unui pluralism de puncte de vedere. O armonie ce a fost întreținută printr-o dezbatere plină de viață și o polenizare încrucișată a ideilor.

În acest capitol voi prezenta o familie de sisteme de credințe, la care ne referim sub numele generic de "hinduism". Această etichetare poate fi cumva înșelătoare, deoarece ne dă senzația unei tradiții unice, coezive. Dar ceea ce contează este că deși putem identifica unele teme și tipare comune, nu există o credință comună, care e considerată adevărată de către *toți* practicanții de hinduism. În schimb, noi găsim o bogăție de filozofii ce variază în accentul și focalizarea pe ceea ce reprezintă o viață spirituală. Când combinăm aceste interpretări diverse cu o gamă largă de practici, situația devine tot mai complexă.

Una dintre forțele conducătoare din spatele acestei diversități a fost receptivitatea învățătorilor hinduși de a provoca și dezvolta înțelegerea principiilor de bază. Filozofia hindusă nu a avut niciodată o natură statică. Chiar și în zilele noastre, ea continuă să evolueze și să răspundă influențelor schimbătoare cu care se confruntă. Poate că această adaptabilitate este unul dintre motivele pentru care ea reprezintă al treilea sistem de credință ca mărime, cu peste 900 de milioane de practicanți.

În acest context noi ne putem gândi la hinduism ca la un "meta-sistem"—un fel de sistem de sisteme. E un container în care, în cea mai mare parte, sunt deținute multiple viziuni ca ceva complementar, nu contradictoriu. El este de asemenea un sistem căruia îi lipsește un fel de structură organizatorică centrală. Indivizii sunt liberi să-și dezvolte propria lor înțelegere, bazată pe propria lor experiență și sub îndrumarea unică pe care o primesc de la învățătorii lor (Guru).

EVOLUȚȚIA ISTORICĂ

Când începem să ne uităm cum s-a format sistemul, trebuie să pornim de la civilizația antică a Văii Indusului. Aici era o societate agricolă relativ avansată, ce permitea cetățenilor săi să aibă parte de un standard de viață considerabil de ridicat pentru acele vremuri. Din această bogăție de cultură va apare populația Ariană, cei nobili (1500 îen).

Ca toate culturile străvechi, inițial arienii și-au transmis cunoașterea printr-o tradiție orală. După o perioadă de circa 900 de ani, această cunoaștere a ajuns în sfârșit să fie adunată și scrisă, formând o colecție de texte, care acum este cunoscută drept Vedele. „Veda" este un termen sanscrit pentru „cunoaștere" sau „înțelepciune". Sunt în total patru volume, *Rig Veda, Sama Veda, Yajur Veda* sau *Atharva Veda*. Fiecare dintre aceste colecții se divide în patru secțiuni:

1. **Samhita** (1500 - 500 î.e.n) : Aceasta este cea mai veche parte din Vede, formată din diverse mantre, rugăciuni, imnuri de laudă și alte binecuvântări, care alcătuiesc nucleul practicilor de devoțiune vedice.

2. **Brahmana** (600 - 500 î.e.n) : Acestea sunt comentariile ce explică diverse ritualuri şi rugăciuni din practica vedică. Au fost folosite în primul rând ca referinţe pentru îndrumarea unui preot (brahman) în îndatoririle sale.

3. **Aranyaka** (700 î.e.n) : Ne referim uneori la această colecţie de texte drept "Cărţile pădurii". Ele erau tratate destinate practicanţilor ascetici care trăiesc în pustiu. Ele prezintă o interpretare mai mistică a temelor ce sunt explorate în alte secţiuni ale Vedelor. În mod specific, ele explorată subiecte precum ritualuri de sacrificii şi diverse tehnici meditative.

4. **Upanishad** (800-500 î.e.n): Ultima secţiune reprezintă intenţia filosofică a Vedelor. Ea este o colecţie de texte ce prezintă diverse instrucţiuni orale ce erau transmise de la profesor la student. Pe baza acestor texte au apărut diversele şcoli de hinduism

Este de remarcat că Vedele nu au fost scrise în nici un fel sistematic. Ele sunt compilaţii ale unei mari varietăţi de credinţe şi practici, transmise prin variate tradiţii orale. Ele sunt grupate pe baza subiectului abordat şi reprezintă un vast canon de înţelepciune străveche.

După cum vom vedea mai târziu, diferitele şcoli de gândire filozofică vor apărea din focalizarea pusă pe o anumită secţiune a Vedelor. Pentru a simplifica un pic, ne putem gândi la două categorii principale de învăţături:

Secţiunea de Acţiune (karma kanda)

Atunci când sunt luate împreună, primele două secţiuni ale Vedelor (samhita şi brahmana) reprezintă un corpus de învăţături despre cum să ne angajăm în practicile de devoţiune faţă de zeităţi şi beneficiile lumeşti ulterioare ce apar în urma acestor practici. Prin aceste învățături s-au dezvoltat vederile cosmogoniei și ale eticii. Accentul general este pus aici pe conduita practicantului.

Secțiunea de Înțelepciune (jñana kanda)

Această secțiune se referă în mod predominant la secțiunea ultimă a Vedelor, Upanishadele. Obiectul principal al acestor texte este axat pe dezvoltarea cunoașterii absolutului, cunoscut sub numele de Brahma sau Atma. Procedând așa, se crede că cineva poate obține eliberarea (moksha) de toate durerile.

Prin urmare, Vedele formează autoritatea textuală primară pentru variatele tradiții ce sunt incluse în termenul de "hinduism". Această parte a literaturii este numită uneori drept "ceea ce a fost auzit" (shruti). Sunt considerate texte ce au fost "dezvăluite", în sensul că sunt manifestări ale lui Brahma în mințile înțelepților antici (rishi), care apoi au fost scrise în limba sacră.

În plus față de Vede, avem o colecție de texte secundare care reprezintă tradiția orală transmisă de la o generație la alta. Este cunoscută generic drept "ceea ce este amintit" (smirti). Deși aceste texte sunt mult mai numeroase, se spune că toate derivă cumva din învățăturile de bază sau temele prezentate în Vede. Principala preocupare a textelor constă în reconcilierea diverselor abordări dintre învățăturile secțiunii de acțiuni cu cele ale secțiunii de înțelepciune. Deși sunt diverse moduri de a clasifica acest gen de literatură, sunt în principal trei tipuri de texte:

Epopee (itihāsas) (500 î.e.n. la 1000 e.n)

Mărețele Epopee hinduse, precum Mahabharata și Ramayana (400 î.e.n) ne vorbesc despre istorisiri din India străveche. Sunt relatări despre evenimente istorice cu o semnificație particulară pentru cultura hindusă. În interiorul acestor narațiuni poetice e încorporată o mare varietate de teme filozofice referitoare la natura cosmică și etica conduitei.

Unul dintre cele mai faimoase texte de acest gen este Bhagavad Gītā (400-200 î.e.n), care reprezintă, de fapt, un capitol din textul mai extins Mahabharata. În el, Krishna începe o discuție cu vărul său Arjuna, înainte de începerea unei bătălii între doi frați. În acest context, Krishna își propune să împace datoria cuiva (dharma) cu țelul său de eliberare (moksha). Procedând astfel, el prescrie o varietate de posturi de yoga pentru a lucra cu devoțiune și înțelepciune și, prin urmare, să pună bazele unui sistem de practică.

Fabule (puranas) (secolul al III-lea -secolul al XVI-lea e.n.)

Acest gen de literatură se focalizează pe istorisirile ce descriu originea universului și diverșii zei ce locuiesc în el, precum și activități particulare ale zeităților individuale. În acest fel, ele reprezintă, în principal, cosmologia tradițiilor vedice.

Fiecare fabulă tinde să se concentreze pe o singură zeitate, folosind istorisirea ca pe o oportunitate de a prezenta o mare varietate de concepte, care apoi sunt accentuate în cadrul diferitelor tradiții. Întrucât multe dintre aceste fabule au fost scrise într-un limbaj popular comun, ele au devenit o metodă importantă de răspândire a acestor idei.

Legile (dharmashastra) (600î.e.n.-200e.n)

Acest ultim gen de literatură este preocupat în principal cu stabilirea diferitelor concepte și precepte implicate în îndeplinirea datoriilor unui membru al societății hinduse. Aceste texte sunt concentrate în mare măsură pe consolidarea diviziunilor societății în patru caste distincte (varnas):

- **Preoții (brahmanii):** Această castă se focalizează pe realizarea cunoașterii spirituale ca Brahman. Ei sunt responsabili cu îndeplinirea ritualurilor religioase efectuate în temple sau în case. Datorită antrenamentului lor riguros în Vede și în alte practici sacre, ei sunt considerați a reprezenta puntea dintre umanitate și divinitate.

- **Nobilii (kshatriya):** Această castă reprezintă elita conducătoare. Ei sunt regii și nobilimea din acele timpuri. Principala lor responsabilitate constă în protejarea membrilor societății. În timpurile pașnice ei guvernau ca stăpâni și în timpurile de război se luptau ca războinici.

- **Comercianții (vaishyas):** Această castă se concentra pe schimburi și comerț. Deși inițial se identificau cu fermierii sau alți producători agricoli, curând ei și-au asumat rolul de proprietari de pământ și de negustori bogați.

- **Clasa muncitoare (shudras):** Această ultimă castă este definită ca fiind supusă celorlalte. Membrii acesteia nu aveau foarte multe drepturi în cadrul societății. Ei erau angajați ca muncitori sau artizani.

Împreună, Vedele și literatura Smirti, formează fundația gândirii și practicii hinduse. Erudiții și înțelepții ulteriori vor extrage puternic din acest material-sursă, pentru a continua dezvoltarea sa în diverse tradiții.

În timpul domniei Imperiului Gupta, erau larg răspândite pacea și prosperitatea, ceea ce a permis mai multor oameni să se concentreze pe urmărirea spiritualității. În acel timp putem vedea o explozie de exprimări poetice ce au condus la fondarea principalelor trei tradiții — vaishnavism (secolul al XII-lea), shaivism (1000 î.e.n) şi shaktism (300-700e.n.). Aceste trei tradiţii se focalizează pe zeităţile Vishnu, Shiva şi Devi.

În timp ce imperiul se deteriora, subcontinentul a fost din nou divizat în mai multe regate mai mici. Au fost construite multe temple regionale, ceea ce a întărit puterea practicilor de devoţiune (bhakti) (între secolele V-IX e.n.) şi a consolidat diverse tradiţii. Poeţii-înţelepţi care predau în toată ţara au început să compună noi texte, care au format diferite Linii de descendenţă de învăţături. Din acea perioadă vedem cum încep să capete formă primele sisteme filozofice. De asemenea, au apărut textele tantrice, care erau percepute de unii ca înlocuitoare ale autorităţii Vedelor.

În timp ce hinduismul evolua rapid pe plan intern, el trebuia să facă faţă unor noi provocări din cauza sistemelor de credinţă externe. În nord, se întărea islamul şi Imperiul Mughal (1526–1857) se extindea în regiune. În final, întregul sub-continent va cădea sub dominaţia musulmană.

Pentru o vreme a existat o toleranţă echitabilă între musulmani şi hinduşi. Din nefericire, aceasta nu a durat, multe temple hinduse au fost distruse şi practicanţii lor au fost sever restricţionaţi. Aceste restricţii au fost slăbite atunci când Imperiul britanic a înfrânt Imperiul Mughal şi a preluat controlul asupra Indiei. Deşi acum hinduşii puteau să practice în mod liber, curând s-au aflat în situaţia de a face faţă misionarilor ce propovăduiau creştinismul.

În acea perioadă, un mare număr de reformatori proeminenţi au început să promoveze o nouă formă de practicare a hinduismului, una ce se baza pe creşterea fundamentului etic şi raţional, liber de superstiţii. Aceşti reformatori sunt, de asemenea, răspunzători de formularea hinduismului ca parte a unei identităţi naţionale, în opoziţie directă cu regulile colonialiste. Odată cu independenţa Indiei (15 August 1947) şi despărţirile ulterioare dintre musulmani şi hinduşi, hinduismul a luat o tentă din ce în ce mai naţionalistă.

În timp ce în India continuau tensiunile, o parte dintre liderii spirituali au decis să călătorească în occident, unde au stabilit comunități hinduse în țări precum Marea Britanie și Statele Unite. Acești Guru au avut tendința de a se concentra pe aspectul non-sectarian al hinduismului, conducând spre dezvoltarea unei filozofii spirituale universale.

Hinduismul modern continuă să evolueze și să se schimbe, pe măsură ce s-a întâlnit cu noi culturi și cu idei noi. Deși valorile de bază tradiționale rămân puternice, semnificația lor evoluează constant, pentru a face față unei largi varietăți de influențe.

CREDINȚA DE BAZĂ

În multe privințe, hinduismul sfidează orice fel de clasificare într-o doctrină singulară sau un set de credințe. După cum am văzut deja, el favorizează o perspectivă mai largă și mai flexibilă, ce permite indivizilor să-și exprime diversele lor abordări filozofice. Totuși, putem vorbi despre un set de tematici care formează fie direct, fie indirect, școli de gândire distincte:

Karma și Samsara

Karma este un concept ce se găsește atât în hinduism, cât și în alte tradiții indiene, precum budismul sau jainismul. Chiar dacă poate că există diferențe subtile în felul în care e înțeleasă karma, în acest sistem ea este în mod esențial legea naturală a cauzalității morale. Acțiunile bune sau virtuoase sunt considerate cele ce sunt în concordanță cu puterea pătrunzătoare care modelează universul și societatea. Acțiunile rele sau non-virtuoase sunt cele ce lucrează împotriva acestei naturi.

În contextul hindus, universul este conceput ca un ciclu nesfârșit de existență, cunoscut sub numele de samsara. Atunci când moare o persoană, sufletul i se separă de corpul său actual și se va reîncarna în altul. Dacă persoana se naște ca om sau ființă non umană, în iad sau în rai, aceasta depinde de tipurile de acțiuni comise de acea ființă în viețile sale precedente. Ruperea acestui ciclu și obținerea libertății este considerată a fi Eliberarea (moksha).

Pentru unele dintre școli, înțelegerea karmei oferă o motivație pentru angajarea în multe practici de devoțiune, ce le vor aduce o fericire mai mare în viețile următoare. Alte școli pun un accent mai puternic pe dezvoltarea unei înțelepciuni care permite practicantului să obțină eliberarea. Ce înseamnă eliberarea, aceasta variază adeseori, în funcție de școala respectivă.

Venerarea Panteonului vedic

Contrar credinței populare, în practicile sale de devoțiune, nu se poate numi hinduismul ca fiind strict politeist. Mulți hinduși concep lumea și ființele din ea ca o manifestare a unui singur Zeu suprem sau absolut, făcându-l mai panteist în natura sa. Desigur că nu toți hindușii sunt de acord în privința caracteristicilor exacte ale Zeului suprem, prin urmare această temă oferă ample oportunități pentru apariția variațiilor filosofice.

Între diversele feluri de hinduism (în special cele ce se focalizează pe Vishnu), vedem că sunt venerate ființe de emanație cunoscute sub numele de avatari. Acești avatari sunt zei ce au venit pe pământ și au luat forme umane pentru a-i ajuta pe oameni să-și îndeplinească scopul lor de a se elibera. Un avatar nu ar trebui să fie confundat cu noțiunea de reîncarnare. O reîncarnare se naște în existența ciclică și este legată de procesul natural al nașterii, îmbătrânirii, îmbolnăvirii și morții. Avatarul se manifestă miraculos în orice fel de formă e necesară pentru a îndruma ființele umane.

În plus, față de zeitățile principale, există o mare varietate de zei secundari (deva) și zeițe (devi). Aceste zeități sunt venerate la un nivel mai lumesc și nu pot să conducă practicanții spre eliberare. În cadrul Vedelor, se vorbește de treizeci și trei de zeități, chiar dacă acesta e doar un număr aproximativ.

Patru țeluri de bază (purushārthas)

Din vastele surse textuale care alimentează hinduismul, putem găsi patru țeluri distincte pe care un practicant încearcă să și le îndeplinească pe durata vieții sale. Fiecare dintre aceste țeluri încearcă să maximizeze o anumită porțiune din experiența practicantului, conducând la actualizarea potențialului său spiritual.

1. **Îndatorare (dharma):** Noțiunea hindusă de „dharma" se referă la acțiunile etice și morale și, prin urmare, reprezintă o noțiune a datoriei cuiva față de sine și față de societatea sa. Acest set de conduită se focalizează pe cultivarea armoniei și ordinii. Acesta include conduita etică, drepturile morale, legile și alte convenții sociale, precum îndatoririle religioase.

2. **Avuție (artha):** Aici accentul se pune pe acele activități ce vor genera resursele necesare pentru a putea face ce-ți dorești. Această orientare integrează idei despre dezvoltarea bunăstării, carierei profesionale și de securitate economică generală.

3. **Plăcerile senzuale (kāma):** Acest scop se focalizează pe maximizarea experiențelor senzuale ale vieții. Un practicant ce-și urmărește acest țel va căuta experiențe plăcute și, cel mai important, experimentarea "iubirii".

4. **Eliberarea (mokșa):** Acesta este țelul de a se elibera complet din ciclul nesfârșit al nașterii și al morții, cunoscut sub numele de *samsara*. În mod alternativ, ne putem referi la o eliberare ce apare din realizarea de sine sau din auto-cunoaștere.

Deși aceste patru țeluri sunt acceptate pe larg de majoritatea școlilor de gândire, ele sunt departe de a fi universale. Unii resping ideea de plăcere senzuală, percepând-o ca pe un obstacol în calea eliberării. Alții resping posibilitatea de eliberar, și, prin urmare, se focalizează pe celelalte trei țeluri. Alegerea pe care dintre aceste țeluri se pune accentul influențează în mod direct tipurile de practici în care se va angaja un practicant.

Sistemele filozofice (darshanas)

Prin istoria sa, hinduismul a dat naștere unei mari varietăți de vederi filozofice. Deși toate tradițiile hinduse acceptă unele conexiuni cu Vedele și literatura sa ulterioară, nu există coerență în gradul de autoritate pe care îl dețin aceste texte. De-a lungul timpului, au apărut șase școli clasice de gândire drept principalele puncte de vedere hinduse dominante:

Nyaya

Școala Nyaya (Secolul al II-lea e.n.) accentuează realismul pluralist. Ei cred că ființele umane suferă din cauza acționării ca urmare a ignoranței față de cum există lucrurile. Ei cred că orice există trebuie să fie cunoscut și, prin urmare, ei se focalizează în principal pe generarea cunoașterii în ceea ce privește numeroasele entități existente în mod independent.

Ei sunt cunoscuți îndeosebi prin dezvoltarea teoriilor asupra logicii, metodologiei și epistemologiei, ce derivau din studiul a șaisprezece subiecte. Aceste subiecte includ lucruri precum argumentarea, dezbaterea, paradigmele logice și ontologiile.

Vaisheshika

În timp ce despre școala Nyaya s-ar putea spune că se focalizează în principal pe problemele de argumentare, școala Vaisheshika (

secolele VI-II î.e.n.) se focalizează mai degrabă pe descrierea realității metafizice. Trebuie să spunem că ei se concentrează pe principiile de bază care fac ca acest univers să funcționeze așa cum funcționează el. Ei cred într-o formă de atomism, în care toată realitatea poate fi redusă la componentele sale de bază. Interacțiunea dintre aceste componente dă naștere unei mari varietăți de manifestări complexe.

Această înțelegere a realității este dezvoltată prin cunoașterea a șase categorii: substanță, atribut, acțiune, gen, particularitate și relația dintre substanțe și atributele lor. Primele trei categorii se crede că există ca o realitate obiectivă, în timp ce ultimele trei categorii sunt construcții conceptuale folosite pentru a înțelege acea realitate.

Sistemul Vaisheshika caută să eradicheze ignoranța ce îl împiedică pe practicant în angajarea sa în dharma. Procedând astfel, nu numai că ei obțin bunăstare și plăcere, ci, în final, își realizează cel mai înalt țel, cel de eliberare de samsara.

Samkhya

Școala Samkhya (secolul al V-lea î.e.n.) este probabil unul dintre cele mai vechi sisteme filozofice hinduse. Ea este centrată pe o metodologie particulară de analiză filozofică, care e derivată din Upanishade. Spre deosebire de alte școli hinduse, școala Samkhya nu accentuează în mod explicit autoritatea Vedelor.

În această școală, universul poate fi împărțit în două categorii esențiale: natura (prakriti) și persoana (purusha). Natura este atribuită cu trei calități (guna): lumina (sattva), activitatea (rajas) și stabilitatea (tamas). Prin interacțiunea acestor calități, prinde contur toată lumea materială .

Persoana are calitatea de conștiință, care este cea la ce ne referim atunci când folosim cuvântul „Eu" sau ne referim la un „sine". Această conştiinţă este complet diferită de natură, deşi este capabilă să experimenteze natura prin intrarea în diferite corpuri biologice.

Interacţiunea dintre natură şi persoană apare pentru ca persoana să poată dobândi cunoştinţe despre sinele său. Prin urmare, în sistemul Samkhya, eliberarea este momentul în care o persoană îşi realizează efectiv propria sa natură. În acel moment, conexiunea dintre persoană şi natură este întreruptă şi persoana nu mai e dominată de forţa karmei şi a existenţei ciclice.

În cadrul acestui sistem, persoana nu este considerată a fi un agent (adică cel care acţionează). În schimb, ei îi este atribuită capacitatea de a şti. Ceea ce considerăm a fi mintea, se crede a fi de fapt o configuraţie a naturii. Această mentalitate ar putea fi gândită ca la un fel de fereastră prin care persoana este martoră la realitate. Prin această mentalitate natura este, în cele din urmă, capabilă să se separe de persoană.

Yoga

Şcoala Yoga (Secolul II î.e.n.) a derivat primordial din *Yoga Sutra* lui Pataňjali şi împărtăşeşte un număr semnificativ dintre credinţele sale cu şcoala Samkhya. Ele diferă, în primul rând, în raport cu conceptul de agent şi cu accentul pus de şcolile de Yoga pe tehnicile practice pentru a realiza eliberarea.

Referitor la putere, şcoala Yoga crede că persoana nu este un simplu spectator, ci, în schimb, este agentul activ din spatele manifestării minţii. Aşadar, în timp ce Samkhya crede că natura aduce eliberarea persoanei, practicanţii de yoga cred că persoana este cea care depune efort şi, astfel, depăşeşte limitările naturii.

Această vedere a agentului este principalul impuls din spatele accentului pus de ei pe dezvoltarea tehnicilor practice ce pot fi utilizate pentru a le facilita eliberarea. Principala metodologie postulează că principalul nostru obstacol în recunoașterea propriei noastre naturi constă în perturbările minții, care ne maschează această natură. Prin urmare, principalul punct al practicii yoghine constă în calmarea minții cuiva lucrând cu propria sa energie. Prin practicarea unor variate exerciții fizice și mentale, practicantul este în final apt să obțină o izolare completă a minții, separând persoana de natura sa și, astfel, el pune capăt tuturor suferințelor sale.

Purva Mimamsa

Școala de gândire Purva Mimamsa (300–200 î.e.n) și-a dobândit înțelegerea sa filozofică din secțiunile timpurii ale Vedelor, cunoscute drept Secțiunea Acțiunii (karma khanda). Este, probabil, cea mai ortodoxă dintre școlile hinduse, cu un puternic accent pus pe validitatea aspectelor ritualice ale Vedelor.

Această școală nu recunoaște ideea eliberării ca pe ceva ce poate fi realizat, și, prin urmare, nu crede că este ceva la care să se gândească prea mult. În schimb, ea alege să se focalizeze aproape în întregime pe învățăturile referitoare la activitățile ritualice (dharma), ce au capacitatea de a aduce practicantului o bunăstare mai mare.

O trăsătură distinctivă a școlii Purva Mimamsa este credința sa că anumite idei din Vede sunt valabile independent în și de la sine. Prin urmare, aceste idei nu necesită nici o justificare și ele reprezintă baza pentru a justifica alte idei prin ele. Aceasta poziționează Vedele ca autoritate infailibilă pentru toată literatura ulterioară.

Referitor la această abordare fundamentală, cei din Purva Mimamsa cred, de asemenea, că toate cuvintele au o relație inerentă cu referenții lor, făcându-le să existe veșnic. În alte cuvinte, semnificația există etern și se poate manifesta doar prin cuvinte.

Vedanta

În timp ce şcoala Purva Mimamsa accentuează Secţiunea de Acţiune a Vedelor, şcoala Vedanta (450–400 î.e.n) accentuează Secţiunea de Înţelepciune (adică Upanishadele). Aceasta înseamnă că în timp ce cei din Purva Mimamsa se focalizează pe subiectul dharmei, cei din Vedanta se focalizează pe subiectul eliberării. Amândouă şcolile sunt considerate fundamentale, prin faptul că ele consideră anumite părţi ale Vedelor ca fiind autoritare.

Obiectul principal din Secţiunea de Înţelepciune constă în elaborarea conceptelor ce descriu natura ultimă a realităţii (brahman). Acestea includ, de asemenea, noţiunea de sine (atman) şi suflet (jiva). În aceste texte, Brahman este atât sursa întregii creaţii, cât şi suportul pentru evoluţia sa continuă.

Diverse interpretări ale acestor idei principale conduc spre apariţia a patru subşcoli ale Vedantei:

1. **Bhedabheda:** Această şcoală crede că, în acelaşi timp, sinele individual e diferit dar şi non-diferit de Brahman. Acest principiu de bază a condus spre multe ramuri adiţionale ale şcolii, care dezbat despre ce înseamnă cu adevărat "diferenţă" şi „non-diferenţă". Cea mai simplă cale de a înţelege este să ne gândim la relaţia dintre un întreg şi părţile sale. Un exemplu este constituit din soare şi razele de soare. Părţile sunt aspecte distincte ale întregului.

2. **Advaita:** Această şcoală este, de regulă, asociată cu ideea de non-dualism. Ei cred că energia creatoare a lui Brahman apare precum universul. Această lume nu există separată de Brahman. Amândoi, şi sinele ce experimentează lumea, dar şi lumea însăşi, sunt în realitate identici în natura lor,

drept Brahman. Un exemplu ar fi spațiul din interiorul unui container și spațiul din exteriorul containerului. Deși ai putea face o diferență într-un mod conceptual, amândouă sunt în mod esențial spații. În acest sistem, pluralitatea este experimentată din cauza ignoranței cuiva referitor la propria sa natură. Dezvoltând cunoașterea lui Brahman, cineva poate să-și depășească ignoranța și să obțină eliberarea .

3. **Vishishtadvaita:** Această școală este cunoscută drept non-dualismul modificat și susține o expresie teistă a lui Brahman. În această școală, universul este conceput ca o divinitate omniprezentă, în care o multitudine de obiecte sunt considerate a fi corpul lui Brahman, iar sinele (atman) este considerat a fi mintea lui Brahman. Prin urmare, deși totul are o singură substanță, el se exprimă într-o mare varietate de forme. Metoda primară de a obține eliberarea este prin practicile de devoțiune (bhakti yoga) și activități spirituale (karma yoga).

4. **Dvaita:** Această școală prezintă o formă de dualism în care realitatea este împărțită între realitatea independentă (svatantra) și realitatea dependentă (paratantra). Realitatea dependentă este făcută din suflete (jiva) și obiecte neînsuflețite (jada). Realitatea dependentă implică o vedere dualistă, în timp ce realitatea independentă poate fi considerată a fi non-duală. Această concepție a realității subliniază o natură separată între cea divină (Brahman) și realitatea obișnuită a sufletului. Într-o asemenea realitate, eliberarea se realizează prin grația lui Brahman. Această grație e obținută prin practica de devoțiune.

Neo Hinduismul

Pe măsură ce hinduismul a intrat în contact cu diferite culturi și credințe, mulți învățători și autori au început să se focalizeze pe aspectele universale ale credințelor lor. Aceasta a dus la o dezvoltare a unei concepții non-tradiționale despre ce înseamnă a fi hindus în lumea modernă. Noi numim această abordare drept "Neo Hinduism".

Premisa de bază a acestei filozofii constă în faptul că toate sistemele de credință ale lumii reprezintă, de fapt, diferite expresii ale căilor ce ne conduc spre Zeu. Vă puteți gândi la ele precum mai multe râuri, care se varsă cu toate în același ocean. În acest fel, neo hinduismul încorporează toate tradițiile într-un "meta-sistem" global. Ele sunt toate vederi cu validitate egală, pe baza încercărilor legitime ale ființelor umane de a înțelege Divinul.

Neo-hinduismul nu e, de regulă, considerat a fi o filozofie separată de sine stătătoare. În general, el se bazează pe vederea din Advaita-Vedanta. Poate fi mai degrabă considerat ca o reformulare a ideilor tradiționale. Chiar dacă nu toți hindușii îi acceptă interpretarea sa ca fiind validă, în comunitățile hinduse contemporane el este o viziune comună, îndeosebi în comunitățile stabilite în occident.

PRACTICI COMUNE

În absența fie și a unei singure forme prescrise de practică, practicanții hinduși sunt liberi să se angajeze într-o varietate de metode. Aceste metode sunt adaptate pentru a se potrivi cu contextul specific al practicantului.

Cele patru stadii ale vieții (ashramas)

Un cadru comun de înțelegere a practicii hinduse se bazează pe ideea că fiecare persoană trece de-a lungul vieții sale printr-o serie de stadii diferite. În funcție de stadiu, practicantul se va concentra pe diverse aspecte ale celor patru țeluri (a se vedea anterior), și, prin urmare, se angajează în practici specifice, ce întruchipează aceste scopuri. Aceste patru stadii sunt:

1. **Student celibatar (brahmacharya):** În acest prim stadiu, practicantul se focalizează pe obținerea cunoașterii și abilităților de care are nevoie în viitor. Este timpul pentru o educație și pregătire formale.

2. **Gospodar (grihastha):** Acest stadiu e legat de viața familială. Este timpul în care oamenii se căsătoresc și au copii, asumându-și responsabilitățile ce decurg din aceasta. În timpul acestei perioade, oamenii, de regulă, se concentrează mai mult pe acumularea de bogăție și își urmează plăcerile lumești.

3. **Pustnic (vanaprastha):** Odată ce cuiva i-au crescut copiii, aceștia sunt capabili să-și aibă singuri de grijă. În această perioadă, cineva poate să se retragă spre o formă de viață mai simplă și să-și concentreze atenția pe practica spirituală. Această fază reprezintă tranziția de la o viață de urmărire a celor lumești spre una dedicată eliberării sale.

4. **Cel ce a renunțat (sannyasa):** După ce s-a angajat în practica spirituală, cineva poate fi acum apt să renunțe complet la toate atașamentele sale de această lume și să se focalizeze pe o singură sarcină, obținerea eliberării.

Cele patru Căi ale Yoga

Pentru un practicant hindus, practica spirituală este complet integrată în stilul său de viață. În funcție de înclinațiile personale ale unui individ, textele străvechi prezintă o gamă largă de activități sub forma a patru Căi. Aceste Căi sunt numite "yoga", ceea ce înseamnă a uni și a aduce împreună. În acest context, fiecare yoga reprezintă o metodă de unificare a conștiinței individuale a practicantului cu conștiința divină universală a lui Brahman.

Yoga Înțelepciunii (jñana yoga)

Scopul Yoga Înțelepciunii este de a dezvolta o minte aptă să taie prin vălurile propriei sale ignoranțe, eliberându-se pe ea însăși de lumea iluzorie a gândurilor și percepțiilor. Aceasta se face prin folosirea unor tehnici meditative ce sunt definite drept stâlpii cunoașterii:

1. **Discriminarea (viveka):** Practicarea continuă a discriminării între ce este real și ce este ireal.

2. **Detașarea (vairagya):** Cultivarea non-atașamentului față de obiectele temporare și posesiunile lumești.

3. Șase **virtuți (shat sampat):** În scopul stabilizării minții și emoțiilor, cultivarea calităților precum calmul, reținerea, renunțarea, rezistența, credința și concentrarea.

4. **Dorința (mumukshutva):** Dezvoltarea unei dorințe pasionate de a obține eliberarea de suferință.

Yoga devoțiunii (bhakti yoga)

Principalul scop al acestei forme de yoga constă în dezvoltarea unui sentiment copleșitor de iubire și devoțiune față de Zeu. În acest fel, practicantul este apt să-și dizolve simțul sinelui și să-și unească efectiv mintea sa cu Divinul. Aceste practici se bazează pe dorința sinceră de a face pe plac Zeului, mai degrabă decât pe așteptarea unui anume fel de răsplată sau beneficiu.

Formele principale de practici de devoțiune sunt:

- **Ritualuri de ofrande:** Indivizii pot face ofrande cu tămâie, bețișoare, flori sau alte substanțe, în concordanță cu ritualurile conectate cu oricare dintre zeitățile venerate. Aceste ofrande sunt făcute fie acasă, fie într-un templu.

- **Sărbătorirea prin festivaluri:** În timpul anului practicanții au oportunități de a sărbători evenimentele spirituale și de a aduce ofrande extinse.

- **Pelerinaje:** Mulți practicanți se duc în mod periodic în pelerinaje la locuri sfinte precum râuri, munți sau diverse temple.

Yoga acțiunii (karma yoga)

Această formă de yoga se focalizează pe dezvoltarea mindfulness în raport cu acțiunile corpului, vorbirii și minții cuiva. Practicile sunt menite să ajute practicantul să poată renunța la așteptările sale egoiste de a obține beneficii, purificându-și astfel mintea și pregătindu-se pentru obținerea realizărilor. Yoga acțiunii pune un accent particular pe noțiunea de îndeplinire completă a "îndatoririlor" spirituale și sociale ale cuiva. Practic, această yoga se focalizează îndeosebi pe a-i servi pe ceilalți, prin orice modalitate posibilă.

Yoga Regală (raja yoga)

Această ultimă Cale yoga este cea la care cei din lumea modernă se gândesc de obicei atunci când aud cuvântul "yoga". Este o cale spirituală concepută în mod special pentru a calma mintea practicantului prin lucrul cu corpul și mintea acestuia. Ea este de regulă prezentată ca având opt stadii succesive:

1. **Abținerea de la a face rău (yamas):** Acestea sunt ghiduri etice ce ajută la promovarea armoniei în viața practicantului.

2. **Atribuții pozitive (niyamas):** Aceasta este urmată de cultivarea activă a unor calități pozitive, care conduc spre dezvoltarea personală și spirituală.

3. **Posturi (asanas):** O serie de posturi fizice ce sunt concepute pentru a subjuga energiile din corp și pentru a facilita stadii meditative mai profunde.

4. **Controlul respirației (pranayama):** Reglarea conștientă a respirației pentru a calma fluctuațiile mentale.

5. **Retragerea minții (pratyahara):** Procesul de retragere a atenției cuiva de la stimulii exteriori și focalizarea pe lumea sa interioară, a sinelui său real.

6. **Concentrarea (dharana):** În acest stadiu, practicantul învață cum să-și odihnească fără distragere mintea în propriul său sine.

7. **Meditația (dhyana):** Un flux continuu de conștientizare, care reflectă la sau contemplă la simțul de sine al practicantului.

8. **Absorbția (samadhi):** Pe măsură ce practicantul se familiarizează din ce în ce mai bine cu sinele său, în final persoana ce meditează, obiectul asupra căruia meditează și chiar actul în sine al meditației, toate se contopesc în sensul unității.

VARIAȚII INTERNE

Actualmente hinduismul este divizat în patru mari grupări majore. Aceste grupuri se disting în principal datorită felului în care au conceput un Zeu Suprem. În fiecare dintre aceste grupe se regăsesc practicanți ce urmează diferite școli de gândire.

Vaishnavism

Adepții lui cred că există un singur Zeu Suprem, sub forma lui Vishnu cel atotpătrunzător, și ale diverselor sale manifestări. Chiar dacă vaishnavismul recunoaște existența mai multor zei, toți aceștia sunt considerați ca niște semizei și au un rol de subordonați.

Vaishnavismul se concentrează, în mod particular, pe ideea unui Zeu ca o ființă personală, ceea ce semnifică că cineva poate să dezvolte efectiv o relație cu acesta. Conceptul lor de Zeu este identificat prin a avea șase calități: atotcunoscător, atotputernic, măreție supremă, forță supremă, energie nelimitată și autosuficiență totală. Deși noțiunile unui sine sunt considerate ca fiind parte din Vishnu, Vishnu transcende atât sinele, cât și Universul.

Shaivism

Adepții lui adoră pe Shiva drept Zeul Suprem. Deși majoritatea shaiviștilor urmează o formă de dualism, ei sunt mai frecvent non-dualiști în perspectivă. Ei consideră toată creația ca fiind manifestarea conștiinței divine, care este non-duală cu acea divinitate însăși. Ea este în același timp și creație și creator.

Shaktism

Adepții lui o privesc pe Zeița (Devi/ Shakti) ca fiind Divinitatea Supremă. Orice alte forme de zeități sunt considerate ca fiind reprezentările ei. În multe feluri, Shaktismul seamănă cu Shaivismul. Distincția principală este accentuarea puternică a „Mamei Divine". În timp ce Shiva reprezintă aspectul masculin, Shakti este aspectul dinamic feminin al realității. Shaktismul este strâns legat de hinduismul tantric, care ne învață metode ezoterice ce implică mantre și diverse tipuri de yoga, precum yoga kundalini.

Smartism

Smartismul este foarte strâns legat de școala filozofică Advaita. Ei văd toate zeitățile drept manifestări ce apar cu toate din sursa primordială a lui Brahman. Ca atare, ei se închină în general lui Brahman ca unul dintre cele cinci forme: Ganesha, Shiva, Shakti, Vishnu sau Surya. Ei tind să se concentreze pe calea filozofică și meditativă, străduindu-se să obțină starea de unitate cu Brahman.

PUNCTE DE REFLECTAT

1. Fiecare aspect a hinduismului pare să indice un pluralism al vederilor și practicilor. Luați în considerare diferitele condiții care au contribuit la pluralitatea respectivă. Încercați să identificați factorii ce au condus spre diversitate. Apoi reflectați la propria voastră situație. Este prezent oricare dintre acești factori (în viața voastră)? În ce fel se manifestă diversitatea în viața voastră?

2. În fața unei asemenea diversități, cum își mențin practicanții hinduși armonia? Ce fel de atitudine au unul față de altul? Cum își reconciliază ei diferențele?

3. Practicile hinduse pot fi considerate drept căi ce dezvoltă calități fie ale devoțiunii, fie ale înțelepciunii. În ce fel vă raportați voi la aceste două calități? Cum le înțelegeți și în ce feluri v-au apărut ele în experiența voastră? Favorizați voi una în dauna alteia? Ce ați spune despre acțiunile voastre, au o natură mai degrabă de devoțiune? Ce este mai important, căutarea cunoașterii sau înțelegerea? Încercați să obțineți un simț al dinamicii între acestea două.

CAPITOL 5

Iudaismul

La un nivel, noi putem spune că credința funcționează ca o modalitate a indivizilor de a-și dezvolta înțelegerea sau cunoașterea despre o lume care este mai largă decât sinele lor. La un alt nivel, credințele noastre formează o rețea de conexiuni care ne leagă împreună nu doar ca indivizi, dar și ca comunitate. Obiceiurile și tradițiile noastre vin să ne reflecte credințele și, în acest fel, ele formează o componentă integrală a identității noastre personale și culturale.

Aceste teme sunt centrale în tradiția evreiască. Ca să povestim istoria iudaismului, noi trebuie să spunem istoria poporului evreu. În acest sistem de credințe, noi putem găsi chiar ADN-ul unei culturi, valorile și caracteristicile lor definitorii, care fac distincția ce sunt ei și cum sunt ei diferiți de ceilalți.

Deci, pe de o parte, credința poate fi ca o forță de unificare. Dar, pe de altă parte, poate fi o forță de izolare și separare. Felul în care echilibrăm aceste două forțe reprezintă una dintre cele mai mari provocări căreia îi facem față ca o comunitate globală. Este un echilibru care nu e ușor de găsit de către nimeni, dar e un echilibru care e important de realizat, dacă vrem să trăim în armonie. Trebuie să găsim calea de mijloc între unicitatea noastră individuală și contextul nostru global.

Dacă ne uităm la evoluția iudaismului, putem vedea că ideea echilibrului apare din nou și din nou în relația cu teme precum tradiția și progresul. În timp ce tradiția subliniază unicitatea cuiva, progresul tinde să sublinieze modul în care cineva se adaptează în contextul în care se află acea persoană. Luând în considerare diverse aspecte ale iudaismului modern, putem vedea că este un spectru larg de credințe, în care răspunsurile nu sunt prea clar alb sau negre.

EVOLUȚIA ISTORICĂ

Istoria poporului evreu începe cu povestea lui Avraam (1800 î.e.n). Un om extrem de devotat, Avraam a respins noțiunile politeiste ale timpului său și, în schimb, a crezut într-un unic creator invizibil, care transcende forma fizică. El credea că Dumnezeu i-a vorbit, prezicând că descendenții săi vor forma într-o zi o măreață națiune, numită Israel.

În acel timp, soția lui Avraam era dincolo de vârsta fertilă, de aceea i-a sugerat să nască un copil cu roaba ei. Primul său fiu a fost numit Ismael (1842 î.e.n), despre care se spune că ar fi strămoșul arabilor moderni. Mai târziu, Dumnezeu i-a spus lui Avraam că va avea un copil cu bătrâna sa soție. Când avea aproape 90 de ani, Sarah l-a născut pe Isaac, despre care se crede că ar fi strămoșul poporului evreu.

Familia lui Isaac a început să crească, ajungând ca în final să se formeze douăsprezece „triburi" distincte ale Israelului. Aceste triburi erau constituie din oameni nomazi, care nu aveau o țară natală stabilă. În timpul unei foamete, descendenții lui Isaac au călătorit spre Egipt, unde au ajuns sclavii faraonilor egipteni. Au trăit acolo câteva sute de ani, până când au fost în sfârșit eliberați de un profet al lui Dumnezeu numit Moise (1571 î.e.n). Moise a reușit să-și conducă poporul să fugă din Egipt, peste Marea Roșie (1446 î.e.n). Ei au rătăcit mulți ani prin deșert, stabilindu-se în sfârșit la baza Muntelui Sinai. Acolo Moise s-a întâlnit cu Dumnezeul său și a primit de la acesta revelația sub forma Tora (1312 î.e.n).

În următorii patruzeci de ani, Moise a compilat Tora în forma sa scrisă (prima parte a Bibliei Ebraice), sub forma a cinci cărți: Facerea sau Geneza (Bresheit), Exodul (Shemot), Leviticul (Vayikra), (Cartea) Numeri (Bamidbar) și Deuteronomul (Devarim). În aceste cărți Dumnezeu a stabilit peste 613 porunci pentru felul în care ar trebui să-și trăiască viața poporul evreu. Zece dintre aceste porunci au fost scrise pe tăblițe de piatră, ca o formă condensată a Legii evreiești.

În același timp, Moise a primit instrucțiuni extinse despre cum să fie practicate aceste porunci. Aceste instrucțiuni formează baza pentru transmisia orală a comentariilor asupra Torei.

De acolo, poporul evreu a călătorit spre Țara Canaanului, pe care în cele din urmă a invadat-o cu succes și acolo au stabilit regatul lui Israel (sfârșitul mileniului II î.e.n). Pământul a fost împărțit între cele douăsprezece triburi. Regatul Evreiesc a devenit o forță puternică în regiune sub regi precum Saul (1078-1010 î.e.n), David (907-837 î.e.n) și Solomon (990-931 î.e.n). Acești regi sunt cei răspunzători de construirea *Primului Templu (secolul al X-lea î.e.n)*. Acest templu adăpostea *Arca Legământului,* în care erau depozitate *Cele Zece Porunci.*

Regatul nu va dura, deoarece diferendele politice dintre triburi vor conduce în cele din urmă la un război civil. Când s-au așezat lucrurile, națiunea s-a divizat în Regatul lui Israel(1000-722 î.e.n) în nord și Regatul Iudeea (în secolele al VIII-lea - al IX-lea -568 î.e.n) în sud. Regatul nordic a fost cucerit de asirieni și regatul sudic a fost cucerit de către babilonieni. Armatele invadatoare au distrus templul și i-au exilat pe evrei în afara Babiloniei. De teama pierderii tradiției lor orale, a legilor orale și a comentariilor, evreii au decis în cele din urmă să le scrie, formând ceea ce este cunoscut sub numele de Talmud.

În sfârşit, evreii şi-au recâştigat un pic din influenţă şi li s-a permis să se întoarcă în patria lor natală (539 î.e.n). Unii dintre ei au ales să rămână în exil, formând prima comunitate evreiască din diaspora. Cei ce s-au întors în Jerusalem au construit *Al Doilea Templu* (537 î.e.n) şi şi-au îndeplinit sarcina de a-şi conserva cultura. În această perioadă, au câştigat importanţă două secte ale iudaismului, îndeosebi Fariseii (cărturarii) şi Saducheii (preoţii).

Zona Iudeea a fost guvernată de către diverse imperii. Sub conducerea lor, poporului evreu i s-au dat diverse grade de autonomie. Atunci când imperiul Roman a cucerit regiunea, Iudeea era considerată ca un regat independent şi, pentru un timp, ei au trăit în pace. Apoi, atunci când diviziunile interne ameninţau regatul cu dezmembrarea, romanii au intervenit şi au preluat controlul. Au fost instalaţi o serie de conducători corupţi, ce a condus la o reacţie împotriva saducheilor, care erau văzuţi drept aliaţi cu conducătorii. Poporul a apelat din ce în ce mai mult la farisei pentru îndrumare spirituală, prin urmare aşa a început tradiţia *rabinilor* (învăţători).

Datorită pierderii încrederii în preoţi, poziţia templului a început treptat să fie marginalizată. Rabinii îşi încurajau adepţii să pună mai mult accentul pe integrarea învăţăturilor în viaţa lor cotidiană. Sinagogile (lăcaşuri de cult) au fost stabilite în multe oraşe, unde se puteau aduna practicanţii evrei, se rugau şi sărbătoreau festivalurile spirituale importante. Era un timp de dezvoltare academică, înfiinţându-se multe academii didactice, unde cărturarii puteau să discute şi să dezbată vederile lor asupra scripturilor.

În timp, în cadrul comunităţii evreieşti au crescut tulburările, astfel că traiul sub stăpânirea romană a devenit în mod treptat ceva dificil de acceptat de către evrei. Cu două ocazii ei au încercat rebeliunea, dar de ambele dăţi au fost înfrânţi de romani (66–73 e.n). În timpul primei rebeliuni, romanii au distrus complet Templul (70 e.n), ceea ce a dus la finalul acelei tradiţii de cult din cadrul culturii evreieşti. A doua revoltă a dus la măcelărirea a mii de oameni şi exilarea evreilor din Ierusalim. Romanii au redenumit ţara drept Palestina.

Evreii ce au supravieţuit masacrului au fost împrăştiaţi prin tot Imperiul Roman. Mulţi au fost vânduţi ca sclavi şi le-au fost stabilite restricţii dure. Odată cu convertirea la creştinism a romanilor, poporul evreu a fost şi mai mult marginalizat şi persecutat. Sancţionarea oficială a convertirii evreilor în creştini a dus la o creştere a antisemitismului în noul Imperiu Bizantin (330–1453 e.n).

Odată cu creşterea Imperiului Islamic în Orientul Mijlociu şi în peninsula spaniolă, mulţi evrei şi-au regăsit noi libertăţi şi noi roluri în societate. Deşi încă erau consideraţi cetăţeni de clasa a doua, libertatea religioasă oferită a sprijinit dezvoltarea multor comunităţi evreieşti înfloritoare. Adeseori această perioadă a fost considerată drept Epoca de Aur a iudaismului (711–718 e.n. & 912 – 1031 e.n.).

La începutul mileniului, cruciaţii creştini au început să străbată Europa şi Orientul Mijlociu, ceea ce a condus în final la cucerirea Ierusalimului (7–15 iulie 1099 e.n.) şi la sacrificarea sau înrobirea a mii de evrei şi de musulmani. În acelaşi timp, creşterea sentimentelor anti-evreieşti a dus la uciderea unor evrei, sporirea segregării şi la restricţii suplimentare asupra evreilor europeni. Evreii au fost expulzaţi din ţări precum Anglia, Franţa şi Spania, şi deşi sufereau multe greutăţi în această perioadă, a fost de asemenea şi un timp cu multă literatură şi studiu. Învăţăturile mistice ale Kabbalah au devenit în mod particular predominante.

În cele din urmă, persecutorii şi-au pierdut puterea şi, din nou, poporul evreu a fost invitat în ţările europene. Pentru prima oară, multe comunităţi evreieşti au fost expuse unor influenţe culturale moderne, ceea ce le-a făcut să-şi regândească abordarea asupra iudaismului. Mişcarea Hanseatică

(1730 e.n- până în prezent) a devenit mai populară, încorporând elemente ale practicilor mistice ale Kabbhalei în practica spirituală cotidiană. În acest timp, în Germania, Iudaismul Reformat a devenit predominant.

Ca răspuns la persecuția violentă ce s-a declanșat în Polonia și Rusia, un număr mare de evrei au început să emigreze în țări precum Marea Britanie și America. Perioade lungi de ceartă și frământări duc spre creșterea Sionismului (1897), o mișcare politică pentru stabilirea unei țări permanente a poporului evreu. Atunci când Imperiul Britanic a capturat Palestina de la Imperiul Otoman (17 noiembrie-30 Decembrie 1917), ei au fost de acord să faciliteze acest proces. Valuri de evrei au început să emigreze înapoi în regiune, ajungându-se la confruntări cu arabii ce trăiau acolo.

Când a izbucnit al doilea război mondial (1 septembrie 1939 – 2 septembrie 1945), poporul evreu s-a găsit în fața unui genocid sistematic. Guvernul nazist din Germania a condus o campanie masivă contra lor, ce a condus la moartea a peste șase milioane de evrei. Aceste evenimente oribile au schimbat dramatic felul în care gândeau evreii și va avea, de asemenea, ramificații profunde în modul în care ei relaționau cu Dumnezeu.

În urma acestor evenimente traumatice, mișcarea sionistă s-a întărit și în cele din urmă ea a reușit crearea unui Stat Israel independent (14 mai 1948). În mijlocul unei tulburări tot mai mari, guvernul britanic a plecat din Israel (1947-1948) și țara a fost împărțită între evrei și arabi. De atunci, au fost o serie de războaie purtate între statele arabe din jur și Israel. În mod particular, chiar și în zilele noastre, continuă luptele între israelieni și populația palestiniană din regiune.

CREDINŢE DE BAZĂ

Credinţa evreiască nu e ceva facil de definit de nici o doctrină unică sau de un set de credinţe afirmate. În schimb, tema centrală principală constă în relaţia dintre Dumnezeu şi poporul său ales sub forma unui Legământ evreiesc. În acest context, noi putem identifica nişte idei fundamentale, care sunt abordate de diferitele ramuri din iudaism.

Natura lui Dumnezeu

Înţelegerea evreiască despre Dumnezeu a introdus două concepte noi într-o lume de regulă politeistă: ideea unui Dumnezeu unic şi că acest Dumnezeu poate să aleagă să se comporte într-un fel care este în acelaşi timp şi just şi corect. Acest Dumnezeu atotputernic e considerat mult deasupra capacităţii omeneşti de înţelegere sau imaginaţie, dar care totuşi e imediat accesibil unor indivizi, precum un părinte pentru copiii săi.

Deşi ramuri diferite au interpretări diferite ale naturii lui Dumnezeu, ne putem gândi că, în general, Dumnezeu are următoarele calităţi:

- **Unic:** Există un singur Dumnezeu şi el e indivizibil.

- **Transcendental:** El este deasupra şi dincolo de toate lucrurile lumeşti.

- **Atot-pătrunzător:** El este peste tot, tot timpul.

- **Etern:** El a existat întotdeauna şi va exista întotdeauna, fără început sau sfârşit.

- **Atotputernic:** Dumnezeu poate face orice.

- **Corect:** El pedepseşte pe cel rău şi îl răsplăteşte pe cel bun.

- **Milostiv:** El îi iartă pe cei ce greşesc.

- **Personal:** Lui Dumnezeu îi pasă de fiecare individ.

- **Accesibil:** O persoană poate comunica cu el în mai multe feluri.

Legământul cu Dumnezeu

Legământul Evreiesc reprezintă angajamentul încheiat între Dumnezeu și poporul evreu. În două ocazii,prima dată cu Avraam și, mai târziu, pe Muntele Sinai, Dumnezeu a încheiat un legământ cu evreii, identificându-i ca pe poporul ales și promițându-le să îi binecuvânteze pe ei mai presus de toate celelalte popoare. În schimb, evreii au promis să respecte Legea lui Dumnezeu și să devină exemplele sfințeniei sale în această lume.

Fundamentul eticii evreiești provine în totalitate din acest Legământ.

Ascultarea lui Dumnezeu și a legilor sale sunt întâmpinate cu binecuvântări, în timp ce neascultarea e urmată de pedepse. Pe această bază, se consideră că cineva poate să construiască o societate justă și onestă. În calitate de „oameni aleși" de Dumnezeu, fiecare evreu are datoria de a oferi lumii un exemplu de sfințenie și de comportament etic. Prin urmare, în cadrul obiceiurilor evreiești, se pune un mare accent pe problemele familiale și ale comunității.

Sufletul nemuritor și viața de apoi

În interiorul unor forme de iudaism, sufletul e considerat a fi o entitate eternă, ce continuă și după moarte. Se consideră, de regulă, ca fiind conectat cu natura esențială a lui Dumnezeu. În acest fel, poate fi considerat ca un fel de „scânteie de sfințenie". Unii dintre evrei cred că sufletul e caracteristica distinctivă care îi deosebește pe oameni de toate celelalte creații ale lui Dumnezeu.

În timpul nașterii, sufletul se atașează de un anume corp și rămâne cu acel corp până la momentul morții. Atunci sufletul se separă de corp și intră într-o stare de tranziție, caracterizată prin angoasă și dezorientare. Cei ce au trăit o viață corectă vor experimenta în mod progresiv stările mai înalte din dimensiunile spirituale cunoscute drept *Gan Eden* (similar cu ideea de paradis).

Cei ce nu au trăit așa, vor experimenta consecințele negative ale acțiunilor lor într-un tărâm numit Gehenom. Se crede că timpul petrecut în Gehenom în esență va purifica sufletul și îl va pregăti pentru viitorul Olam Ha-ba (Lumea ce va veni).

În scripturile evreiești este o profeție că după o perioadă de război și lupte, un messiah (un mare conducător) va inaugura o eră a păcii și a prosperității cunoscută sub numele de Epoca Mesianică. Se crede că în acel timp sufletele corecte sau care s-au purificat suficient, vor fi înviate pentru a trăi în această lume perfectă.

PRACTICI COMUNE

Iudaismul este o credință de fapte peste cuvinte. Mulți evrei cred că, în general, oamenii nu ar trebui să fie judecați după conținutul convingerilor lor, la fel ca și după modul în care ei își trăiesc viața. În acest fel, un practicant de iudaism încearcă să aducă un aspect de sfințenie în orice face. Toate acțiunile sale devin acte de venerare, ce îl onorează pe Dumnezeu și tot ce a făcut acesta.

Legile religioase (Halakhah)

Fundamentul practicii evreiești constă în respectarea legii religioase, așa cum a dezvăluit-o Dumnezeu lui Moise. Această lege este păstrată în două forme: Tora și Talmud. Tora reprezintă scrierile originale ale lui Moise, în timp ce Talmud este o compilație ulterioară a tradiției orale, ce explică cum trebuie aplicate în practică aceste învățături. În timp, Talmudul a ajuns să încorporeze comentarii suplimentare, care au apărut din dezbaterile și discuțiile rabinice.

În acest corpus de literatură, practicantul evreu va găsi o descriere foarte amănunțită a felului în care să se comporte în fiecare aspect al vieții sale, pentru un trai în concordanță cu Dumnezeu. Această lege poate fi împărțită în următoarele secțiuni:

Poruncile (Mitzvot)

Acestea sunt instrucțiunile directe de la Dumnezeu către poporul evreu. Ele sunt considerate a fi literalmente expresia dorinței lui Dumnezeu. În total, sunt 613 porunci individuale, ce includ o gamă largă de subiecte. Sunt 248 de precepte ce indică ce e de făcut și 365 de precepte ce indică ce nu trebuie făcut.

Aceste legi sunt special concepute pentru a menține o distincție clară între cine e evreu și cine nu e evreu. Ele pot fi folosite pentru a confrunta cultura evreiască cu altele și reprezintă o componentă cheie în formularea identității evreiești.

Legile orale (Mishnah)

Deși poruncile prezintă conduita ce trebuie respectată, ele nu descriu cum să procedeze practicantul. Instrucțiunile detaliate ale poruncilor au fost inițial transmise oral, până când, în sfârșit, au fost compilate în Talmud. Aici legile orale sunt împărțite în șase diviziuni:

1. **Semințe (Zeraim):** Legile despre agricultură, rugăciuni și zeciuieli.

2. **Festivaluri (Mo'ed):** Legile despre sabat și alte festivaluri.

3. **Femei (Nashim):** Legile despre căsătorie, divorț și contracte (de exemplu, jurăminte).

4. **Daune (Nezikin):** Legile civile și de drept penal, legile despre funcționarea instanțelor și alte legi adiționale despre luarea jurămintelor.

5. **Lucruri sfinte (Kodashim):** Legile despre Templu, precum sacrificii, legi despre dietă și alte aspecte ale vieții religioase.

6. **Purități (Toharot):** Legile ritualului purității și a impurității.

Legea Rabinică

Odată cu trecerea timpului, conducătorii spirituali vor lua decizii cu privire la modul de a aplica cel mai bine o poruncă dată, (adaptată) la diferite situații. Aceste reguli vor deveni o formă de precedente pe care practicanții evrei vor încerca să le urmeze. Spre deosebire de poruncile originale, aceste reguli erau cumva mai flexibile și vor continua în timp să evolueze. Există un set de trei legi rabinice:

7. **Gezeirah:** Reguli destinate a ajuta practicanții să respecte poruncile.

8. **Takkanah:** Reguli care au evoluat pe baza diferitelor necesități contextuale ale comunității. Ele nu erau neapărat prezente în poruncile de bază.

9. **Minhag:** Obiceiuri religioase ce au evoluat de-a lungul timpului și au fost considerate a fi benefice practicaților.

Cult și rugăciuni

Modul primordial prin care un evreu își exprimă devoțiunea sa față de Dumnezeu este prin actul rugăciunii. E de așteptat ca un practicant evreu să recite rugăciuni de trei ori pe zi, în plus față de rugăciunile legate de

Sabat sau de alte sărbători evreiești. Deși aceste rugăciuni pot fi făcute și de unul singur, cel mai adesea practicanții se adună în sinagogă, pentru a se ruga împreună.

Sunt trei forme de rugăciuni: rugăciuni de mulțumire, rugăciuni de laudă și rugăciuni care cer lucruri. Atunci când un practicant se angajează în rugăciune, se consideră că e esențial ca el să-și mențină o concentrare potrivită, păstrându-și mintea conștientă și plină de o intenție pură.

Majoritatea formelor de iudaism folosesc cărți de rugăciuni ce cuprind o compilație de diverse ceremonii de cult, care se țin de-a lungul săptămânii. De regulă aceste rugăciuni pot fi clasificate în următoarele grupuri:

- **Rugăciunile de dimineață (Shacharit):** Sunt niște rugăciuni care se spun dimineața la răsăritul soarelui, urmate de îmbrăcarea diferitelor articole vestimentare rituale ca *tzitzit*, *tallit* și *tefillin*. În timpul slujbei de dimineață se vor recita scripturi, împreună cu alte rugăciuni pentru binecuvântare.

- **Rugăciunile de după amiază (Mincha):** Această slujbă implică citirea unui anume număr de pasaje din scripturi.

- **Rugăciunile de seară (Ma'ariv):** Este o chemare formală spre rugăciune, urmată de rugăciuni de binecuvântare. În timpul săptămânii de lucru, această slujbă este adeseori combinată cu Rugăciunile de după-amiază, pentru a forma o singură slujbă.

- **Slujba din noaptea de vineri (Shabbat):** Această slujbă urmează după Mincha de vineri. Ea include niște rugăciuni ce marchează intrarea în Sabat. De regulă, sunt recitări a diverși psalmi, urmați apoi de slujba Ma'ariv.

- **Slujba din dimineața de sâmbătă:** Aceste rugăciuni din dimineața de Sabat sunt conduse în același mod ca și rugăciunile obișnuite de dimineață. Se citesc psalmi și se spun variate rugăciuni de binecuvântare. Apoi, ea este urmată de citirea săptămânală a sulului Torei.

- **Slujba adițională din dimineața de sâmbătă (Musaf):** Slujba Musaf începe cu o recitare în tăcere a rugăciunilor, urmată de o recitare publică a scripturilor. Sunt lecturi despre sfințenia Sabatului și pasaje despre sacrificiile care se făceau în Templul din Ierusalim. Nu toate ramurile de iudaism serbează această slujbă specifică de rugăciuni.

- **Slujba de după-amiaza de sâmbătă:** Rugăciunile din după-amiaza de Shabbat încep prin citirea a diverși psalmi, urmată de citirea unei noi părți din sulul Torei.

Ritualuri ale ciclului de viață

Tradiția evreiască marchează, de asemenea, niște ocazii specifice din timpul vieții unei persoane, ce au o semnificație particulară. Aceste celebrări fac parte integrantă din practica evreiască și contribuie la un sentiment general al identității evreiești.

- **Ceremoniile pentru naștere și primirea numelui:** În primul Sabat după nașterea unui copil evreu, tatăl acestuia este chemat la sinagogă pentru a recita aliyah și ca să ceară binecuvântări pentru sănătatea mamei și copilului. Dacă copilul este o fată, atunci i se dă și numele. Băieții vor fi numiți ca parte a ritualului circumciziei.

- **Circumcizia (Brit Milah):** Ritualul circumciziei este efectuat în a opta zi din viața noului-născut. De regulă se efectuează dimineața, în casa familiei. Ea simbolizează legământul dintre Dumnezeu și poporul evreu.

- **Răscumpărarea Primului-născut (Pidyon Ha-Ben):** Acest ritual constă în oferirea din partea tatălui a cinci monede de argint, ofrandă către un preot ce e descendent al *Tribului lui Levi*, la treizeci de zile după nașterea copilului.

- **Maturitatea (Bar and Bat Mitzvah):** Conform legii evreiești, copiilor nu li se cere să respecte poruncile, deși sunt cu siguranță încurajați și învățați să o facă. După ce a împlinit treisprezece ani conform legii evreiești, copilul e considerat adult și se așteaptă ca de acum înainte el să respecte toate poruncile.

- **Tradițiile de căsătorie evreiască:** Căsătoria este foarte mult venerată și puternic încurajată în iudaism. Niciodată nu s-a considerat că o viață de celibatar e mai sacră decât una de persoană căsătorită și o persoană trebuie să fie căsătorită pentru a putea deveni un rabin.

- **Ritualurile morții:** Deși în iudaism păstrarea vieții are o importanță capitală și primează asupra tuturor celorlalte priorități și ceremonii, moartea nu este detestată sau devalorizată. În schimb, moartea este văzută ca o parte naturală a vieții și a planului lui Dumnezeu.

- **Doliul:** În iudaism, doliul este ceva extins și are mai multe scopuri: arată respectul față de mort, alinarea celor rămași, descurajarea unei perioade excesive de doliu și îi ajută pe cei în suferință să revină la o viață normală. Doliul se observă timp de 30 de zile după înmormântare și e foarte intens în primele șapte zile.

Sărbători și festivaluri

Celebrarea unor sărbători specifice sau festivaluri este o parte importantă din cultura evreiască, oferind practicanților oportunitatea de a-și aminti evenimentele semnificative care au format istoria poporului lor. Sunt perioade de rugăciuni și slujbe, marcate de regulă prin ceremonii speciale. Unele dintre cele mai obișnuite evenimente sunt:

- **Shabbat:** Sâmbăta este considerată zi de odihnă, conform poruncilor sfinte. Acest eveniment durează 25 de ore, de vineri de la căderea nopții până sâmbătă la apusul soarelui. Sabatul este un timp de petrecut cu familia și de angajare în practica spirituală. Este interzisă orice formă de muncă.

- **Rosh Hashanah:** Este un eveniment solemn și sfânt, ce marchează începutul unui nou an. Este o perioadă de revizuire și de reparare a relației cuiva cu Dumnezeu.

- **Ziua uimirii:** O perioadă de zece zile de la începutul lui Rosh Hashanah până la sfârșitul lui Yom Kippur. Această perioadă importantă este dedicată introspecției, pocăinței și ispășirii pentru păcat.

- **Yom Kippur:** Este cea mai solemnă sărbătoare evreiască. Este o zi pentru ispășire pentru orice faptă greșită în care cineva s-a angajat.

- **Paștele (Pesach):** Această sărbătoare celebrează eliberarea poporului evreu din sclavia din Egipt.

- **Sărbătoarea săptămânilor (Shavuot):** Un festival care are loc la cincizeci de zile de la oferirea snopului de orz în timpul Paștelui. El marchează sfârșitul recoltei.

- **Festivalul de Standuri (Sukkot):** Acest festival durează pe parcursul a nouă zile, în care practicanții construiesc locuințe temporare sau „standuri", pentru a-și aminti de timpul petrecut de poporul evreu atunci când rătăcea prin pustiu.

- **Sărbătoarea lui Lot (Purim):** O sărbătoare veselă ce celebrează victoria contra asupritorilor poporului evreu. Este centrată în mod special pe istorisirea lui Ester.

- **Festivalul Luminilor (Hanukkah):** Timp de opt zile, evreii ard lumânări pentru a comemora victoria Maccabeilor care i-au doborât pe conducătorii sirio-greci ai Ierusalimului și au reconsacrat aici Templul.

VARIAȚII INTERNE

În cea mai mare parte a istoriei sale, iudaismul a fost destul de unit în credințele și practicile sale. Ei au fost întotdeauna separați de alte culturi și, prin urmare, au fost puține provocări pentru tradiție. Abia spre sfârșitul secolului al XX-lea evreii din Europa au intrat în contact cu ideile moderne ce le-au influențat modul în care s-au conceput pe ei înșiși în contextul unei comunități internaționale mai mari. Majoritatea diverselor forme de iudaism au apărut ca reacție la ideea despre cât de mult să se focalizeze pe tradiție, comparativ cu noțiunea de progres și schimbare.

Iudaismul ortodox

Iudaismul ortodox (sfârșitul secolului al XVIII-lea) este cea mai tradițională expresie a iudaismului modern. A apărut ca o mișcare contrară la inovarea Mișcării Reformei. Ei considerau că Tora și Talmud erau revelații divine de la Dumnezeu, atât autoritare cât și fixe. Prin urmare, ei credeau că practicanții evrei trebuiau să urmeze legile străvechi, exact cum au fost practicate din timpurile străvechi. Evreii ortodocși resping interpretările făcute de către Iudaismul conservator și Iudaismul reformat.

În termeni de practică, evreii ortodocși urmăresc respectarea strictă a formelor tradiționale de cult, precum rugăciunea, studiul Torei și segregarea genurilor în timpul cultului. Ei accentuează multe aspecte tradiționale ale culturii, precum folosirea ebraicii, păstrarea strictă a dietei cușer și păstrarea stilului tradițional de îmbrăcăminte.

Iudaismul reformat

Iudaismul reformat (1842) este cea mai liberală exprimare a iudaismului modern. A apărut în perioada în care evreilor europeni li s-au oferit drepturi complete, ca cetățeni ai țărilor ce îi găzduiau. Pentru prima dată ei nu mai trebuiau să trăiască în ghetouri separate și puteau participa complet la cultura locală. Mulți evrei au început să respingă anumite aspecte ale practicii tradiționale, pe care le considerau ca fiind contraproductive sau irelevante într-o lume în schimbare. Această mișcare a început să capete sprijin în Germania, dar se va răspândi curând în Statele Unite, unde va înflori.

Noțiunea revelației progresive este centrală în Iudaismul reformat. Este ideea că voința lui Dumnezeu este dezvăluită constant în fiecare generație și că legile expuse în Muntele Sinai erau ghidări specifice, aplicabile stilului de viață al unui popor nomad, ce trăia în pustiu. Întrucât lumea se schimbă, tot așa trebuie și iudaismul să se adapteze la noua înțelegere și viziune (asupra lumii).

Unele dintre schimbările făcute includ renunțarea la accentuarea separării poporului evreu și eliberarea de a adera la legile dietei. Au început să-și țină slujbele în limba populară locală, mai degrabă decât în ebraică și au introdus, de asemenea și elemente muzicale. Sabat a fost mutat de sâmbătă în ziua de duminică, pentru a se alinia cu vecinii lor creștini. Întrucât cea mai mare parte a Talmudului a fost respins, rabinii reformați au pus cel mai mare accent pe învățăturile etice ale Profeților. În general, Iudaismul reformat a îmbrățișat viața modernă ca pe o oportunitate spre evoluția continuă a credinței lor.

Iudaismul conservator

Iudaismul conservato (1854) încearcă să găsească un punct de mijloc între iudaismul ortodox și cel reformat. Deși caută să păstreze elementele tradiționale ale iudaismului, el e deschis un pic și modernizării. Abordarea lor e una de schimbare graduală, care păstrează intenția tradiției evreiești.

Vederile distincte ale Iudaismului conservator sunt credința sa în centralitatea Israelului modern, importanța menținerii ebraicii pentru studiul și practica iudaismului, devoțiunea față de ideea unei comunități evreiești globale unite în moștenirea lor comună, recunoașterea că Tora este sacră și trebuie să se continue studierea ei, centralitatea legii religioase ce guvernează toate aspectele vieții evreilor și credința în Dumnezeu.

Iudaismul reconstrucționist

Comunitatea Evreiască Reconstrucționistă (1963) este o mișcare ce își are originea în Statele Unite. Ei au fost inițial identificați cu Iudaismul conservator, dar apoi s-au despărțit, întrucât au dezvoltat o abordare mai specifică. Evreul reconstrucționist urmărește să aducă laolaltă istoria evreiască, tradiţia, cultura şi credinţa sa, împreună cu cunoaşterea ştiinţifică modernă.

Ei consideră că iudaismul este o tradiţie în evoluţie, ce a început cu experienţa individuală şi a subliniat calităţi precum conectarea, oportunitatea şi responsabilitatea. Ei văd iudaismul ca pe o cale spirituală ce-şi sprijină practicaţii să înţeleagă semnificaţia ultimă a vieţii prin relaţia lor cu Dumnezeu. Evreul reconstrucţionist recunoaşte că, în calitate de membri ai comunităţii evreieşti, ei împart acelaşi trecut, prezent şi viitor, dar resping ideea unui popor evreu ca fiind „alesul" lui Dumnezeu. În schimb, ei accentuează faptul că fiecare practicant de iudaism trebuie să-şi creeze propriul său legământ cu Dumnezeu, alegând să trăiască în cadrul acelei tradiţii. Ei consideră că toate tradiţiile religioase sunt autorizate de oameni şi resping noţiunea unui Dumnezeu supranatural. Conceptul lor despre Dumnezeu este mai degrabă focalizat pe experienţa umană şi conexiunea sa cu lumea naturală.

Iudaismul hasidic

Mişcarea Hasidică a apărut în secolul al XII-lea prin focalizarea pe experienţa ascetică şi mistică, ce se naşte din iubirea şi smerenia faţă de Dumnezeu. Evreii hasidici se îndepărtau activ de stilul rabinic extrem de academic şi elitist (secolul al VI-lea e.n.) al iudaismului şi se îndreptau către un misticism care se concentra pe experienţa lor personală cu Dumnezeu.

Hasidismul e centrat în jurul liderilor spirituali cunoscuţi sub numele de *tzadikim*, care le ofereau adepţilor lor rugăciuni şi îndrumare. În final, mişcarea s-a divizat în mai multe grupuri autonome, ce urmau fiecare câte un tzadikim diferit.

Mişcarea a fost puternic influenţată de Cabala (secolele XII-XIII e.n), care este o formă mistică de iudaism. Sistemul Cabala a fost transmis iniţial prin tradiţie orală, dar în final a ajuns să fie sistematizat în Evul

Mediu. Focalizarea sa era simultană pe transcendență și pe imanența lui Dumnezeu. Practicile lor lucrau pentru înțelegerea aspectului secret al lui Dumnezeu și pe relația sa cu umanitatea.

PUNCTE DE REFLECTAT

1. Credința evreiască pune un accent puternic pe noțiunea de familie și comunitate. Luați în considerare comunitatea în care trăiți. Cum ați caracteriza relația dintre voi și ceilalți oameni ce trăiesc în acea comunitate? Dacă percepeți o mulțime de conexiuni, ce fel de activități contribuie la acest simț al unității? Dacă nu prea simțiți conexiunea, luați în considerare condițiile ce contribuie la acest sentiment de separare.

2. Cu ce vă identificați voi? Luați în considerare diversele caracteristici care simțiți că vă definesc pe voi înșivă ca persoană. Indiferent dacă e țara voastră, genul, profesia, credințele, orice ar fi, reflectați la ce semnifică acestea pentru voi. Cum vă influențează ele experimentarea a ceea ce sunteți voi?

3. Tradiția creează o conexiune cu trecutul, în timp ce progresul ne orientează spre viitor. Reflectați la rolul jucat de tradiție în viața voastră. Ce este considerat în cultura voastră drept „tradițional"? Sunt aceste tradiții relevante sau semnificative pentru voi? Dacă da, în ce fel? Apoi luați în considerare atitudinea voastră față de schimbare. Ce este mai important pentru voi, tradiția sau progresul? De ce?

CAPITOL 6

Creştinismul

Biblia evreiască vorbeşte despre venirea unui Mesia ce va realiza eliberarea Israelului de asupritorii săi, readucând poporului evreu Ierusalimul şi inaugurând o Epocă de aur a păcii şi prosperităţii. Unii cred că acest Mesia a venit sub forma lui Isus din Nazaret (între anii 6 î.Hr. şi 4 î.Hr.). Aceşti adepţi ai lui Isus l-au numit pe acesta "Christ", ceea ce înseamnă „cel uns", care este un alt nume dat lui Mesia. Din această cauză ei au devenit cunoscuţi drept creştini.

De la începutul său umil ca o mică ramificaţie a iudaismului, tradiţia creştină (30 e.n) a crescut până la cel mai larg sistem organizat de credinţă a lumii, cu peste 2 miliarde de adepţi, răspândiţi pe tot globul. În nucleul tradiţiei lor stă credinţa neclintită în puterea lui Isus Christos de a aduce salvarea celor ce îi urmează învăţăturile sale de iubire, compasiune şi grijă pentru cei care au nevoie de noi.

Pentru înţelegerea rolului lui Iisus Hristos ca salvator, e esenţial să înţelegem relaţia dintre Dumnezeu şi Isus. Deşi natura exactă a relaţiei este dezbătută de mulţi teologi, majoritatea creştinilor cred că Isus a fost Fiul lui Dumnezeu, o întrupare divină a lui Dumnezeu care a fost trimisă în această lume pentru a salva umanitatea de la suferinţă. Prin exemplul şi sacrificiul lui personal, a devenit posibilă această salvare.

EVOLUŢIA ISTORICĂ

Conform Bibliei creştine, nu numai că Isus a fost descendentul unei familii ce se trăgea direct din David (1010-cca. 970 î.e.n.), dar, de asemenea, el s-a născut dintr-o concepţie imaculată. Când s-a răspândit vestea naşterii sale prin ţară, s-au făcut încercări de asasinare a lui Isus şi familia sa a fugit în Egipt, până când a trecut ameninţarea. În final, ei s-au putut întoarce şi s-au stabilit în oraşul Nazaret.

Se cunoaşte foarte puţin despre primii ani ai lui Isus; sunt doar câteva istorisiri în Evanghelii. Se crede că a fost botezat la vârsta de 30 de ani de către Ioan Botezătorul (29 e.n.), care e primul care l-a identificat drept Fiul lui Dumnezeu. După botez, Isus s-a retras în izolare, aventurându-se în deşert ca să postească şi să mediteze.

După întoarcerea sa în Galileea, Isus a început să dea învăţături. El a călătorit prin regiune şi, în final, a adunat un grup central de discipoli. Peste tot pe unde a fost, Isus a predat folosind parabole şi a afişat diferite minuni, cum ar fi vindecarea unor bolnavi. I-a crescut faima şi din ce în ce mai mulţi adepţi au început să îl urmeze. Finalmente, oamenii au început să-l identifice cu Mesia, ceea ce a dus la apariţia fricţiunilor cu fariseii evrei. Tensiunile dintre cele două grupări s-au intensificat, întrucât Isus a început să critice în mod deschis credinţele şi practicile acestora.

Într-o zi foarte importantă, Isus şi câţiva dintre discipolii săi s-au urcat pe vârful unui munte pentru a se ruga. Acolo discipolii au experimentat o viziune cu Isus vorbind cu Profeţii Moise şi Elijah. Ei au proclamat atunci că Isus e Fiul lui Dumnezeu. După aceea, Isus s-a întors şi a străbătut călare străzile Ierusalimului, unde a fost întâmpinat de o mulţime de oameni care l-au elogiat ca fiind Mesia şi Regele evreilor.

Situaţia cu fariseii a continuat să se deterioreze şi ei au pus la cale un complot pentru a-l ucide pe Isus. După ce s-a întâlnit cu discipoli săi la o ultimă masă împreună (miercuri, 1 aprilie 33 e.n.), Isus a fost arestat de soldații romani. Aceștia l-au dus în fața guvernatorului local, care a cedat presiunii publice și l-a condamnat pe Isus la crucificare. Discipolii săi s-au ascuns de frica de a nu-și pierde și ei viața.

A doua zi, Isus a fost condus pe străzi, cărând pe umeri crucea și purtând o coroană de spini pe cap. L-au prins cu cuie de cruce, alături de doi hoți, câte unul în dreapta și în stânga lui. După multe chinuri, în cele din urmă Isus a murit (vineri 7 aprilie 30 e.n și vineri 3 aprilie 33 e.n.) și a fost îngropat într-un mormânt din apropiere.

La trei zile după moartea sa, câțiva discipoli ai lui Isus i-au găsit mormântul gol. El a apărut atunci în fața mamei sale și a Mariei Magdalena, care le-au spus celorlalți discipoli despre ceea ce văzuseră ele. În final, Isus a apărut și în fața discipolilor și i-a rugat să propovăduiască întregii omeniri Evanghelia Sa.

După 40 de zile, Isus și-a adus discipolii în vârful Muntelui Olivet. Cu ultimele sale cuvinte, el le-a spus că ei vor primi puterea Duhului Sfânt. Apoi el a dispărut în lumină și s-a urcat în ceruri.

După plecarea lui Isus, creștinismul a experimentat o perioadă de expansiune rapidă. Creșterea s-a datorat eforturilor făcute de un prozelit mai recent, numit Paul (33–36 e.n.), care fusese anterior un evreu fundamentalist ce persecuta efectiv creștinii. Abia după ce a avut o viziune cu Isus, el a devenit a devenit un avocat ferm al tradiției acestuia. Paul a călătorit prin Imperiul Roman, predicând învățăturile lui Isus și fondând mai multe mânăstiri în diverse regiuni. Paul și alți discipoli vor trimite scrisori acestor congregații, oferindu-le sfaturi și răspunzând întrebărilor lor.

La începuturile lor, adepții credinței creștine au experimentat multe persecuții din partea conducătorilor romani. În același timp însă, ei au experimentat o expansiune teribilă, pe măsură ce dezbaterile interne le-au alimentat înțelegerea învățăturilor. Aceste condiții i-au condus pe liderii creștini să scrie o mare varietate de texte, în care fie că-și apărau credințele lor contra criticilor externi, fie că clarificau niște concepții greșite comune în cadrul bisericii. Acest proces a dat naștere unui set stabil cu doctrină scrisă, care va deveni cunoscut drept „Noul Testament" (50 și 62 e.n.).

Această colecție constă în 27 de cărți, care formează două secțiuni principale:

Evangheliile

Aceste cărți ne povestesc istoria lui Isus din mai multe perspective diferite. Ele folosesc, în principal, evenimente selectate din viața lui, ca exemple de a-i îndruma pe adepți. Deși multe dintre cărți prezintă aceleași evenimente esențiale, ele se adresează unui public divers.

Scrisorile

Aceste colecții de sfaturi oferă o vedere practică despre cum să se aplice învățăturile lui Isus într-o mare varietate de situații. Atunci când creștinismul s-a răspândit prin Imperiul roman, diverse culturi au abordat în mod diferit principiile de bază. Scrisorile de la părinții bisericii oferă un mod natural de a explica diverse subiecte dificile. Chiar dacă nu e o prezentare sistematică a credinței, scrisorile reprezintă un corpus al gândirii creștine timpurii.

Ultima carte a Revelației reprezintă o serie unică de scrisori trimise unui grup de biserici din zona ce este cunoscută acum drept Turcia. În ea, autorul prezintă o relatare vizionară a naturii tuturor lucrurilor, incluzând crearea și distrugerea lumii.

Biblia creștină este o combinație între acest Nou Testament cu Vechiul Testament (Biblia evreiască tradițională). Deși există diverse interpretări ale Bibliei, cea mai mare parte a creștinilor o consideră drept text sacru.

Persecuţia pe scară largă a creştinilor a încetat atunci când împăratul roman Constantin (27 februarie 272 – 22 mai 337 e.n.) s-a convertit la creştinism. În timpul vieţii sale, el a implementat schimbări radicale în imperiu, ridicând statutul creştinilor şi protejându-i contra unor viitoare abuzuri. Creştinismul a devenit finalmente curentul principal de credinţă. În timpul domniei lui Constantin, doctrina Sfintei Treimi a fost dezvoltată mai departe, în contrast cu viziunea concurentă numită arianismul. Ambele viziuni se refereau în primul rând la modul de înţelegere a relaţiei dintre Dumnezeu şi Fiul lui Dumnezeu. Cei ce credeau în Sfânta Treime considerau că reprezentau aceeaşi esenţă, dar în aspecte diferite, în timp ce arienii credeau că reprezintă două entităţi distincte.

Nu va mai dura mult până când următorul împărat va stabili creştinismul drept sistemul oficial de credinţă al întregului Imperiu Roman. În acele vremuri, imperiul era împărţit în regiuni cunoscute ca episcopii, ce erau conduse de lideri spirituali numiţi *episcopi*. Bazându-se pe puterea imperiului, aceştia au realizat convertiri forţate, la o scară foarte mare. În acest fel, s-a născut creştinătatea medievală.

Odată cu răspândirea creştinismului, s-au format treptat două forme de credinţă. Biserica latină în vest şi cea grecească în est. Ele au devenit din ce în ce mai polarizate pe probleme precum teologia, cultura şi politica. Practicile lor au ajuns şi ele divergente, conducând spre viziuni diferite pe care ar trebui să se focalizeze. După ce Papa roman (conducătorul bisericilor vestice) l-a excomunicat pe Patriarhul Constantinopolului (conducătorul bisericilor estice), a început o serie de evenimente ce au condus în final la *Marea Schismă (1054 e.n.)*. Această separare a dus la divizarea creştinismului în Catolicismul Roman şi tradiţiile Ortodoxiei greceşti.

Au trecut câteva sute de ani şi biserica romano-catolică a devenit o forţă politică importantă şi să arate ca un imperiu. În jurul secolului al XV-lea, mulţi creştini vestici au început să critice în mod public biserica pentru abuzurile sale de putere și corupția ei larg răspândite. Acești protestatari cereau reîntoarcerea la rădăcinile credinței creștine, libere de tradiții și obiceiuri pe care le considerau nenecesare. Mulți dintre ei au fost executați, înainte de a obține vreun rezultat.

Până la Martin Luther (10 noiembrie 1483 - 8 februarie 1546), mișcarea reformei nu a reușit să ia efectiv o formă. Cu ajutorul presei scrise, Luther și-a răspândit ideile prin Germania și, ulterior, în părți din Anglia și Elveția. Foarte rapid, Europa de vest a intrat într-un război civil religios între stabilimentul romano-catolic și reformatorii protestanți.

În urma unei asemenea violențe și persecuții religioase, mulți creștini au ales să fugă din Europa, îmbarcându-se în bărci și călătorind de cealaltă parte a lumii. În America, creștinii de diverse confesiuni și-au întemeiat fiecare propriile lor comunități, liberi să practice în orice modalitate li se potrivea.

Odată cu un val de idei noi ce se revărsau în America de Nord, a apărut o serie de mișcări revigorate. Predicatori carismatici au început să pună un accent crescând pe reîntoarcerea la credința autentică în Isus Christos și pe mesajul de salvare ce se găsea în Evangheliile sale. Aceste mișcări se caracterizau adeseori prin reducerea accentului pus pe ritual și focalizarea pe dezvoltarea relației lor personale cu Isus, prin acte de credință sau devoțiune.

CREDINȚE DE BAZĂ

Creștinismul modern include acum o gamă variată de confesiuni ce sunt răspândite în aproape fiecare țară din această lume. Deși sunt diferențe considerabile în modul în care aceste confesiuni își prezintă credințele, se poate spune că majoritatea crede în următoarele puncte centrale ale doctrinei:

Sfânta Treime

Doctrina Sfintei Treimi a apărut din experienţa şi înţelepciunea liderilor creştinismului timpuriu. Deşi diverse aspecte ale acestor credinţe sunt prezentate în Vechiul şi în Noul Testament, abia mai târziu ele au fost sistematizate într-o teorie coerentă, coezivă. Această doctrină a luat diverse forme de-a lungul anilor, dar a rămas o trăsătură distinctivă a credinţei creştine.

În forma sa esenţială, ideea reprezintă o modalitate de reconciliere a credinţei într-un Dumnezeu unic, singular şi multiplicitatea exprimării unui Dumnezeu în forma Tatălui, Fiului şi Sfântului Duh. Prin înţelegerea acestei relaţii, se crede că cineva e apt să-l cunoască mai bine pe Dumnezeu şi, prin această cunoaştere, să-şi experimenteze salvarea.

Un Dumnezeu, o singură esenţă

Similar cu predecesorii lor evrei, creştinii cred că există un singur Dumnezeu, care e atot-puternic, atot-cunoscător, atot-pătrunzător şi bun în toate. Se crede că de la acest Dumnezeu au ajuns toate lucrurile să existe. El este în acelaşi timp Creatorul universului, cât şi cel ce îl susţine.

La acest nivel, Dumnezeu e natura divină sau absolută. Este natura din care apar cele trei persoane distincte ale Tatălui, Fiului şi Sfântului Duh. Se poate spune, de asemenea, că în nici un moment aceste trei persoane nu sunt altceva decât Dumnezeu. Ele sunt, în acelaşi timp, unite în a fi Dumnezeu şi, în acelaşi timp, sunt persoane distincte şi unice.

Trei entităţi

Şi se pune întrebarea, în ce fel sunt distincte aceste trei "persoane"? Au existat dezbateri semnificative între creştini, referitor la răspunsul exact la această întrebare. O modalitate de a ne gândi la aceasta ar fi următoarea:

- **Tatăl:** Acest nume e folosit de regulă drept sinonim pentru Dumnezeu în Vechiul Testament și, prin urmare, se consideră de regulă că e același cu Dumnezeul care e venerat în iudaism. Dar ceea ce e unic în înțelegerea creștină a lui Dumnezeu este utilizarea foarte intimă a cuvântului "Tată" atunci când se referă la el. Creștinii subliniază faptul că fiecare dintre noi are capacitatea de a deveni Fiul lui Dumnezeu (prin Isus) și relația cuiva cu Dumnezeu este foarte personală și foarte aproape de inima sa.

- **Fiul:** Fiul lui Dumnezeu se referă la încarnarea umană a lui Isus Cristos. Prin iubirea lui Dumnezeu, acesta s-a născut pentru a permite o cale spre mântuirea tuturor celor ce cred în el. Deși el e în întregime o ființă umană, el e indivizibil de Dumnezeu și, prin urmare, ne demonstrează și capacitatea fiecăruia de a fi una cu Dumnezeu. Rolul primar jucat de către Isus Cristos a fost ca exemplu al divinității și autorității lui Dumnezeu. Isus a demonstrat puterea lui Dumnezeu prin numeroase miracole făcute în timpul vieții sale.

- **Sfântul Duh:** Duhul lui Dumnezeu se află în toți oamenii, fie ei credincioși sau necredincioși. Pentru un credincios, el este sursa tuturor calităților virtuoase și îl conduce spre ceea ce e cunoscut drept Dumnezeu. Pe măsură ce puterea Duhului crește într-o persoană, îi cresc și virtuțile și îl apropie de Dumnezeu. În unele confesiuni, se crede că Duhul se evidențiază prin manifestările unor semne certe exterioare, precum vorbind în limbi. Pentru un necredincios, Duhul lucrează ca să împingă acea persoană spre Dumnezeu, relevându-i în diverse moduri adevărul lui Dumnezeu și creând fundamentul ca să poată să apară credința. Dacă persoana e aptă să se deschidă în fața influenței lui, atunci Duhul e capabil să se manifeste în acea persoană.

Mântuirea prin Cristos

În timp ce Trinitatea ne descrie un model despre felul în care se manifestă Dumnezeu în viața oamenilor, apare întrebarea: de ce? Ce rost are să se manifeste în acest fel? Ca să putem răspunde la această întrebare, trebuie să luăm în considerare faptul că, în esența sa, creștinismul ne oferă o colecție de metode pentru obținerea a ceea ce este cunoscut sub numele de „mântuire".

Mântuirea se referă la a fi izbăvit de suferința generată de păcatul cuiva. Creștinii cred că toți cei ce dezvoltă o credință autentică în Isus drept Cristos, vor ajunge în Regatul lui Dumnezeu. Următoarele concepte pot fi utile în înțelegerea felului în care se pot mântui:

Natura păcatului

Biblia ne învață că păcatul poate fi înțeles ca o încălcare sau rebeliune împotriva lui Dumnezeu sau a voinței acestuia. Pin urmare, e legat de orice acțiune a corpului, vorbirii sau minții ce sunt făcute contra ordinii naturale a lui Dumnezeu. În creștinism, toate păcatele au pornit sau au devenit posibile datorită păcatului originar al lui Adam și Evei.

Adam și Eva, despre care se credea că sunt strămoșii tuturor oamenilor, s-au îndepărtat de Dumnezeu și i-au încălcat porunca de a nu mânca din Copacul Cunoașterii. Atunci când au făcut asta, practic ei s-au condamnat pe ei înșiși și pe toți urmașii lor la o viață plină de suferință și la o moarte inevitabilă.

Efectul pe care acest păcat originar l-a avut asupra generațiilor următoare face obiectul dezbaterilor între creștini. Majoritatea cred că oamenii se nasc cu tendința de a păcătui. Alții cred că, în plus față de această tendință de bază, natura noastră este de a păcătui. Rezultatul acestei naturi universale este că fiecare om se naște păcătos și are nevoie de mântuire, chiar dacă nu a făcut el însuși nici un fel de păcat.

Procesul mântuirii

Presupunând că toți oamenii au păcătuit la un moment dat în viața lor, apare întrebarea: cum să scape cineva de consecințele păcatului personal? Creștinii cred că e o singură modalitate și anume prin credința în Isus Cristos. Această mântuire vine în trei etape:

1. **Mântuirea inițială:** Primul pas al oricărui creștin este să se pocăiască pe deplin pentru păcatele sale și, în schimb, să se încreadă în Isus drept salvatorul său. Se crede că prin puterea credinței cuiva, combinată cu sacrificiul făcut de Isus în timpul vieții acestuia, toate păcatele noastre vor fi iertate. De aceea, credința joacă un rol crucial în creștinism, fiind poarta ce face posibilă viața eternă.

2. **Mântuirea progresivă:** Din momentul în care o persoană devine creștină, se angajează în procesul de a-și întări credința în Dumnezeu și e susținută de prezența Duhului Sfânt. Prin practici variate, precum închinarea către Dumnezeu și ajutorul oferit celorlalți, un creștin își întărește iubirea și alte calități virtuoase. Scopul este de a trăi o viață riguroasă, în conformitate cu voința lui Dumnezeu. Această etapă subliniază importanța faptului că credința nu este pur și simplu o credință sau încredere, ci reprezintă expresia sa activă în viața cuiva.

3. **Mântuirea finală:** Creştinii cred că, după moarte, o persoană e judecată pe baza felului în care şi-a trăit viaţa. Există dezbateri asupra modului specific în felul în care are loc această judecată şi când anume. Opinia generală este că celor ce şi-au trăit viaţa în virtute, cu credinţă, li se va permite să ajungă în rai, unde vor experimenta extazul şi fericirea nesfârşite. Cei ce şi-au trăit viaţa în păcat, ce şi-au întors faţa de la Dumnezeu, se vor afla în situaţia de a experimenta blestemul etern în iad.

PRACTICI COMUNE

Practicile creştine au în mod decisiv o natură de devoţiune. Ele sunt concepute, de regulă, ca să faciliteze dezvoltarea credinţei în Sfânta Treime şi să orienteze viaţa practicantului spre propria sa mântuire.

Sfintele Taine sau rânduieli

Sunt două sacramente majore (sau rânduieli), care sunt comune în confesiunile creştine: botezul şi împărtăşania. Aceste ritualuri reprezintă oportunităţi prin care practicanţii lor îşi reafirmă credinţa şi îşi întăresc conexiunea cu Sfânta Treime a Tatălui, Fiului şi Sfântului Duh.

Botezul

În acest ritual, un creştin aspirant este scufundat sau uns cu apă. Binecuvântarea este însoţită de proclamarea credinţei sale. E simbolizarea spălării păcatelor şi ultimii mântuiri a persoanei ce a fost botezată.

O parte a ritualului constă în acceptarea activă a lui Isus drept Salvatorul celui botezat, şi angajamentul de a-i urma învăţăturile. Din această cauză, unele confesiuni consideră că doar adulții ar trebui să fie botezați, întrucât copiii nu au conștientizarea necesară asumării responsabilităților pe care astfel și le asumă.

Împărtășania (comuniunea)

Acest ritual comemorează moartea lui Isus pe cruce. Însuși Isus și-a instruit discipolii cum să efectueze acest ritual în timpul Cinei cea de taină, din seara dinaintea morții sale. În acest ritual, practicanții mănâncă pâine și beau vin, ca simboluri ale corpului și sângelui lui Isus. Este menit a li se reaminti mărețul sacrificiu pe care l-a făcut Isus de dragul umanității și, prin aceasta, a făcut posibilă mântuirea omenirii.

Construirea unei relații cu Dumnezeu

Din momentul în care o persoană a fost botezată ca și creștin, practica sa va consta în dezvoltarea ulterioară a unei relații cu Dumnezeu, prin acte de virtute precum devoțiunea sau a avea grijă de ceilalți. Pentru simplificare, vom vorbi despre activitățile efectuate de cineva în nume personal sau de acțiunile efectuate de alții. O practică creștină personală constă în principal din:

Rugăciunea

Aceasta reprezintă actul de a comunica cu Dumnezeu. Ea se poate efectua în mai multe forme, dar de regulă îndeplinește scopul de dezvoltare a conexiunii cu Dumnezeu a celui ce se roagă, într-un fel foarte personal și imediat. Deși există multe tipuri de rugăciuni, se pot identifica următoarele categorii generale:

- **Rugăciuni liturgice:** Aceste rugăciuni se pot face pe baza unor texte sau pot să apară spontan (în minte). Ele se focalizează adeseori pe a lăuda pe Dumnezeu, cereri, confesiunea păcatelor sau alte exprimări ale credinţei practicantului.

- **Rugăciuni meditative sau contemplative:** Acestea reprezintă mai degrabă un proces în care practicantul încearcă să experimenteze un anumit aspect al lui Dumnezeu, prin reflectarea asupra revelaţiilor sale.

- **Rugăciuni mijlocitoare:** Aceste rugăciuni sunt făcute în numele unei alte persoane sau a unui grup de persoane. Rugăciunile de mijlocire invită practicantul să privească dincolo de propriile sale necesităţi şi să integreze în practica sa de devoţiune şi nevoile altora.

Studiul Bibliei

Timp de secole, creştinii au studiat Biblia pentru a putea obţine o viziune mai profundă în credinţa lor şi pentru a putea înţelege sensul vieţii, aşa cum l-a predat Isus. Studierea Bibliei, ca practică, implică să citeşti pasaje din Biblie şi apoi să reflectezi pe scurt la semnificaţia lor. Scopul este să integrezi învăţăturile în viaţa ta, astfel încât toate activităţile să devină o reflexie a propriei tale credinţe.

Postul

În multe confesiuni creştine postul este o practică importantă, care ajută la purificarea trupului şi a sufletului. Practicanţii se vor abţine de la anumite alimente şi băuturi pentru un interval specific de timp. Postul este un moment al contemplării spirituale profunde şi sunt menite a îmbunătăţi conexiunea celui care posteşte cu Dumnezeu.

Întărirea credinței prin intermediul comunității

Pe lângă practicile personale, activitățile comunitare joacă și ele un rol important. Ele oferă practicantului creștin oportunitatea dezvoltării unui sentiment de tovărășie cu alți oameni, ce împărtășesc aceleași credințe și de a-i alina pe cei ce sunt în suferință. Câteva dintre diversele activități făcute de creștini sunt:

Venerarea duminicală

Pentru creștini, duminica este o zi sfântă pentru venerare. Ei se adună în biserici, pentru a spune împreună tot felul de rugăciuni, de diverse feluri și lungimi, ca să asculte pasaje citite din Biblie, să cânte rugăciuni către Dumnezeu și să participe la tainele sfinte, precum Împărtășania. Deși formatul acestor servicii poate varia în mod semnificativ între confesiuni, ele toate oferă oportunitatea de a se dezvolta împărtășirea lor în cadrul comunității.

Oferirea serviciilor către ceilalți

Isus este recunoscut pentru relația sa strânsă cu cei defavorizați de societate. El și-a petrecut o mare parte din slujirea sa vindecându-i pe cei bolnavi și sprijinindu-i pe cei ce nu aveau nimic de mâncare. Mulți creștini încearcă să-i calce pe urme și se angajează în activități altruiste, prestate în cadrul comunității lor. Aceasta poate lua forma (gătirii și) servirii mesei în cantine comunale, crearea de adăposturi pentru cei fără locuințe, oferirea de sprijin în clinici și munca voluntară de orice fel în organizații caritabile. Aceste acte de caritate sunt menite a dezvolta un simț de smerenie și conexiune cu alții. Ele pot fi văzute ca o expresie a iubirii pe care o are Dumnezeu față de copii săi.

Misiuni

Atunci când Isus a urcat în rai, el le-a spus discipolilor să-i răspândească învăţăturile în toate colţurile lumii şi să boteze fiecare naţiune în numele Tatălui, Fiului şi al Sfântului Duh. Acest măreţ angajament reprezintă fundamentul pentru o lungă istorie a creştinilor misionari care au călătorit pe pământuri străine, pentru a preda creştinismul. În timp, munca misionarilor s-a integrat în eforturile umanitare ce au condus spre construirea de şcoli, spitale şi biserici.

VARIAŢII INTERNE

Încă de la începuturile sale, creştinismul s-a dezvoltat rapid datorită, în parte, a legăturilor sale strânse cu puterile politice din Europa, combinate cu angajamentul lor puternic faţă de prozelitism. Cu practicanţi răspândiţi pe tot globul, nu e de mirare că în timp a apărut un număr aşa de mare de confesiuni creştine. Deşi o enumerare detaliată a fiecărei confesiuni depăşeşte amploarea acestei cărţi, putem vorbi de trei ramuri principalele:

Biserica Catolică

Biserica romano-catolică reprezintă continuitatea tradiţiei ce a apărut din bisericile timpurii ale părinţilor. Aceşti apostoli au format ceea ce a devenit cunoscut drept Biserica Catolică (catolic însemnând "universal"). Ei l-au recunoscut pe Apostolul Petru (1 e.n.- 64. e.n.) drept şeful bisericii, ca ales al lui Isus. Biserica catolică crede că acesta a fost primul Papă. Ca succesori spirituali ai Sfântului Petru, Papii sunt investiţi cu autoritatea lui şi se consideră că e responsabilitatea lor de a susţine şi menţine biserica ca o tradiţie coezivă.

Recunoașterea oficială a primului Papă istoric (30/33 e.n – 64/68 e.n.) nu a apărut până când creștinismul nu a fost adoptat ca religie oficială a Imperiului Roman. Similar felului în care se organiza imperiul, Biserica și-a creat o structură pe multiple regiuni, fiecare condusă de către un Episcop. Episcopul Romei era în mod particular foarte puternic și a pretins conducerea întregii creștinătăți. Prin urmare, Biserica Catolică a realizat o natură foarte puternic ierarhizată, în frunte cu Papa, urmat de episcopi, preoți, diaconi și apoi laicii.

În majoritatea cazurilor, credințele catolicilor sunt foarte similare cu cele ale principalelor ramuri creștine. Totuși, se poate spune că și-a menținut o teologie unică în prezentarea doctrinei creștine. Iată unde practicile lor unice sunt mai evident distincte:

Messa

Lucrurile în Biserica Catolică sunt de regulă mai formale și mai ritualice decât în Biserica Protestantă. Sacralitatea împărtășaniei este accentuată în mod specific în ceea ce este cunoscută sub numele de "Mesă". În mod tradițional, această ceremonie se recita în limba latină, ceea ce a făcut ca clerul să devină central în îndeplinirea acestui ritual. Această bazare pe limba latină va deveni ulterior unul din punctele centrale de reformare a protestanților.

Tainele

În catolicism, se identifică șapte Taine: botez, spovedanie, împărtășanie, confirmare, căsătorie, preoție și riturile ultime ale bolnavilor. Deși împărtășania este cea centrală, celelalte taine formează nucleul practicii catolice.

Sfinţii

Ca şi grecii ortodocşi, catolicii pun un accent deosebit pe figurile sfinte din tradiţia lor. Aceste figuri de sfinţi apar în mod proeminent în diverse rugăciuni şi lucrări de artă. Deşi cultul sfinţilor este întotdeauna ceva secundar faţă de Sfânta Treime, la majoritatea catolicilor el reprezintă o componentă majoră a practicii lor. Dintre aceşti sfinţi, probabil că cea mai venerată este Fecioara Maria *(20* î.e.n. *– 45 e.n)*.

Ordinele monahale

Deşi viaţa monahală nu este unică în Biserica Catolică, forma pe care o ia ea este distinctivă. În catolicism, călugării şi călugăriţele sunt organizaţi în diverse Ordine monahale. Ele au apărut, de regulă, din munca sacră a fondatorilor lor sau dintr-o abordare unicat a practicii acestora. Pe măsură ce mânăstirile au devenit mai frecvente, regulile pentru conduita monastică au fost create de lideri precum Sfântul Augustin (354-430 e.n), Sfântul Benedict (480-547 e.n) sau Sfântul Francisc de Assisi (1181,1182 – 1228 e.n).

În acest moment, Biserica catolică Romană este de departe cea mai extinsă confesiune din lumea creştină. Este religia predominantă în sudul Europei, precum şi în America Centrală şi de Sud. În America de Nord este considerată a fi majoritară, comparativ cu tradiţiile protestante luate individual.

Ortodoxia estică

În timpul Marii Schisme, creştinătatea s-a divizat în Biserica Catolică în vest şi Ortodoxia Greacă în est. Această separare nu s-a făcut brusc, dintr-o dată, ci au fost necesare câteva secole pentru ca cele două părţi să se dezvolte separat. Spre deosebire de omologii lor catolici, ea nu era legată de o structură ierarhică. În schimb, fiecare biserică autonomă funcționează în propria sa regiune geografică, unită nu de autoritatea unei singure persoane, ci, în schimb, de autoritatea pe care au pus-o pe sfintele lor scripturi.

Caracteristicile unice ale ortodoxiei estice (1054) constă în modul lor de viață și în abordarea teologiei în general. Acestea sunt descrise prin următoarele:

Focalizarea pe Scripturi și tradiție

Bisericile ortodoxe estice pun un accent deosebit pe învățăturile lui Isus din Scripturi și pe cele ale părinților bisericii timpurii. Deși versiunea lor de Biblie este foarte asemănătoare cu alte forme din creștinism, traducerea Vechiului Testament se bazează pe versiunea grecească cunoscută sub numele de Septuaginta. În plus față de scripturile sfinte, ei susțin și tradiția orală a apostolilor, ceea ce îi face pe unii să creadă că tradiția lor e cea mai "pură" formă de creștinism.

Cultul ca mod de viață

Cultul este elementul central pentru practicantul ortodox. În mod asemănător cu iudaismul, creștinismul ortodox a creat numeroase oportunități de a se conecta cu Dumnezeu, în diverse momente ale zilei. Ei fac aceasta prin:

- **Rugăciunile:** Ca și catolicismul, bisericile ortodoxe sărbătoresc împărtășania drept principalul lor ritual spiritual, alături de alte șase Taine ale: botezului, mirungerea (miruirea), pocăința (mărturisirea), căsătoria, preoția și ungerea bolnavilor (sfântul maslu). De asemenea, ei se angajează în *rânduieli zilnice*, care sunt slujbe de rugăciune publică care se fac în timpul zilei. Practicanții se angajează adeseori în mod individual în recitarea unor scurte rugăciuni, ca o modalitate de focalizare a minții lor spre Dumnezeu și întărirea experienței lor personale cu acesta.

- **Monahismul:** În tradiția ortodoxă, călugării și călugărițele formează comunități cu scopul expres de a-și dedica viața practicării permanente a învățăturilor. Nu există ordine monahale și, de regulă, călugării și călugărițele nu sunt ordinați. Toți călugării și călugărițele trec prin patru stadii (sau ranguri): novice, rasofor, stavrofor și schimonah (schimonahie sau schisma mare). Fiecare stadiu reprezintă un grad mai mare de angajament într-un mod de viață contemplativ. Spre deosebire de bisericile vestice, călugării ortodocși nu îndeplinesc rolul de preoți sau lideri. Ei sunt mai degrabă concentrați spre un mod de viață propice practicii intensive.

- **Postul:** Postirea este accentuată în mod particular în tradiția ortodoxă. Ei cred că prin antrenarea corpului, devin apți să-și focalizeze mintea și să se pregătească mai profund pentru o practică spirituală mai profundă. Din acest motiv, practicanții ortodocși participă la mai multe perioade de post, ce marchează perioade importante pentru practica spirituală.

Astăzi, bisericile ortodoxe estice sunt active în principal în regiuni ce odinioară aparțineau Imperiului Bizantin. Aceasta include părți din Europa de est, Balcani, Caucaz și Orientul Mijlociu. Se estimează că în toată lumea ar fi circa 300 de milioane de creștini ortodocși practicanți.

Protestantismul

Protestantismul este un termen utilizat pentru a descrie mai multe confesiuni creștine ce au apărut în Europa Centrală, în opoziție directă la politicile Bisericii Catolice Romane, începând cu al XVI-lea secol. Mișcarea Reformată (1547) a declanșat o renaștere generală a valorilor centrale creștine, despre care ea percepea că s-ar fi pierdut din cauza corupției din Biserică.

Ca și frații lor catolici și ortodocși, protestanții susțin autoritatea Bibliei și crezurile părinților bisericii timpurii. Ceea ce îi distinge, este concentrarea pe rolul pe care îl joacă credința personală în mântuire și încrederea într-o preoțime a credincioșilor venită din congregația laică. Majoritatea protestanților cred că autoritatea primară a credințelor lor derivă din experiența personală a practicanților. Prin urmare, confesiunile protestante sunt mult mai descentralizate și de natură pluralistă.

Actuala formă pe care o ia, de regulă, o confesiune protestantă e legată de gradul de respingere a aspectelor tradițiilor catolicismului roman. În timp ce unele mențin un oarece grad de liturghii formale, altele și-au revizuit complet modul în care ei se angajează în cult. Următoarele confesiuni sunt doar niște exemple dintre numeroasele tradiții protestante ce sunt actualmente active în lumea noastră:

Amish

Amish (1693) reprezintă un grup american protestant ce a apărut din dezvoltarea Mișcării anabaptiste. După o perioadă de persecuții intense în Europa, ei au emigrat în S.U.A. și au fondat mai multe comunități: Amish, menomiții și huteriții. Cei din Amish pun un mare accent pe calități precum smerenia, calmul și liniștea; ei urăsc mândria și aroganța. Comunitatea Amish își exprimă aceste calități prin respingerea culturii moderne și dedicarea lor față de familie și de comunitate.

Anglicanii

Atunci când regele Angliei s-a rupt de Papă, s-a numit pe el însuşi drept capul bisericii şi al statului şi a creat Biserica Engleză (1834). Comuniunea Anglicană este o organizaţie de biserici independente, ce urmează doctrina, venerarea şi structura acestei Biserici. Anglicanismul e cunoscut că susţine un punct de mijloc între tradiţiile Catolicismului Roman şi vederile reformiste ale protestantismului. Ca şi fraţii lor catolici, bisericile anglicane folosesc o structură ierarhică de episcopi, preoţi şi diaconi. Serviciul lor de cult se bazează pe o abordare ce a fost mai întâi stabilită în Cartea Rugăciunii Comune a Bisericii Angliei. Ei se focalizează spre o abordare echilibrată a scripturii, tradiţiei şi raţionamentului.

Baptiştii

Confesiunea baptistă (1612) se caracterizează prin rolul principal oferit rânduielii botezării adulţilor. Baptiştii resping practica de a boteza copiii. Ei cred că botezul ar trebui făcut doar după ce o persoană a mărturisit în faţa lui Isus Cristos ca fiind Domnul şi Salvatorul său. Chiar dacă ritualul în sine nu are nici un rol în mântuire, el este o exprimare exterioară a transformării ce are loc în practicant. Congregaţiile baptiste sunt complet autonome, fără nici o autoritate centrală. Administrarea, conducerea şi doctrina, toate sunt conduse în mod democratic în cadrul congregaţiei, ceea ce conduce spre numeroase formulări de vederi şi practici diverse.

Luteranii

Confesiunea luterană (1597) a fost fondată de către Martin Luther în Germania, marcând începutul Reformei Protestante. Luther a criticat cu tărie practicile Bisericii Catolice Romane şi a subliniat o doctrină a justificării prin credință și prin autoritatea scripturii. Luteranismul, așa cum a ajuns să fie el cunoscut, s-a răspândit prin zone din Germania și Scandinavia. Luther a respins practicile pe care el le considera ca fiind obstacole ce-l împiedicau pe practicantul creștin să-și dezvolte credința în Isus și să primească Grația Divină a lui Dumnezeu. Un exemplu folosit era folosirea limbii latine în rugăciuni. În schimb, el a favorizat liturghiile scrise în limbajul populației, permițându-i acesteia să aibă un acces direct la semnificația lor. Doctrina și practica luteranismului au fost înregistrate de însuși Luther într-o serie de mărturisiri. Aceste mărturisiri au fost adunate în *Cartea Concordiei*.

Metodiștii

Teologia metodistă (1738) a apărut mai mult din accentul pus pe modul în care creștinismul este practicat, mai degrabă decât din vreo dezbatere doctorală specială. Metodiștii se caracterizează prin concentrarea pe munca cu cei lipsiți de privilegii. Noțiunile de serviciu în slujba comunității sunt un rezultat direct al credinței lor că prin construirea unei relații de iubire cu alții, cineva este apt să experimenteze în mod direct iubirea lui Dumnezeu. Această filozofie i-a condus spre stabilirea a tot felul de spitale, universități, orfelinate, cantine și școli.

Penticostalii

Penticostalismul este o mișcare relativ recentă a creștinismului protestant. Ea a crescut din Renașterile Creștine care au avut loc în multe părți din vestul Statelor Unite. Ceea ce unește numeroasele forme de penticostalism este credința lor neclintită în manifestarea puterii Sfântului Duh. Practicanții penticostali cred în *Botezul Duhului Sfânt*, care ne oferă o varietate de daruri sau semne ale prezenței sale. Aceasta poate include lucruri precum vorbirea în limbi sau vindecarea divină. În cadrul penticostalismului sunt diverse sub-mişcări, dintre care pot fi identificate:

- **Mişcarea Penticostală modernă:** Acele biserici bazate pe primul val de predicatori ai renaşterii.

- **Mişcarea carismatică:** O colecţie de creştini non-penticostali, care au raportat că aveau experienţe asemănătoare cu penticostalii.

- **Mişcarea Vineyard:** Creştini non-penticostali ce cred în cadouri miraculoase, dar nu privesc Botezul Duhului Sfânt ca pe a doua lucrare a haruluie.

Prezbiterienii

Prezbiterianismul (1592) îşi trage rădăcinile în învăţăturile lui John Calvin şi în Reforma Elveţiană din secolul al XVI-lea. Biserica Reformată, aşa cum a ajuns ea să fie cunoscută, subliniază aceleaşi subiecte ca şi alte biserici protestante, precum justificarea credinţei, o preoţie a credincioşilor şi importanţa Bibliei. Ceea ce e distinctiv la viziunea lui Calvin este suveranitatea lui Dumnezeu şi forma sa unică de guvernare a bisericii. Într-o biserică prezbiteriană, un corp ales de lideri laici, numiţi "bătrânii", lucrează alături de slujitorul hirotonit al Bisericii. Această politică de guvernanţă este prezentată pe deplin în *Cartea Ordinului*.

Quakerii

Societatea Religioasă a prietenilor a fost fondată în Anglia ca reacţie la amestecul bisericii cu statul în Biserica Anglicană. Practicanţii acestei mişcări ajung în final a fi cunoscuţi drept quakeri (1642-1651) şi se caracterizează prin credința lor puternică în prezența lui Dumnezeu în fiecare persoană și capacitatea persoanei de a se conecta direct cu Dumnezeu, într-un mod experimental. Cultul quakerilor este de regulă în tăcere, cu fiecare membru care așteaptă cu răbdare ca Duhul Sfânt să-i determine să vorbească. Deși ei respectă Biblia ca o carte ce îi inspiră, ei nu-i oferă nici o autoritate specială față de alte texte.

Adventiștii -de-șapte-zile (1863)

Această confesiune și-a primit numele din două aspecte, cele mai caracteristice ale tradiției lor. Mai întâi, o revenire la susținerea diferitelor aspecte ale legii evreiești, incluzând sărbătoarea Sabat în ziua de sâmbătă. Și, în al doilea rând, credința în iminenta întoarcere a lui Isus Christos și în judecata finală. Aspecte distinctive ale doctrinei lor include ideile de judecată de investigație și starea inconștientă a sufletului dintre moarte și judecata sa finală.

PUNCTE DE REFLECTAT

1. Credința este o temă centrală care apare peste tot în creștinism. Prin credință, creștinii sunt apți să producă transformări profunde în ei însuși și în comunitățile lor. Ce rol are credința în viața voastră? În ce feluri de lucruri vă încredeți? Cum vă ajută această credință să trăiți o viață mai semnificativă și mai satisfăcătoare? În ce fel se manifestă credința voastră prin acțiunile voastre?

2. Isus a pus un accent măreț pe lucrul cu cei ce au nevoie de acte de caritate și de bunătate. Ce avantaje puteți să identificați voi din angajarea în acest fel de activități? Dacă îi ajutați pe alții,

cum vă ajută pe voi înșivă să creșteți? Ce oportunități există în viața voastră ca să vă oferiți altora serviciile voastre?

3. În conformitate cu învățăturile creștine, toți oamenii se nasc cu tendințe spre păcat. Asta înseamnă că noi toți avem nevoie de mântuire. Credeți că oamenii sunt în mod inerent buni sau răi? Cum înțelegeți voi noțiunea de păcat? Credeți că aveți capacitatea de a vă elibera din păcat? Pe ce vă bazați voi ca fundament pentru depășirea comportamentul von-virtuos?

CAPITOL 7

Islamismul

În timpurile străvechi, Peninsula Arabică era un deșert neiertător, populat
de diverse triburi nomade, cunoscute sub numele de beduini (850 î.e.n).
Din cauza condițiilor grele și a sărăciei de resurse, clanurile de beduini erau
cunoscute pentru desele lor lupte și a eticii lor războinice. Deși erau lipsiți
de orice set sistematic de credințe, ei venerau o varietate de zei, despre
care credeau că locuiesc în diverse aspecte ale naturii. Fiecare trib venera
propriul său set de zei, cu o mică consistență de-a lungul regiunii.

În acest context, profetul Mahomed (570 - 632 e.n) a introdus
învățăturile despre Islam ca fiindu-i revelate de către Dumnezeu, sub
forma Coranului (609 e.n). Mesajul lui Mahomed despre un Dumnezeu
singular, atotputernic, a fost o forță transformatoare pentru unificarea
acelor triburi arabe timpurii. Ei vor deveni, de asemenea, baza pe care
Mahomed și adepții săi își vor construi în final imperiul care se întindea
pe trei mari continente.

În timp ce Europa se stingea în Evul Întunecat, civilizația islamică
înflorea. Cu poziția sa centrală între Asia și Europa, a devenit o bază de
întâlnire a marilor minți ale timpului. Construit pe fundamentul toleranței,
erudiției, inginerilor, doctorilor, artiștilor și arhitecților, toții erau hrăniți
și susținuți de o cultură islamică comună. Eforturile lor vor da naștere

unei mari varietăți de inovații științifice și unei expansiuni generale a cunoașterii, ce va continua să influențeze și generațiile ulterioare. Acum se estimează a exista circa un miliard de practicanți musulmani (adepți ai islamului) pe tot globul. Aceasta face ca islamul să fie al doilea sistem de credință ca mărime din lume. Odată cu creșterea ciocnirilor dintre extremiștii musulmani și culturile occidentale, este mai important ca niciodată să se îndepărteze înțelegerile greșite ce nu servesc decât spre o polarizeze și mai mare. Dacă ne uităm la învățăturile de bază ale Islamului, noi regăsim un mesaj de unitate și toleranță, plin de un măreț potențial pentru pace și armonie. Eu sper ca acest mesaj să fie evidențiat în paginile următoare.

EVOLUȚIA ISTORICĂ

Se crede că poporul arab se trage la origini din Profetul Avraam (1800 î.e.n). Atunci când prima sa soție Sarah a fost considerată stearpă, Avraam s-a căsătorit cu servitoarea sa egipteană Hagar și au conceput un băiat pe care l-au numit Ismael (1842 î.e.n). Se zice că Dumnezeu i-a poruncit lui Avraam să-i ducă pe Hagar și Ismael în deșert. El i-a părăsit acolo și s-a întors la Sarah. Hagar a căutat apă ca să potolească setea băiatului, dar nu a putut să găsească nici un pic. S-a rugat la Dumnezeu și îngerul Gabriel s-a ivit în fața ei, spunându-i să caute sub băiatul ei. Când a făcut-o, a găsit o fântână arteziană și a putut să-i potolească setea. În cele din urmă, o caravană de negustori din regiune a auzit de fântână. Hagar a negociat cu ei pentru diverse bunuri în schimbul apei. În acest fel, a crescut în mod lent o așezare în jurul fântânii și așa s-a născut orașul Mecca.

Conform tradiției islamice, Avraam i-a cerut lui Ismael să-l ajute să construiască un altar către Allah în Mecca. Această structură pătrată a devenit cunoscută sub numele de Ka'aba (cubul) (circa 2000 î.e.n).

Dumnezeu a poruncit ca toți descendenții lui Ismael să facă un pelerinaj anual în acel loc și să efectueze acolo sacrificii de vite. El a mai decretat de asemenea că zona ce înconjoară altarul va fi un sanctuar, liber de orice formă de luptă.

După moartea lui Ismael, multe triburi au continuat să se ducă la Mecca pentru venerare. Atunci când triburile s-a întors încet, încet spre o formă de politeism animist, Ka'aba a devenit căminul unei mari varietăți de idoli. Deși fiecare își venera diferiții săi zei, triburile au onorat pacea în Mecca și aceasta a crescut ulterior spre un important centru spiritual și economic din regiune.

Mahomed s-a născut în clasa de negustori din Mecca. Atunci când i-au murit și părinții și bunicul, el a fost luat de unchiul său, care l-a crescut. Mahomed a crescut muncind în caravanele de negoț, alături de unchiul său. În final, el s-a căsătorit cu o comerciantă bogată numită Khadija (555 sau 567 - 22 Noiembrie 619 e.n) și și-a întemeiat cu ea o familie.

Mahomed era cunoscut ca fiind rezervat și având o natură blândă și era foarte respectat în comunitate. El era,de asemenea, o persoană foarte introvertită, ce petrecea perioade lungi de timp meditând într-o peșteră din Muntele Hira. În timpul uneia dintre aceste meditații, Mahomed a fost vizitat de îngerul Gabriel, ce i-a spus să recite numele lui Dumnezeu. Din acel moment, Mahomed a primit mai multe revelații, în diverse ocazii. De fiecare dată, el și-a amintit cuvintele pe care le-a recitat și le-a scris. Colecția de revelații formează Sfânta Scriptură cunoscută sub numele de Qur'an (Coranul).

Deși inițial a fost sceptic referitor la validitatea acestor revelații, în final el a ajuns să se vadă pe sine însuși ca pe ultimul dintr-un lung șir de profeți, ce includea pe Isus, Moise și Avraam. În acest fel, el a ajuns să vadă islamismul ca încorporând și învățăturile creștinilor și pe cele ale evreilor.

Atunci când Mahomed a început să predice că Dumnezeu i s-a revelat lui, s-a găsit în faţa unor răspunsuri mixte. Mulţi au gravitat către ideea că există un singur Dumnezeu în Allah şi că viaţa ar trebui să se concentreze asupra supunerii în faţa voinţei sale. Majoritatea l-au văzut însă ca pe o ameninţare directă pentru bunăstarea lor economică continuă şi au ales să-i forţeze pe Mohamed şi pe adepţii săi să plece din oraş.

Mohamed, care era cunoscut în regiune drept un mare împăciuitor, a fost invitat în oraşul Medina ca să soluţioneze unele dispute. El a fost de acord, cu condiţia ca adepţii lui să primească un sanctuar unde să-şi practice credinţele. După stabilirea la Medina, noua comunitate musulmană a crescut în mod constant ca dimensiune, pe măsură ce tot mai mulţi oameni au venit spre viaţa spirituală predată în Islam.

După unele conflicte cu triburile vecine, adepţii lui Mohamed deveniseră o forţă de care trebuie să se ţină cont. El şi-a condus armata înapoi la Mecca şi a pretins că e oraş sfânt. În loc să atace şi să jefuiască oraşul (aşa cum era obiceiul), Mohamed a ordonat să nu fie nici un fel de represalii asupra populaţiei. În schimb, el s-a dus la Ka'aba şi a distrus toţi idolii ce erau găzduiţi acolo. El a stabilit că Ka'aba este un loc pentru onorarea lui Allah şi centrul spiritual al celor ce urmăresc islamul.

Ca răspuns la atacurile continue ale unor vechi triburi rivale, Mohamed a condus o serie de incursiuni în peninsula arabă. El a căutat să prevină viitoare persecuţii ale musulmanilor şi să îndepărteze venerarea zeilor falşi. După câţiva ani de campanii de lupte grele, Mohamed a putut în sfârşit să stabilească un regat musulman, unit sub islam.

Înainte de moartea sa, Mohamed s-a dus în pelerinaj la Mecca şi, prin urmare, a instituit tradiţia anuală a unui *Măreţ Pelerinaj* (Hajj). În ultima sa învăţătură, el a vorbit despre egalitatea dintre oameni şi necesitatea de a aboli tradiţiile străvechi ale sistemului tribal. El a accentuat necesitatea creării unei comunități islamice (Ummah), care să se bazeze pe compasiunea și bunătatea dintre membrii acesteia.

Atunci când a murit Mohamed, adepții săi au trebuit să facă față unei grele decizii. El nu a lăsat niște indicații clare despre cine să-i fie ales drept succesor. Erau două propuneri. Un grup credea că succesor ar trebui să fie cineva din familia lui Mohamed și îl favorizau pe Ali ibn Abi Talib (601-661 e.n) , vărul și ginerele lui Mohamed, drept cel în drept să-l urmeze. Celălalt grup considera că succesorul ar trebui să fie ales din comunitate, dintre cei mai bătrâni membri. A doua abordare a câștigat și comunitatea l-a ales pe Abu Bakr 573-634 CE), un prieten foarte bun al lui Mohamed și socrul său, ca să devină Calif (urmaș).

După pierderea lui Mohamed, multe triburi de beduini au ales să respingă islamul și să nu-l accepte pe Abu Bakr drept lider. În ceea ce se va numi Războaiele Ridda (632 – 633 e.n), Abu Bakr va opri rebeliunea și va securiza dominanța islamică în peninsulă. Acest conflict a arătat instabilitatea noului regat,și, prin urmare, Abu Bakr a început o campanie de extindere a sa în regiunile învecinate. În mintea sa, cele două amenințări ale islamului erau reprezentate de către Imperiul Bizantin (**330 la 1453 e.n**) în vest și Imperiul Sassanid (224 - 651 e.n) în est.

În următoarele decenii, califii ulteriori vor conduce nenumărate campanii contra vecinilor din regiune. Ei au reușit să își mărească teritoriile cu diverse părți din Orientul Mijlociu. În același timp, cărturarii islamici erau ocupați să compileze diferitele acțiuni și învățături ale Profetului. Acestea au devenit cunoscute ca *Hadith (822-898 e.n)*, care formează baza obiceiurilor sau practicii islamului, cunoscută drept *Sunnah*. Aceste texte completează Coranul și oferă un model pentru un fel de viață ce poate fi imitat de credincioși. În acest fel, Imperiul islamic și-a consolidat forța și doctrina.

Atunci când al treilea Calif, Uthman (644 - 656 *e.n*) a fost asasinat de un grup de egipteni nemulțumiți, a izbucnit războiul civil. Ali s-a autoproclamat noul Calif, fapt care l-a determinat pe Mu'awiya, vărul lui Uthman, să-l provoace pentru acea poziție. Cele două părți s-au angajat într-un conflict violent, ce a adus mulți morți și un val de proteste publice pentru a pune capăt luptei. Incapabil să accepte conducerea Adunării bătrânilor, Ali a ales să continue lupta. Aceasta a dus în final la moartea sa și Mu'awiya (602 - 680 *e.n*) a fost apt să revendice cu succes controlul asupra Imperiului.

Una dintre primele acțiuni ale noului calif a fost să stabilească un sistem de succesiune ereditară. Aceasta marchează începutul Califatului Umayyad (661 *e.n*). Sub conducerea familiei Umayyad, imperiul s-a extins în Africa de nord, o parte din Spania și cea mai mare parte a Asiei Centrale. Într-un contrast marcant față de politicile Imperiului Bizantin, cei din familia Umayyad au ales o politică de toleranță față de alte religii. În locul convertirii forțate, popoarelor cucerite li se permitea un oarece grad de autonomie și dreptul de a-și practica propria lor credință. Din păcate, arabii încă îi tratau pe cei ce nu erau arabi ca pe cetățeni de mâna a doua, ceea ce a produs oamenilor un resentiment puternic și a pus bazele căderii Dinastiei Omeiade (661 la 750 *e.n*).

Profitând de tulburările civile și de slăbirea bazei lor de putere, a izbucnit revoluția. Ca descendenți de sânge ai lui Mohamed, cei din familia Abbasid au pretins că ei erau moștenitorii de drept ai Imperiului. După o serie de bătălii, ei au reușit să-i detroneze pe cei din Umayyad și să stabilească Dinastia Abbasidă (750 *e.n*. la 1258 *e.n*) . Spre deosebire de predecesorii lor, Imperiul a fost împărțit în mai multe califate independente, fiecare având un anumit grad de loialitate și plătind supunere familiei Abbasid, recunoscându-i drept Calif și lider al credinței islamice.

În această perioadă, capitala imperiului a fost mutată din Damasc (Siria) în Bagdad, Irak. Atunci s-a fondat *Casa Înțelepciunii (762 e.n)*, care a marcat începutul Erei de Aur Islamice a învățăturii și inovației.

Sponsorizată de Califat, instituția a funcționat ca un magnet pentru cele mai mari minți de pe pământ. Misiunea lor era să adune împreună atât cunoașterea, cât și științele, de la multe civilizații avansate din est și din vest și să le traducă în arabă. Casa Înțelepciunii a devenit un inegalabil centru de studiul a orice, de la fizică la filozofie. Cu o relativă stabilitate a imperiului, ideile au început să circule liber de-a lungul țării, determinând ca un număr crescând de non-musulmani să învețe să vorbească araba. În acest fel, imperiul s-a înrădăcinat nu doar în credință, dar și în cultură.

În timp ce cea mai mare parte a imperiului experimenta o Renaștere culturală, Palestina a fost asediată de armatele invadatoare ale cruciaților creștini (1095 e.n). Val după val de creștini se revărsa pe Pământul Sfânt, pentru a recuceri Ierusalimul de la musulmani. Deși cruciații au fost în cele din urmă respinși din Palestina (1291 e.n.), în acest proces ei au fost expuși la multe dintre minunile civilizației islamice. Multă din cunoașterea cu care ei s-au întors va produce în final noi inovații în știința europeană și va conduce spre o perioadă de iluminare intelectuală.

Era de Aur a ajuns în cele din urmă la final, atunci când Hoarda mongolă (1206 e.n) a străbătut Asia Centrală. În tăvălugul lor spre vest și sud, ei au jefuit Bagdadul și au distrus o mare parte din acest prețios oraș. Deși mongolii erau războinici incredibil de nemiloși, ei erau, de asemenea, foarte toleranți cu religiile și sprijineau sisteme precum budismul, taoismul, creștinismul și islamul. După un timp, Imperiul mongol s-a împărțit în mai multe state diferite (hanate) (1259 e.n.). Statele acestea au devenit în cele din urmă budiste în est, în timp ce cele din vest au devenit musulmane.

În acest moment, regiunile care odinioară făceau parte din Imperiul islamic erau acum fracturate și guvernate ca și califate independente și hanate mongole. Aceste condiții au făcut posibil ca Imperiul Otoman să se dezvolte în zona cunoscută acum drept Turcia. Otomanii au stabilit printr-o rapidă expansiune un sultanat (1299–1453 e.n) . Fiecare sultan își va petrece timpul din primii săi ani în putere cucerind terenuri și extinzându-și bogăția. În acest fel, otomanii au câștigat rapid controlul mult peste din ceea ce avuseseră odinioară arabii.

Sub conducerea lui Suleiman (1494 sau 1495 - 1566 e.n) și Mehmet (1432 - 1481 e.n) otomanii au reușit să cucerească noi pământuri în Europa și au capturat cu succes bijuteria coroanei, orașul Constantinopol (1453 e.n). Orașul ce a fost odinioară sediul creștinătății a devenit cetatea musulmană Istanbul (Oraș al islamului).

Deși politica lor externă a fost în multe feluri brutală, la nivelul intern s-au dovedit a fi destul de toleranți. Ei au dezvoltat un Sistem Millet ce le-a oferit minorităților etnice, religioase sau geografice un oarece grad de autonomie. Ele erau practic apte să se auto-guverneze și să-și practice în mod liber credințele, atât timp cât respectau orice hotărâri mai mari ale administrației otomane.

A existat o toleranță mai mică pentru frații lor musulmani. Sultanii au ales să susțină în mod oficial islamul sunnit, conducând la o eventuală interzicere a islamului șiit. Aceasta a dus la o revoltă în Persia a celor Shi'a Shah, care a dus în final la apariția Imperiului Safavid (1502 - 1736 CE). Aceștia au declarat rapid islamul șiit ca fiind sistemul lor oficial de credință și au început să-i persecute pe cei ce credeau în altceva.

Descendenții mongolilor au fost treptat scoși din Asia Centrală și forțați să plece spre est. Acolo au încercat să-și stabilească un punct de sprijin în regiunile din India și Pakistan. Imperiul Mughal, așa cum era cunoscut el, a acoperit în cele din urmă cea mai mare parte a subcontinentului și a introdus o mare parte din cultura persană și islamică în India. Chiar dacă nu a fost întotdeauna așa, în cea mai mare parte a sa, majoritatea hindusă a fost de regulă tolerantă și le-a permis să-și practice în mod liber cultul. Această perioadă de toleranță religioasă a luat sfârșit în timpul ultimului împărat mongol, Aurangzeb (1618 -1707 e.n). El era un musulman foarte devotat și a ales să impună Legea Islamică (Sharia) de-a lungul întregului imperiu. Aceasta i-a făcut pe hinduși să se revolte, ceea ce a divizat imperiul, făcându-l foarte vulnerabil în fața colonialismului european, precum al celor din Anglia sau Franța.

Înainte ca imperiul să se dezintegreze în India, negustorii musulmani și-au câștigat o influență considerabilă în insulele din Asia de Sud-est. Ei au construit o lungă tradiție a comercianților musulmani ce călătoreau pe teritorii precum Sumatra sau Malaya. Cu din ce în ce mai mulți musulmani ce trăiau și munceau în regiune, islamul s-a stabilit treptat printre aceste popoare.

CREDINȚE DE BAZĂ

Într-un timp relativ scurt, islamul a crescut până la un sistem global de credință. Deși o mare parte a creșterii sale s-a datorat cuceririlor militare, credința în Islam nu a fost de regulă realizată prin constrângere. În schimb, musulmanii au ales să lase populația să decidă pentru ei înșiși. Deși nu a ales fiecare să se convertească, totuși mulți au făcut-o. Aceasta arată că pentru unii oameni ideile prezentate de islam erau și relevante, și semnificative, pentru viața lor. Aceste idei pot fi rezumate prin cele șase obiecte de credință pe care le trăiește fiecare musulman:

Nu există decât un singur Dumnezeu - Allah
Islamul este un sistem strict monoteist de credință. Trebuie spus că ei au respins ideea mai multor zei, care era comună în Peninsula Arabică pe

timpul lui Mahomed. Ei au respins, de asemenea și noțiunea de Sfântă Treime, care ne învață că există un singur Dumnezeu, în trei persoane. Musulmanii folosesc termenul Allah atunci când se referă la Dumnezeu. Chiar dacă numele poate suna diferit, ei se referă la același Dumnezeu care este venerat de evrei și de creștini. Din perspectiva lor, toate celelalte sisteme de credință îl venerează tot pe Allah, dar din cauza percepției lor impure și a distorsiunilor făcute de oameni, ei au ajuns la o înțelegere coruptă a lui Dumnezeu.

Deși cuvântul lui Dumnezeu este revelat prin profeți, natura efectivă a lui Dumnezeu este dincolo de înțelegere. În esență, el este de necunoscut. Din acest motiv, musulmanii nu încearcă să capteze pe Dumnezeu sub formă de imagini sau statui. Nici o formă lumească nu poate reprezenta maiestatea și misterul lui Dumnezeu.

Deși Coranul vorbește despre mai multe aspecte ale lui Dumnezeu, de regulă ele sunt în linie cu interpretările evreilor și creștinilor. Dumnezeu este văzut ca fiind etern, omniscient, omnipotent și eliberat de orice formă și configurație. El este, de asemenea, un Dumnezeu just, care îi pedepsește pe cei ce comit păcate și îi răsplătește pe cei ce comit virtuți.

Îngerii realizează munca lui Dumnezeu

Coranul vorbește frecvent despre ființe celeste, cunoscute sub numele de îngeri. Îngerii au fost creați din lumină pentru a se închina lui Dumnezeu și sunt considerați ca fiind niște slujitori onorabili și dedicați. De-a lungul istoriei, îngerii au jucat un rol important în îndeplinirea dorinței lui. Întrucât Dumnezeu are o natură ce nu poate fi cunoscută, îngerii sunt puntea ce conectează lumea umană cu cea divină.

Îngerul Gabriel este cel ce i-a dezvăluit inițial lui Mohamed cuvintele lui Dumnezeu. Sunt numeroși îngeri ce îndeplinesc diverse roluri, precum colectarea sufletelor în momentul morții, păzirea porților Paradisului și ale Iadului, păzirea ființelor umane sau înregistrarea evenimentelor faptelor umane. Ei reprezintă expresiile naturale pentru toate activitățile lui Dumnezeu din această lume. Chiar dacă ei nu pot fi văzuți, Coranul ne învață că e foarte important să credem în ei.

Dumnezeu vorbește prin Profeți

Musulmanii cred că încă de la începutul omenirii Dumnezeu a trimis în această lume profeți, pentru a putea să-și comunice dorința. Primul dintre acești profeți a fost Adam, iar ultimul este considerat a fi Mohamed. În acest fel islamul îi încorporează pe profeții evrei și creștini precum Avraam, Moise și Isus. În timp ce precedenții profeți se focalizau pe un grup de oameni sau o națiune specifică, revelația finală, așa cum a fost ea prezentată de către Mohamed, reprezintă cea mai completă viziune a dorinței lui Dumnezeu, pentru toată omenirea, la un nivel global.

Se crede că profeții erau ființe umane obișnuite. Lor nu li se atribuie nici un fel de calități divine, nici nu au avut acces la nici un fel de lume supranaturală. În schimb, ei erau aleși de Dumnezeu ca mesageri care să-i împrăștie învățăturile și să-i dovedească puterea. Prin ei, se spune că Dumnezeu a făcut multe miracole. Se spune că dintre multele mii de miracole despre care se crede că ar fi fost realizate de către Mohamed, cel mai mare miracol a fost sub forma revelării învățăturilor din Coran. Aceasta a fost cea mai bună dovadă a statutului său ca Profet al lui Dumnezeu.

Cuvântul lui Dumnezeu este consemnat în Scripturi

Cele mai mărețe scripturi ale Torei evreiești sau Biblia creștină sunt respectate de către musulmani. Ele sunt considerate a fi cuvintele lui Dumnezeu revelate profeților și sunt respectate ca atare. Se crede, de regulă, că de-a lungul timpului au fost introduse erori în aceste texte, fie din cauza traducerilor, fie din cauza interpretărilor greșite ale oamenilor. Din acest motiv, Dumnezeu l-a trimis pe îngerul Gabriel la Mohamed. Musulmanii cred că Coranul este, prin urmare, cea mai exactă și completă reprezentare a cuvintelor lui Dumnezeu. Ca ultimă revelație a lui Dumnezeu, musulmanii subliniază necesitatea de a proteja Coranul de corupție și de a-i menține puritatea.

Totul va fi judecat în Viața de apoi

Musulmanii cred că la moarte toate sufletele vor fi trase la răspundere pentru acțiunile din viața lor. Se crede că Dumnezeu i-a creat pe oameni pentru a-l venera și a-l asculta. Cei ce vor face așa, vor fi răsplătiți cu o fericire eternă în Paradis. Cei ce nu vor proceda astfel, vor suferi pentru o eternitate în Iad. Atunci când o persoană moare, sufletul ei rămâne pentru o vreme în mormânt, pentru judecata finală. În timpul acestei judecăți, acțiunile cuiva sunt măsurate și se dă verdictul.

Vorbind în general, dominanța păcatelor duce spre Iad și preponderența virtuților conduce spre Rai. Există, totuși, câteva condiții care influențează rezultatul. Se crede că oricine moare în supunere (islam) față de Dumnezeu are oportunitatea de a fi iertat. Aceasta înseamnă că indiferent de acțiunile făcute de cineva, există întotdeauna potențialul de salvare. Mai există, de asemenea, credința că oricine moare în timp ce se luptă pentru o cauză a lui Dumnezeu, va fi de asemenea răsplătit cu intrarea în Paradis. Și invers, oricine l-a respins în mod activ pe Dumnezeu și luptă împotriva adepților islamului, va fi condamnat la Iad, indiferent de celelalte acțiuni virtuoase pe care le-a făcut în timpul vieții sale.

Totul este rezultatul voinței lui Dumnezeu

Ultimul articol practic decretează că tot ce se întâmplă se datorează lui Dumnezeu. Coranul vorbește despre anumite decrete divine care dictează că toată lumea va muri și că va muri într-un anumit timp și spațiu. Deși aceste condiţii sunt pre-ordonate de către Dumnezeu, oamenii îşi păstrează libertatea de a alege cum să-şi folosească viaţa ce le-a fost dată.

PRACTICI COMUNE

Pe baza acestor şase articole, o persoană musulmană îţi va demonstra credinţa lui / a ei prin urmărirea modurilor de conduită identificate în Coran şi prin practicarea metodelor recomandate de către Mohamed. În acest fel, islamul reprezintă un mod de viaţă complet integrat, ce străbate fiecare aspect al societăţii musulmane.

Legea Islamică (Sharia)

Calea de mântuire pentru musulmani este prin supunerea la voinţa lui Dumnezeu. Se crede că atunci când Dumnezeu le-a creat oamenilor pentru prima dată sufletele, i-a întrebat dacă au un stăpân. Sufletele i-au răspuns că da, au. Dumnezeu a decis să-i testeze, trimiţându-i pe pământ pentru o perioadă fixă de timp. La sfârşitul vieţii fiecărui suflet, el îi va judeca şi le va a verifica validitatea răspunsurilor. În acest context, viaţa e o oportunitate ca să ne dovedim credinţa în Dumnezeu. Sunt mai multe modalităţi prin care cineva poate urma să dovedească, dar musulmanii consideră că islamul este cel mai clar şi mai direct. Calea islamică e definită prin ceea ce e cunoscut sub numele de Legea Islamică. Legea Islamică e considerată a fi îndrumarea divină a lui Dumnezeu, aşa cum a fost ea descrisă în scripturi. Ea a fost desemnată din mai multe surse:

- **Învăţăturile Revelatoare (Qur'an):** Acestea sunt învăţăturile sfinte dezvăluite lui Mohamed prin Îngerul Gabriel. Mesajul lor esenţial constă în stabilirea unicităţii lui Dumnezeu şi necesitatea ca ființa umană să se unească cu Dumnezeu. prin venerare și supunere.

- **Exemplele profetice (Sunnah):** Acestea reprezintă transmiterea orală a învățăturilor scrise, a acțiunilor și spuselor Profetului. Ele conturează tot ceea ce a spus și făcut Mohamed și, prin urmare, ne oferă exemple detaliate despre cum ar trebui un musulman să-și trăiască viața.

- **Deciziile legale (Fatwa):** Atunci când islamul s-a dezvoltat ca un sistem de credință și ca societate, modul de interpretare a diverselor situații depindea de cărturarii musulmani. În timp, au apărut mai multe școli de gândire, în relație cu felul în care au fost interpretate aceste scripturi. Există cinci școli principale de gândire, dintre care patru reprezintă poziția sunniților și una pe cea a șiiților.

Legea Islamică reglementează toate aspectele societății, separându-le în acțiuni obligatorii, recomandate, permise, care nu sunt plăcute sau care sunt interzise. Aceste categorii reprezintă diverse nivele de virtute și non-virtute, fiecare presupunând diverse grade de recompensă sau pedeapsă. În final, se consideră că greutatea acțiunilor făcute de cineva este determinată de intenția și sinceritatea acelei persoane.

Cei cinci stâlpi ai islamului

În timp ce legile reglementează forme specifice de conduită și dau forma culturii islamice, practica spirituală a individului se focalizează pe cinci obligații ale fiecărui musulman. Ele sunt cunoscute sub numele de *Cei cinci stâlpi ai islamului* și sunt concepute pentru a insufla în viața practicantului oportunitățile de a-și exprima credința sa, și de a demonstra supunerea sa față de Dumnezeu.

Declararea credinței (Shahadah)

Primul stâlp constă în afirmarea a două dintre credințele fundamentale ale oricărui musulman:

"Nu există alt Dumnezeu decât Allah și Mohamed este trimisul său."

Această afirmație, când e spusă cu sinceritate în prezența unui martor, este ceea ce identifică o persoană ca fiind musulmană. Fraza e recitată în timpul zilei, ca o modalitate de reamintire a practicantului de angajamentul lui sau al ei către Dumnezeu sau către Islam, ca un întreg.

Rugăciuni făcute de cinci ori pe zi (Salat)

În fiecare zi, în comunitățile din toată lumea, musulmanii sunt chemați la rugăciuni. Fiecare persoană își întoarce corpul în direcția lui Ka'aba din Mecca și recită niște rugăciuni care laudă și îl venerează pe Dumnezeu. La nivel individual, este o oportunitate de a te rupe de viața lumească și să te concentrezi pe unitatea spirituală a minții, corpului și sufletului. La nivelul comunitar, este o oportunitate de a te aduna cu alți musulmani, în venerarea lor comună față de Dumnezeu. Aceste rugăciuni sunt efectuate de cinci ori pe zi:

1. **Dimineața:** O oportunitate de a mulțumi lui Dumnezeu că ești încă în viață.

2. **La miezul zilei:** Creează o pauză de la munca și căutările lumești.

3. **După-amiază:** O altă pauză de la cele lumești.

4. **La apusul soarelui:** Se aduc mulțumiri lui Dumnezeu pentru cadourile primite în timpul zilei

5. **Noaptea:** Somnul e precum moartea, deci este o oportunitate pentru cineva să-și exprime supunerea față de Dumnezeu.

Deși mulți musulmani preferă să se adune într-o moschee, rugăciunile sunt acte individuale între practicant și Dumnezeu. Prin urmare, ele pot fi făcute oriunde și nu necesită prezența unui preot sau intermediar.

Oferirea de bani pentru acte caritabile (Zakat)

Fiecare musulman are obligația de a da 2,5% din câștigul său pentru acte caritabile. Este privită ca o formă de purificare, precum și ca o formă de cult. În conformitate cu Coranul, beneficiile acestei practici constau în:

- Întărește înțelegerea că totul provine de la Dumnezeu și că nimeni nu posedă nimic, nici nu poate să ia nimic cu el în viața de apoi.

- Recunoaște că toate condițiile din viața cuiva sunt rezultatul voinței lui Dumnezeu și, prin urmare, este important să-i ajuți pe cei ce sunt săraci și au nevoi.

- Ajută la dezvoltarea autodisciplinei practicantului.

- Reduce atașamentul cuiva de posesiuni și de avuție, în general.

- Încurajează oamenii să se comporte cu onestitate.

Postul (Sawm)

Ca metodă de a sărbători revelarea Coranului, musulmanii se angajează anual într-o perioadă lungă de post. Această perioadă e cunoscută sub numele de Ramadan, a noua lună a anului islamic. În orele din timpul zilei de Ramadan, le este interzis musulmanilor orice fel de mâncare sau băutură, fumat sau activitate sexuală. Este de asemenea timpul pentru reflecție spirituală și acte de devoțiune.

Pelerinajul la Mecca (Hajj)

Într-un anume punct, în viața oricărui musulman este obligatoriu să efectueze un pelerinaj la Ka'aba din Mecca. Anual, musulmani din orice grup etnic, din fiecare colț al planetei, se îngrămădesc în orașul din deșert și stau ținându-se de mâini, ca frații și surorile. În ochii lui Allah, toți sunt egali.

Tot aspectul de ritual al pelerinajului este proiectat să întărească simțul egalității. Pelerinii poartă haine simple, fără vreun semn de statut social, avuție sau mândrie. Ei înconjoară Ka'aba în timp ce-și recită rugăciunile. Este o oportunitate foarte mare de a reînnoi credința cuiva și de a se conecta cu vastitatea misterioasă a lui Dumnezeu.

VARIAȚII INTERNE

În cea mai mare parte, doctrina și practicile islamiste sunt simple și directe. Nu e de mirare că diviziunile din Islam sunt mai degrabă legate de diferențe politice și, deci, de diferențele în modul în care e interpretată doctrina. Acestea fiind spuse, putem identifica mai multe grupări în Islam, care ne pot ajuta să realizăm o perspectivă asupra dinamicii interne a tradiției.

Sunniții și șiiții (Sunni și Shi'a)

Cea mai mare distincție dintre musulmani este cea dintre sunniți și șiiți. Diviziunile datează de la modul în care ar trebui aleasă conducerea pentru mișcarea islamică în creștere. Sunniții considerau că ar fi fost o problemă de alegere a liderului de către comunitate. Șiiții credeau că conducerea ar trebui făcută de către familia ce se trăgea din Mohamed și, în mod particular, din vărul lui Mohamed, Ali ibn Abi Talib.

Chiar dacă fracțiunea sunnită a câștigat în final, fracțiunea șiită nu a renunțat. Aceasta a dus la un război civil și la instalarea familiei sunnite, Umayyad (661 la 750 e.n). Întrucât această problemă nu a fost niciodată rezolvată complet, ea a lăsat o poartă deschisă pentru apariția multor conflicte ulterioare. Aceste conflicte orientate politic au polarizat și mai mult grupările și au alimentat animozitatea dintre ele, conducând la persecuții reciproce, de ambele părți.

În lumea modernă, marea majoritate a musulmanilor poate fi identificată ca trăgându-și originea din tradiția sunnită, în timp ce majoritatea șiiților se află în Iran și în împrejurimile acestuia. E important de notat că majoritatea luptelor dintre aceste două grupări sunt foarte apropiate de conflictul lor istoric și politic și nu de ideologiile lor islamice, care sunt foarte apropiate.

Wahhabism

În secolul al XX-lea s-au dezvoltat mai multe mișcări extremiste, ce au adoptat o nouă formă de ideologie islamică. Această ideologie a fost inițial dezvoltată în secolele al XVIII-lea și al XIX-lea și e cunoscută sub numele de wahhabism, după numele fondatorului său, Muhammad ibn Abd-al Wahhab (1703 - 1792).

Ibn Abd-al Wahhab a respins interpretarea cărturarilor sunniți tradiționaliști și a susținut reîntoarcerea spre puritatea a ceea ce el numea "adevăratele principii" ale Islamului. El credea că, în timp, majoritatea interpretărilor greșite au fost aduse într-un Islam ce necesită a fi purificat. În loc să se bazeze pe legile și comentariile tradiționale, el și-a încurajat adepții să interpreteze ei înșiși cărțile sfinte și să-și bazeze înțelegerea pe propria lor experiență, nu pe vederile altora. O parte din ideologia sa include respingerea oricui nu este de acord cu el. Oponenții sunt etichetați drept non-credincioși (kaffir) și, prin urmare, era permis de către Legea islamică, așa cum o interpretau ei, să li se verse sângele și să li se confiște averea.

În timp, această abordare ultaortodoxă a islamului s-a răspândit în toată regiunea și, în final, a condus la confruntări între Imperiul Otoman tradiționalist și triburile separatiste wahhabiste din Arabia. Atunci când s-au retras otomanii, a crescut puterea wahhabiților, care și-au afirmat influența în toată peninsula arabică.

Deși mișcarea s-a transformat în mod semnificativ de-a lungul timpului, wahhabismul e adeseori caracterizat de tendința spre vederi și interpretări extremiste, ce contrastează cu islamul tradițional. Chiar dacă e reprezentată de o foarte mică minoritate de musulmani, din cauza multor grupări extremiste ce au apărut sau au fost inspirate de ea, wahhabismul a jucat un rol influent în formarea relației lumii cu islamul în secolul al XXI-lea.

Este important să separăm multe acte de violență ce au derivat din aceste vederi, de mesajul esențial al unității și compasiunii ce se regăsește în Islam. Ca orice sistem de credință, atunci când vederea e păstrată într-un mod fundamentalist, aceasta conduce în mod inevitabil la conflict și suferință. Trebuie să recunoaștem aceasta pe baza respectului reciproc și să lucrăm cu frații noștri musulmani pentru a cultiva o mai mare armonie.

Sufism

Sufismul (secolul al VII-lea e.n.) nu reprezintă efectiv o diviziune separată în cadrul islamului, cât mai degrabă o abordare alternativă a practicii musulmane. Ca atare, puteți găsi și sufiți sunniți și sufiți șiiți. Sufismul originar s-a dezvoltat ca o mișcare ascetică timpurie a islamului.

Practicile sufiste îşi au rădăcina într-o viaţă pură, o supunere strictă la Legea Islamică şi o emulare foarte apropiată a Profetului Mohamed. Prin diverse practici ascetice, precum postul, ei caută să-şi purifice toate simţurile de egoism. Multe dintre practicile lor sunt destinate a produce experienţe mistice, ce oferă practicantului un gust al absolutului, care transcende formele intelectuale de învăţare.

Spre deosebire de alte forme de practică musulmană, sufismul accentuează relaţia dintre învăţător şi discipol. Înainte de a fi acceptat în ordinul sufiţilor, aspirantul trebuie mai întâi să fie acceptat de un ghid. Odată acceptat, ghidul îi va oferi instrucţiunile cum să practice. În acest fel, un practicant sufit se angajează în *Măreţul Război Sfânt* (jihad). Este o luptă internă care depăşeşte toate păcatele din viaţa sa, în conformitate cu voinţa lui Dumnezeu.

PUNCTE DE REFLECTAT

1. În Islam se pune un accent deosebit pe existenţa unui unic şi singur Dumnezeu. Cum înţelegeţi voi această idee a unicităţii? Cum este aceasta legată de ideea totalităţii şi unităţii? Luaţi în considerare diversele modalităţi în care noi suntem uniţi cu alţii, felurile în care putem deveni unul singur. În ce fel suntem noi legaţi împreună?

2. Pe baza unui simţ adânc al unităţii, care sunt implicaţiile referitoare la toleranţă? De ce credeţi că majoritatea liderilor musulmani au fost aşa de toleranţi cu creştinii şi evreii, atunci când i-au cucerit? Era aceasta pur şi simplu ceva politic sau din respectul unui aspect al vederii lor, ce încuraja toleranţa? În acele imperii musulmane care au exprimat toleranţă, care

a fost rezultatul? Ce fel de cultură a înflorit acolo? Pe de altă parte, ce s-a întâmplat atunci când a lipsit toleranța?

3. Cuvântul Islam înseamnă literalmente "supunere", supunerea față de Dumnezeu și față de voința lui Dumnezeu. Ce înseamnă să te supui cuiva sau la ceva? În ce fel vă poate ajuta această supunere? Musulmanii cred că actul final al supunerii în momentul morții este suficient pentru ca cuiva să-i fie iertate toate păcatele. Luați în considerare cum ar putea fi posibil așa ceva. Ce îi oferă supunerii această putere extraordinară?

Sisteme cu
Focalizare intrinsecă

CAPITOL 8

Jainismul

În conformitate cu ultimele descoperiri arheologice, arienii vedici (1900 î.e.n) nu au fost primul popor ce s-a stabilit în Valea Indusului. Zona era deja vatra unui popor de indigeni, cu propriul lor set de credințe și practici culturale. Așa cum am spus mai înainte, cultura ariană se focaliza pe sistemul castelor. În acest sistem preoții brahmani erau punctul central și tradiția lor este cunoscută sub numele de tradiția brahmanică. Cei non-arieni nu au stabilit un sistem de caste și au practicat un sistem de asceticism extrem (shramana), prin urmare tradiția lor a devenit cunoscută drept tradiția shramanică (secolele VII-V î.e.n).

Aceste două tradiții reprezintă rădăcinile din care se vor dezvolta toate celelalte filozofii indiene. Tradiția brahmanică (1500 î.e.n la 500 î.e.n) se va dezvolta în ceea ce cunoaștem drept hinduism, în timp ce tradiția shramanică va deveni cunoscută sub numele de jainism (secolele VII-V î.e.n). Iar jainismul este cel care, în final, va reprezenta baza pe care se va ivi budismul în India.

Una din trăsăturile cele mai distinctive ale jainismului este accentuarea temei non-violenței. Incredibilul lor respect pentru toate ființele a derivat din înțelegerea lor metafizică foarte detaliată a modului în care lucrează universul și îndeosebi al karmei ce formează acest univers. În acest sistem, ei nu au găsit necesitatea amplasării figurii unui Dumnezeu. În schimb, indivizii au tot ce e necesar ca să-și actualizeze potențialul și să se transforme pe ei înșiși în ființe perfecte, cunoscute sub numele de "jina". Din această focalizare pe producerea stării de jina își trage numele și tradiția lor.

În timp, multe dintre ideile ce erau centrale în jainism au început să fie încorporate și în școlile hinduse de gândire. Atât de mult, încât granițele dintre cele două au devenit mai puțin clare. În timp ce jainismul și-a menținut distinct credințele și practicile, mulți hinduși au început să considere că ar trebui să fie o nouă ramură a hinduismului. Odată cu *mișcarea Hindutva* (1925), această concepție greșită a fost în continuare consolidată, ca o ideologie naționalistă care încearcă să unifice toată India sub stindardul hinduismului. Cercetările arheologice moderne au dovedit că este o idee incorectă.

Deși jainismul a fost practicat de un număr relativ mic de oameni - se estimează că sunt circa 5 milioane de practicanți în întreaga lume - el reprezintă poate unul dintre cele mai vechi sisteme organizate de credință din întreaga lume. De-a lungul istoriei, el a avut o influență semnificativă în formarea mai multor alte sisteme de credință, ce au crescut deosebit de mari. Din acest motiv e important să recunoaștem unicitatea jainismului ca sursă a multor idei ce sunt proeminente acum în lumea modernă.

EVOLUȚIA ISTORICĂ

Când discutăm istoria tradiției jainiste, suntem puși în fața mai multor provocări unice. Mai întâi, trebuie să știm că jainiștii nu credeau că timpul este liniar, ci credeau în schimb că timpul reprezintă o serie de cicluri care nu aveau nici început și nici sfârșit. Prin urmare, orice discuție despre istoria jainismului trebuie făcută în contextul acestor cicluri. Deși putem vorbi despre un început relativ al unei anumite perioade de jainism, va fi doar o secvență de evenimente dintr-un proces mai mare, care se întinde înapoi în infinit.

În al doilea rând, jainismul este un sistem ascetic, în care principiul de bază este constituit din noțiunea de non-posesiune. Atunci când e practicat într-o formă foarte strictă, acest principiu înseamnă că călugării jainiști nu dețin nici un fel de posesiune materială, inclusiv cărți. Din acest motiv, tradiția s-a bazat întotdeauna foarte mult pe faptul de a fi o tradiție orală, în care toată cunoașterea era memorată doar de o mână de oameni. Odată cu trecerea timpului, au crescut cunoștințele care trebuiau memorate, făcând din ce în ce mai complicată păstrarea lor. S-a pierdut informația și s-au pierdut anumite Linii de transmisii. Toate acestea s-au adăugat la o istorie care este cel puțin fragmentată în bucăți. Din păcate, o mare parte din istoria jainiștilor nu a supraviețuit pentru a fi scrisă.

Ținând cont de aceste puncte, cu ajutorul cercetărilor moderne, noi am început să adunăm laolaltă o narațiune generală. Datorită marilor lacune în cunoașterea tradiției străvechi, există multe interpretări istorice. Chiar în cadrul tradiției însăși, cele două ramuri principale adeseori se contrazic referitor la multe aspecte. Prin urmare, următoarele informații trebuie luate ca o simplă bază de interpretare, ce servește la a ilustra câteva dintre evenimentele esențiale din cadrul acestei tradiții.

Așa cum am menționat anterior, jainiștii credeau că timpul este ciclic. Ei l-au descris adeseori ca pe o roată cu multe spițe. Fiecare spiță reprezintă o perioadă de timp, în cadrul unui ciclu mai mare. Jumătate din ciclu este considerat a fi o perioadă de degradare, în care condițiile începeau să se degradeze tot mai mult, în timp ce cealaltă jumătate a ciclului era o perioadă de îmbunătățire. Se credea că era noastră face parte din prima categorie, cu condiții pentru practica spirituală care se deteriorează constant.

În fiecare ciclu, jainiștii credeau că sunt 48 de ființe iluminate (jina) ce apăreau ca să acționeze spre îndrumarea umanității. Aceste ființe erau cunoscute drept Tirthankara (producători de vad). Numele lor provine din faptul că adeseori ei ofereau adepților o Cale (sau vad) pentru trecerea peste oceanul suferinței și actualizarea întregului lor potențial.

În această primă jumătate a prezentului ciclu, jainiștii spun că s-au manifestat deja 24 de Tirthankara. Deși învățăturile erau practic aceleași în fiecare perioadă, prezența unui Tirthankara făcea ca învățăturile să se manifeste astfel încât să poată fi practicate. În timp, învățăturile vor fi pierdute, până când un alt Tirthankara le va reînvia sau le va contextualiza.

Tradiția actuală, pe care noi o cunoaștem ca jainism, se bazează pe învățăturile celui de al XXIV-lea Tirthankara, Mahavira (599-527 î.e.n.). Mahavira a adaptat și a clarificat învățăturile celui de al XXIII-lea Tirthankara, Parshva (secolul al VII-lea î.e.n.). Întrucât majoritatea adepților lui Pashva au trăit cam cu 250 de ani înaintea lui Mahavira, se cunoaște foarte puțin despre el, cu excepția faptului că învățăturile lui au fost foarte influente și s-au răspândit pe scară largă în întreaga regiune. Ceilalți 22 Tirthankara sunt cunoscuți prin legendele ce povestesc despre ei în învățăturile jainiste, referințele la ei făcute în alte tradiții, precum hinduismul și în câteva artefacte arheologice ce atestă vechimea jainismului.

Și atunci, Mahavira poate fi considerat cel mai modern dintr-o lungă Linie de fondatori ai „jainismului". El a fost contemporan cu Buddha și poveștile lor sunt în anumite privințe similare. S-a născut într-o familie regală ca Vardhamana. În timpul vieții sale, el a fost renumit pentru compasiunea sa incredibilă față de orice ființă vie. Apoi, la vârsta de treizeci de ani, el a ales să renunțe la toate posesiunile sale lumești și să înceapă o viață de ascet rătăcitor.

După douăsprezece ani de meditație și ascetism extrem, el a realizat starea de Arhat. Din acest moment, el e cunoscut drept Mahavira, ceea ce înseamnă „un erou măreț". Până la sfârșitul vieții sale, el își va învăța adepții cum să-i calce pe urme. Este creditat cu introducerea unor inovații esențiale în practica jainistă. Și anume, un jurământ de celibat pentru toți călugării, precum și pentru împărțirea în patru a comunității spirituale (sangha) în monahi ascetici (bărbați și femei) și practicanți laici (bărbați și femei). Mahavira a pus accentul pe doctrina non-violenței (ahimsa) și pe auto-realizare. El a predat că fiecare are aceeași oportunitate de a se dezvolta și de a realiza starea de ființă complet iluminată (jina). Era o idee revoluționară, ținând cont că în acel timp în multe părți ale Indiei era predominant sistemul castelor.

După moartea lui Mahavira, tradiția a fost păstrată ca o linie transmisă oral de la un patriarh jainist la următorul. Învățăturile lui Mahavira au fost compilate în texte orale numite anga (secolele VI sau III-IV î.e.n.). În total, s-au stabilit 11 anga. Mai era de asemenea și o colecție de 14 texte, ce cuprindea cunoașterea ce era dinaintea timpului lui Mahavira. Acestea erau cunoscute sub numele de purva și formau a douăsprezecea anga. În plus față de aceste învățături esențiale, bătrânii (acharya) vor compune de asemenea comentarii la aceste texte, care se adăugau textelor ce trebuiau memorate.

Atunci când o foamete de doisprezece ani (593–581 î.e.n) a blocat comunitatea, mulți asceți au rămas fără hrană și ulterior au murit. Aceste condiții au dus la pierderea a unei mari părți din învățăturile inițiale. Foametea i-a făcut pe unii membri ai comunității să migreze spre sudul Indiei, în căutare de hrană. Aceasta a divizat efectiv tradiția în două grupuri, în nord Svetambara (secolul al IV-lea î.e.n.) și în sud Digambara (secolul al IV-lea î.e.n.).

Conform celor din Svetambara, s-au ținut diverse concilii pentru a compila ce mai rămăsese din textele tradiției lor. Deși învățăturile străvechi ale purva se pierduseră, se păstraseră anga rămase de la Mahavira. Cei din Digambara au respins autenticitatea acestor texte și credeau că după foamete se pierduseră toate învățăturile. Prin urmare, ei au ales să se concentreze pe învățăturile propriilor lor bătrâni. Din fericire, se relaxaseră legămintele de non-posesiune, permițând ca învățăturile să fie scrise și păstrate, pentru a preveni să se întâmple un eveniment similar în viitor.

În următoarele secole, jainismul a experimentat o dezvoltare semnificativă, datorită patronajului unor regi, ce i-au sprijinit să-și construiască un număr considerabil de temple în regatele lor. În nord, jainismul era în mod particular popular în rândul clasei negustorilor, ce și-au exercitat influența prin construcția de temple și prin sprijinul acordat călugărilor asceți și călugărițelor ascete.

Dar această creștere s-a lovit, din nefericire, de o rezistență considerabilă din partea altor sisteme de credință ce erau atunci prezente. Odată cu creșterea vaishnavismului (secolul al VII-lea e.n.) și a shaivismului (secolul al VII-lea e.n.), mulți jainiști au fost persecutați și le-au fost distruse templele. Invazia musulmană a condus de asemenea la vandalizarea multora dintre temple. Treptat, s-a redus populația de jainiști, întrucât un număr crescând de practicanți se converteau la hinduism.

Totuși, în timpurile mai recente, comunitatea mai mare a jainiștilor s-a divizat într-o varietate de comunități mai mici, strâns unite în jurul comunităților. Cu ajutorul câtorva lideri jainiști moderni, jainismul s-a stabilit încet, încet, în India și chiar a început să se dezvolte și în alte părți ale lumii. Prin mesajul său universal de non-violență și responsabilitate etică, jainismul își câștigă popularitatea atât la publicul tradițional, cât și la audiența modernă.

CREDINȚE DE BAZĂ

Ca unul dintre cele mai vechi sisteme de credință ce a apărut în subcontinentul indian, conceptele dezvoltate de jainism au influențat semnificativ celelalte sisteme. Într-un mod foarte asemănător cu știința modernă a zilelor noastre, jainismul prezintă un model detaliat despre cum există realitatea și, pe această bază, el identifică metodologii pentru a optimiza experiența cuiva despre această realitate. Următoarele secțiuni prezintă aspectele esențiale ale acestui cadru.

Cele șapte fundamente ale existenței (tattva)

Pe baza învățăturilor expuse în scripturi și dezvoltate în comentariile ulterioare, jainiștii au dezvoltat șapte credințe fundamentale referitoare la felul în care există realitatea:

Sufletul (jiva)

Jainismul descrie un univers în esență dualist, ce poate fi împărțit în două: suflet și non-suflet. Există un număr infinit de suflete și ele umplu complet universul. Ele sunt considerate a avea o natură substanțială și eternă. Cum baza lor este conștiința, ele nu pot fi distruse. Deși se consideră că sufletul este perfect și liber, din cauza ignoranței el ajunge să fie prins de forme materiale, care la rândul lor dau naștere suferinței sale. Sufletele pot fi grupate în două mari categorii:

1. **Suflete lumești:** Sunt multe ființe întrupate, care sunt generate atunci când un suflet se atașează de lumea materială. Pentru jainiști, sunt multe categorii de suflete lumești, incluzându-i pe cei ce au minte și pe cei fără minte. Aceasta este o distincție subtilă între jainiști și budiști, care face ca jainiștii să creadă că orice formă de viață trebuie respectată în mod egal, inclusiv viața plantelor.

2. **Suflete eliberate:** Un suflet eliberat este fără forme, ceea ce înseamnă că e complet liber de orice componentă materială, inclusiv de forme subtile de karmă. El poate fi caracterizat

prin patru caracteristici: percepție infinită, cunoaştere infinită, putere infinită şi extaz infinit. Un astfel de suflet e considerat a fi manifestarea perfectă a unui suflet.

Entitățile non-vii (ajiva)

Cealaltă jumătate a acestei dualități metafizice cuprinde orice nu este un suflet. Aceasta include tot ceea ce lumea ar considera ca fiind universul material. Jainiştii consideră că universul e constituit din cinci feluri de substanțe:

1. **Materia (pudgala):** Aceasta include tot ce poate fi perceput de simțuri. Este o formă fizică, care e mereu modelată de suflete şi de celelalte patru "substanțe". Karma este considerată a fi o formă foarte subtilă de materie.

2. **Mediu de mişcare (dharma):** În timp ce sufletele şi materia sunt amândouă infinite ca număr şi manifestare, mediul de mişcare se referă la substanțele atot-pătrunzătoare ce le facilitează interacțiunea. Prin intermediul acestui mediu sufletele şi materia evoluează şi se schimbă în permanență. El poate fi considerat ca o forță naturală, asemănătoare cu noțiunea de impuls.

3. **Mediul de odihnă (adharma):** Aceasta e o contra forță la mediul de mişcare. În timp ce dharma pune lucrurile în mişcare, adharma le aduce la odihnă. Prin urmare, mediul de odihnă poate fi considerat ca fiind foarte similar cu noțiunea de inerție.

4. **Spațiul (akasa):** Pentru jainişti, ideea de spațiu e reprezentată de mediul în care interacționează toate celelalte substanțe.

Caracteristica sa e că el găzduiește totul. În jainism, acest spațiu se extinde dincolo de universul material, în ceea ce este cunoscut drept non-univers (doar spațiu și suflete).

5. **Timp (kala):** Deși are o natură imaterială, timpul e considerat drept cauza primară pentru care apare schimbarea. Timpul există doar în universul material și, deși e considerat ca etern, e făcut din multe diviziuni de momente, care se măsoară pe baza vitezei cu care călătorește o particulă prin spațiu.

Interacțiunea dintre sufletele și entitățile non-vii (asrava)

Primele două principii ne oferă un model funcțional pentru componente variate, ce constituie realitatea. Dar apare apoi o întrebare, cum poate sufletul (care are o natură nematerială) să interacționeze cu universul material? Pentru a răspunde la această întrebare, trebuie să înțelegem relația dintre un suflet și karma.

Așa cum s-a zis anterior, karma este o formă subtilă de materie. Un suflet se angajează în fiecare moment în diverse acțiuni ale corpului, vorbirii și minții. Aceste acțiuni reprezintă cauzele pentru a se aduna anumite tipuri de particule karmice. Aceste particule subtile condiționează și mai mult experiența sufletului, dând naștere unui anumit tip de suflet lumesc, cu un corp material corespunzător.

În acest context, acțiuni virtuoase sunt considerate orice acțiuni ce atrag karme ce produc rezultate pozitive, în timp ce acțiuni nevirtuoase sunt considerate cele ce conduc spre rezultate nefavorabile.

Întunecarea datorată karmei (bandha)

Atunci când un suflet atrage particule karmice, cei doi devin complet uniți. Când se întâmplă asta, sunt suprimate tendințele naturale ale sufletului. Intensitatea acestei legături depinde de puterea acțiunilor ce au atras prima dată karma.

Este important de notat că atât acțiunile virtuoase, cât și cele nevirtuoase creează un flux de karmă și, prin urmare, se consideră că ele leagă sau condiționează sufletul. Aceasta înseamnă că, pentru a evita un aflux de karmă, trebuie să-ți conduci acțiunile cu un sentiment de echilibru și indiferență față de experiența rezultată.

Atunci când o ființă moare, sufletul se separă de materia grosieră, dar rămâne legat de materia karmică subtilă. Datorită karmei acumulate, acea ființă ia din nou o întrupare grosieră. Acest proces este cunoscut sub numele de reîncarnare. Fiecare suflet va continua să se încarneze, atât timp cât nu oprește afluxul de karmă nouă în suflet.

Prevenirea afluxului karmic (samvara)

Pe această bază, pentru a separa sufletul de suferința generată de afluxul de karmă, un practicant jainist trebuie să lucreze pentru a contracara cauzele ce fac să apară un astfel de aflux de karmă. Această prevenire se realizează prin antrenarea sufetului să se angajeze în activitățile ce contracarează aceste cauze. Dacă practicantul poate să câștige complet controlul asupra corpului, vorbirii și minții sale, atunci el poate să întrerupă fluxul de karmă din suflet și astfel poate să atingă eliberarea.

Asceticismul (nirjara)

Chiar dacă împiedicarea a fluxului de karmă nouă în suflet este scopul primar al unui practicant jainist, se pune încă întrebarea ce trebuie să facă cu karma care e deja legată de suflet? Jainiștii cred că singurul mod de a te elibera de karmă este prin coacerea ei naturală, ca experiență. Datorită pur și simplu a cantității de karmă acumulată de suflet, poate fi un proces lung, ce se întinde pe durata a multor, foarte multor vieți.

Pentru a mări viteza procesului, jainistul se angajează în practica austerității. În acest fel, jainiștii provoacă karma să se coacă mai repede, prin urmare își purifică sufletul, ceea ce îi aduce mai aproape de eliberare.

Eliberarea (moksha)

În acest context, putem vedea cum concepția jainistă a eliberării reprezintă completa separare a karmei de suflet. Atunci când un suflet e liber de condiționarea karmei, el e liber să-și manifeste natura sa infinită.

Epistemologia relativistă (syadvada)

Pe baza acestui cadru metafizic, jainismul a dezvoltat o abordare relativistă a epistemologiei, cunoscută drept Syadvada. Jainiștii cred că un număr infinit de suflete, combinat cu o cantitate aparent infinită de materie, va da naștere la un număr infinit de permutări. Prin urmare, nici o afirmație sau set de afirmații nu poate capta fiecare aspect potențial al adevărului unui obiect descris.

În acest sistem, jainiștii acceptă variate surse de cunoaștere ca fiind valide. Acestea includ: percepția senzorială, mărturie valabilă, percepția extrasenzorială, telepatia și mintea omniscientă. Jainiștii cred că doar sursa ultimă de cunoaștere e aptă să cunoască realitatea așa cum e. Prin urmare, toate tipurile de cunoaștere sunt considerate a fi temporare sau provizorii. În conformitate cu această doctrină, orice afirmație este considerată doar în dependență cu perspectiva persoanei care face acea afirmație. Asta înseamnă că nici o persoană nu ar trebui să considere niciodată că vederea sa este absolută, până în momentul în care vederea se va manifesta în mod natural din mintea omniscientă.

PRACTICI COMUNE

Prin înţelegerea sa asupra dinamicii celor şapte fundamente, jainismul prezintă un set structurat de practici, care poate fi utilizat pentru a stopa afluxul de karmă în suflet şi ca să purifice rapid acel suflet de orice urmă de karmă. În acest fel, devine posibilă eliberarea, pentru oricine e doritor să se angajeze în aceste metode.

Cele Trei Giuvaere în jainism (ratnatraya)

Calea practică de obţinere a eliberării este prin Cele Trei Giuvaere ale Viziunii Corecte, Cunoaşterii Corecte şi Conduitei Corecte. Fiecare dintre aceste trei etape ale Căii jainiste oferă practici specifice, ce facilitează procesele de purificare şi actualizează starea de fiinţă complet iluminată.

Viziunea Corectă

Primul pas constă în dezvoltarea unei percepţii valide a ale realităţii. Aceasta înseamnă stabilizarea în mintea cuiva a percepţiei asupra realităţii, care se bazează pe o sursă validă de cunoaştere. Accentul este pus în acest stadiu pe îndepărtarea oricăror dubii pe care le-ar putea avea cineva referitor la cadrul teoretic ce e reprezentat prin cele şapte fundamente ale existenţei. Pentru aceasta, practicantul se poate baza fie pe puterea propriei sale evoluţii spirituale, fie pe unii agenţi externi, cum ar fi un ghid sau un text. Practic, acest stadiu se referă la dezvoltarea credinţei cuiva în următoarele:

- Credinţa într-un univers dual al sufletelor şi entităţilor non-vii.

- Credinţa în interacţiunea sufletelor cu materia, aşa cum e descrisă în fundamentele rămase.

- Credința în Tirthankara, în scripturile predate de ei și în sfinții jainiști care au urmat după ei.

Rezultatul de a fi dezvoltat o convingere puternică în aceste credințe îl conduce pe practicant spre calm spiritual și spre o puternică dorință de a se elibera, să nu fie atașat de lume și, în mod natural, să fie bun cu ceilalți.

Cunoașterea Corectă

În timp ce Viziunea Corectă asigură obiectivul prin care cineva vede lumea, Cunoașterea Corectă se concentrează pe adunarea experienței directe asupra lumii care e văzută. Aceasta se face prin obținerea următoarelor cinci stadii distincte:

1. **Senzorial (mati):** Aceasta include toată cunoașterea dobândită prin cele cinci simțuri senzoriale și prin minte.

2. **Studiu (Sruta):** Aceasta este cunoașterea dobândită prin studierea diverselor sutre și comentarii ale tradiției. Ea include, de asemenea și studierea generală a subiectelor non-spirituale. Această formă de cunoaștere se bazează pe cunoștințele senzoriale pe care voi sau altcineva le-ați dezvoltat și, ulterior, au fost codificate în scris.

3. **Clarviziunea (Avadhi):** Aceasta formă de cunoaștere este o intuiție directă referitoare la fenomene care se află la distanță, atât în spațiu cât și în timp. Ea nu cere ca un obiect să vină în contact efectiv cu organele de simț ale practicantului. Această cale de cunoaștere poate fi dezvoltată prin practica meditativă.

4. **Telepatia (Man Prayaya):** În timp ce clarviziunea se concentrează îndeosebi pe fenomenele fizice, telepatia lucrează cu dezvoltarea abilității de a înțelege ce gândesc sufletele, bazate

pe forma minții lor. Ca și în cazul clarviziunii, practicantul trebuie să fie suficient de avansat în contemplare, pentru a atinge acest tip de cunoaștere.

5. **Omniscienţa (Kewalya):** Aceasta este cunoașterea directă nelimitată și în totalitate a fenomenelor. Ea este realizată atunci când un suflet și-a îndepărtat cu succes toate karmele ce îi obstrucționau capacitatea sa de a se manifesta complet.

În acest fel, scopul Cunoașterii Corecte este de a atinge omniscienţa. Omniscienţa este posibilă doar atunci când au fost îndepărtate toate karmele. Prin urmare, ne trebuie practici specifice care să ne ajute să ne dezvoltăm capacitatea noastră de a ști. Aceasta ne duce la Giuvaerul final, acela al Conduitei Corecte.

Conduita corectă

Esenţa Conduitei Corecte a unui practicant jainist constă în dezvoltarea unui control complet asupra acțiunilor corpului, vorbirii și minții sale. Cheia constă în depășirea dorinței personale și a indulgenței de sine. După ce și-a dezvoltat mai întâi atât Vederea Corectă cât și Cunoașterea Corectă, practicantul este acum apt să dezvolte un puternic simț al echilibrului, neatașării și de autocontrol. Metoda primară pentru aceasta constă în respectarea a cinci jurăminte:

1. **Non-Violenţa (ahimsa):** Aceasta e lipsa cauzelor ce rănesc orice forme de viață. Este comportamentul fundamental care este cel mai accentuat în tradiția jainistă și este principiul din care derivă toată moralitatea jainistă. Spre deosebire de alte sisteme de credinţă indiene, aici non-violenţa e extinsă dincolo de ființele simțitoare și include și viața plantelor. Din respectul

pentru toate formele de viață, jainiștii se abțin de la a mânca animale, și sunt administratori activi pentru mediu.

2. **Adevăr (satya)**: Jainiștii cred că minciunile sunt rezultatul unor stări emoționale perturbate precum furia, lăcomia, frica și frivolitatea. Prin urmare, practica de a spune adevărul este un act de curaj moral care necesită depășirea acelor stări mentale. Totuși, spunerea adevărului este întotdeauna subordonată primului legământ al non-violenței și atunci, dacă rostirea adevărului va provoca rănirea altcuiva, se consideră că e mai bine să păstrezi tăcerea.

3. **A nu fura (asteya)**: Aceasta constă în abținerea de a lua ceva ce nu ți-a fost dat. Este o extindere mai departe a legământului adevărului, în relație cu acțiunile corporale ale cuiva.

4. **Castitatea (brahmacharya)**: Plăcerea senzuală e văzută ca o forță obsesivă ce împiedică pe cineva să se angajeze în activități virtuoase de dragul răsfățului personal. Prin urmare, legământul de castitate este un legământ de a te abține de la plăcerile senzuale ale tuturor celor cinci simțuri. Deși călugării respectă cu strictețe acest legământ, se așteaptă ca și laicii să exercite o reținere generală în raport cu activitățile sexuale.

5. **Non-posesivitate (aparigraha)**: Jainiștii cred că posesiunile lumești creează condițiile de angajare în non-virtuți, pe măsură ce cineva caută să dobândească mai multe bunuri sau caută să păstreze posesiunile pe care deja le-a dobândit. Întrucât atașamentul față de aceste obiecte ne leagă de ciclul vieții și al morții, dacă dorim să obținem realizarea, atunci non-atașamentul e critic.

Pe baza acestor cinci legăminte, se așteaptă ca toți practicanții jainiști să îndeplinească zilnic următoarele sarcini:

1. **Practicarea seninătății (samayika):** Acesta e un proces prin care practicantul încearcă să cultive mai mult echilibrul sau stabilitatea minții. El este preocupat în principal de dezvoltarea unei detașări de urcușurile și coborâșurile din timpul zilei.

2. **Lăudarea lui Tirthankara (chaturvimshati):** Prin dezvoltarea devoțiunii față de calitățile tuturor Tirthankara, practicantul este capabil să își întărească credința și să își dezvolte Viziunea Corectă. Cu cât e mai puternică devoțiunea sa, cu atât mai rapid va putea progresa pe calea spre eliberare.

3. **Respectul față de Învățători și călugări (vandan):** Acesta e antidotul direct al mândriei. Prin cultivarea respectului față de învățătorii săi și practicanții dedicați, cineva e apt să dezvolte o mai mare smerenie și să-și diminueze egoul.

4. **Introspecția (pratikraman):** Revizuirea acțiunilor zilnice ale cuiva reprezintă o oportunitate de a-și exprima căința față de orice non-virtuți efectuate, care acționează ca obstacole pe calea cuiva. Această acțiune acționează ca o contra-forță la karma acumulată ce-i curge în suflet.

5. **Liniștea (kayotsarga):** Această practică se focalizează pe dezvoltarea experimentării sufletului și pe abandonarea identificării cu corpul. Ea implică meditația formală asupra naturii minții, astfel încât să se distingă sufletul ca fiind separat de corp.

6. **Renunțarea (pratyakhyana):** Renunțarea activă la anumite activități, pentru a cultiva o mai mare disciplină.

Penitența corectă

Pentru practicanții dedicați, mai este descrisă o a patra Cale, cunoscută drept Penitența Corectă. Aceste practici ascetice oferă o metodă pentru maturarea rapidă a karmei și purificarea finală a sufletului. Sunt două forme de penitență: externă și internă. Penitența externă se referă îndeosebi la corp, în timp ce penitența internă se referă îndeosebi la minte.

Cele șase tipuri de penitențe externe sunt:

1. **Postul (anshan):** Pentru a învinge dorința și pasiunea, practicanții renunță la toate tipurile de mâncare și/sau băutură. Postul poate dura o perioadă fixă de timp sau până când moare practicantul. Postirea până la moarte e considerată a fi un act nobil, întrucât este o expresie ultimă a non-violenței. Este ceva obișnuit să te angajezi în el doar atunci când moartea este iminentă și, prin urmare, nu e considerat ca un tip de sinucidere.

2. **Reducerea consumului (unodari):** Aceasta implică să fii reținut în relația cu aportul de alimente. Ideea este de a acționa direct contra dorinței mentale a cuiva de a consuma (alimente) și a-și sătura apetitul.

3. **Cerșitul pentru a trăi (bhikshachari):** Procurarea hranei prin cerșit este considerată o altă formă de a frâna dorința cuiva față de alimente. Întrucât nu ai control asupra cantității și disponibilității mâncării, tu înveți să accepți condițiile actuale și să nu mai fii controlat de dorințe.

4. **Fără gust (rasparityag):** Această formă de penitență se focalizează pe atașamentul față de anumite gusturi și mirosuri. Ea implică renunțarea conștientă la niște tipuri particulare de mâncare, de care sunteți personal atașați.

5. **Toleranța la durerile corporale (kaya klesh):** Aceasta este practica de a-ți îndepărta orice atașament față de corp și de confortul său. Practicantul face aceasta adoptând diverse posturi și expunându-se pe el însuși unor condiții inconfortabile.

6. **Retragerea (sallinata):** Eliminarea interesului față de toate căutările lumești și devotarea practicii spirituale. Este inversarea tendinței noastre naturale de a ne întoarce spre exterior și, în schimb, întărirea focalizării interne pe sufletul tău.

Cele șase tipuri de penitențe interne sunt:

1. **Pocăința (prayaschit):** A-ți recunoaște greșelile și acțiunile non-virtuoase, cu intenția de a evita repetarea lor în viitor.

2. **Smerenia (vinaya):** A-ți arăta devoțiunea față de cei ce au calități mai mari decât tine însuți.

3. **Servirea (vaiya vratya):** A-i ajuta pe cei ce sunt în nevoi, prin acțiuni corporale sau prin oferirea de suport material.

4. **Studiul (swadhyaya):** A studia scripturile, pentru a dezvolta cunoașterea corectă, care e capabilă să depășească karma acumulată.

5. **Concentrarea (dhyana):** Fixarea minții pe un singur obiect.

6. **Renunțarea (vyutsarga):** Actul mental al cuiva de a renunța la atașamentele față de posesiuni, pasiuni și chiar față de propriul său corp.

VARIAȚII INTERNE

Din perspectiva doctrinei, jainiștii au credințe relativ uniforme. Ele diferă, în principal, în raport cu accentul pe care îl pun pe anumite practici. În general, jainiștii pot fi clasificați în două mari categorii:

Digambara

Digambara înseamnă "îmbrăcat de cer" și se referă la o practică ascetică a nudității, care este caracteristică acestui grup. Toți călugării Digambara cred că nuditatea este o condiție prealabilă pentru obținerea eliberării. Întrucât femeilor nu li se permite să practice nuditatea, înseamnă că ele sunt incapabile să obțină eliberarea completă în această viață. Reflectând această abordare mai ortodoxă de practică, templele și statuile Digambara sunt simple și neîmpodobite. Principalele subgrupe ale Digambara sunt:

1. **Bisapantha:** Acest grup accentuează practica devoțiunii față de Tirthankara și sfinții jainiști. Din acest motiv, templele reprezintă elementul central pentru practica lor, împreună cu preoții Bhattarak, ce conduc diverse ritualuri ale cultului jainist. Adepții grupului stau pe jos și oferă diverse substanțe, precum flori sau tămâie. Acest grup e cel mai comun în sudul Indiei.

2. **Terapantha:** Acest grup s-a dezvoltat mai întâi în nordul Indiei. El s-a dezvoltat dintr-o nemulțumire generală față de bazarea pe preoții Bhattarak și față de diversele lor forme de ritualuri de

venerare. În templele lor, ei îi venerează doar pe Tirthankara, nu și pe zeitățile de meditație. Ei evită ofrandele caracteristice celor din Bisapantha și, în schimb, oferă grăunțe precum orez, cuișoare și santal. Atunci când venerează, ei stau așezați.

3. **Taranapantha:** Acest grup se numește astfel după fondatorul său, Tarana-Svami, iar principala sa caracteristică e reprezentată de respingerea venerării idolilor. În schimb, este o lipsă completă de ritualuri externe și o mare focalizare pusă pe dezvoltarea valorilor spirituale și pe studierea literaturii sacre. În plus, Tarana-Svami a fost un mare oponent al sistemului castelor și, prin urmare, a pus accentul pe deschiderea porților spre oricine, indiferent de casta sau credințele sale religioase.

Svetambara

Svetambara înseamnă "îmbrăcat în alb" și se referă la faptul că atât călugării, cât și călugărițele din acest grup purtau îmbrăcăminte albă, fără cusături. Întrucât nuditatea nu e importantă pentru un practicant Svetambara, se consideră că atât bărbații, cât și femeile, au oportunitatea de a obține eliberarea. De regulă, regulile celor din Svetambara sunt mai flexibile decât cele echivalente ale Digambara. De exemplu, de la început li s-a permis să poarte cu ei un bol pentru colectarea hranei, în timp ce un călugăr Digambara putea doar să accepte mâncarea care i se punea în mâini. Principalele subgrupe ale Svetambara sunt:

1. **Murtipujaka:** Acesta este grupul original ce poate fi numit Svetambara. Ei accentuau venerarea idolilor și oferirea diverselor flori și tămâi. Asceții lor își acoperă gura cu benzi albe și locuiesc în temple sau în clădiri special rezervate, numite *upasraya*.

2. **Sthanakvasi:** Deși inițial aparțineau unui alt grup numit Lonka, Sthanakvasi sunt acum considerați drept o formă a jainismului Svetambara. Ei sunt cunoscuți pentru respingerea venerării în temple și față de orice formă de idolatrie. În schimb, ei au creat săli de rugăciune numite stanaka, de unde le-a venit și numele. Aceste săli de rugăciune sunt folosite pentru diverse activități precum postirea, rugăciunea sau învățăturile.

3. **Terapanthi:** Acest subgrup a fost inițial fondat de către Swami Bhikkanaji Maharaj. Numele grupului derivă din cele 13 (tera) principii pe care le accentuează ei: cinci legăminte mărețe, cinci reguli și trei constrângeri. Altfel, ei sunt identici cu grupul Sthanakvasi.

PUNCTE DE REFLECTAT

1. Practica jainistă a non-violenței își are rădăcina în recunoașterea sacralității vieții, în toate numeroasele sale forme. Această înțelegere derivă în mod direct din cadrul lor metafizic. Gândiți-vă la numeroasele nivele de violență, nu doar la cele evidente. Luați în considerare numeroasele modalități în care ființele umane se pot răni pe ele însele. Ce fel de acțiuni v-ar putea ajuta pe voi să evitați aceste tipuri de violență?

2. Jainismul ne învață că până când cineva nu atinge mintea omniscientă, toate formele de cunoaștere sunt relative de sufletul ce le percepe. Asta înseamnă că nu există o poziție absolută pe care cineva o poate lua față de adevăr. Dacă toate

vederile sunt relative, ce fel de cunoaştere putem găsi prin angajarea în dialoguri cu oameni ce au vederi diferite de vederile voastre? Luaţi în considerare modul în care această înţelegere promovează o mai mare toleranţă şi armonie cu ceilalţi.

3. Practicile ascetice din tradiţia jainistă se întemeiază pe noţiunea de non-posesivitate. Luaţi în considerare relaţia pe care o aveţi faţă de bunurile voastre fizice. Extindeţi această înţelegere, luând în considerarea toate formele de relaţii unde aţi identificat ceva ca fiind "al vostru", incluzând aici şi persoanele. În ce fel credeţi că puteţi lucra ca să vă reduceţi ataşamentul faţă de aceste obiecte? La ce beneficii vă puteţi gândi dacă faceţi acest lucru?

CAPITOL 9

Budismul

Pe vremea lui Buddha (563 - 483 î.e.n), lumea era dominată de două extreme spirituale. Pe de o parte erau tradițiile brahmanice, care susțineau de regulă o viață de devotament față de un Zeu Suprem și căutarea bogăției și plăcerii. Pe de altă parte, erau tradițiile shramanice, care susțineau o viață de renunțare completă și practici ascetice extreme, ce urmăreau eliberarea. Trecând personal prin experimentarea acestor două extreme, Buddha a fost capabil să identifice a treia cale, ce era construită în jurul noțiunii de echilibru.

Una din ideile esențiale constă în recunoașterea că eliberarea era dependentă total de capacitatea minții de a cunoaște realitatea așa cum e. Pentru aceasta, mintea trebuie să fie antrenată să-și actualizeze o stare optimă, ce îi deblochează capacitatea sa nelimitată. Optimizarea era imposibilă atunci când practicantul mergea prea departe, într-una dintre cele două extreme. Punctul perfect a fost descoperit a fi exact la mijloc, unde practicantul a fost apt să se bazeze pe cele mai bune aspecte ale ambelor abordări.

Abordarea Căii de Mijloc l-a condus pe Buddha spre dezvoltarea unui vast corpus de cunoaștere, pe care l-a predat de-a lungul a aproape patruzeci de ani. În acest timp, el nu a predat pentru toată lumea o doctrină unică. În schimb, el a predat în conformitate cu necesitățile studenților săi, recunoscând faptul că fiecare individ era la diverse stadii ale dezvoltării sale spirituale, prin urmare erau necesare metode diverse, pentru a-l ajuta pe fiecare să se dezvolte mai departe.

Rezultatul acestei diversități a învățăturilor sale a făcut ca budismul să treacă dincolo de simpla spiritualitate, pentru a cuprinde o gamă mult mai largă de subiecte, precum epistemologia, filozofia, psihologia, cosmologia și medicina. Buddha a creat o știință robustă a eliberării, aptă să ofere mijloace cu o precizie chirurgicală pentru îndepărtarea suferinței și cultivarea fericirii autentice.

EVOLUȚIA ISTORICĂ

Din perspectiva budistă, istoria (ca toate fenomenele) are o natură relativă. Nu există un singur set fixat de evenimente ce au apărut „cu adevărat". În schimb, avem o colecție de relatări care reprezintă diferite interpretări despre ceea ce cred oamenii că s-a întâmplat. Istoricul e cel ce modelează istoria, pe baza viziunii sale asupra realității. Trebuie să păstrăm acestea în mintea noastră, astfel că, pe măsură ce avansăm, diverse tradiții budiste își vor descrie istoria lor în mod diferit.

În conformitate cu o relatare, Buddha s-a născut în orașul Lumbini în tribul regelui Shuddhodana. Se numea Siddhartha Gautama și a devenit prințul moștenitor al clanului Shakya (secolele VI-IV î.e.n.). Pe baza unei profeții ce fusese făcută atunci când Siddhartha era doar un copil, regele a ales să-i ascundă tânărului prinț orice formă de suferință lumească. A făcut asta cu speranța că se va asigura că fiul său își va asuma poziția de rege de drept, care va domni după moartea sa.

În acest scop, regele Shuddhodana a construit mai multe palate opulente, în care trăia Siddhartha. I-a oferit toate lucrurile luxoase imaginabile și au fost îndeplinite toate dorințele prințului. Regele s-a asigurat că Siddhartha nu va avea niciodată nevoie de ceva din lumea exterioară și a făcut mari eforturi ca să-l păstreze în siguranță între pereții palatului.

Cu toate acestea, Siddhartha era un băiat curios și, când se apropia de douăzeci de ani, a plecat prin țară într-o plimbare cu carul. În această călătorie, Siddhartha a fost pus în fața a trei adevăruri inevitabile ale vieții: boală, bătrânețe și moarte. I-a devenit clar că oricât de multă bogăție sau plăcere externă ar experimenta, el nu va fi niciodată liber de aceste trei forme de suferință. La finalul acestei călătorii, Siddhartha a întâlnit un ascet rătăcitor, ce părea a fi extatic și mulțumit. A fost prima dată când i s-a prezentat posibilitatea de a trăi o viață spirituală.

Nu a durat mult până când Siddhartha a ales să-și abandoneze viața sa lumească și să pornească o căutare personală spre a găsi eliberarea de suferință. După ce a scăpat de sub controlul tatălui său, Siddhartha și-a tăiat părul și a îmbrăcat niște haine simple, realizate din bucăți de pânză aruncate. El a rătăcit în pustietate, căutând ghizi spirituali care să-l învețe calea spre eliberare.

La început, el a studiat diverse școli de gândire și tehnici meditative, sub îndrumarea celor mai mari învățători contemporani cu el. Siddhartha a atins rapid măiestria în acele practici și curând și-a surclasat chiar și proprii săi învățători. Totuși, indiferent de cât de profundă era absorbția sa meditativă, el nu a găsit eliberarea pe care o căuta.

În următorii șase ani, Siddhartha a rătăcit ca un ascet în regiunea de nord-est a Indiei, împreună cu alți cinci tovarăși. Ei s-au supus la forme extreme de ascetism fizic, ce au inclus posturi intense și expunerea la elemente. Dar și acestea s-au dovedit incapabile să-i aducă eliberarea.

După ce a acceptat niște mâncare ca să-și refacă corpul slăbit, el a văzut că i-a crescut claritatea mentală. Odată refăcut, s-a așezat la rădăcina unui copac sacru de smochin, cu determinarea de a nu se ridica până când nu va fi realizat eliberarea completă.

În următoarele douăzeci şi patru de ore, Siddhartha s-a angajat în stări meditative progresive, din ce în ce mai profunde. Cu cât erau mai profunde, cu atât mai multe obstacole subtile apăreau. La aceste obstacole ne referim de regulă ca la demoni sau „mara". Când în sfârşit a reuşit să îndepărteze chiar şi cea mai subtilă formă de întunecare, el a atins Iluminarea. Din acel moment, el a devenit cunoscut ca Buddha, care înseamnă Cel Trezit.

Buddha şi-a petrecut următorii ani din viaţa sa rătăcind prin ţară şi oferind învăţături şi meditând împreună cu o masă crescândă de adepţi. Stilul său de predare invita studenţii să „vină şi să vadă". Adică el îşi încuraja studenţii să aplice în practică învăţăturile primite şi să experimenteze beneficiile acestora. Adeseori el a vorbit contra oricărei modalităţi de abordare dogmatică şi a provocat în mod special noţiunea de segregare în caste.

După moartea sa, cei mai bătrâni membri ai comunităţii spirituale (sangha) au ales să se reunească în ceea ce a fost numit Primul Consiliu (400 î.e.n). Acolo ei au recitat multe dintre învăţăturile lui Buddha (sutre) şi diverse coduri de conduită (vinaya). Aceste compilaţii au fost încredinţate bătrânilor, pentru a le menţine ca o tradiţie orală.

Buddha a comentat odată însoţitorului său că în viitor nu e necesar să fie urmate toate codurile de conduită monastică. Totuşi, el nu a spus care dintre acestea vor fi considerate ca provizorii şi care vor fi fundamentale. Prin urmare, în timp, au apărut nişte dispute referitor la cum ar trebui să se comporte monahii. În Vaishali a fost convocat Al Doilea Consiliu (383 î.e.n), pentru a rezolva disputele dintre călugări. Aceasta a condus la prima schismă a budismului, când comunitatea s-a divizat în două grupuri, cunoscute drept Sthaviravada (Theravada în limba pali) şi Mahasanghika. În timp, aceste două grupuri s-au împărţit într-o varietate de sub-grupuri.

Atunci când Regele Mauryan Ashoka (304 – 232 î.e.n.)s-a convertit la budism, el a convocat Al Treilea Consiliu (250 î.e.n), pentru a reconcilia vederile conflictuale ce apăruseră din toate aceste diverse interpretări ale scripturilor. În timpul consiliului, regele i-a întrebat pe diferiții bătrâni ce participau și aceștia au compilat efectiv un grup de comentarii ce au ajutat să se clarifice intenția lui Buddha și au îndepărtat dubiile practicanților. Acest material suplimentar este cunoscut drept Învățăturile mai Înalte (abhidharma).

Cu un nou set consolidat de scripturi, Ashoka a trimis misionari către cele mai îndepărtate zone ale regatului și mai departe. Călugării au călătorit cât mai departe în vest, până în orașele grecești Atena și Alexandria, în sud până în insula Sri Lanka, în est în Burma (acum Myanmar) și în nord până la poalele Munților Himalaya. Deși misionarii săi au eșuat în stabilirea budismului în vestul îndepărtat, Ashoka a putut să răspândească budismul de-a lungul subcontinentului, făcându-l să aibă o influență majoră în regiune.

În cea mai mare parte, doctrina budistă era încă o tradiție orală ce se baza pe adunările frecvente ale comunității, pentru recitarea scripturilor și ca să se asigure că transmisia Liniei de descendență este completă. În cele din urmă, însă, s-au angajat să scrie învățăturile. În sud, s-a ținut în Sri Lanka (secolul I î.e.n.) un consiliu al tradiției Theravada și întregul canon al scripturilor lor a fost scris în limbajul pali.

În același timp, în nord, școala Sarvastivada (o variație a tradiției Theravada) și-a ținut propriul său consiliu. Ei au corectat unele comentarii adiționale la scripturile existente și apoi s-au dedicat scrierii tuturor acestora în limba sanscrită. Întrucât sanscrita era limba folosită de tradiția brahmanică, scripturile budiste au devenit accesibile unui public mai larg.

Pe măsură ce budismul a continuat să se dezvolte în India, a început să aibă susținere o nouă formă de gândire budistă. Ea se caracteriza prin ideea că fiecare persoană este înzestrată cu ceea ce era cunoscut drept natura de Buddha. Pe baza acestei naturi, toate ființele au potențialul de a atinge iluminarea. Această mișcare a devenit cunoscută drept *Budismul Mahayana* (secolul I e.n.). Cu un puternic accent pus pe mintea altruistă a compasiunii și recursul universal în rândul practicanților laici, mișcarea a devenit din ce în ce mai populară. Deși scripturile Mahayana au ajuns în sfera publică mult mai târziu decât învățăturile fundamentale ale tradiției Theravada, se crede că ele au fost transmise ca tradiție orală încă din timpurile lui Buddha.

Tradiția nu a înflorit realmente până când nu s-a fondat *Universitatea Nalanda (secolele V-XII e.n.)* în regatul Magadha din nord-estul Indiei. Nalanda a fost una dintre primele universități internaționale, atrăgând cărturari de departe. În acel timp vor fi dezbătute extensiv și rafinate scripturile budiste de către Mari Maeștri indieni precum Nagarjuna (150- 250 e.n), Asanga (300-370 e.n) sau Vasubandhu (secolul al IV-lea sau al V-lea e.n.). Ca rezultat al muncii lor, s-au dezvoltat ca filozofii distincte școlile de gândire *Doar Mintea* (cittamatra) și *Calea de Mijloc* (madhyamaka).

Amenințările crescute ale persecuției musulmane și hinduse au dus treptat la o schimbare a atitudinii sociale și politice a budiștilor, care și-au deschis lent mințile spre noi metode și spre noi idei. În acele timpuri au început să capete putere învățăturile ezoterice ale tantrei budiste. Acest proces a fost întărit de apariția unor practicanți yoghini puternici, cunoscuți sub numele de "*mahasiddha*", ce rătăceau pe pământ demonstrându-și puterile prin manifestări miraculoase. Acești maeștri foarte înalt realizați provocau normele sociale prin fiecare aspect al ființei lor.

Sub patronajul oficial al Împăraților Pala, s-au construit mai multe universități surori ale celei din Nalanda. Una dintre aceste universități era cunoscută ca *Vikramashila (secolul VIII-lea sau începutul secolului al IX-lea*

-1193 e.n), ce a fost responsabilă de sistematizarea extinsă a învățăturilor ezoterice în clase distincte de practici tantrice. Deși conduita lor exterioară urma tradiția vinaya, filozofia lor era Mahayana, iar practica lor era în conformitate cu diverse sisteme de tantre. Această tradiție va deveni cunoscută drept *Budismul Vajrayana*.

Prin eforturile misionarilor lui Ashoka, un comerț înfloritor cu țările vecine și diverse căsătorii motivate politic, budismul s-a răspândit încet de-a lungul continentului asiatic. Tradiția Theravada, care era populară în sudul Indiei și în Sri Lanka, s-a stabilit în țări precum Burma, Thailanda, Cambogia și Laos.

Între timp, tradiția Mahayana, care era practicată în nordul Indiei, și-a găsit drumul spre China de-a lungul drumului mătăsii via Kașmir. În timp, chinezii au tradus o mare cantitate de texte, formând canonul chinez (secolele I - VII e.n.) și stabilindu-și ordinele lor monahale. Pe măsură ce creșteau lucrările de referință, s-au dezvoltat un număr de școli chinezești, pentru a ajuta poporul să studieze, cât și să practice învățăturile. Aceste școli își vor găsi ulterior calea spre Coreea, Japonia și Vietnam, unde vor fi ulterior integrate în societățile lor gazdă.

În cea mai mare parte, platoul tibetan va rămâne neatins pentru vecinii săi, întrucât era controlat de mai mulți regi tribali violenți. Budismul nu a ajuns acolo până când Tibetul nu a fost unificat de Regele Songtsen Ganpo (între 557 și 617 – 649 e.n.), care s-a căsătorit cu două prințese budiste din China și Nepal. Următorii regi îi vor călca pe urme, invitând în Tibet diverși maeștri budiști din India. Cea mai mare parte a acestor maeștri veneau din marile centre de învățături din Nalanda și Vikramashila și au fost responsabili de aducerea budismului Vajrayana în Tibet.

Odată cu creșterea Imperiului Mongol, Tibetul a ajuns sub amenințarea puterii hanilor. Trimițând călugări ca emisari, ei au reușit să convertească curtea regală mongolă la budism. Din acel moment, mongolii și-au asumat rolul de protectori și maeștrii tibetani au devenit sfătuitorii lor spirituali. Tibetanii au continuat să-și trimită călugări în regiune, pentru a stabili acolo învățăturile Vajrayana.

Când europenii au început să viziteze mai des estul îndepărtat, ei au devenit treptat conștienți de ideile budiste. Curând universitățile lor au început să studieze budismul dintr-o perspectivă academică. Aceasta i-a făcut în final pe unii cărturari să călătorească în Asia, pentru a câștiga experiență practică din tradiție. Ei se vor întoarce adesea acasă călugăriți și vor fi responsabili de fondarea a diverse comunități în occident. În plus, un număr crescând de asiatici au migrat în țări vestice precum Australia, Noua Zeelandă, Europa, America de Nord și America de Sud. Ei și-au adus sistemele lor de credință cu ei și au început să fondeze temple și mânăstiri.

În total, se estimează că sunt circa 495 de milioane de practicanți budiști efectivi în țări din toată lumea. Deși majoritatea lor sunt în China, budismul continuă să crească în vest și în alte zone din Asia, precum India și Rusia.

CREDINȚE DE BAZĂ

După iluminarea sa, Buddha a predat extensiv timp de peste patruzeci de ani. Atunci când a murit, el a lăsat o gamă largă de învățături, care de-a lungul secolelor au fost extinse ulterior. Cu o cultură sănătoasă de analiză și dezbatere, budiștii din toate tradițiile au fost foarte activi în clarificarea și structurarea învățăturilor. Aceasta a avut ca rezultat informații teoretice și practice, la care avea acces practicantul budist. Din fericire, indiferent de cât de mult material a fost extins și adaptat pentru diverse culturi, deoarece totul provenea din aceeași sursă, e posibil să identificăm un fir comun care definește învățăturile de bază ale lui Buddha.

Cele Trei Giuvaiere ale budismului

Ca și jainiștii, budiștii nu cred în existența unui Dumnezeu Creator suprem. În schimb, ei cred într-o natură interdependentă, pe care cu toții o împărțim. Ei cred că totul este rezultatul a diverse cauze și condiții și, prin urmare, eliberarea nu ar trebui să fie diferită. Ideea budistă a *Celor Trei Giuvaiere* este calea de a reprezenta condițiile unice care furnizează unei persoane oportunitatea de a-și dezvolta mintea și să realizeze fericirea autentică. Aceste trei componente dinamice pot fi înțelese la mai multe nivele, dar de dragul simplificării putem vorbi despre următoarele caracteristici:

1. **Învățătorul (Buddha):** Buddha reprezintă și sursa învățăturilor, și exemplul iluminării complete. Budiștii recunosc necesitatea unei îndrumări dacă vor să-și elimine suferința și, prin urmare, e necesar să caute un învățător calificat care deja și-a manifestat capacitatea sa de a proceda astfel.

2. **Învățătura (Dharma):** Refugiul efectiv al unui practicant budist constă în învățăturile lui Buddha. Deși învățătorul poate fi văzut drept cel care îți arată calea, depinde de individ dacă merge efectiv pe această cale. Din acest motiv, budismul accentuează tema responsabilității personale a cuiva pentru propria sa dezvoltare.

3. **Comunitatea spirituală (Sangha):** Deși Buddha ne poate inspira și învățăturile ne pot instrui, practica spirituală este dificilă și există multe capcane. Recunoscând aceasta, budiștii se bazează efectiv pe sprijinul și înțelepciunea ce vin dintr-o comunitate spirituală, care e înțeleasă ca indivizi cu idei asemănătoare, ce lucrează împreună spre un țel similar.

Actul de dezvoltare a credinței în aceste trei condiții e cunoscut drept *Luarea refugiului*. El este fundamentul practicii budiste și factorul definitoriu ce îl identifică pe cineva drept adept al lui Buddha.

Cele Patru Adevăruri Nobile

Atunci când Buddha a atins Iluminarea, el nu a predat imediat despre descoperirile sale. În schimb, el a petrecut ceva timp organizându-și gândurile și luând în considerare cum să facă cea mai bună prezentare a realizărilor sale. În primele sale învățături, el a prezentat un cadru de analiză ce reprezintă fundația pentru o metodă coezivă de practică. Această învățătură a devenit cunoscută drept *Cele Patru Nobile Adevăruri*, întrucât reprezintă modul în care există realitatea, din perspectiva unei ființe Nobile (realizate).

Adevărul Suferinței

Primul Nobil Adevăr este că toată existența ciclică are natura suferinței. În această învățătură, Buddha intră într-o analiză profundă a modului în care există realitatea și cum este ea nesatisfăcătoare la nivelul ultim. Această analiză poate fi discutată în relație cu trei concepții greșite care ne conduc spre toate problemele noastre:

1. **Credința că ce e nepermanent este permanent:** Budiștii cred că toate fenomenele sunt într-o stare continuă de flux. Nu este nimic care nu se schimbă la un anume nivel, de la un moment la altul. Dacă investigăm aceasta, găsim că este adevărat, totuși, nu este așa cum ne apar nouă lucrurile. Ele ne apar ca fiind solide și fixe. Ne bazăm pe această soliditate, așteptându-ne ca lucrurile să rămână exact așa cum sunt. Atunci când în mod inevitabil ele se schimbă, rămânem cu un simț de pierdere și insatisfacție.

2. **Credința că ce are natura suferinței ar fi plăcere:** Buddha adeseori a predat în funcție de diverse nivele de înțelegere. Referitor la suferință, ne putem gândi la un gradient care merge de la nivelul cel mai evident spre cel mai subtil. Deși noi suntem cu toții de acord că manifestarea evidentă a suferinței trebuie evitată, ne e dificil să-i acceptăm formele subtile. Budiștii cred că cea mai mare parte din ceea ce noi numim plăceri lumești este condiționată și, prin urmare, e nesatisfăcătoare. Doar atunci când comparăm această plăcere cu fericirea veritabilă, autentică, defectele ei ne devin evidente.

3. **Credința într-un sine, acolo unde nu există nici un sine:** Una dintre perspectivele-cheie ale lui Buddha care îl diferențiază de contemporanii săi constă în învățătura sa despre natura sinelui. Buddha a observat că noi combinăm în permanență o construcție conceptuală a realității cu realitatea însăși. Noi creăm nesfârșite imputații ce ne interpretează lumea și apoi credem că ele există doar în acest fel. Budiștii cred că acest proces de cristalizare ne închide în ciclul existenței și perpetuează toate celelalte forme de suferință.

Adevărul Originii Suferinței:

În Primul Adevăr ni se cere să facem față realității. Să aruncăm o privire adâncă asupra vieții noastre și să ne întrebăm pe noi înșine: "asta e tot ce este?" Răspunsul pe care-l găsim este că această existență condiționată este plină de insatisfacție. Următorul Adevăr care urmează încearcă să înțeleagă dacă se poate face ceva în această privință.

Este o analiză detaliată asupra dinamicii sistemului, evidențiind relațiile dintre diferitele componente. Budiștii cred că studiind aceste relații, e posibil să identificăm o strategie pentru a efectua schimbări în sistem, iar, la rândul său, asta să îndepărteze suferința. Această analiză este prezentată sub forma *Celor Douăsprezece Legături ale Originării Dependente*, care arată cum apare existența ciclică:

1. **Ignoranța:** Conform budismului, rădăcina tuturor suferințelor este ignoranța. Aceasta este chiar faptul că suntem confuzi despre cum există efectiv realitatea și, de aceea, experimentăm la nesfârșit condițiile de insatisfacție. Celelalte legături sunt rezultatul deținerii unor viziuni așa de distorsionate.

2. **Formațiunea Karmică:** Pe baza felului în care noi vedem lumea, ne angajăm în diferite acțiuni (karme) ale corpului, vorbirii și minții. Spre deosebire de concepția jainistă despre karmă, budiștii consideră că toate karmele sunt entități non-fizice. Se spune că ele sunt parte a minții.

3. **Conștiința:** Atunci când ne angajăm în acțiuni, noi ne stabilim în minte tendințele uzuale. Aceste tendințe sunt păstrate laolaltă de concepția noastră despre sine. Ele sunt depozitate în fluxul mental, până în momentul când se adună condițiile pentru ca ele să ne influențeze în continuare comportamentul.

4. **Numele și Forma:** Budiștii cred că două componente se adună împreună pentru a forma o ființă întruchipată: o conștiință și materialul fizic ce provine de la mamă și de la tată. Noi numim acestea două drept nume și formă. Felul în care are loc această întâlnire și ce fel de formă se va dezvolta ulterior, sunt determinate de tendințele karmice ale conștiinței.

5. **Facultățile de simț:** În timp, ființele își dezvoltă diverse facultăți ce le oferă capacitatea de a percepe diferite aspecte ale

realității. Felul în care o ființă simte realitatea este determinat în mod direct de tipul de lume pe care o experimentează. Imaginați-vă cum e văzută realitatea prin ochii unui bondar sau ai unui delfin. Tot ce știm noi este rezultatul informației pe care o extragem prin aceste simțuri.

6. **Contactul:** Nu este suficient să avem doar facultățile de simț. Ca orice altceva, experiența noastră este un rezultat compozit al diverselor cauze și condiții ce ajung să se adune împreună. În orice moment dat, e necesar să fie un anume aspect al realității (obiectul) care vine în contact cu unul din organele fizice de simț (facultatea de simț) pentru a da naștere unei experiențe (conștiințe).

7. **Sentimentele:** Când apare contactul și se ivește o experiență, noi avem imediat o reacție la aceasta. Întrucât tot ce experimentăm e văzut prin lentilele karmei noastre, suntem atrași în mod natural spre unele experiențe și le respingem pe altele. Noi generăm în mod constant sentimente de plăcere, antipatie și indiferență.

8. **Apucarea:** Pe baza sentimentelor noastre, noi conducem apoi reacția spre o experiență cu obiectul care a contribuit la apariția sa. Ajungem să credem că proprietățile bune sau rele a ceva fac parte inerentă din obiectul însuși. Prin această fuziune, noi ne solidificăm realitatea pe baza experienței noastre subiective.

9. **Agățarea:** În timp ce apucarea se referă la un moment de fuziune, agățarea reprezintă procesul de întărire, care întărește realitatea pe care am apucat-o. Prin amintiri și gânduri

conceptuale, noi adăugăm energie la conceptele noastre, făcându-le treptat şi mai solide şi mai stabile în mintea noastră.

10. **Devenirea:** În timpul procesului morţii, atunci când corpul începe să cedeze, minţile noastre cad în tiparele uzuale şi caută tendinţa predominantă. Prin agăţarea intensă, acea tendinţă se hrăneşte şi devine atât de puternică, încât totul începe să se manifeste în relaţie cu acel obicei particular. Mintea se separă de corp şi apoi intră într-o starea ca-de-vis, numită bardo (perioadă tranzitorie).

11. **Naşterea:** Finalmente, mintea separată de corp, dominată de tiparele sale uzuale, va fi atrasă spre un tip particular de naştere. Fiinţa va lua un nou set de nume şi formă şi ciclul va continua.

12. **Îmbătrânirea, îmbolnăvirea şi moartea:** Pe baza precedentelor legături, fiinţele simţitoare experimentează în mod constant diverse forme de suferinţe, dintre care îmbătrânirea, îmbolnăvirea şi moartea sunt inevitabile.

Adevărul Încetării Suferinţei

După ce am identificat în mod clar cauzele suferinţei, devine posibil ca un individ să se elibereze din ciclul nesfârşit de existenţe. Budiştii cred că fiecare rezultat trebuie să aibă o cauză, prin urmare, dacă îndepărtăm cauza, atunci nu va mai apare rezultatul. Conform lui Buddha, întregul ciclu de suferinţă vine din ignoranţă, deci dacă elimini ignoranţa, tu poţi rupe şi ciclul. Această libertate e cunoscută sub numele de Eliberare.

În contextul Mahayana, eliberarea te conduce spre starea de Arhat. Chiar dacă asta e suficient pentru a-şi câştiga eliberarea de suferinţă, ei cred că încă mai există întunecări foarte subtile ce trebuie îndepărtate, pentru a ajunge la starea unui Buddha omniscient. Pentru un practicant Mahayana, omniscienţa este necesară ca să poţi ajuta toate fiinţele simţitoare să-şi obţină eliberarea. Prin urmare, ei fac distincţie între eliberarea individuală (autoeliberarea) şi iluminarea de dragul tuturor fiinţelor.

Adevărul Căii spre Încetarea Suferinţei

În acest cadru de înţelegere, Buddha şi-a expus metodologia sa de obţinere a încetării suferinţei. El a numit această metodologie ca fiind *Calea*. Deşi există multe variaţii a acestei Căi, toate se focalizează pe antrenarea minţii. Întrucât ignoranţa reprezintă rădăcina existenţei ciclice, atunci metoda de risipire a ignoranţei este prin înţelepciune. Amândouă, atât ignoranţa cât şi înţelepciunea, sunt calităţi ale minţii şi, prin urmare, prin dezvoltarea minţii cuiva, acesta devine capabil să realizeze eliberarea.

Şcolile de gândire

Deşi Cele Patru Nobile Adevăruri formează fundamentul gândirii budiste, ele nu sunt prezentate într-un mod dogmatic şi, prin urmare, Buddha ne-a lăsat un spaţiu considerabil în care să apară diverse interpretări. În timp, Buddha a extins aceste idei variate, oferind mai multe detalii şi vederi pentru înţelegerea mai profundă a realităţii. Maeştrii ulteriori ne-au oferit comentarii destinate a ne ajuta în elucidarea acestei înţelegeri. Pe măsură ce a crescut acest material, au apărut diverse şcoli de gândire.

În cea mai mare parte, aceste şcoli pot fi deosebite pe baza modului în care ele interpretează doctrina de bază a budismului, cunoscută sub numele de Cele Două Adevăruri. Pe scurt, această idee statuează că sunt două nivele în care există pentru noi realitatea: ca o realitate relativă şi ca o realitate absolută. Prin urmare, unele lucruri sunt adevărate dintr-o perspectivă relativă, iar altele sunt adevărate dintr-o perspectivă absolută. Diversele școli încearcă să facă distincția între aceste două tipuri de adevăr.

Vaibhashika

Primele două școli de gândire sunt cele care sunt deținute, de regulă, de diverse tradiții Theravada. Trebuie spus că ele sunt vederi prezente mai clar în scripturile Theravada. Prima școală este cunoscută sub numele de școala Vaibhashika. Ea este caracterizată de credința într-o realitate ce există substanțial și care e făcută din minte, materie, factori non-concurenți (cum ar fi producția și distrugerea) și diverse fenomene necondiționate (precum spațiul și timpul). Aici sunt multe similarități cu filozofia jainistă.

În cadrul acestei școli sunt mai multe puncte de vedere diferite, dar majoritatea cred că toate fenomenele condiționate au natură nepermanentă și că sinele nu există, dincolo de a fi o simplă imputație, pe baza realității substanțiale menționate anterior. Unii cred, totuși, că deși un sine personal nu există, diversele obiecte materiale există ca entități continue.

Svatantrika

Școala Svatantrika rafinează mai mult înțelegerea celor din Vaibhashika, prin recunoașterea faptului că factorii non-concurenți și fenomenele necondiționate sunt construcții mentale, prin urmare, sunt simple imputații, fără o existență substanțială. Prin urmare, ei recunosc că etichetele pe care noi le aplicăm obiectelor sunt de asemenea construcții și, prin urmare, nu există la nivelul ultim. Totuși, ei cred că baza tuturor acestor imputații este o combinație de diverse mici particule (adică atomi), într-un moment dat. Aceste particule sunt considerate a fi reale.

Cittamatra

Din perspectiva Mahayana, şcolile din Theravada sunt rezultatul focalizării doar pe o parte limitată a învăţăturilor lui Buddha. Ei cred că atunci când încorporezi diversele scripturi Mahayana, eşti apt să pătrunzi spre o înţelegere mult mai subtilă. Prin urmare, este important să recunoaştem că aceste şcoli reprezintă o rafinare mai mare faţă de precedentele şcoli.

Prima şcoală Mahayana este cunoscută sub numele de Cittamatra, sau Şcoala Doar Mintea. În această şcoală, tot ceea ce de regulă etichetăm ca fiind materie fizică este pur şi simplu o simplă apariţie în minte. Ceea ce noi vedem ca apărând în minte, nu este nimic altceva decât mintea. Aceasta nu înseamnă că mintea noastră nu este afectată de alte minţi, ci pur şi simplu că toată experienţa noastră are loc în raport cu aceste apariţii.

În acest sistem, natura absolută a realităţii este considerată a fi conştiinţa obişnuită, care acţionează ca substrat pentru apariţia acestor apariţii. Se crede că distincţia dintre subiectiv şi apariţiile obiective nu este reală. Ei cred că această dualitate subiect-obiect este a unei naturi unice şi, prin urmare, esenţa sa este non-duală. Atunci când conştiinţa funcţionează în această non-dualitate, se consideră a fi înţelepciunea primordială.

Madhyamaka

Din perspectiva unui practicant Madhyamika, cei din Cittamatra încă se agaţă de forme foarte subtile de subiectivitate în raport cu apariţiile şi, prin urmare, ei nu au abandonat complet dualitatea subiect-obiect. Madhyamaka înseamnă "Calea de mijloc" şi ea pune un accent considerabil pe ajungerea la o viziune echilibrată, care evită cele două extreme ale nihilismului şi eternalismului. În nihilism se neagă existența a tot ceea ce există, în timp ce în eternalism noi pretindem existența unor lucruri care nu există.

Deși există multe moduri de a clasifica filozofia Madhyamaka, eu personal găsesc că cea mai clară prezentare a sa ar fi următoarea:

1. **Madhyamaka Obișnuită:** Această vedere a derivat inițial din ceea ce este cunoscut drept a Doua Întoarcere a Roții Dharmei. În aceste învățături, Buddha a subliniat că toate fenomenele sunt lipsite de orice fel de existență inerentă. Prin urmare, în acest sistem, toate fenomenele sunt considerate a fi simple imputații și sunt ceea ce numim realitatea relativă sau convențională. Realitatea absolută este considerată a fi simpla absență a existenței inerente ce apare ca natura–ca-spațiul. Pe această bază, conștientizarea impecabilă a lui Buddha e considerată, de asemenea, ca fiind relativă și neputând a fi stabilită ca reală.

2. **Măreața Madhyamaka:** Această ultimă vedere rafinează mai departe Madhyamaka comună, integrând vederile câștigate din studiul celei de A Treia Întoarceri a Roții Dharmei. În aceste învățături, Buddha s-a focalizat pe explicațiile caracteristicilor realității absolute, cunoscută ca Natura de Buddha. În acest sistem, realitatea absolută e percepută ca fiind plină de calitățile iluminate. În timp ce Madhyamaka comună poziționează doar conștientizarea-ca-spațiul ca fiind ultimă, acest sistem recunoaște capacitatea realității de a se manifesta în modalități infinite. Atunci când practicantul este capabil să renunțe la conceptul subtil al unei simple absențe, el este apoi apt să experimenteze în mod non-dual realitatea, așa cum este ea. Întrucât aceasta trebuie să fie făcută prin experiența yoghină

directă, acest sistem e cel mai adesea subliniat în contextul tantrei budiste.

Aceste şcoli distincte de gândire nu sunt contradictorii. Ele reprezintă efectiv un proces de continuă rafinare, în care practicanții individuali vor urma diverse stadii ale dezvoltării lor spirituale. Din acest motiv, nu e ceva neobişnuit ca o persoană să dețină o vedere în timpul unei perioade a vieții sale, doar ca să treacă la altă vedere, mai subtilă, într-o perioadă ulterioară a vieții sale. În cele din urmă, însă, toate şcolile de gândire sunt considerate a fi mijloace provizorii ce-l ajută pe practicant să se apropie de natura realității şi, prin urmare, ele sunt menite ca în final să fie abandonate în favoarea experienței directe.

PRACTICI COMUNE

În conformitate cu Cele Patru Nobile Adevăruri, învățăturile lui Buddha ne-au predat o mare varietate de metode care pot fi folosite pentru dezvoltarea înțelepciunii ce e apte să depăşească chiar şi cea mai subtilă formă de ignoranță. Aceste metode au fost predate drept antidoturi specifice la obstacole specifice ce pot să se ivească în mintea practicanților. Prin urmare, întrucât fiecare persoană trebuie să depăşească diverse obstacole, unele metode vor fi mai eficiente ca altele. În budism depinde de practicantul individual să facă bilanțul propriilor sale necesități şi apoi să aleagă o cale de practică ce îl poate ajuta să-şi îndeplinească scopul său spiritual.

Cele trei Antrenamente mai Înalte

Indiferent de calea aleasă, toate practicile budiste pot fi condensate în trei forme de antrenament: etică, concentrare şi înțelepciune. Acestea trei lucrează într-un mod sinergic, pentru a permite practicantului să îndepărteze diversele straturi de întunecări din mintea sa.

Disciplina etică (shila)

Fundamentul tuturor practicilor este disciplina de a trăi o viață etică. În acest context, etica reprezintă o colecție de legăminte sau angajamente ce oferă practicantului un model de conduită care conduce la fericirea autentică. Pe această bază, practicantul evită în mod conștient formele de conduită distructive și cultivă în mod activ formele constructive. Pe măsură ce practicanții se dezvoltă spiritual, ei devin capabili să folosească o mare varietate de metode. Din acest motiv, există mai multe sisteme etice care se acumulează progresiv, fiecare folosind sistemele anterioare drept baza sa:

1. **Legămintele de Pratimoksha:** Acest sistem de legăminte este în mare parte interesat de controlarea acțiunilor fizice ale corpului și vorbirii. Acestea prescriu diverse acțiuni care urmează să fie abandonate pentru tot restul vieții cuiva.

2. **Legămintele de Bodhisattva:** Acest sistem se focalizează pe cultivarea unei minți altruiste, care se străduiește spre beneficiul celorlalți, cât mai mult posibil. Aceste legăminte se referă în primul rând la controlul atitudinii mentale a cuiva în diverse situații. Prin acest sistem, practicantul contracarează direct mintea ce se prețuiește pe sine mai mult decât pe ceilalți.

3. **Legămintele Tantrice:** Acest ultim sistem de conduită este desemnat a facilita cuiva experimentarea realității absolute. Se concentrează pe dizolvarea agățării de percepția confuză a realității și cultivarea activă a percepției pure a experienței.

Concentrarea (samadhi)

Întrucât budismul consideră ignoranța ca fiind un fenomen mental, este necesar să lucrăm cu mintea pentru a îndepărta ignoranța. Singura modalitate de a experimenta în mod direct mintea este prin antrenarea minții, de aceea budiștii pun un accent așa de mare pe meditație ca metodă primară de practică. Deși există multe forme de meditație, cele două forme cele mai uzuale sunt:

1. **Meditația de plasare (shamatha):** Practicantul învață să-și focalizeze mintea într-un asemenea grad, încât este apt să își odihnească mintea pe orice obiect al atenției pe care el l-a ales.

2. **Meditația analitică (vipassana):** Folosind atenția focalizată într-un-singur-punct dezvoltată prin meditația de plasare, practicantul își folosește apoi mintea ca să observe natura realității. Aceasta permite practicantului să rămână concentrat, în timp ce încă își angajează activ mintea într-un proces discursiv.

Înțelepciunea (prajña)

Dintre cele trei antrenamente, primele două sunt menite a crea condițiile pentru ca să apară tot mai mult formele subtile de înțelepciune. Înțelepciunea este,de departe, cea mai importantă dintre cele trei, deoarece doar înțelepciunea este capabilă a eradica complet ignoranța. În budism, înțelepciunea se dezvoltă în trei feluri:

1. **Studiul:** Primul nivel de înțelepciune apare prin lecturarea sau ascultarea învățăturilor. Aici este vorba de dobândirea de noi informații și, prin urmare, focalizarea este pe înțelegerea ideilor și să fii apt să le distingi clar.

2. **Reflecția (contemplarea):** Următorul nivel înseamnă ca cineva să petreacă ceva timp reflectând în mod activ informația pe care a dobândit-o. Punându-și întrebări, reflectând la semnificație și testându-și ipotezele, practicantul e capabil să își îndepărteze dubiile și să stabilească ceva grade de încredere în ceea ce crede.

3. **Meditația:** Deși câștigarea unei înțelegeri conceptuale este importantă, ea nu este în cele din urmă cea transformatoare. În final practicantul trebuie să-și convertească acea înțelegere în experiență directă. Prin practica meditației, practicantul se familiarizează pe el însuși cu unele aspecte ale realității și, în acest fel, e apt să integreze ideile în experiența sa.

Cele cinci Căi

Deși cele Trei Antrenamente Mai Înalte oferă un cadru general de înțelegere a diverselor tipuri de practici în care se angajează un budist, ele nu oferă prea multă perspectivă asupra evoluției prin care trece un practicant în timpul dezvoltării sale spirituale. Din această cauză, Buddha ne-a predat cinci stadii unice, cunoscute drept *Cele Cinci Căi*:

1. **Calea Acumulării:** Această cale reprezintă primul stadiu al călătoriei unui practicant. Aici, principala focalizare este pe acumularea energiei pozitive (cunoscute drept merit) și pe acumularea înțelepciunii. Aici este timpul pentru studiu și angajarea în practicile pregătitoare.

2. **Calea Pregătirii:** În cele din urmă, studentul atinge un stadiu unde este apt să se dedice practicii meditative, pentru a-și

cultiva o minte capabilă să experimenteze realitatea absolută în mod direct.

3. **Calea Înțelegerii:** Prin determinarea sa continuă, practicantul va experimenta în final realitatea așa cum este, liber de vălurile de ignoranță. În acel moment el nu va mai fi legat de înțelegerea greșită a realității.

4. **Calea Meditației (Deprinderii):** Din păcate, din cauza forței tendințelor uzuale (adică a karmei), practicantul trebuie să continue să se familiarizeze cu realizările sale. În timp, el va fi capabil să depășească obișnuința ignoranței și va fi apt acum să se odihnească în înțelepciune.

5. **Calea Dincolo de Învățare:** Atunci când, în sfârșit, au fost îndepărtate tendințele obișnuite, este atinsă iluminarea și practicantul și-a realizat scopul. Pentru un practicant Theravada, aceasta înseamnă că a devenit un Arhat. Pentru un practicant Mahayana, aceasta înseamnă să fi devenit un Buddha omniscient.

VARIAȚII INTERNE

Așa cum am văzut, doctrina budistă a fost lansată progresiv în timp, atunci când au fost prezente condițiile pentru ca anumite idei să înflorească. Cele trei ramuri principale ale budismului reprezintă fiecare dintre ele o fază a înțelegerii budiste.

Theravada

Scripturile Theravada se bazează în primul rând pe învățăturile pe care Buddha le-a dat audienței publice. Aceste învățături constau, în principal, în diverse coduri de conduită ce guvernează comunitatea spirituală și pe învățăturile fundamentale despre cum să se practice. În mod colectiv, aceste învățături sunt cunoscute drept Prima Întoarcere a Roții Dharmei.

Tradițiile ce s-au dezvoltat din aceste învățături sunt cunoscute pentru accentuarea lor puternică asupra unui cod de conduită strictă și cultivarea unor comunități monastice. Ele se concentrează, în primul rând, pe renunțarea la activitățile lumești, astfel încât să se dedice meditației și actualizării stării de Arhat. Ele practică o abordare foarte pragmatică și individuală.

Budismul Theravada este practicat îndeosebi în India și în zone din Asia de sud-Est precum Sri Lanka, Burma, Thailanda, Cambogia și Laos. În țările occidentale, există câteva comunități Theravada, precum:

1. **Tradiția de pădure tailandeză:** Această tradiție susține respectarea strictă a codului monahal și accentuează practica meditativă, pentru a obține eliberarea din existența ciclică. Ea ar putea fi descrisă ca Theravada "ortodoxă".

2. **Mișcarea Vipassana:** Aceasta e o tradiție predominant laică, ce s-a dezvoltat din învățăturile lui S.N. Goenka și ai studenților săi internaționali. Ea se concentrează, în principal, pe un subset de practici meditative ce este derivat din tradiția birmaneză.

Mahayana

Pentru acei studenți mai avansați spiritual, Buddha a predat multe învățături ce accentuau generarea minții extraordinare a iluminării (bodhicitta). Această atitudine altruistă este mintea ce caută să atingă completa iluminare de dragul tuturor ființelor simțitoare. Cineva care a generat această atitudine este cunoscut drept un bodhisattva. Pe baza acestei atitudini, bodhisattva se angajează în cultivarea a șase calități cunoscute drept *Cele Șase Perfecțiuni*: generozitatea, disciplina etică, răbdarea, perseverența, concentrarea meditativă și înțelepciunea.

Marea majoritate a învățăturilor Mahayana sunt legate de A doua Întoarcere a Roții *Dharmei*. Pe lângă descrierea practicilor detaliate legate de conduita unui bodhisattva, Buddha a mai predat extensiv și despre subiectul vacuității. Din acele texte, măreți maeștri precum Nagarjuna și Asanga au dezvoltat filozofia lor unică Mahayana.

În cea mai mare parte, aceste învățături au fost păstrate ca o tradiție orală mai multe sute de ani după trecerea lui Buddha în parinirvana. Atunci când ele au fost, în sfârșit, scrise în sanscrită, au început să crească în popularitate, îndeosebi printre practicanții laici. Spre deosebire de tradiția Theravada, care accentua monahismul ca stil de viață, tradiția Mahayana se focalizează pe un mod de viață angajant, complet integrat cu noțiunea de responsabilitate socială.

Învățăturile Mahayana s-au răspândit din nord-vestul Indiei pe drumurile comerciale spre China. Traducerile acestor scripturi în chineză au dus la dezvoltarea mai multor școli diverse, fiecare axându-se pe diferite aspecte ale învățăturilor. Aceste școli au fost apoi importate în alte țări precum Coreea, Japonia și Vietnam, unde ele au ținut cont de diversele caracteristici culturale specifice. În plus, pe lângă școlile indiene Madhyamika și Cittamatra, mai sunt următoarele școli chinezești indigene:

1. **Școala Lotusului (T'ien T'ai):** Această școală își regăsește rădăcinile într-un sistem de practică bazat pe învățăturile Sutrei Lotusului. Aceasta sutră predă o cale de salvare bazată pe trei tipuri de practicanți: shravaka, Buddha-pratyeka și

bodhisattvaşi. Şcoala oferă o bază pentru o doctrină şi practică care va deveni ulterior Şcoala Tărâmului Pur în China şi şcoala Nichiren în Japonia.

2. **Şcoala Grădinii florii (Hua Yen):** Această şcoală se bazează pe învăţăturile din Sutra Avatamsaka. Pe baza acestei sutre, ei au dezvoltat mai multe poziţii filozofice unice, precum aserţiunea că toate fenomenele sunt simple manifestări ale absolutului şi, prin urmare, sunt în mod esenţial la fel. Această şcoală are o influenţă considerabilă în şcolile ce s-au dezvoltat în Coreea.

3. **Tărâmul Pur (Amitabha):** Această tradiţie se bazează pe studiul şi practica Sutrei Tărâmului Pur, în care ni se spune că actualmente ne aflăm într-o Eră de declin, unde condiţiile pentru practica spirituală devin din ce în ce mai rele. Din acest motiv, practicanţii budismului Tărâmului Pur se focalizează pe rugăciuni şi practici de devoţiune despre care ei cred că pot crea cauza de a renaşte în Tărâmul Pur al lui Buddha Amitabha. Această tradiţie a devenit populară, de asemenea şi în Japonia, unde e cunoscută drept Jodo, din care cea mai importantă formă a sa este Jodo Shinshu.

4. **Ch'an:** Această şcoală accentuează meditaţia ca fiind singura modalitate de a atinge trezirea spirituală. Din acest motiv, ea păstrează foarte puţine învăţături şi practici. Filozofia sa se bazează pe învăţăturile din Sutra Lankavatara. Şcoala mai integrează, de asemenea, multe idei taoiste, precum spontaneitatea şi naturaleţea. Atunci când tradiţia a ajuns în Japonia a primit numele de Zen, care este forma cea mai cunoscută în Occident.

Vajrayana

Ultima ramură majoră a budismului este probabil cea mai completă formă de budism. Vajrayana înseamnă "Vehiculul de Diamant" și reprezintă o combinație între învățăturile exoterice și ezoterice ale lui Buddha. Pentru câțiva practicanți selecționați, se crede că Buddha a predat înțelepciunea secretă a Tantrelor. Aceste învățături sunt considerate a fi niște metode extrem de eficiente, capabile să aducă iluminarea pe durata unei singure vieți. Datorită puterii lor imense, ele pot fi aproape devastatoare pentru studenții care nu au o dezvoltarea spirituală suficient de matură. Prin urmare, aceste învățături erau păstrate secrete, trecute între generații din gura (învățătorului) la urechea (adeptului) dintr-o linie strictă de descendență Guru-discipol.

Abia după ce tantrele au fost sistematizate de călugări în universități precum Nalanda și Vikramashila, oamenii au început să practice tantrele pe o scară mai largă. Către aceste centre de învățare și-au trimis regii tibetani traducătorii lor. Din acest motiv, sistemele cu care ei s-au întors erau toate din tradiția Vajrayana.

Pe măsură ce budismul indian înflorea în Tibet, tot așa se întâmpla și cu învățăturile Vajrayana. În final, s-au stabilit în Tibet cinci școli: Nyingma, Sakya, Kagyu, Jonang și Geluk. Întrucât aceste tradiții vor fi expuse pe larg în a treia parte a cărții, nu voi intra aici în detalii. Școlile tibetane și-au exercitat în principal influența asupra budismului, care este acum practicat de țările vecine din Mongolia, Nepal și Bhutan.

PUNCTE DE REFLECTAT

1. Conceptul interdependenței este tema centrală în budism. Este credința că toate lucrurile sunt conectate într-o vastă rețea a

cauzei şi efectului. Luaţi în considerare modalităţile în care sunteţi conectaţi cu alţi oameni în viaţa voastră. Acum luaţi-i în considerare pe cei cu care nu v-aţi întâlnit niciodată. În ce fel suntem noi încă conectaţi? Cum vă afectează acţiunile lor şi cum îi afectaţi voi pe ei prin acţiunile voastre? Extindeţi această înţelegere la tot mediul. Cum v-aţi caracteriza relaţia voastră cu această lume?

2. Budiştii cred că toată suferinţa este rezultatul agăţării de noţiunea de un sine ca fiind real în mod inerent. Cum vă apare vouă acest sine ? Cum aţi descrie cine sunteţi voi? Luaţi în considerare fiecare dintre caracteristicile cu care vă identificaţi, sunt aceste caracteristici voi înşivă? Dacă nu, căutaţi să găsiţi voi care sunt aceste caracteristici. Acum luaţi în considerare toate acţiunile pe care le faceţi ca să vă protejaţi acest sine. Vă aduc aceste acţiuni fericire sau suferinţă?

3. Deşi multe dintre sistemele de credinţă accentuează importanţa dezvoltării compasiunii, budismul este unic prin rolul central pe care îl joacă compasiunea în motivarea practicii spirituale. Petreceţi ceva timp gândindu-vă la felul în care înţelegeţi voi compasiunea. Care ar fi câteva exemple de compasiune din viaţa voastră? Ce fel de suferinţă pare că vă trezeşte vouă compasiunea? Credeţi că e posibil să simţiţi compasiune pentru oricine? Dacă da, ce credeţi că vă împiedică să faceţi aşa? Care e relaţia dintre compasiune şi mintea ce doreşte să-i ajute pe alţii?

CAPITOL 10

Taoismul

Prin lunga sa istorie, cultura chineză a dat naştere la o mare varietate de şcoli filozofice şi practici spirituale. Unele au apărut din vechile tradiţii şamaniste ce existau de milenii în China; altele au fost importate din comerţul lor cu India şi altele eu evoluat din interacţiunea unică a cauzelor şi condiţiilor.

Chiar dacă acolo a fost o mare varietate, diversele sisteme au fost considerate toate ca fiind complementare unul altuia şi, prin urmare, adeseori ideile dintr-un sistem şi-au găsit calea şi spre celelalte. Polenizarea încrucişată a ideilor înseamnă că practicanţii puteau foarte facil să practice mai multe sisteme în acelaşi timp. În final, asta a condus spre înrădăcinarea în regiune a patru sisteme majore: tradiţiile populare chinezeşti, budismul, confucianismul şi taoismul.

Dintre acestea patru, taoismul (secolul al IV-lea sau al III-lea î.e.n.) oferă o perspectivă chinezească unică, ce încorporează atât o filozofie bogată, cât şi o varietate de practici spirituale ce serveşte la obţinerea unui mai mare echilibru şi armonie în viaţa practicantului. Este o tradiţie ce recunoaşte că locul practicantului este într-o realitate mai extinsă, unde ordinea naturală a lucrurilor este în cele din urmă perfectă. Din acest motiv, scopul primar al unui practicant taoist este să-şi elibereze toate necesităţile de a interveni în această natură, permiţându-i să se desfăşoare spontan şi fără limitare.

Deşi populaţia taoistă a scăzut brusc în ultimul secol, anterior Revoluţiei Culturale (1966 – 1976), taoismul a fost unul dintre cele mai puternice sisteme de credinţă din China. Întrucât poporul chinez şi-a redescoperit moştenirea sa bogată, acum există comunităţi considerabile în Taiwan, Hong Kong, în zone din Asia de sud-est şi, desigur, că şi în China continentală. Occidentalii de asemenea arată un interes crescând faţă de această tradiţie, datorită îndeosebi a popularizării practicilor orientale precum acupunctura, medicina din plante, meditaţie şi artele marţiale.

EVOLUŢIA ISTORICĂ

Taoismul este o tradiţie care îşi are originea în filozofia care este prezentată în Tao Te Ching (secolele al VI-lea – al IV-lea î.e.n.). Acest text prezintă o colecţie de aforisme ce oferă o largă varietate de sfaturi pentru subiecte precum politica, aspectul social şi viaţa cotidiană. Multe dintre idei îşi au rădăcina în tradiţiile şamaniste din China preistorică şi accentuează teme precum conexiunea cu natura. Chiar dacă autoritatea acestor afirmaţii este foarte dificil de stabilit, majoritatea oamenilor atribuie acest text filozofului şi poetului legendar Lao-tzu (601- 531 î.e.n.).

Se cunosc efectiv foarte puţine despre această importantă personalitate taoistă. Deşi unii îl plasează ca fiind contemporan cu Confucius, alţii consideră că ar fi trăit mult mai târziu. Practicanţii cu minţile mai religioase cred că el este o zeitate şi îl venerează ca atare. Chiar dacă viaţa sa rămâne un câmp de speculat, ideile exprimate în Tao Te Ching au continuat să rezoneze cu nenumărate generaţii ce l-au urmat.

Tao Te Ching a apărut într-o perioadă de frământări considerabile. China era divizată în mai multe state războinice, fiecare fiind dornic să controleze regiunea. Pe lângă puterea politică, conducătorii acestor state au căutat să stabilească un fundament filozofic pe care să-și construiască imperiul. În acele timpuri, dominau trei sisteme:

- **Confucianismul** (551 î.e.n.) a susținut un sistem de guvernare bazat pe un cod moral specific și ideea că regele este un simbol al virtuții.

- **Taoismul** a susținut o formă de guvernare organizată de la sine, care va reieși în mod natural din nevoile oamenilor.

- **Legalismul** (475–221 î.e.n.) a susținut aplicarea strictă a legii și a ordinii de către statul guvernator.

În timp ce conducătorii se luptau în campanii militare, înțelepți rătăcitori călătoreau predicând diversele lor filozofii. Lao Tzu a fost un astfel de înțelept, ca și Zhuangzi (330 - 287 î.e.n.), contemporanul său. Zhuangzi a scris o colecție de anecdote, alegorii și fabule, care serveau la ilustrarea modului de viață taoist. El a accentuat adesea respingerea structurilor sociale, în favoarea unei vieți rătăcitoare lipsite de griji, care să se focalizeze pe comuniunea cu natura.

Statul Ch'in (897 î.e.n.) a câștigat în sfârșit controlul militar asupra celorlalte state și a început să impună o formă strictă de legalism. Conducerea lor (221 - 206 î.e.n.) nu a durat mult și, în final, o combinație a celor trei sisteme politice a fost aptă să unească statele. Cu pacea răspândindu-se pe pământ, a început să se schimbe rolul înțelepților. În loc să-i sfătuiască pe regi, ei au început să predice maselor propriile lor idei. Învățăturile lor au început ulterior să se focalizeze pe subiecte ce contau pentru noua lor audiență.

Au început să apară două curente de gândire și practică. În clasa superioară, privilegiată, accentul s-a pus mai degrabă pe noțiunea de găsire a căilor de prelungire a vieții, printr-un proces de dezvoltare personală. Între timp, în clasele mai joase, s-a pus cel mai mare accent pe o cale de devoțiune, care căuta să îmbunătățească numeroasele situații dificile cu care se confruntau oamenii. În contextul celui de al doilea curent, autoproclamatul Maestru Celest, Chang Tao-Ling (34 – 157 e.n.) a fondat o mișcare religioasă ce l-a înălțat pe Lao Tzu la statutul de zeitate și s-a poziționat pe sine drept reprezentantul ales al lui Lao Tzu. Tradiția a început să fie cunoscută drept *Calea Maeștrilor Celești*. A crescut în popularitate și, în final, s-a despărțit, pentru a forma propriul său statut independent.

După mai multe negocieri politice, Maeștrii Celești au ajuns să fie recunoscuți drept religia oficială a Imperiului Han (206 î.e.n. –220 e.n.). În acea perioadă tradiția s-a răspândit prin țară, stabilindu-se pe ea însăși drept instituție organizată cu temple, preoți, precum și cu ritualuri și ceremonii bine dezvoltate. În acest context, o mare parte a istoriei taoismului a fost reformulată într-o mitologie legendară ce sublinia aspectul divin al lui Tao.

În următoarele decade, taoismul a continuat să se dezvolte într-un mod foarte organic. Fără nici un simț fixat de taoism "ortodox", oamenii se adunau deseori în jurul unor lideri carismatici, care interpretau învățăturile în diverse modalități. Atunci când liderii mureau, grupurile se dizolvau și studenții erau redistribuiți la sectele rămase. Unele dintre aceste grupuri câștigau periodic favorurile unui împărat și, ulterior, ideile lor deveneau mai răspândite. În acest fel, taoiștii se schimbau și se adaptau în mod constant la schimbările din peisajele lor sociale, politice și spirituale.

Cu o asemenea proliferare de secte, literatura referitoare la doctrina taoistă s-a dezvoltat chiar și mai mult. Cu numeroase ocazii s-au făcut eforturi pentru a aduna diversele comentarii, ca să formeze un canon cunoscut sub numele de Taozang (400 e.n.). În timpul dinastiei Ming, se estima că fuseseră compilate circa 5.300 de suluri. Canonul s-a separat în trei secțiuni, cunoscute sub numele de caverne:

1. **Caverna Realizatului (Dongzhen):** Aceste texte se concentrau pe practica meditativă și alte practici ezoterice.

2. **Caverna Misteriosului (Dongxuan):** Aceste texte descriu o varietate de ritualuri, liturghii și diverse talismane.

3. **Caverna Spiritului (Dongshen):** Această secțiune consta inițial în texte dedicate diverselor practici șamaniste, precum incantații magice. Ulterior, s-a folosit pentru textele fundamentale precum Tao Te Ching, Zhuangzi și alte materiale conexe.

Când, în cele din urmă, manciurienii (1644) au răsturnat Dinastia Han, mulți oameni au blamat taoismul. Din această cauză a urmat o respingere crescândă a ideilor taoiste, în favoarea confucianismului. Această reacție a opiniei publice face ca scrierile taoiste să devină din ce în ce mai rare și mai greu de găsit.

Apoi, la începutul secolului al XX-lea, Partidul Comunist Naționalist a preluat controlul. Ei au îmbrățișat multe dintre ideile occidentale, precum știința și modernitatea, ceea ce a condus la o și mai mare respingere a valorilor tradiționale. În această perioadă, au fost confiscate multe temple taoiste și activitățile lor religioase au fost limitate.

Din acest moment, taoismul in intrat într-o stare serioasă de declin. Odată cu dezvoltarea Republicii Populare a Chinei, au crescut persecuțiile religioase. Populația taoistă din China a scăzut cu aproape 99% în timpul interdicțiilor extinse asupra religiei și al "reeducării" cetățenilor chinezi. În această perioadă, mulți taoiști au fugit în locuri precum Taiwan, pentru a-și conserva tradițiile lor.

Odată cu eventuala slăbire a restricțiilor din China, taoismul experimentează încă odată un interes crescând din partea oamenilor ce caută să se reconecteze la moștenirea lor spirituală. Dacă combinăm aceasta cu masivul aflux de imigranți chinezi în cea mai mare parte a lumii, taoismul cucerește un nou public și crește în popularitate.

CREDINȚE DE BAZĂ

De-a lungul secolelor, filozofia taoistă a crescut din mai multe surse de influențe. Întrucât a evoluat alături de sisteme precum confucianismul și budismul, este adeseori dificil să distingem o perspectivă unică taoistă. În timp ce taoismul își trage o parte semnificativă a înțelegerii sale din ideile exprimate pentru prima dată în vechea tradiție șamanistă a Chinei, învățăturile sale fundamentale se referă la următoarele concepte.

Calea (Tao)

Cuvântul Tao poate fi tradus liber fie drept "Calea", fie „Modul". În taoism, el se referă la natura realității ultime. Este ordinea naturală a tuturor lucrurilor, care transcende orice încercări de conceptualizare a sa. Adevăratul Tao este dincolo de cuvinte sau definiții și, prin urmare, orice încercare de clasificare a sa nu poate conduce decât la o simplă ilustrare a naturii sale. În Tao Te Ching, Lao Tzu a predat o serie de principii care decurg din înțelegerea lui Tao:

1. **Unitatea:** Tao pătrunde prin toate lucrurile și este una cu toate fenomenele. Toate ființele sunt expresiile lui Tao și sunt dezvoltate în cadrul lui Tao. Aceasta implică faptul că nu există o bază absolută pentru a considera un lucru superior altuia.

2. **Dualitatea:** Tao este plin de forțe complementare, care lucrează împreună pentru a forma un întreg complet. Acest principiu e cel mai cunoscut prin simbolul Yin și Yang. Taoiștii lucrează cu acest concept pentru a obține un mai mare echilibru și armonie într-o situație dată.

3. **Simplicitatea:** Tao este condus de legile naturale, care sunt directe și nu sunt complicate. Prin încercarea noastră de a controla această natură, noi sfârșim prin crearea unei complexități mai mari, cu care nu ne putem descurca. Simplificându-ne viețile, devenim apți să obținem o mai mare satisfacție și armonie în cadrul lui Tao.

4. **Înțelepciunea:** Tao este dincolo de limitele gândirii raționale. Deși dezvoltarea cunoașterii conceptuale a lui Tao poate fi utilă, în final experiența noastră directă ne poate conduce la adevăratele perspective. Din acest motiv, taoiștii pun mare accent pentru a-și trăi viețile în concordanță cu Tao, mai degrabă decât să dezbată despre natura lui.

5. **Necontestarea:** Se crede că Tao este pașnic, fără părtinire sau contradicții. Pe această bază, taoiștii încearcă să evite orice forme de conflicte sau argumentații.

6. **Non-acțiunea:** Întrucât Tao este perfect, nu este nimic care trebuie adăugat, nici luat. Această înțelegere conduce la recunoașterea că orice se întâmplă, atunci când se adună în mod natural condițiile necesare. Nu e nevoie să forțezi sau să încerci să controlezi realitatea. În schimb, taoiștii încearcă să se acordeze cu fluxul universal al lui Tao și să acționeze în conformitate cu acel flux.

7. **Non-intenția:** Conceptul taoist de virtute reprezintă orice acțiune ce decurge în mod natural din Tao. Prin urmare, se crede că acțiunile trebuie să fie libere de intenții sau dorință.

Virtutea (Te)

Cuvântul "te" este adeseori tradus prin „virtute" sau „integritate". El se referă la conștientizarea lui Tao a practicantului și alinierea acțiunilor sale cu acea natură. Într-un fel, poate fi considerată ca o metodologie de bază folosită de taoiști ca să-și unifice viața lor cu Tao. Ea include noțiunea de etici, așa cum sunt ele descrise în ceea ce este cunoscut drept *Cele Trei Comori ale Taoismului* :

1. **Compasiunea:** Noțiunea taoistă de compasiune este înțeleasă ca fiind disponibilitatea de a empatiza cu cei ce suferă și dorința de a ușura acea suferință. Se crede că apare ca rezultat al recunoașterii că toate ființele sunt una cu Tao și, prin urmare, suntem cu toții interconectați. La nivel social, principiul alimentează noțiunile de non-violență și responsabilitate socială.

2. **Moderația:** Acesta e principiul de a evita excesul de indulgență și comportamentele excesive. Bazat pe recunoașterea simplicității lui Tao, practicanții cred că e important să-și regleze cât mai mult consumul de energie. Printr-un stil de viață modest și nematerialist, taoiștii sunt apți să fie mai eficienți cu resursele pe care le au.

3. **Smerenia:** Taoismul ne învață că cea mai bună formă de conducere este prin puterea exemplului. Păstrând un statut

scăzut și menținându-și smerenia, cineva poate evita conflictul
și să trăiască printr-o existență mai armonioasă.

PRACTICI COMUNE

Esența practicii taoiste poate fi exprimată prin acumularea de putere sau
virtute (te), prin angajarea cu acțiuni ce concordă cu Tao. Cu cât cineva
acumulează mai multă virtute, cu atât va obține o mai mare integrare cu
Tao. Scopul constă în integrarea completă a conștientizării cuiva în Tao,
în toate aspectele vieții sale.

De-a lungul istoriei sale, au apărut trei abordări generale sau stiluri
pentru angajarea cuiva în practicile taoiste: filozofic, cultivarea sinelui și
religios. Aceste abordări nu au o natură exclusivă și reprezintă, mai degrabă,
diverse motivări ale practicanților individuali. În funcție de necesitățile lor
specifice, o singură persoană poate să nu aibă nici o problemă în practicarea
unuia sau mai multora dintre aceste stiluri, în același timp.

Calea filozofică

Această primă abordare este orientată spre cei ce caută o mai mare armonie
cu Tao prin dezvoltarea cunoașterii. Premisa de bază e că, prin câștigarea
familiarizării cu materialul prezentat în Canonul taoist, practicanții
filozofici vor putea să exercite o influență pozitivă în mediul lor social și
politic. Ei fac aceasta devotându-se spre studiul textelor clasice și scrierea
ulterioară de comentarii ale acestora, eseuri sau alt fel de exprimări literare.

Întrucât este o cale academică, ea a fost limitată istoric la elită, la cei
câțiva ce au avut acces la o educație înaltă. În societate, ei s-au găsit adeseori
în poziții de putere sau de influență, precum conducători oficiali, consilieri,
poeți, scriitori sau profesori.

Calea cultivării sinelui

Următoarea abordare reprezintă o colecție de practici slab înrudite, ce ajutau practicantul să obțină o sănătate mentală sau fizică mai bună, să-și mărească longevitatea și, în final, să obțină imortalitatea spirituală. Este o cale de auto-educare, în care indivizii trebuie să fie foarte disciplinați și dedicați antrenamentului lor.

În centrul acestei abordări stă înțelegerea lui *qi* (se pronunță "chii"). Qi este energia vitală ce pătrunde prin toată realitatea. El sprijină existența vieții și conectează totul împreună. Taoiștii cred că qi este responsabil de menținerea sănătății oricărui sistem de viață dat. Dacă qi curge armonios, atunci corpul va fi sănătos. Dacă se blochează, atunci va apare boala și corpul se va deteriora. Fiecare corp se naște cu o cantitate finită de qi, care trebuie să fie completat în permanență, pentru a putea menține sistemul.

Pornind de la acest principiu energetic subtil, taoiștii au ajuns să recunoască că funcțiunile corpului sunt ca un fel de microcosmos pentru tot universul. Fiecare aspect al corpului se crede că corespunde la un anume aspect al lumii exterioare. Prin înțelegerea acestor corelații, devine posibil ca cineva să-și influențeze mediul, pentru a aduce un echilibru și o armonie mai puternice. Pe această bază, taoiștii au consumat o energie considerabilă în cartografierea căilor energetice prin care curge qi, astfel încât să poată să facă manipulări subtile, care produc efectele dezirabile.

În acest context, scopul taoismului este obținerea stării ultime de unitate cu Tao. O stare în care cineva este liber de orice fel de conflict sau dezechilibru. Această stare e cunoscută drept *imortalitatea spirituală*. Deși unele practici se crede că extind durata vieții cuiva, până la urmă toate corpurile mor. Adevărata imortalitate poate fi obținută doar prin rafinarea spiritului cuiva, până la punctul în care nu mai are nevoie de corp. În acest fel, practicanții taoiști avansați sunt capabili să trăiască etern, ca ființe-spirit nemuritoare.

Ne referim adeseori la acest proces ca la *alchimia taoistă*. Aici alchimia se referă la transformarea ființelor umane pentru a-și prelungi viața sau a-i aduce mai aproape de armonia cu Tao. Există două tipuri de alchimii:

Alchimia externă (waidan)

Această formă de alchimie se focalizează pe combinația diverselor plante sau substanțe minerale, pentru a produce elixire ce sunt apte să prelungească viața. Procesul efectiv de obținere a unui elixir e mult mai complex decât simpla amestecare de plante. El implică multiple stadii de rafinare, fiecare stadiu fiind marcat de ritualuri sau ceremonii extinse. Înainte să se permită ingerarea elixirului de către o persoană, aceasta, de asemenea, trebuia să îndeplinească diverse pregătiri, precum purificarea sau ritualuri de ofrandă.

Baza teoretică a acestor practici constă în ideea că tot ce contează este configurarea subtilă a naturii esențiale. Arzând diverse substanțe, un alchimist este capabil să le descompună la starea lor pură inițială. Ingerând această esență pură, cineva poate să-și vindece bolile și să se protejeze de demoni sau de influențele spirituale. De asemenea, se crede că cineva se transformă fizic de la un corp grosier într-unul subtil, celest.

Alchimia internă (neidan)

Următoarea formă de alchimie nu folosește substanțe exterioare. În schimb, se focalizează pe lucrul direct cu corpul practicantului și cu mintea sa, pentru a mări fluxul său de chi și, în final, să transcende cu totul corpul.

În timp, s-au dezvoltat multe forme unice de practică pentru a se realiza acest țel. Unii au pus un mai mare accent pe corp, în timp ce alții s-au focalizat mai mult pe minte. Împreună, toate acestea formează o bogăţie de metode ce oferă practicantului taoist o cale flexibilă de transformare personală. Iată câteva tipuri specifice de practici, care se consideră că fac parte din alchimia internă:

- **Dieta regulată:** Pe măsură ce ne facem activităţile zilnice, noi ne consumăm din chi. Prin urmare, trebuie să ne refacem periodic energia, prin ingerarea de hrană. Întrucât unul din scopurile taoismului este să trăim o viaţă lungă şi sănătoasă, este fundamental să învăţăm cum să reglăm şi să maximizăm aportul de chi. Dietele efectiv recomandate vor depinde adeseori de Linia de descendenţă specifică urmată de către practicant şi de nivelul său personal de dezvoltare spirituală. Unele Linii se abţin de la consumul de boabe. Altele îşi orientează dieta după sezon, mâncând doar anumite alimente în anumite perioade. În orice fel de dietă s-ar angaja un practicant, ea este de regulă orientată spre menţinerea unui sistem echilibrat, ce ţine cont de o conştientizare mult mai largă a diferitelor surse de energie.

- **Lucrul cu fluxul de energie:** Practicarea acupuncturii a fost inventată de către taoişti ca metodă de a face ajustări fine la fluxul energiei din corp. Manipulând când şi unde ar curge energia, medicina chineză e aptă să vindece bolile şi să crească starea generală de sănătate. Procesul, de regulă, implică un doctor care să pună un diagnostic pacientului prin măsurarea pulsului acestuia, pentru a determina dezechilibrele specifice ce i-au cauzat boala. Pe baza acelui diagnostic, doctorul inserează ace în puncte specifice de presiune din corp. Acestea deblochează fluxul de energie, care în mod natural va readuce sistemul în echilibru.

- **Artele marțiale:** În acest context al taoismului, artele marțiale sunt o metodă de protecție și păstrare a vieții prin dezvoltarea auto-controlului, disciplinei și perseverenței. Deși există multe forme de arte marțiale, artele marțiale taoiste tind să fie mai concentrate pe interior și au o natură echilibrată. Tai-chi este unul dintre exemplele cele mai populare. El se realizează foarte lent, cu o foarte mare conștientizare pe fiecare mișcare. Respirația este regulată și încetinită, ceea ce calmează mintea și creează o formă dinamică de meditație.

- **Exercițiile de respirație:** Respirația este fundamentală pentru modul în care circulă chi prin tot corpul. Învățând cum să respiri natural, dar și complet, un practicant taoist e capabil să cultive o sănătate și un echilibru mai mari în corpul său. Folosind diverse tehnici de respirație, este de asemenea posibil să canalizezi energia spre zone sau puncte specifice, ceea ce creează un suport pentru atingerea formelor mai avansate de meditație.

- **Meditația:** Taoiștii folosesc meditația ca pe o modalitate de antrenare a minții și de rafinare a spiritului. Scopul este, de regulă, să unifice mintea lor cu Tao. Primul stadiu este de regulă focalizat pe obținerea unei liniștiri a corpului și a minții. Aceasta poate fi făcută prin folosirea altor metode interne, așa cum vor fi descrise ulterior. Când a fost atinsă liniștea, atunci e posibil să-și focalizeze mintea și să realizeze concentrarea într-un singur punct, care este capabilă să-l cunoască pe Tao în mod direct.

Calea religioasă

Ultima abordare este cea numită taoismul "religios". El a apărut în mod specific din necesitățile oamenilor obișnuiți. Pentru majoritatea practicanților, antrenamentul cerut pentru studierea filozofiei nu era pur și simplu o opțiune, iar căutarea imortalității era, de asemenea, prea departe de realitatea lor cotidiană. Ceea ce aveau ei nevoie era o modalitate de a depăși obstacolele precum boala, recoltele rele sau ruina financiară. Preotul taoist a apărut pentru a le furniza exact acest fel de ajutor.

Prin toată țara, practicanții dedicați s-au antrenat ca să devină Taoshi (preoți). Vor fi construite temple și Taoshi vor fi responsabili de conducerea a tot felul de rituri sau ceremonii cerute pentru menținerea echilibrului energetic în regiune. Ca deținători de Linii de descendențe, Taoshi vor practica în numele congregației laice, oferind îndrumare și protecție spirituală comunității. Exemple de tipuri de activități pe care le făcea un Taoist sunt:

- **Ritualuri în temple:** Țelul primar al unui ritual taoist este de a aduce în regiune o mai mare ordine și armonie cu Tao. De-a lungul anului, erau marcate niște zile speciale, pentru elaborarea unor ceremonii în care preoții realizau ritualuri de purificare, binecuvântări și ofrande către diverse zeități. În timp ce comunitatea era răspunzătoare de acoperirea tuturor cheltuielilor, preoții erau responsabili de asigurarea că fiecare detaliu al ceremoniei era executat corect, în conformitate cu Liniile lor de descendență.

- **Rituri funebre:** Atunci când murea cineva, Taoshi executau rituri specifice, pentru a se asigura că leșul va fi ars în mod corespunzător. Acești pași se făceau pentru a se asigura că spiritul decedatului este apt să facă o tranziție liniștită în viața de apoi. Eşuarea în urmarea acestor rituri se credea că ar fi cauza pentru care decedatul se întorcea în lume ca un spirit răzbunător, ce putea să aducă prejudicii membrilor familiei sale ce fuseseră neglijenţi .

- **Crearea de talismane:** Lui Taoshi i se cerea adeseori să vindece boala şi să îndepărteze demonii. Ei vor face aceasta prin crearea de talismane magice, oferite persoanei ce necesita protecţie. Un talisman consta într-o fâşie de hârtie pe care erau scrise cuvinte sau simboluri puternice. Aceste litere devin punctul focal pentru energia binevoitoare a lui Taoshi.

- **Divinaţie:** Taoshi vor face adeseori uz de tehnici de divinaţie pentru a-i ajuta să identifice cursul acţiunii ce va aduce noroc oamenilor din comunitatea lor. Prin înţelegerea lor profundă asupra principiilor precum Yin şi Yang sau ale celor cinci elemente, preoţii foloseau feng-shui-ul ca să determine unde să se construiască clădiri sau unde să fie arse cadavrele. O altă formă de divinaţie era făcută prin citirea lui I-Ching, ce implica aruncarea unor beţe pe diferite hexagrame în raport cu subiectul anchetat.

- **Exorcisme:** Taoiştii religioşi credeau că oamenii puteau ajunge să fie posedaţi de spirite. Aceasta se putea întâmpla atunci când o persoană făcuse ceva ce înfuriase spiritul sau când se folosiseră în mod intenţionat unele forme de magie neagră, pentru ca persoana să fie rănită. În astfel de cazuri, era chemat Taoshi ca să efectueze un exorcism al acelui spirit. Odată ce spiritul fusese exorcizat, el va fi adeseori chestionat pentru a se determina intenţia din spatele acelei posedări. Nu se presupunea că spiritul ar fi fost rău, de aceea era important ca Taoshi să înțeleagă situația, înainte de a-i impune acestuia orice formă de pedeapsă.

VARIAȚII INTERNE

Când luăm în considerare taoismul modern, putem vorbi despre două ramuri majore. Pe de o parte avem taoismul tradițional, așa cum s-a dezvoltat în cadrul culturii chineze, iar pe de altă parte avem diverse aspecte de taoism, așa cum au fost ele popularizate în țările occidentale. E important să putem face distincția între acestea două, pentru a ne asigura că nu vom simplifica bogăția tradiției taoiste.

Taoismul tradițional chinez

Deși toate abordările practicii pot fi considerate ca aparținând tradiției taoiste, ar fi greșit să considerăm că fiecare practică totul. Ca în toate sistemele majore de credință, diverși practicanți pun accentul pe aspecte diferite, astfel încât taoismul a dat naștere în mod natural la o mare varietate de școli. În timp ce unele se concentrează pe un set foarte specific de practici, altele se bazează pe texte transmise prin intermediul Liniei de descendență. Unele dintre aceste școli au obținut o mai mare importanță sub patronajul unuia sau mai multor adepți regali. Cele cinci școli majore taoiste sunt următoarele:

Calea Maeștrilor Celești (tianshi)

Această școală a fost fondată inițial de către Chang Tao-Ling și reprezintă una dintre primele școli organizate de taoism. Se consideră că Chang Tao-Ling a avut o revelație de la Lao-Tzu, care i-a spus să stabilească un acord între zeitățile taoiste și oameni. Această școală scoate în evidență abordarea religioasă a practicii, instituționalizându-i pe preoții taoiști și stabilind peste tot temple. Șeful acestei tradiții e cunoscut drept Maestrul Celest și se crede că ar fi un descendent direct al lui Chang Tao-Ling.

O mai mare pace (taiping)

Această școală își trage numele de la Taiping Jing (184 e.n). Acest text unic vorbește despre timpul unei mărețe schimbări, când fracțiunile opuse ale societății vor trebui să-și abandoneze diferendele și să se unească, dacă doresc să depășească aceste schimbări. În general, textul argumentează pentru abolirea unor anume reguli sociale, ce sunt văzute drept încălcări ale ordinii naturale a lui Tao. Multe dintre ideile legate de practica alchimiei externe sau interne se trag din această școală. Atunci când școala a fost marcată drept heterodoxă, ea a sfârșit prin a se dizolva, iar practicanții săi au fost absorbiți de alte școli.

Tezaurul luminos (lingbao)

Cuvântul lingbao e folosit când ne referim la un medium sau un obiect sacru, în care se crede că a coborât un spirit. Școala a fost fondată de către Ge Chofu (secolele IV și V e.n.) și inițial s-a focalizat pe o serie de învățături revelate. Ge pretindea că aceste texte erau de origine divină și i-au fost transmise de către familia sa și de aici vine și numele școlii. Textele prezintă o serie de convingeri metafizice legate de reîncarnare și practicile de venerare a strămoșilor. Deși școala nu mai există ca o entitate independentă, multe dintre practicile și ideile sale au avut un impact semnificativ asupra școlilor ulterioare.

Claritatea supremă (shangqing)

Se spune că această școală a apărut pe baza unei colecții de texte ce au fost revelate în mod sacru de către zei și spirite din raiul Clarității supreme. Tradiția adună laolaltă elemente din școala Lingbao, aspecte religioase din școala Tianshi, practici din tradițiile șamaniste și unele elemente din budism. Școala a apărut (251 e.n.) în sud, ca răspuns la invadarea străină și preluarea controlului de către cei din nord. Elita conducătoare dorea să întărească cultura și valorile tradiționale care duceau spre sinteza tradițiilor existente.

Perfecțiunea completă (quanzhen)

Școala Perfecțiunii complete (1115–1234) este, fără îndoială, cea mai proeminentă formă de taoism practicată acum în lume. Ea a fost inițiată de către Wang Zhe și apoi popularizată de cei șapte discipoli ai acestuia. Tradiția s-a dezvoltat datorită unor cărturari confucianiști care s-au desprins din guvern pentru a deveni pustnici și a practica în regiunile îndepărtate. Ei au format comunități monahale ce s-au angajat într-o combinație de taoism cu tehnici budiste Ch'an. Școala pune un mare accent pe cultivarea duală a corpului și minții, prin practici meditative de alchimie internă.

Taoismul occidental popular

În decursul ultimului secol, taoismul din occident s-a focalizat în mare măsură pe aspectele filozofice ale tradiției, cu foarte puțină integrare sau chiar fără nici o integrare a cadrelor mai largi culturale și practice. Mulți occidentali, doar pe baza experienței lor și a unei traduceri slabe a textelor Tao Te Ching și Zhuangzi, scoteau din context tradiția acestora și le refăceau ca să se potrivească cu idealurile occidentale. Acest lucru a eliminat versiunea taoistă din care s-au împrumutat elemente pe care le-au combinat cu propriile lor mişcări şi practici de New Age, ceea ce a condus la crearea unei construcții hibrid, ce are o foarte mică asemănare cu taoismul tradiţional. Deşi această formă popularizată de taoism nu este nicidecum omniprezentă, ea poate fi o sursă de confuzie pentru cei ce caută Calea autentică de taoism.

PUNCTE DE REFLECTAT

1. Filozofia taoistă e condusă de către tema spontaneității naturale. Aceasta e ideea că totul este una cu Tao şi, prin urmare, este în mod natural perfect. În loc să încerce să modeleze totul în ceva, sarcina lor este ca pur şi simplu să se manifeste în mod natural. Luaţi în considerare exemple din viaţa voastră, atunci când aţi acţionat cu spontaneitate. Cum v-aţi simţit? Cum contrastează aceasta cu momentele în care aţi încercat în mod activ să controlaţi rezultatul unei situaţii? V-aţi simţit diferit? Ce factori v-au permis să acţionaţi în mod spontan? Cum credeţi că aţi putea aduce mai multă naturaleţe sau spontaneitate în viaţa voastră? Ce beneficii credeţi că ar aduce lumii?

2. Scopul final al multor taoişti constă în realizarea imortalităţii spirituale, o stare ce transcende moartea. De ce credeţi că oamenii caută să-şi prelungească viaţa? Luaţi în considerare diversele forţe ce contribuie la pierderea vieţii noastre. Apoi comparaţi-le cu forţele ce prelungesc sau întăresc viaţa. Credeţi că e posibilă nemurirea? Dacă da, ce ne împiedică să o obţinem?

3. Taoismul ne învaţă că realitatea este o perpetuă oscilare între Yin şi Yang. Taoiştii cred că prin această dualitate a vieţii noi suntem capabili să experimentăm completitudinea exprimării sale. Luaţi în considerare diverse aspecte ale vieţii voastre şi identificaţi felul în care forţe opuse v-au influenţat experienţele. Ce se întâmplă atunci când una dintre forţe o domină pe cealaltă? Comparaţi acestea cu momente în care forţele erau mai echilibrate. Cum vă poate ajuta înţelegerea acestor forţe opuse să vă schimbaţi experienţele? Ce aţi putea face ca să vă aduceţi un mai mare echilibru în viaţa voastră?

CAPITOL 11

Scientismul

Știința se poate considera că e constituită din activitățile intelectuale și practice folosite pentru a studia în mod sistematic structura și comportamentul fenomenelor naturale, prin folosirea observației și experimentării. Cei ce practică această formă de știință sunt, în esență, angajați într-o căutare a unei mai mari cunoașteri, o căutare spre dezlegarea multor mistere ale universului. Cunoașterea pe care ei o dezvoltă devine fundamentul pentru construirea tehnologiei, care, în cele din urmă, este menită să ne îmbunătățească, într-un fel sau altul, calitatea vieții noastre.

De-a lungul ultimului secol, este vizibilă creșterea științei occidentale ca o viziune dominantă pentru o mare parte din lumea modernă, industrializată. Alimentați de o filozofie în general materialistă, oamenii de știință au avut un colosal succes în extinderea cunoașterii despre lumea fizică și transformarea acesteia prin val după val de inovație tehnologică. A avut atât de mult succes în ceea ce a realizat, încât pentru cultura modernă știința reprezintă acum paradigma centrală.

Voi utiliza termenul de *scientism* pentru a mă referi la această paradigmă. Este un termen generic ce poate fi utilizat pentru a evidenția credințele fundamentale și practicile care fac din știința modernă nu doar o metodologie, ci și un mod de viață. În acest context, scientismul se referă în mod specific la o combinație de filozofii materialiste, ateiste și umaniste, care comunică efortul științific în curs de desfășurare.

Așa cum vom vedea în discuția noastră despre istoria științei, multe dintre științele occidentale au apărut ca o contra-forță la vederile tradițiilor spirituale stabilite în Europa occidentală (și anume creștinismul). Separarea aceasta a fost atât de puternică, că i-a determinat pe mulți să dezvolte o viziune destul de limitată, care vede știința ca fiind singura sursă a adevărului și retrogradează religia pe tărâmul credinței oarbe și a superstiției. Aceasta este o distincție artificială și este ceva ce nu vedem în multe civilizații orientale, unde știința și spiritualitatea au fost mereu părți coezive din abordarea pentru dezvoltarea înțelepciunii.

Eu sper că putem să trecem peste prejudecățile istorice anterioare și să ne deschidem spre posibilitatea unui dialog sincer. Văzând știința în contextul unui sistem de credință mai extins, putem începe să recunoaștem modalitățile în care credințele noastre ne influențează tipurile de adevăr pe care le descoperim. Putem începe să vedem că scientismul este doar una din lentilele pe care o putem alege ca să vedem lumea și să ne înțelegem experiența.

EVOLUȚIA ISTORICĂ

În forma sa embrionară, știința există de mii de ani. Chiar dacă ființele umane și-au observat mereu mediul, numai după ce au dezvoltat limbajul au fost cu adevărat capabile să-și organizeze gândurile în corpuri coezive de cunoștințe. Aceste corpuri de cunoștințe au oferit avantaje esențiale, ce au dus la dominația unei civilizații asupra alteia.

Una dintre cele mai timpurii forme de știință poate fi văzută în Babilonul antic (1792 î.e.n.). Înțelepții au înregistrat pozițiile planetelor și stelelor în diverse perioade ale anului. Din aceste observații s-au dezvoltat calendarele. Consultând aceste calendare, ei au fost apți să își planifice activitățile lor agricole și astfel să-și maximizeze recoltele. În timp, babilonienii au conceput de asemenea diverse principii matematice, ce le-au permis să facă calculele necesare pentru previziunile lor astronomice. Multe din aceste științe timpurii au fost apoi importate de civilizația egipteană (3150 î.e.n.), unde au fost ulterior rafinate.

Deși științele babiloniene și egiptene se exprimau încă foarte mult în contextul tradițiilor lor spirituale, filozofii naturali greci (secolul al VIII-lea î.e.n.) propuneau o abordare alternativă. Ei au început să dezvolte diverse principii filozofice ce puteau fi folosite pentru a da sens unei lumi ce era considerată ca fiind independentă de influența zeilor și zeițelor. Acesta a fost un exemplu foarte timpuriu de folosire a ipotezelor teoretice drept model, care putea fi apoi testat prin experimentare. Prin greci s-a avansat în multe zone ale științei, precum matematica, filozofia, biologia și medicina.

În timpul lui Alexandru cel Mare (356-323 î.e.n), mărețul oraș al Alexandriei (332 î.e.n) a devenit un centru de învățare și dezvoltare științifică. Între zidurile uneia dintre cele mai vechi universități din lume, oamenii de știință din Alexandria au fost adepți îndeosebi ai studierii matematicii și geografiei. După ce Grecia a ajuns sub ocupația Imperiului Roman (146 î.e.n), școlile din Alexandria au continuat o vreme să înflorească. Deși romanii au integrat o mare parte din aplicațiile practice ale științei grecești, ei au contribuit foarte puțin cu idei noi. Ca rezultat, pentru o mare parte a civilizației occidentale avansul științei a fost doar pe jumătate.

Între timp, în orient științele s-au dezvoltat în paralel cu cele occidentale. Spre deosebire de greci, ce accentuau folosirea teoriei și a experimentelor, știința orientală tindea să pună un mai mare accent pe aplicarea noțiunilor filozofice existente spre crearea diverselor tehnologii. De exemplu, în China exista deja un fundament bogat al teoriilor filozofice stabilite de către tradițiile confucianiste, taoiste și budiste. Aceste teorii au condus spre progrese în medicină, astronomie, matematică și îndeosebi în inginerie. În timp ce elitele sociale munceau să dezvolte teoriile lor la nivelul filozofic, clasa muncitoare se focaliza pe aplicarea acestei cunoașteri în respectivele lor meșteșuguri.

De abia în timpul Epocii de Aur islamice (secolele al VIII-lea - al XIV-lea) multe dintre aceste științe vor fi adunate într-un singur loc. Atunci când califii musulmani au creat Casa Înțelepciunii din Bagdad (secolul al VIII-lea), cărturarii din orient și occident s-au adunat sub același acoperiș. Cu toate materialele traduse în arabă, teoriile și metodele vor fi, în sfârșit, comparate. Ei au creat hârtie în mod extensiv, ceea ce le-a permis să scrie multe cărți și să-și distribuie cunoașterea în lung și-n lat. După cum se poate imagina, aceasta a dus la o dezvoltare considerabilă a cunoașterii științifice și a inovației tehnologice. Un exemplu din medicină e constituit de folosirea unor clădiri compartimentate, ce permiteau ca pacienții să fie izolați și tratați pentru afecțiunile lor specifice. Această inovație reprezintă tiparul spitalelor moderne.

Odată cu incursiunile cruciaților creștini prin Orientul Mijlociu, știința și tehnologia musulmană a început să migreze lent spre vest. Atunci când au fost traduse din arabă în latină diversele tratate științifice, le-a fost reintrodusă cărturarilor europeni o mare parte din cunoașterea pierdută în timpul Evului Întunecat (476–800 e.n.). Odată cu introducerea hârtiei, mulți dintre acești cărturari au început să scrie cărți. În cea mai mare parte, vederile filozofice predominante erau apropiate de doctrina Bisericii Catolice Romane (4 î.e.n – 30 e.n.) și, prin urmare, nu erau deschise către o dezbatere generală. Aceasta înseamnă că majoritatea comunității științifice se focaliza pe documentația tradițiilor meșteșugărești existente, cu o accentuare pe inovarea tehnologică.

Odată cu Reforma protestantă (1517 – 1648), o parte dintre europeni s-au îndepărtat de abordarea tradițională prezentată de către Biserica Catolică. Aceasta înseamnă că din ce în ce mai mulți oameni au început să se întrebe de validitatea filozofiilor lor. Au început să iasă la suprafață noi teorii referitoare la modalități alternative de descriere a universului. Un exemplu ar fi Copernic (1473 - 1543), ce și-a prezentat teoria sa conform căreia pământul nu reprezintă centrul universului. În schimb, el a poziționat pământul ca rotindu-se în jurul soarelui. Această teorie va fi demonstrată ulterior ca adevărată, atunci când Galileo (1564 - 1642) a construit un telescop și chiar a efectuat observații ce i-au dovedit teoria.

De asemenea, în alte domenii, precum medicina sau matematica, cărturarii dădeau formă unei noi filozofii, ce se baza pe premisa că universul era un sistem mecanic, ce a apărut din principii matematice. Un om de știință ar putea ajunge să cunoască acest sistem prin încrederea în modelele teoretice sau prin observații empirice.

În toată Europa, indivizii cu minți asemănătoare se vor aduna și vor forma academii științifice pentru un studiu continuu asupra unor subiecte diverse. Aceste enclave de știință vor oferi un mediu protejat, unde indivizii ar putea pune cu îndrăzneală sub semnul întrebării status quo-ul și să avanseze în înțelegerea situației. În cadrul acestor academii, oamenii de știință vor discuta despre aceste teorii, vor conduce experimentele lor și, în final, își vor publica descoperirile.

Una dintre cele mai influente publicații ce a apărut în timpul Revoluției Științifice (1543) a fost *Principiile matematice ale Filosofiei naturale* (*Philosophiæ Naturalis Principia Mathematica*) scrisă de către Sir Isaac Newton (1643 - 1727). În acest tratat, Newton prezintă un model mecanicist pentru felul în care funcționează lumea. El a stabilit patru noi forme de modele matematice, cunoscute drept *calcule* și niște formule matematice ce modelau ceea ce el numea "legile naturale". Modelul lui Newton a devenit rapid vederea dominantă din comunitatea științifică.

Unită sub steagul fizicii clasice, comunitatea științifică s-a extins rapid spre o mare varietate de diverse domenii. Cu credința universală într-un sistem fix, oamenii de știință și-au propus să cartografieze toate aspectele realității. Au început să apară ramuri de studiu ce se concentrau pe diverse subdomenii ai acestei realități. Matematica și fizica au încercat să modeleze legile naturale ce guvernează lumea fizică, astronomia studia corpurile cerești ale stelelor și planetelor, chimia explora elementele de bază ale materiei, biologia căuta să descopere secretele vieții, iar psihologia investiga natura conștiinței.

Deși aceste subiecte au fost studiate și anterior, ele nu fuseseră niciodată organizate ca discipline specifice. Această abordare reducționistă a facilitat acumularea unui corp din ce în ce mai mare de cunoștințe, care a fost alimentat de tendința spre specializare. Odată cu publicarea unor noi descoperiri în reviste, imediat au fost disponibile noi informații. Aceasta a ajutat oamenii de știință dintr-un domeniu să-și reformuleze înțelegerea, iar ulterior, să facă și mai multe descoperiri. În timp, multe dintre aceste discipline au continuat să se împartă într-un număr crescând de sub-discipline specializate. Corpul de cunoștințe a devenit atât de mare, încât nu mai era fezabil să se studieze în afara disciplinei proprii. În acest fel, disciplinele au devenit din ce în ce mai izolate și înrădăcinate în propria lor viziune asupra lumii.

Cu cunoașterea științifică crescând exponențial, tehnologia a experimentat o explozie inovatoare corespunzătoare. Revoluția Industrială (de la 1760 la 1840) a adus un val de noi tehnologii, ce au transformat fiecare aspect al vieții noastre cotidiene. Aceste inovații au condus, de asemenea, spre instrumente și mai puternice, apte să ne dezvăluie aspecte chiar și mai subtile ale realității.

Din acest moment, ştiinţa şi-a asumat rolul primordial în societate. Mult din credibilitatea religiei fusese slăbită de criticile aduse de ştiinţe de-a lungul anilor. Valorile sociale au început să reflecte vederea ştiinţifică, ce a fost în mare măsură de natură materialistă. Datorită prosperităţii mai mari, ce a venit odată cu avansul tehnologic, a început să se formeze o societate de consum, condusă de produse concepute pentru a satisface nevoile unei clase mijlocii bogate.

Până în acest punct, ştiinţa a coexistat mereu cu sistemele de credinţe stabilite ale acelor timpuri. În culturile europene domeniul ştiinţei se limita la lumea fizică, iar biserica catolică avea dominaţia asupra subiectelor legate de suflet (precum moralitatea). Deşi cele două sisteme se criticau adeseori unul pe celălalt, exista o definire clară a domeniilor asupra cărora îşi exercitau autoritatea.

Scientismul (secolul al VII-lea) s-a dezvoltat atunci când unii dintre membrii comunităţii ştiinţifice au ales să respingă necesitatea oricărui sistem extern de credinţă şi, în schimb, au ajuns să se bazeze pe ştiinţă drept unica metodă de exprimare a adevărului despre realitate. Atunci când s-a întâmplat asta, ştiinţa a încetat a fi o simplă metodologie şi a luat o formă mult mai extinsă şi mai cuprinzătoare, ce includea propria sa etică şi filozofie morală.

În ultimele decenii, comunitatea ştiinţifică a cunoscut o serie de evoluţii revoluţionare, care au zguduit fundamentul gândirii clasice. Multe idei ce se asuma a fi infailibile, fie că li s-a dovedit falsitatea, fie au fost puse la îndoială. Aceasta e probabil cel mai evident în domeniul fizicii, unde *Teoria relativităţii* (1905) lui Einstein şi apariţia *Mecanicii cuantice* (1905) au schimbat complet modul de gândire a fizicii asupra realităţii.

Din nefericire, datorită compartimentării pe scară largă a ştiinţei, nu toate ramurile sale au lucrat în contextul celor mai recente cercetări. Multe ramuri ale ştiinţelor despre minte şi viaţă încă operează sub ipotezele corespondente fizicii clasice, adică ele au o natură predominant materialistă. Întrucât *implicațiile cosmologiei cuantice* au început să fie mai răspândite, cel mai probabil vom vedea o evoluție semnificativă a formei pe care o va lua scientismul în viitor.

CREDINȚE DE BAZĂ

Scientismul e adânc înrădăcinat în așa-numita "căutare a cunoașterii": căutarea de a ne împlini nesfârșita sete de a cunoaște toate aspectele realității. Într-un fel, am putea spune că este o căutare spre omnisciența colectivă. Majoritatea oamenilor de știință caută cunoașterea pentru a câștiga ceva grade de dominație asupra realității. Prin înțelegerea principiilor subtile care influențează realitatea, ei devin apți să o manipuleze spre a-și îndeplini scopurile.

Fundamentele gândirii științifice

Deși am putea folosi termenul de "scientism" ca o afirmație generală, ar fi greșit să credem că există o doctrină unică acceptată de către comunitatea științifică. Vom găsi, în schimb, niște tipare filozofice pe care oamenii de știință individuali le accentuează în grade diferite.

Este important, de asemenea, de observat că oamenii ce practică metodologiile științifice nu sunt obligați să adopte și viziunea lor filosofică asupra lumii. Mulți dintre oamenii de știință sunt practicanți ai diverselor sisteme de credință, precum oricare dintre cele despre care am discutat deja în această carte. Următoarele caracteristici ale gândirii științifice ar trebui, prin urmare, înțelese în contextul acelor oameni de știință ce nu se identifică pe ei înșiși cu nici unul dintre alte sisteme de credință.

Materialismul

Materialismul reprezintă credinţa că toate fenomenele au o natură inerent fizică şi, prin urmare, toată cunoaşterea poate fi înţeleasă în termenii fizicii. Realitatea absolută este considerată a fi o realitate obiectivă a materiei şi energiei. Această filozofie crede că fenomenele precum mintea sau conştiinţa ies din interacţiunea materiei şi energiei. Acest fel de vedere a condus spre o accentuare foarte puternică pe folosirea analizei la persoana a treia a fenomenelor, în care se fac încercări de evitare a judecăţilor sau a interpretărilor subiective.

Empirismul

Întrucât toată natura e considerată a avea o natură fizică, metoda principală de observare a acestei realităţi este prin simţurile fizice. Principiul empirismului se focalizează pe adunarea datelor prin realizarea de observaţii. Pentru majoritatea oamenilor de ştiinţă, există cinci simţuri senzoriale care sunt considerate ca surse valide de informaţii: vizual, auditiv, olfactiv, gustativ şi tactil. Tehnologia este adeseori folosită pentru a extinde aceste simţuri, pentru a detecta formele crescânde de subtilitate a fenomenelor. Orice fenomen care nu poate fi simţit în acest fel se consideră fie că nu există, fie că e pur şi simplu dincolo de capacitatea actuală a tehnologiei.

Scepticismul raţional

Scepticismul apare din înţelegerea că observaţiile făcute de un individ nu sunt o reprezentare exactă a realităţii. Nu pot fi întotdeauna de încredere datele senzoriale şi, prin urmare, este important să fim sceptici cu orice dată colectată. Acest principiu a condus la dezvoltarea diverselor aparate de verificare folosite pentru a determina validitatea oricărei măsurători.

Teoriile și concluziile sunt adeseori subiecte de verificare riguroasă prin dezbatere, interogare, verificarea făcută de către o terță parte sau alte forme de raționamente. Atunci când o idee a fost suficient examinată, ea e acceptată, în general, ca o afirmație validă despre adevăr. Totuși, acel adevăr are un caracter provizoriu și depinde completamente de înțelegerea actuală. Dacă ulterior este colectată o nouă informație, iar aceasta e aptă să respingă o idee (deja) acceptată, atunci adevărul acceptat (anterior) trebuie să fie reevaluat.

Scopul primar al acestei forme de scepticism este să se asigure ca oamenii de știință să nu cadă într-o poziție dogmatică. În mod ideal ar trebui să se asigure un mecanism de revizuire constantă a teoriilor cuiva, dacă fac ele față noilor descoperiri. Totuși, în practică, nu e întotdeauna posibil să identificăm ipotezele care stau la baza ideilor și care sunt ascunse sub straturi și straturi de abstracții. În acest fel, unele idei ajung să se înrădăcineze și devine foarte dificil să le modificăm sau adaptăm.

Reducționismul

Reducționismul este credința că un fenomen unic poate fi înțeles cel mai bine prin studiul părților sale componente sau interacțiunilor lor. În cadrul comunității științifice, reducționismul a servit drept modalitate de a unifica toate științele în dezvoltarea principiilor fundamentale. Toată viața poate fi redusă la celule, celulele pot fi reduse la molecule, moleculele pot fi reduse la atomi și atomii sunt reduși la particulele cuantice. Această abordare de înțelegere a fenomenelor a creat o ierarhie între științe, ce oferă cea mai mare importanță acelor aspecte ale realității ce sunt cele mai fundamentale. În acest fel, fizica a devenit cea mai importantă, urmată de către chimie, apoi biologie și apoi psihologie. Este ca şi cum prin fizică se percepe "mai adevărat" decât prin ştiinţele sociale precum psihologia.

Ateismul

Cu o puternică părtinire spre vederile materialiste şi orientate spre empirism, mulţi oameni de ştiinţă se identifică pe ei înşişi ca fiind atei. Aceasta înseamnă că ei nu cred în nici un fel de entitate divină ce ar putea fi etichetată drept Dumnezeu. Această vedere se bazează adeseori pe ceea ce ei consideră a fi lipsa de dovezi referitoare la existenţa unei asemenea entităţi. Acest principiu e adeseori extins, pentru a include o respingere generalizată a tuturor formelor spirituale ale realităţii. Este credinţa că fără a ni se prezenta o dovadă fizică, este mult mai raţional să crezi că nu există toate fenomenele în chestiune.

Umanismul laic

Pe măsură ce un număr crescând de oameni de ştiinţă au migrat de la sistemele de credinţă orientate spre spiritualitate, ei aveau nevoie să ia în considerare probleme legate de etică şi de moralitate. Soluţia ştiinţifică a acestor probleme a venit sub forma unui umanism laic. În acest context, laic se referă la o orientare non-spirituală sau non-sacră, iar umanismul se referă la focalizarea pe individ. Prin urmare, umanismul laic se centrează pe capacitatea indivizilor de a trăi o viaţă etică şi morală, fără a necesita credinţe spirituale.

În acest sistem, etica se bazează primordial pe recunoaşterea responsabilităţii individuale faţă de societate, pentru consecinţa acţiunilor sale. Se consideră că toate formele de ideologie trebuie să fie ţinute la acelaşi grad de examinare cu alte forme de cunoaştere şi, prin urmare, este de regulă descurajată credinţa oarbă.

PRACTICI COMUNE

Scientismul folosește un cadru generalizat ce se aplică la o mare varietate de subiecte. Deși metoda e în mod esențial aceeași printre discipline, vor varia tehnicile specifice sau tehnologiile folosite.

Metoda științifică

Fundamentul tuturor practicilor științifice este metoda științifică. Este procedura folosită de oamenii de știință pentru a se asigura că rezultatul generat de ei este consistent și de încredere. Deși metoda poate fi separată într-un număr diferit de pași, următoarele etape reprezintă expresia comună a secvenței acestora:

1. **Întrebarea:** Totul pornește de la o întrebare la care v-ați dori să primiți un răspuns. Această întrebare poate apare uneori dintr-o curiozitate bazată pe o observație personală sau poate să apară din golurile din cunoașterea actuală dintr-un anumit câmp de activitate. Indiferent de sursa de inspirație, știința e un ciclu continuu de a pune întrebări și de a găsi răspunsuri. Această etapă e foarte importantă, întrucât determină tipul de informație ce va fi produsă. Felul în care se formulează întrebările și ce fel de întrebări se pun, acestea se bazează în mod integral pe perspectiva și interesele omului de știință individual.

2. **Cercetarea:** Odată ce a fost formulată o întrebare, următorul pas constă în familiarizarea cuiva cu cunoașterea ce există referitor la acel subiect specific ce va fi investigat. Este important nu numai să înțelegi ce e cunoscut în prezent, ci să identifici diversele abordări pe care le au oamenii spre a

rezolva acea problemă. Cu tehnologiile moderne precum internetul, oamenii de știință pot accesa acum depozite vaste de informație, ceea ce le permite ca, în schimb, să proiecteze experimente mai bune.

3. **Ipotezele:** În timpul procesului de cercetare a subiectului actual, un om de știință va formula o teorie informată, pentru un potențial răspuns la întrebare. O teorie netestată este cunoscută drept o ipoteză ce reprezintă o afirmație despre cum crede omul de știință că ar exista realitatea. Pentru ca o ipoteză să fie semnificativă, e necesar să își imagineze o situație în care ipoteza ar putea fi dovedită a fi falsă. Acest potențial de falsitate înseamnă că ipotezele pot fi testate și verificate.

4. **Previziunea:** Următorul pas în proiectarea experimentelor poate fi fie dovada, fie infirmarea ipotezelor cuiva. Un experiment e considerat a fi orice set specific de acțiuni care oferă oportunitatea de a observa un anume fenomen. Odată ce a fost proiectat experimentul, se pot face predicții referitoare la diversele tipuri de observații pe care cineva se așteaptă să-i apară.

5. **Experimentul:** Până la acest punct, totul a fost de natură teoretică. Omul de știință a dezvoltat un model conceptual care explică cum este problema dată. Acum e timpul să investigheze efectiv validitatea acelui model, prin efectuarea de observații în lumea reală. În funcție de fenomenul observat, un experiment poate avea o natură foarte complexă. Scopul este minimalizarea cât mai mult posibil a erorilor din observare, care i-ar putea distorsiona descoperirile. Întrucât multe fenomene subtile sunt accesibile doar prin utilizarea tehnologiei, oamenii de știință

trebuie să fie încrezători că ceea ce a fost observat reprezintă o imagine corectă a realităţii. Unul dintre principalele avantaje al efectuării experimentelor constă în faptul că ele pot fi făcute de numeroase ori şi de către oameni diverşi. În acest fel, e posibil să câştigi o mai mare încredere în observaţiile făcute.

6. **Concluzia:** Dacă experimentele au fost proiectate bine, ele pot conduce la indicaţii clare, dacă ipotezele au fost adevărate sau false. Dacă descoperirile demonstrează falsitatea unei ipoteze, atunci ipoteza este respinsă şi trebuie formulată o nouă ipoteză. Uneori nu e uşor să iei această decizie. Datele generate de un experiment adeseori necesită o analiză corectă, pentru a putea trage orice fel de concluzii specifice. Aceste concluzii depind de felul în care omul de ştiinţă interpretează datele şi de forma de analiză utilizată. Această posibilitate de erori şi distorsiune este cea ce conduce spre necesitatea de a rămâne sceptic referitor la orice rezultat ştiinţific dat.

Construirea unui volum de cunoştinţe

Prin metode ştiinţifice, oamenii de ştiinţă au un mecanism de bază pentru generarea teoriilor şi experimentelor ce testează aceste teorii. Metoda este de natură ciclică, ce permite ca noua cunoaştere să se construiască pe baza precedentelor cunoştinţe. În solitudine, înainte ca un om de ştiinţă să poată să propună un nou punct de cercetare, el trebuie să-şi stabilească pentru sine toate ipotezele cu care va lucra. Aceasta necesită ca el însuşi să facă toate observaţiile experimentale, ceea ce poate să nu fie pur şi simplu practic pentru toate fenomenele, dar să fie posibil măcar pentru cele mai simple dintre fenomene.

Din acest motiv, avansarea științei depinde foarte mult de capacitatea de a construi un volum comun de cunoștințe, la care să poată avea acces toți oamenii de știință. În loc ca un individ să trebuiască să reinventeze roata, el se poate referi pur și simplu la munca celor ce au inventat-o deja. Pentru ca aceasta să funcționeze, e necesar să fie utilizate standarde stricte pentru ca orice fel de cunoaștere care va fi adoptată de către comunitate să fi fost verificată anterior și, prin urmare, această cunoaștere să fie de încredere. Această autentificare se face prin mai multe metode:

1. **Replicarea:** Cunoașterea științifică se construiește pe un model de consens. Înainte ca o ipoteză dată să fie acceptată de către comunitate, ea trebuie repetată de mai multe ori și, preferabil, de către mai mulți oameni. Acest proces de multiplicare oferă asigurarea că toate erorile din colectarea datelor sau toate defectele din cadrul experimentelor au fost identificate și îndepărtate.

2. **Evaluarea:** Pentru ca o concluzie particulară să fie acceptată, trebuie să fie verificate experimentele folosite ca să se ajungă la acea concluzie. Această sarcină este îndeplinită de către experți într-un anumit domeniu, ce sunt calificați să evalueze dacă un experiment e apt fie să probeze, fie să infirme ipotezele făcute. Dacă sunt acceptate experimentele, atunci rezultatele sunt publicate în reviste specifice sau sunt făcute publice.

3. **Partajarea datelor:** Ne referim la observațiile efective făcute prin intermediul experimentelor drept date. Aceste date sunt de regulă depozitate și sunt făcute accesibile și altora. Ele pot fi folosite drept bază pentru dezvoltarea unor noi experimente sau ca metodă de replicare a rezultatelor originale.

În acest fel, ştiinţa a fost capabilă să construiască o reţea vastă de cunoaştere, care se întinde până în fiecare ungher al lumii fizice. Această reţea este construită de către oameni de ştiinţă individuali sau de grupuri de oameni de ştiinţă, fiecare dintre ei contribuind în felul său spre avansarea generală în înţelegere. Credinţele încorporate în acest corp de cunoştinţe formează un set de paradigme prin care oamenii pot să-şi înţeleagă lumea, dincolo de experienţa lor imediată.

Aceste paradigme nu sunt statice. Ele au o evoluţie dinamică, pe măsură ce sunt dezvoltate noi teorii şi se colectează noi date. Uneori, o schimbare într-o zonă de înţelegere conduce spre o "regândire" generală a ipotezelor noastre de bază. Întrucât această schimbare poate fi foarte perturbatoare în domeniul din care era originară, adeseori poate dura mult mai mult până când sunt pe deplin înţelese implicaţiile schimbării de paradigmă. Putem vedea exemple ale acestui lucru prin faptul că o mare parte din gândirea din domeniul biologiei, medicinei şi psihologiei se bazează încă pe modelul clasic al universului, chiar dacă acest model a fost respins pe larg de câmpurile (cuantice) din fizică.

Aplicarea cunoaşterii

Urmărirea cunoaşterii merge dincolo de simpla cunoaştere. În final, oamenii de ştiinţă se străduiesc să îşi extindă cunoaşterea în încercarea de a obţine un control din ce în ce mai mare asupra vieţii lor. Unul din motivele pentru fenomenala creştere şi acceptare a scientismului constă în impactul evident pe care îl are asupra calităţii vieţii miliardelor de oameni.

Odată stabilit un corp de cunoştinţe, apare întrebarea cum poate fi folosită această cunoaştere pentru a crea tehnologii. Se consideră că tehnologia îmbunătăţeşte calitatea vieţii, prin extinderea capacităţilor noastre umane sau prin facilitarea activităţilor noastre. Progresul ştiinţei în sine e strâns legat de acest progres tehnologic. Cu cât cunoaştem mai mult, cu atât construim mai mult. Pe măsură ce construim, suntem apți să observăm mai bine. Cu cât observăm mai mult, cu atât mai multe cunoaștem și ciclul continuă.

VARIAȚII INTERNE

Știința modernă este divizată într-o mare varietate de ramuri, cunoscute drept „domenii" sau „discipline". Fiecare categorie, la rândul său, poate fi divizată într-un număr crescând de sub-discipline. O prezentare cuprinzătoare a tuturor variațiilor depășește aria acestei cărți. Totuși, voi prezenta ramurile principale ale științei și câteva exemple de domenii de studiu ce aparțin acestor ramuri.

Știința formală

Un sistem formal este o metodă ce folosește gândirea abstractă pentru a modela sau reprezenta un anume fenomen sau o anumită relație. Prin urmare, știința formală este studiul folosind aceste sisteme, pentru a genera cunoașterea asupra lumii. Știința formală este fundamentul pe care sunt construite toate celelalte științe. Principiile dezvoltate în cadrul acestor discipline sunt baza pentru construirea experimentelor și analiza datelor.

1. **Logica:** Studiul raționamentului logic. Prin înțelegerea unei forme particulare de afirmație, un practicant de logică învață cum să evalueze dacă acea afirmație este adevărată. Aceasta include studiul diverselor reguli și modul în care se pot face deducțiile. Aceste abilități sunt baza spre orientarea rațională a studiului științific.

2. **Matematica:** Acest domeniu studiază utilizarea numerelor, structurilor, spațiului și schimbării. Scopul primar al

matematicii este de a reprezenta tiparele din natură, prin folosirea formulelor matematice. Aceste formule pot fi validate prin folosirea dovezilor matematice, ce demonstrează adevărul prin construcții logice. Mulți oameni de știință cred că matematica este singurul limbaj capabil să descrie cu acuratețe toate aspectele naturii.

3. **Teoria sistemelor:** Știința recunoaște că toate fenomenele există într-o rețea complexă de interconexiune. Un astfel de grup de fenomene este considerat a fi un sistem. Domeniul teoriei sistemelor încearcă să studieze o largă varietate a acestor sisteme, pentru a identifica principiile fundamentale ce guvernează relația dintre diverși membri ai sistemului. Scopul este de a oferi o bază teoretică pentru înțelegerea contextului unui fenomen dat, pe care oamenii de știință doresc să-l studieze.

Științele naturii

Științele naturii caută să descrie fenomenele naturale, pentru a putea prezice cu acuratețe felul în care ele se vor comporta în diverse condiții. La această ramură ne referim uneori ca la "știința grea", datorită accentului pus de ea pe dovezile observaționale și empirice pentru validarea teoriilor sale. Prin stricta lor dependență de metodele științifice, științele naturii caută în general date cuantificabile obținute prin măsurători fizice.

1. **Fizica:** Fizica implică studiul constituenților fundamentali care alcătuiesc universul cunoscut și forțele ce există între acești constituenți. Acest domeniu e fundația pe care sunt construite toate celelalte științe ale naturii. Din acest motiv,

orice schimbare în paradigma folosită de fizică poartă după sine implicații majore în toate celelalte discipline derivate.

2. **Chimia:** Aceasta studiază materia la nivelul atomic și molecular. Prin înțelegerea structurii atomice și a proprietăților diverselor tipuri de molecule, chimia oferă metode pentru crearea de noi componente, cu caracteristicile dorite.

3. **Biologia:** Biologia acoperă o varietate de discipline ce se focalizează pe înțelegerea naturii organismelor vii. Aceasta include studierea geneticii, a evoluției speciilor, clasificările comportamentului și diversele moduri în care interacționează speciile, pentru a forma ecosisteme.

Științele sociale

În timp ce științele naturii se focalizează pe tărâmul mai larg al fenomenelor naturale, științele sociale sunt interesate în mod specific de înțelegerea oamenilor și a relațiilor unor oameni cu alți oameni. Spre deosebire de științele naturii, nu toate fenomenele ce sunt studiate de către științele sociale sunt cel mai bine înțelese într-o formă de date cuantificabile și, prin urmare, această ramură științifică folosește, de asemenea, și cercetări calitative pentru a trage concluzii. Întrucât cercetările calitative implică colectarea de relatări subiective despre cum sunt luate deciziile și de ce, e considerată de unii ca fiind o formă mai puțin strictă de știință. Această critică i-a condus pe unii oameni de știință să încerce să își legitimeze disciplinele prin accentuarea matematicii și a datelor cuantificabile.

1. **Psihologia:** În sensul cel mai larg, psihologia reprezintă studiul comportamentului uman și al proceselor mentale care influențează această conduită. Acest domeniu include aplicarea

cunoașterii spre a ajuta oamenii să depășească bolile mentale sau conflictele din viața lor cotidiană. Deși principalul subiect al psihologiei este mintea, există un consens foarte limitat despre ce e efectiv mintea. Credința materialistă dominantă este că mintea poate fi redusă la funcționarea creierului. Această credință i-a făcut pe mulți să studieze creierul ca o modalitate potențială de înțelegere a conștiinței.

2. **Sociologia:** În timp ce psihologia se referă la indivizi, sociologia caută interacțiunile dintre indivizi, în contextul unei societăți. Scopul acestui domeniu este să înțeleagă diverse tipuri de reguli sociale pe care le dezvoltă o societate, care influențează modul în care indivizii formează diferite grupuri sau comunități.

3. **Economia:** Acest domeniu caută să înțeleagă modalitățile în care oamenii creează, distribuie și consumă avuția lor. Ideea fundamentală este că prin înțelegerea dinamicii jucate într-o piață economică dată, e posibil să se facă predicții mai exacte despre cum se va comporta acea piață. Această știință caută, de asemenea, să ofere o viziune despre cel mai bun mod de a utiliza resursele, pe baza diverselor situații.

Știinţele aplicate

În timp ce celelalte ramuri ale științei caută să genereze o înțelegere nouă referitoare la fenomene, științele aplicate încearcă să pună în practică acea cunoaștere. Scopul lor este dezvoltarea aplicațiilor practice ale cunoașterii științifice, pentru a produce diverse forme de tehnologie. În acest context, tehnologia reprezintă orice metodă, proces sau dispozitiv ce pot fi folosite pentru a îndeplini sarcinile dorite. Multe dintre științele aplicate se disting pe baza tipurilor de tehnologie pe care se focalizează.

1. **Ingineria:** Acest domeniu este dedicat inventării, construirii și menținerii structurilor și echipamentelor. Inginerii extrag cu putere informații din științele formale și ale naturii, pentru a se asigura că dispozitivele construite de ei vor funcționa în modul dorit într-o varietate de condiții.

2. **Știința sănătății:** Acest domeniu conține toate disciplinele referitoare la promovarea bunăstării fizice și mentale. Extrăgând informații din discipline precum chimia, biologia, psihologia și ingineria, știința sănătății investighează metode noi și noi tehnologii pentru tratarea afecțiunilor.

3. **Informatica:** Acest domeniu se focalizează pe dezvoltarea înțelegerii și aplicării algoritmilor, pentru a realiza sarcinile de calcul. Această disciplină lucrează primordial cu manipularea informației, fie că acea informație e codificată în sistem binar sau în alte forme, precum secvențele genetice. Acest domeniu include, de asemenea, dezvoltarea limbajelor de programare, ce oferă oamenilor capacitatea de a construi nivele abstracte complexe, pentru controlul diverselor tehnologii.

PUNCTE DE REFLECTAT

1. Mulți oameni de știință cred că singura realitate care există este realitatea fizică. Aceasta înseamnă că tot ceea ce experimentați trebuie redus la componente fizice. Luați în considerare dacă sunteți de acord cu această idee. Acum luați în considerare diverse tipuri de fenomene. Luați un obiect fizic și analizați-vă relația voastră cu el. Cum există acest obiect pentru voi?

Acum generați gândul: „Aceasta este mintea". Unde ați putut
să experimentați acest gând? Acum testați ipoteza că dacă toate
fenomenele sunt fizice, atunci acest gând ar trebui să fie fizic.
Gândiți-vă la diversele modalități în care ar putea fi posibil
așa ceva.

2. Scientismul promovează ideea că scepticismul este cheia de a
evita ideologiile dogmatice. O face prin folosirea metodologiilor
ce introduc anumite verificări și măsurători, precum ar fi
coroborarea cu o terță persoană și bazarea pe logică. Cum
înțelegeți voi ideea de "dogmă"? Încercați să identificați câteva
exemple de dogmă cu care voi v-ați întâlnit. De ce credeți că
știința încearcă să le evite? Apoi luați în considerare cum poate
să ajute scepticismul la prevenirea apariției acelei dogme.

3. În conformitate cu filozofia umanismului laic, indivizii au
dreptul și responsabilitatea de a aduce în viața lor sensul și
scopul. Este o vedere ce recunoaște rolul nostru, nu doar ca
indivizi, ci și ca membri ai societății. Luați în considerare rolul
vostru în societate. Ce valori credeți că sunt benefice pentru
societate? Ce valori credeți că sunt dăunătoare? În ce fel v-ați
găsi sensul în viața voastră?

PARTEA A TREIA

Moștenirea Spirituală
a Tibetului

CAPITOL 12

Ținutul Zăpezilor

Când cineva începe o călătorie de descoperire spirituală, nu are o direcție clară. Calea de urmat este slab definită și neclară. Pe măsură ce suntem expuși la din ce în ce mai multe idei, calea începe să capete formă și, în mod natural, noi gravităm în jurul unor idei și avansăm spre altele, într-un proces constant de schimbare, care e ghidat de intuiție.

De-a lungul ultimelor nouă capitole vi s-a prezentat o mare varietate de sisteme de credință. Fiecare sistem accentuează anumite teme care au ghidat sau au modelat modul în care a evoluat acel sistem. Reacția voastră la aceste teme reprezintă, de regulă, primul indiciu puternic pentru sistemele care vouă vi se potrivesc cel mai bine la nivel individual. Odată ce sunteți apți să identificați sistemele față de care simțiți o afinitate naturală, veți putea să faceți următorul pas.

Dezvoltarea unei cunoașteri generale a diverselor sisteme reprezintă o cale minunată de întărire a toleranței și receptivității, dar în cele din urmă este o modalitate limitată. Fiecare dintre tradițiile la care am aruncat o privire până acum posedă o enormă bogăție de gândire și de practică, care au evoluat de a lungul multor secole, dacă nu chiar milenii. Ca atare, fiecare este stratificat în nuanțe și profunzime, ceea ce nu este întotdeauna evident pentru un cititor obișnuit. Pentru a gusta efectiv din profunzimea unei anume tradiții, e necesar să reflectăm la înțelepciunea sa și să-i experimentăm metodele. Trebuie să trăiți efectiv tradiția, dacă doriți să-i vedeți potențialul ei de a vă transforma viața.

În acest scop, vă voi prezenta acum un subiect ce este apropiat în mod deosebit de inima mea. În următoarele capitole vom explora diversele tradiții spirituale ce au apărut în Tibet, în țara mea natală. În funcție de perspectiva voastră personală, cred că această prezentare vă va fi benefică în următoarele feluri:

- **Celor ce se simt înclinați să cunoască mai multe despre budism drept Calea lor personală**, budismul tibetan le oferă o tradiție completă unică, care încorporează învățăturile din tradițiile Theravada, Mahayana și Vajrayana. Este, prin urmare, ideal pentru dezvoltarea unei mai mari clarități referitoare la amploarea învățăturilor lui Buddha și la metodele folosite pentru a pune aceste învățături în practică. Eu sper că veți fi apți să folosiți această informație pentru a câștiga o mai mare claritate despre ce are de oferit budismul tibetan și modul în care se disting între ele diversele școli (tibetane).

- **Celor al cărui interes principal constă în alte sisteme decât budismul tibetan**, le sugerez că e foarte mult de învățat din felul în care tibetanii s-au descurcat cu diversitatea de credințe ce au apărut în țara lor. Așa cum vom vedea, tradițiile tibetane au o lungă istorie de rivalitate sectariană și prejudecăți, care au condus spre o cotă uzuală de conflicte. Parțial din reacția la aceste conflicte, s-a format *Mișcarea Rimé* în secolul al XIX-lea, care a oferit noi modele, de cultivare a unei mai mari păci și armonii. În acest fel, cred că studierea dinamicii credinței din Tibet poate oferi strategii ce ar putea conduce la un impact mai extins în comunitatea globală.

Indiferent de înclinațiile voastre personale, este important să ne amintim că această carte este destinată a fi un etalon pentru cum să dezvoltăm o Filozofie Rimé. Pentru a realiza o vedere cu adevărat robustă, ne trebuie în același timp și *lățime* și *adâncime*. Prima parte a cărții a oferit extinderea, în timp ce următoarea parte îi va ajuta pe unii oameni să dezvolte o mai mare profunzime. Alternând aceste două modalități de studiu, se vor îndepărta treptat straturile de confuzie și vi se vor dezvălui adevăruri mai profunde.

VIAȚA ÎN TIBET

Pentru a putea înțelege cum au apărut diversele școli, e necesar ca mai întâi să avem o idee generală despre trăsăturile unice ale culturii tibetane, ce au contribuit la diversitatea sa. Putem începe prin a lua în considerare poziția geografică a acestei țări.

Tibetul ocupă o poziție centrală în Asia: la est e China, la nord e Mongolia, la vest se află Orientul Mijlociu și la sud este India. Această poziție centrală, combinată cu sălbăticia terenului în sine, înseamnă că platoul tibetan a oferit un fel de zonă tampon între civilizațiile principale din Orient. Înseamnă, de asemenea, că cultura tibetană a beneficiat de bogăția variatelor culturi ce o înconjurau.

Așa cum vom vedea mult mai detaliat ulterior, Tibetul datorează o mare parte din moștenirea sa spirituală vecinilor săi sudici din India. Dar, de asemenea, el încorporează o mare parte din moștenire din China, precum și o parte semnificativă din culturile antice ce aparțineau odată Imperiului persan (în zilele moderne Iran, Afghanistan și Pakistan). De-a lungul timpului, aceste influențe au îmblânzit treptat poporul tibetan și au condus spre o schimbare de la o cultură a jefuirii și a cuceririi, către o cultură de căutare a iluminării spirituale.

Tibetul însuși e situat pe vastele platouri ale munților Himalaya. Este un pământ cu vârfuri înalte și văi ascunse. Râurile se îndepărtează de ghețarii înghețați și se îndreaptă spre exterior, în cele patru direcții. Alimentele sunt rare pe acest pământ și condițiile sunt aspre. De aceea, nu e o prea mare surpriză că oamenii ce au învățat să supraviețuiască aici sunt rezistenți și au o voință puternică.

Pentru multe părți ale Tibetului, pământul era pur și simplu incapabil să susțină așezări mari pentru perioade lungi de timp. Aceasta înseamnă că s-a dezvoltat o cultură nomadă, în care familiile se mutau din vale în vale, în căutare de pământ proaspăt pentru pășunatul vitelor lor. Era o viață dificilă, care cerea o mare disciplină, dar era și o viață simplă, cu foarte puține distrageri. Această combinație de determinare și simplicitate a oferit o fundație atât de solidă pentru practica spirituală.

Odată cu unificarea țării sub o singură dinastie regală (secolul al XIV-lea), Tibetul a suferit o transformare dramatică. Au început să fie "importate" în țară noi cunoștințe și s-a dezvoltat o nouă clasă spirituală. Au fost fondate mănăstiri în toată țara, iar călugării au început să se adune în ele. Aceste mănăstiri au devenit centre de învățare, cu texte străvechi ce erau traduse și cu noi comentarii ce erau scrise. Una din principalele lor responsabilități a fost să păstreze Liniile de descendență care le-au fost încredințate, asigurându-se că fiecare parte de învățături care le-a fost transmisă de maeștrii lor era cu credință păstrată.

În timp, în jurul mănăstirilor au crescut sate, ale căror pământuri și vite puteau fi folosite spre a sprijini comunitatea monahală. Partea laică a populației, de regulă needucată, privea spre maeștrii spirituali atât pentru înțelepciune, cât și pentru îndrumare. În acest fel comunitățile, gospodarii și călugării păstrau o relație echilibrată, cu beneficii mutuale.

În Tibet, călătoria a fost întotdeauna dificilă și mare consumatoare de timp. Aceasta înseamnă că în cea mai mare parte, odată ce o comunitate s-a stabilit într-o anume zonă, ea a rămas destul de izolată și de autonomă. Din când în când, oficialii veneau să colecteze impozite pentru conducătorul local, care plătea în schimb tribut guvernului central. Tibetul a devenit astfel o rețea liberă de comunități dezvoltate independent.

În acest context de izolare, în jurul mănăstirilor au crescut diverse școli tibetane, ce dețineau anumite Linii de descendență. Aceste mânăstiri erau fondate de către mari maeștri, ce erau recunoscuți drept ființe foarte înalt realizate. În concordanță cu învățăturile acestor maeștri, fiecare mănăstire și-a dezvoltat abordarea sa specifică de practică. Generațiile ulterioare de maeștri vor extinde apoi această fundație și vor integra alte fluxuri de gândire sau de practică. Pe măsură ce va dezbate și integra aceste învățături, fiecare școală va dezvolta un mod unic de a vorbi și de a-și prezenta ideile. Aceste două aspecte, al unicității practicii și unicității prezentării de gândire, al Liniilor de descendență, reprezintă indicatorii principali pentru diferențierea dintre principalele școli.

Pe măsură ce s-au dezvoltat diverse școli, ele au produs o mare varietate de practicanți realizați, ce au obținut cele mai înalte realizări. Mulți dintre acești maeștri au mers și au fondat propriile lor centre monahale și, prin urmare, au extins influența propriei lor școli individuale. Atunci când conducătorii locali au început să favorizeze o școală față de altele, regiuni întregi au ajuns curând să fie dominate de o anumită tradiție individuală.

Odată ce a fost acordată o importanță din ce în ce mai mare liderilor spirituali ai acestor mănăstiri, s-a dezvoltat o tradiție prin care discipolii unui maestru înalt realizat îi vor căuta activ următoarea sa reîncarnare. Discipolii își vor începe căutarea la câțiva ani după decesul maestrului lor. Ei vor alege diverși candidați, pe baza a diverse metode. Uneori maestrul lăsa instrucțiuni despre zona unde va renaște, uneori discipolii mai apropiați aveau intuiții puternice sau vise, iar alteori ei se bazau pe diverse forme de divinație.

Odată ce au fost identificați candidații (de regulă băieți), lor li se va prezenta o selecție de articole ce au aparținut maestrului decedat. Articolele erau amestecate cu altele similare, ce aparțineau altor oameni. Candidatul trebuia să aleagă apoi toate articolele ce i-au aparținut în viața precedentă, ca semn că era reîncarnarea autentică.

Aceste reîncarnări erau numite "tulku", ceea ce înseamnă „corpuri de emanație". Tulku recunoscuți erau trecuți printr-un antrenament intensiv pentru a-și „reînvăța" toate învățăturile și, în acest fel, să devină deținătorii principali ai Liniilor de descendență și lideri ai comunităților lor. În timp, generațiile succesive de reîncarnări au format ce e cunoscut drept Linie de tulku. Al șaptesprezecelea Karmapa (din anul 1110 până în prezent) și al Patrusprezecelea Dalai Lama (din anul 1391 până în prezent) sunt două exemple foarte cunoscute de Linii de tulku.

Din nefericire, pe măsură ce mănăstirile s-au implicat în luptele pentru putere din regiunile lor, tradiția recunoașterii de tulku a început să aibă o natură politică crescândă. Ca rezultat, multe mânăstiri au început să recunoască lama reîncarnați pur și simplu din dorința de a păstra resursele acelui maestru. Acest lucru a însemnat că în lumea modernă de astăzi, sunt mulți presupuși lamași recunoscuți, ale căror realizări sunt "discutabile". Din acest motiv, de regulă e cel mai bine să nu judeci autenticitatea unui Lama pur și simplu pe baza titlurilor sale, ci, în schimb, să observi dacă conduita sa este în conformitate cu Dharma.

Toți acești factori culturali joacă un rol semnificativ în dezvoltarea diverselor tradiții din Tibet. Pe măsură ce vom avansa, păstrați în minte aceste elemente drept context general, în care apar diverse evenimente și încercați să vă amintiți că nu există o singură poveste, ci mai degrabă o varietate de povestiri, spuse din diverse perspective.

PATRIMONIUL SPIRITUAL AL TIBETULUI

Noi putem urmări în trecutul Tibetului două influențe primare: Zhang Zhung (secolul al XI-lea î.e.n.) și India. Zhang Zhung a fost regatul din vestul Tibetului și reprezintă originea tradiției cunoscute drept Yungdrung Bön (1196 î.e.n). Din această tradiție și-au tras tibetanii variatele practici șamaniste și accentul general spre ritualuri elaborate. Cealaltă influență majoră este evident din sud, din India, care e răspunzătoare pe larg de practicile monahale și contemplative. Întrucât vom privi mult mai detaliat la tradiția Bön în capitolul următor, ne vom concentra pe aspectele specifice ale budismului indian ce a fost adus în Tibet.

Deși Theravada s-a răspândit în sud-estul Asiei, iar Mahayana s-a răspândit în China, Coreea, Japonia și Vietnam, budismul Vajrayana a fost conservat aproape exclusiv în Tibet și în regiunile din vecinătatea acestuia. Această conservare a fost rezultatul unei serii de conducători tibetani ce au trimis valuri de traducători în India, pentru a studia învățăturile și a se întoarce cu ele în Tibet. Învățăturile pe care le-au găsit acești traducători proveneau în principal din două surse:

Tradiția Monahală Nalanda

Universitatea Nalanda a fost probabil una dintre primele universități din lume și a fost, în același timp, un centru spiritual și academic al timpului său. Nu numai că a fost căminul celor mai mărețe minți budiste ale timpului, dar a fost și inspirația altor universități monahale. Cel mai notabil dintre acestea a fost măreața mânăstire Vikramshila (secolele VIII-IX e.n.). Nu e de mirare că traducătorii tibetani au îndurat greutăți incredibile ca să ajungă la aceste centre de învățătură, pentru a putea primi învățăturile. Ceea ce au învățat ei a devenit ulterior baza pentru curriculum monahal ce a fost dezvoltat în Tibet.

La baza Tradiției Nalanda stătea un model de educație cu cinci ramuri, care era organizat în patru științe exterioare în jurul unei științe interioare unice. În centru era *filozofia budistă*, ce oferea cunoașterea necesară pentru a atinge iluminarea. Toate activitățile ulterioare au fost încorporate în această viziune asupra lumii.

Științele exterioare

Întrucât Nalanda promova Mahayana, sistemul său educațional a evoluat în jurul abilităților necesare unui Bodhisattva pentru a aduce cele mai mari beneficii celorlalți. Aceste pot fi divizate în patru tipuri principale de activități:

1. **Raționamentul:** Filozofia budistă era dezvoltată în contextul pluralității de concurență a vederilor hinduse și jainiste. Ca atare, trebuiau să fie capabili să înțeleagă complet și să-și apere propriile vederi în fața provocărilor frecvente ale non-budiștilor. Aceasta a condus spre studiul extensiv al logicii și dezbaterii, ca modalitate de rafinare și clarificare a propriei lor filozofii.

2. **Comunicarea:** În timp ce prin raționament se asigurau de faptul că ideile filozofice erau corecte din punct de vedere logic, se considera de o importanță egală și felul în care erau comunicate aceste idei celorlalți. Prin forma pe care o luau ideile, ele aveau atât capacitatea de a inspira practicanții, cât și să insufle încrederea în învățături. Pe această bază, călugării din Nalanda vor petrece timp considerabil studiind gramatica, poetica, sinonimele și alte aspecte ale ritmului și sunetului. Aceste abilități vor oferi practicanților capacitatea de a vorbi

într-o formă elocventă, care să fie în același timp antrenantă și inspiratoare.

3. **Exprimarea creativă:** Această categorie include diverse arte plastice care erau dezvoltate pentru a manifesta expresii tangibile ale diferitelor aspecte ale lui Buddha. Sculpturile și picturile erau făcute pentru a reprezenta corpul lui Buddha, operele literare și piesele de teatru erau compuse pentru a reprezenta vorbirea lui, iar stupele erau construite pentru a-i reprezenta mintea. Toate aceste arte plastice se focalizau pe producerea artefactelor materiale ce puteau fi utilizate pentru a facilita învățarea și a inspira credința în Buddha.

4. **Vindecarea:** În centrul temei de a aduce beneficii altora stătea dorința de a ușura suferința. Aceasta înseamnă că practicantul trebuia să înțeleagă cum apăreau diversele boli și ce tratament putea fi folosit ca să le atenueze. Studiul medicinei era puternic înrădăcinat în sistemul ayurvedic.

Prin studierea acestor patru științe exterioare, practicantul Nalanda va dezvolta un set de abilități foarte larg, care poate fi folosit pentru ca să extindă și să-și sprijine studiul său principal, cel al filozofiei budiste.

Știința interioară a filozofiei budiste

Deși fiecare era încurajat să studieze cele cinci științe, nu a fost niciodată nici un dubiu privind focalizarea centrală a mânăstirii. Studierea filozofiei budiste era considerată cea mai înaltă formă de educație și, în final, cea mai benefică dintre toate cunoașterile. Orice altceva era secundar.

Tradiția Nalanda accentua studierea sistematică a două seturi de învățături ale lui Buddha: Sutra și Tantra. Fundamentul gândirii budiste și practica erau prezentate conform sutrelor, iar fundația teoretică a practicilor ezoterice și ritualurile lor erau prezentate conform tantrelor. În timp ce sutrele erau studiate deschis în cadrul comunității, tantrele erau limitate doar la anumiți studenți, care erau pregătiți corespunzător pentru aceste învățături avansate.

Ca parte a eforturilor de a sistematiza studierea unui corp mereu în creștere de învățături, fiecare grup a fost divizat în mai multe categorii sau clasificări. Următoarele subiecte se refereau la sutre:

1. **Etica și conduita (Vinaya):** Acest grup de texte oferea cadrul etic și codul de conduită pe baza cărora era construită comunitatea monahală. În tradiția tibetană, acest subiect se bazează pe interpretarea școlii Mulasarvastivada despre vinaya.

2. **Psihologia și epistemologia (Abhidharma):** Această colecție de texte oferă cadrul epistemologic după care se dezvolta toată cunoașterea. Aici erau studiate atât interpretările Mahayana, cât și cele Theravada.

3. **Perfecțiunea Înțelepciunii (Prajñaparamita):** La acest grup de învățături ne referim de regulă ca la A Doua Întoarcere A Roții Dharmei și reprezintă fundamentul filozofiei care stă la baza tuturor practicilor Mahayana. Aici erau studiate două interpretări principale ale textelor: interpretarea experimentală explicată de către Maitreya și interpretarea literală explicată de către Nagarjuna. Aici ne vom concentra în principal pe prima interpretare, prin studierea lucrărilor lui Maitreya (270-350 e.n.) și ale comentariilor lui Asanga (300-370 e.n) și Vasubandhu (secolele IV-V e.n.). Prin acest subiect, studentul dezvoltă o înțelegere detaliată a stadiilor prin care trece un Bodhisattva pentru a putea atinge iluminarea.

4. **Filozofia Căii de Mijloc (Madhyamaka):** Această colecție se focalizează pe interpretarea literală a lui Nagarjuna a Sutrelor Perfecțiunii Înțelepciunii. În aceste învățături, studentul învață în mod specific despre natura vidă a tuturor fenomenelor. Pe această bază, el va fi capabil să stabilească filozofia Căii de Mijloc, care scapă de extremele atât ale eternalismului, cât și ale nihilismului.

5. **Măreața Filozofie a Căii de Mijloc (Maha-madhyamaka):** Colecția finală prezintă studiul a ceea ce este cunoscut drept A Treia Întoarcere A Roții Dharmei. Aceste texte prezintă învățăturile lui Buddha despre natura esențială a realității, cunoscută drept Natura de Buddha. Studierea acestei teme se focalizează, în principal,atât pe învățăturile lui Maitreya, cât și ale lui Nagarjuna, care descriu caracteristicile minții iluminate.

Atunci când se considera că un student era pregătit, el era inițiat în studierea și practica tantrei budiste. Tantra era considerată cea mai eficientă Cale de a atinge iluminarea în cea mai scurtă perioadă de timp. În timp ce sutrele erau scrise într-un limbaj clar, majoritatea tantrelor erau exprimate într-un limbaj ezoteric, de aceea era esențială bazarea pe un învățător. Pentru a ajuta studentul să înțeleagă diversele forme de practici tantrice, sistemele au fost grupate în clase distincte.

În budismul tibetan, erau de regulă două modalități de clasificare a tantrelor: în conformitate cu traducerea veche (nyingma) (secolul al VIII-lea) sau în conformitate cu traducerea târzie (sarma) (secolul al XI-lea). Întrucât vom discuta ulterior despre abordarea Nyingma, acum vom arunca o privire spre structura utilizată de către școlile Sarma. În acest sistem, sunt patru grupe:

1. **Tantra Acțiunii (kriya):** Acest grup de tantre pune accentul, în special, pe folosirea ritualurilor de curățare și de purificare. Scopul angajării în aceste practici a fost, în primul rând, pentru dezvoltarea puterilor lumești (siddhi), pentru a aduce beneficii ființelor simțitoare și pentru acumularea de merit.

2. **Tantra Reprezentării (charya):** În această clasă de tantre practicanții se îndepărtează de ritualurile externe, spre utilizarea meditației ca mijloc de a realiza eliberarea. Ea este cumva un hibrid între Tantra Acțiunii, externă și Yoga Tantra, internă.

3. **Yoga Tantra (yoga):** Această clasă pune un accent aproape exclusiv pe meditație. Pentru a se putea angaja în aceste sisteme, practicanții trebuie să-și ia angajamentele tantrice, care prevăd un cod de conduită pentru practicile ulterioare.

4. **Cea Mai Înaltă Yoga Tantra (anuttarayoga):** Această ultimă clasă reprezintă cele mai înalte învățături din budism. În aceste tantre sunt cuprinse descrierile detaliate despre cum să ne folosim corpul energetic subtil, pentru a ne purifica mintea și a realiza iluminarea completă. Această clasă e divizată mai departe în diverse grupuri de tantre, pe baza aspectelor de practică ce vor fi accentuate.

Deși toate Liniile de descendență cu învățături tantrice și-au găsit drumul spre Tibet, majoritatea tradițiilor tibetane folosește o combinație a Tantrei Acțiunii pentru purificare și a Celei Mai Înalte Yoga Tantra pentru obținerea efectivă a iluminării.

Între aceste texte variate sunt descrieri ale multor ritualuri și vizualizări pe care un maestru tantric va trebui să le realizeze pentru a putea să-și împuternicească și să-și îndrume studenții. Unele dintre aceste ritualuri pot fi foarte complexe și necesită undeva între câteva ore până la câteva săptămâni de pregătire.

Atât sutrele, cât și tantrele erau date ca transmisii de texte ce implicau mai întâi oferirea unei transmisii orale a textului de către învățător, urmată de comentariul fiecărei linii din text. Studenții dezbăteau apoi învățăturile, încercând să dezvolte o înțelegere clară a semnificației acestora. Acest proces va oferi studentului o bogăție de informații pe care le va folosi spre a progresa pe Calea spre iluminare.

Tradiția Yoghină a mahasiddha

Deși transmisiile învățăturilor erau bune pentru a comunica o mare cantitate de informație către studenți, ele nu erau bine pregătite pentru a face față nevoilor specifice ale practicanților individuali. Din acest motiv, studenții s-au bazat mereu pe instrucțiunile orale ce erau transmise în mod direct de la învățător către student. Aceasta e adevărat în special în practica tantrei budiste, unde însăși textele de rădăcină nu erau clare despre ce era nevoie pentru a fi efectiv practicate.

Atunci când au venit în India, traducătorii tibetani au stabilit niște conexiuni cu yoghini tantrici cunoscuți sub numele de Mahasiddha. Acești maeștri extraordinari și-au transmis cunoașterea lor acestor traducători, care, la rândul lor, au transmis ceea ce au învățat către studenții lor tibetani. În timp, aceste învățături au ajuns să fie identificate drept *Cele Opt Mărețe Care ale Liniei de Practică*, din care fiecare a fost recunoscută drept vehicul apt să genereze ca rezultat iluminarea completă.

Este important de notat faptul că aceste Linii de descendență sunt concentrate în primul rând pe practică și, prin urmare, este destul de comună prezența lor în multiplele școli tibetane. Acestea fiind spuse, multe școli au tins să se specializeze într-unul sau mai multe care și ulterior au ajuns să fie identificate cu acestea.

Cele opt Linii de descendență sunt:

Marea Perfecțiune (dzogchen)

Această Linie de practică este originară din nord-estul Indiei, dintr-un ținut numit Oddiyana (despre care se crede că ar fi într-o regiune din actualul Pakistan). Se crede că ar fi fost adusă în Tibet prin mai multe transmisii. Prima se spune că ar fi venit odată cu mărețul maestru Vajra Guru Padmasambhava (secolul al VIII-lea e.n), ce a predat aceste învățături unui grup select dintre discipolii săi cei mai apropiați. Învățăturile au fost propagate ulterior complet prin învățăturile sale comori (vom discuta mai mult despre Guru Rinpoche în capitolul despre tradiția Nyingma). A doua transmisie a ajuns prin traducătorul tibetan Vairocana (secolele VIII-IX e.n.), care a primit învățăturile de la yoghinul tantric Shri Simba (secolul al VIII-lea e.n), în timp ce a treia transmisie a fost primită de la maestrul indian Vimalamitra, atunci când el a călătorit în Tibet. Deși toate aceste Linii Dzogchen erau în India înainte de a ajunge în Tibet, a mai venit o altă transmisie din țara vestică Zhang Zhung, ce formează baza pentru învățăturile Dzogchen ce se regăsesc în tradiția Bön.

Cuvintele lui Buddha ca instrucțiuni (kadam)

Această tradiție își are originea în maestrul indian Atisha Dipamkara (980 e.n.), atunci când a fost invitat în Tibet pentru a reîntineri învățăturile de aici. Sistemul folosește o cale graduală de practică, ce accentuează generarea minții extraordinare a iluminării, cunoscută drept bodhicitta. Învățăturile lui Atisha au fost purtate mai departe de către principalul său discipol, Dromtön Gyalwai Jungné (1004 sau

1005-1064 e.n) și au devenit cunoscute ca școala Kadam. Învățăturile Kadampa au fost absorbite ulterior în toate celelalte școli majore. Școlile cel mai mult asociate cu această Linie de descendență sunt din tradițiile Kagyu și Geluk.

Luarea rezultatului ca și Cale (lamdre)

Această Linie de practică se bazează pe un set de instrucțiuni esențiale de la Mahasiddha indian Virupa (secolele VII-VIII e.n.). *Liniile Vajra,* așa cum sunt ele cunoscute, oferă o serie de practici ce se bazează pe *Tantra Hevajra.* Aceste învățături au ajuns în Tibet prin mărețul învățător Drokmi Lotsawa Shakya Yeshé (992 e.n.). Linia a fost protejată foarte strict și a fost transmisă doar unei mâini de studenți, ceea ce a făcut-o a fi foarte rară. Ea formează acum miezul practicii tradiției Sakya.

Marpa Kagyu

Această Linie se bazează pe colecția de învățături ce au fost primite de către Lhodrak Marpa Chökyi Lodrö (1012 e.n.) atunci când el a călătorit în India. Cu trei ocazii distincte, el a călătorit peste munți pentru a studia cu o mare varietate de adepți indieni. Tradiția pe care a fondat-o după ce s-a reîntors în Tibet s-a focalizat primordial pe practicile meditative ale *Mahamudra, Tantrei Chakrasamvara* și pe *Cele Șase Dharme ale lui Naropa.* Această Linie s-a păstrat prin diverse sub-școli, în cadrul tradiției Kagyu.

Shangpa Kagyu

Această Linie a fost fondată de maestrul tibetan Khyungpo Naljor (1050-1140 e.n.) sau (990-1139 e.n.). El a călătorit în India și se spune că ar fi primit învățături de la peste 150 de maeștri. Tradiția sa integrează practicile lui *Hevajra, Chakrasamvara, Guhyasamaja, Mahamaja* și *Vajrabhairava*. Aceste învățături sunt cunoscute sub numele generic de *Cele Șase Dharma ale Nigumei*. Deși Shangpa Kagyu are o tradiție unică și distinctă, Liniile sale de descendență au fost în pericol de a fi pierdute și, prin urmare, au fost păstrate în interiorul altor tradiții. Mai întâi în tradiția Jonang, prin Jetsun Taranatha(1575–1634), și ulterior în tradiția Karma Kagyu, prin Jamgön Kongtrul (1813-1899).

Pacificare și separare (zhijé-chöd)

Setul de instrucțiuni de practică cunoscut drept Pacificare (zhijé) își are originea în maestrul indian Dampa Sangyé(1375). Deși multe dintre aceste practici s-au pierdut, o ramură a devenit extrem de populară în Tibet, cunoscută drept Separare (chöd). Această tradiție a fost începută de către yoghina tibetană Machik Lapdrön (1055-1149). Ea accentuează învățăturile din *Sutrele Perfecțiunii* Înțelepciunii și le extrage din învățăturile lui Dampa Sangyé. Această formă de practică a fost integrată în toate tradițiile majore din Tibet.

Cele Șase Vajra Yoga (jordruk)

Această linie își trage originea din Tărâmul Pur al Shambhalei, unde a fost conservată pentru secole, până când a ajuns în sfârșit în India. Sistemul practicilor s-a bazat primordial pe învățăturile din *Tantra Kalachakra*. Ea a fost propagată în India de către cei doi măreți Kalachakrapada (cel Bătrân și Cel Tânăr). De la mulții lor discipoli s-au dezvoltat șaptesprezece Linii de descendență distincte. Fiecare dintre aceste Linii și-a găsit calea spre Tibet, prin diverși translatori ce au călătorit în India. Toate cele șaptesprezece Linii au fost ulterior combinate într-o singură Linie de descendență de practică de către Khunphang Thukje Tsondru (1243-1313) care a fondat tradiția Jonang.

Abordarea și realizarea (nyendrup)

Se spune că această Linie de descendență a fost fondată de către marele adept Orgyen Rinchen Pal (1230-1309), atunci când a călătorit în tărâmul vestic al Oddiyana și a primit învățături direct de la *Vajrayogini*. Practicile sunt structurate într-un mod similar *cu Cele Șase Vajra Yoga*. Principala diferență constă în instrucțiunile esențiale unice despre felul în care ar trebui practicate aceste stadii. Linia de descendență a fost transmisă îndeosebi prin diversele încarnări are lui Karmapa, care le-au răspândit pe scară largă. Este neclar cât de mult s-au păstrat ele efectiv în actualele tradiții.

CONFRUNTAREA DINTRE VECHI ȘI NOU

După cum putem vedea, budismul tibetan s-a dezvoltat în timp printr-o introducere progresivă a diverselor învățături, care erau importate din surse diferite. Cu fiecare nou val de învățături, au apărut tensiuni între tradițiile ce existau înaintea transmisiei. Aceste situații încordate au creat un curent subteran de diviziune care, în diverse momente ale istoriei tibetane, a contribuit la persecuții sectariene. Cred că e important să identificăm aceste tensiuni, ca modalitate de a reduce părtinirea generală pe care o generează și, astfel, să încurajăm un mai mare simț al armoniei.

Bönpo și Bandé

Prima mare situație încordată e legată de divizarea între tradiția indigenă Bön și acele tradiții ce au venit din afara Tibetului. Amândouă sunt considerate a fi de natură budistă, diferențiindu-se nu prin esența învățăturilor lor, ci prin diferența dintre fondatorii lor. Linia tradiției Bön se trage din țara Zhang Zhung (care acum este Tibetul de vest) și din învățăturile lui Buddha Tonpa Sherab (18,000 î.e.n.). Cealaltă tradiție are originea în învățăturile lui Buddha Shakyamuni din India. Adepții lui Buddha Tonpa Shenrab sunt cunoscuți drept *bönpo*, în timp ce adepții lui Buddha Shakyamuni sunt cunoscuți drept *bandé*.

Din cauza ignoranței fiecărui grup referitoare la celălalt, au început să apară multe concepții eronate sau vederi greșite, ce s-au dezvoltat referitor la ambele tradiții. Această ignoranță a alimentat frica și aroganța, care, la rândul lor, s-au transformat în diverse perioade în persecuții de ambele părți. Această animozitate din trecut încă poate fi percepută în multe comunități tibetane.

Eu cred că această ignoranță poate fi îndepărtată dacă ne folosim timpul ca să învățăm despre ambele tradiții. Procedând astfel, vom putea vedea că deși sursele le sunt diferite, amândouă exprimă aceeași semnificație esențială, prin urmare nu există nici o bază pentru a spune că una e mai autentică decât cealaltă.

Transmisiile vechi și noi

O altă situație încordată care a apărut între budiștii bandé a fost legată de transmisiile folosite ca bază pentru învățături. După o persecuție deosebit de dură din partea unui rege bönpo, comunitatea bandé a rămas fragmentată și s-a răspândit în toată țara. Se crede că în multe regiuni învățăturile s-au pierdut totalmente sau au ajuns să fie în mod iremediabil corupte.

Din această cauză, au început să călătorească în India mulți traducători, pentru a reînnoi autenticitatea învățăturilor din Tibet. Rezultatul acestor eforturi a fost introducerea unei noi colecții de învățături, ce au ajuns să fie cunoscute drept o nouă transmisie (sarma). Aceasta era în contrast cu vechea transmisie (Nyingma), ce a fost păstrată în secret în căminul unor yoghini, precum și în zone îndepărtate ale țării.

Din fericire, această diviziune a fost mai degrabă de natură unilaterală, majoritatea părtinirilor venind din partea susținătorilor noii transmisii, care se pare că încercau să discrediteze vechea transmisie sau căutau să își legitimeze vederile tradiției lor. De obicei aceasta nu era necesar, întrucât lungul șir al practicanților realizați ce au apărut din ambele seturi de transmisii este o dovadă a eficacității și autenticității acestor Linii de descendență.

Pălăriile roșii și galbene

Ultima situație încordată a apărut în legătură cu luptele politice de putere ce au apărut între diverse tradiții de-a lungul istoriei lor. Odată ce s-a dizolvat dinastia regală a Tibetului central, Tibetul a rămas ca o adunare de regate independente. Fiecare regat favoriza, de regulă, o anumită școală și oferea sprijin financiar și militar mânăstirilor acesteia. Atunci când controlul asupra Tibetului a căzut în mâna puterilor străine precum Mongolia sau China, împărații acestora vor oferi puterea de a guverna unui anumit lider spiritual. Această combinație de autoritate spirituală și laică a alimentat creșterea și influența oricărei tradiții ce era favorizată în acea perioadă.

Primul exemplu a fost atunci când Hanul mongol a oferit puterea supremă asupra Tibetului lui Lama Sonam Gyaltsen (1312) din tradiția Sakya. Cei din Sakya au rămas la putere până la declinul influenței mongole în regiune. În acel timp, Phakmodrupa (ce îi sprijinea pe cei din Kagyu) și-a asumat domnia țării, sub conducerea lui Changchub Gyaltsen (1302 - 1364).

Atunci când Tibetul a căzut în frământări tot mai mari în competiția dintre regate, tradiția Geluk a fost amenințată cu persecuția și a căutat o alianță cu mongolii. Ca rezultat, mongolii au invadat Tibetul și au instalat pe cei din Geluk în Lhasa drept puterea centrală. În următoarele decenii, cei din Geluk vor crește și vor deveni forța dominantă în Tibet,

UN OCEAN FERICIT DE DIVERSITATE PREȚIOASĂ

sub conducerea reîncarnărilor lui Dalai Lama. În acea perioadă a început să se facă diferența între cei ce purtau pălării galbene (din Geluk) și cei ce purtau pălării roșii (Nyingma, Sakya, Kagyu și Jonang). Acest amestec de lupte pentru puterea politică cu patronaj spiritual a condus la o mare varietate de persecuții sectariene ce au apărut în istoria tibetană. Aceste conflicte au lăsat urme în resentimente și lipsă de încredere între diversele tradiții. Exact contra acestui tip de diviziuni a lucrat din greu Sfinția Sa Dalai Lama al XIV-lea ca să le vindece, prin mesajul său de solidaritate tibetană.

BAZA, CALEA ȘI REZULTATUL

Acest capitol s-a focalizat în primul rând spre obținerea unei idei despre contextul general al Tibetului și al diverselor influențe ce se percepeau în regiune. Înainte de a continua să învățăm efectiv despre cele șase tradiții majore, aș dori să petrecem ceva timp ca să discutăm despre cadrul general de analiză, pe care îl voi folosi în următoarele capitole.

Întrucât toate tradițiile din Tibet pot fi considerate ca urmând filozofia budistă, trăsăturile distinctive ale fiecărei tradiții constau, în primul rând, în modul în care își stabilesc vederile și în practicile în care se angajează pe baza acestor vederi. Fiecare lucrează cu idei similare, dar în modalități diferite. Pentru a ne ajuta să dezvoltăm o bază de diferențiere a acestor abordări, voi folosi următoarea structură:

1. **Contextul istoric:** Prima secțiune vă va oferi un sumar al evenimentelor istorice principale, deținătorii importanți de Linii de descendență și instituțiile monahale proeminente care sunt cel mai frecvent atașate de fiecare dintre școli. Aici scopul

este să vă ofer o imagine generală despre diversele influențe ce vor forma tradiția, așa cum e ea cunoscută în zilele noastre.

2. **Baza filozofică:** *Baza* este considerată a fi fundamentul după care sunt stabilite toate practicile unui sistem dat. În această secțiune vom explora diversele concepte ce ajută la caracterizarea prezentării particulare a fiecărei școli asupra modului în care există realitatea. Ce vom vedea este că fiecare școală vorbește despre teme foarte asemănătoare, dar în modalități fin diferite, ce conduc la variațiuni ale accentului pus pe anumite tipuri de practică.

3. **Structura Căii:** Odată ce am stabilit felul în care un anume practicant percepe realitatea, vom putea înțelege mai clar selecția practicilor. În această secțiune, noi vom urmări succesiunea specifică de practici care constituie *Calea* propusă de fiecare tradiție. O să vă ofer o descriere detaliată doar a acelor practici care sunt asociate cel mai mult cu acea tradiție. Aceasta nu va reprezenta toate practicile păstrate de către tradiție, ci mai degrabă cele ce sunt cel mai mult accentuate.

4. **Starea rezultantă:** Mă voi uita apoi la diversele modalități prin care descrie fiecare tradiție rezultatul angajării pe Cale. Pentru budismul tibetan, toate școlile sunt în mod egal apte să conducă un student către iluminare. Ceea ce diferă sunt modalitățile în care ele descriu iluminarea ce va fi atinsă.

După cum vedeți, multe din confuziile referitoare la aceste tradiții pot să apară din folosirea cuvintelor similare, dar cu semnificații diferite. De exemplu, cuvântul „vacuitate" se poate referi la o varietate de lucruri, în funcție de contextul în care e folosit cuvântul și de tradiția ce îl folosește.

Pentru a evita confuzia, vă recomand să petreceți ceva timp încercând să înțelegeți în mod exact de ce a fost folosit cuvântul, în contextul în care îl citiți. Dacă puteți să evitați să faceți prea multe presupuneri, atunci aveți o șansă mai mare de a înțelege perspectiva ce v-a fost comunicată.

Poate să vă fie util păstrarea în minte a acestui pasaj din *Sutra Celor Patru* Încrederi:

> *Bazați-vă pe învățătură, nu pe învățător.*
> *Bazați-vă pe semnificație, nu pe text.*
> *Bazați-vă pe semnificația ultimă, nu pe semnificația provizorie.*
> *Bazați-vă pe conștientizarea primordială, nu pe conștiință.*

Tonpa Shenrab Miwoche

CAPITOL 13

Bön

Una din trăsăturile distinctive ale diverselor ramuri budiste constă în vederile lor diferite referitoare la ce este cu adevărat un Buddha iluminat. Ca bază, tradiția Theravada are o natură empirică, focalizându-se pe fenomenele care sunt imediat evidente. Din această perspectivă, Buddha cel istoric a fost un om obișnuit, ce a obținut o stare extraordinară de realizare. El a oferit un exemplu despre cum să-și trăiască cineva viața și să profite la maximum de timpul pe care îl are.

Mahayana se extinde peste această vedere, pentru a recunoaște că Buddha își rafinase mintea în mod lent, de-a lungul a miliarde și miliarde de ani. Ei cred că omul pe care-l cunoaștem drept Buddha istoric nu era decât o emanație dintr-o lungă linie de bodhisattva. În această formă, el a ajuns în final să fie apt de a-și îndepărta toate urmele de întunecări din mintea sa și, prin urmare, să atingă starea omniscientă a unui Buddha iluminat.

Vederea Vajrayana face un pas înainte. Ea recunoaște că toată realitatea este o manifestare a unei naturi de Buddha esențiale. Ființele simțitoare sunt obișnuite să cristalizeze această natură din cauza ignoranței, căutând o configurație specifică. Pe măsură ce-și purifică întunecările din mințile lor, li se manifestă tot mai mult din acea natură de Buddha. O ființă ce și-a eliminat complet aceste întunecări și este aptă să se manifeste fără limite este etichetată drept "Buddha". Din această perspectivă foarte extinsă, Buddha istoric este doar o manifestare dintre infinitele manifestări iluminate.

Este important să înțelegem această vedere Vajrayana, care e deținută de budismul tibetan. Această vedere ne ajută, de asemenea, să explicăm cum e posibil să găsim în Tibet două forme de budism. Pe de o parte avem Yungdrung Bön, care este budismul originar din pământul vestic al Zhang Zhung. Pe de altă parte, avem ceea ce se înțelege în mod tradițional prin budism, originar din sud, din India și Nepal. Fondatorii ambelor tradiții sunt considerați a fi manifestări perfecte ale minții iluminate și, prin urmare, se crede că amândoi sunt apți să comunice natura adevărului ultim.

Așa cum vom vedea în capitolele următoare, nici unul dintre aceste sisteme nu s-a dezvoltat izolat. Chiar dacă relațiile dintre ele nu au fost în cele mai bune condiții, este clar că fiecare l-a influențat în mod considerabil pe celălalt. Atât de mult, încât putem vorbi despre un singur budism tibetan, ce încorporează amândouă aceste bogate tradiții.

CONTEXTUL ISTORIC

Pentru a putea înțelege originile tradiției Bön, trebuie să privim spre vestul Tibetului, la civilizațiile străvechi din Asia Centrală, la un ținut cunoscut drept Olma Lungring. Acesta era un Tărâm Pur, o dimensiune subtilă a existenței, ce se potrivea în mod special practicii spirituale. El era situat în inima unui imperiu foarte extins, cunoscut drept Takzig. S-a sugerat că regatul Takzig poate fi o referință la Imperiul Persan antic, ceea ce ar plasa pe Olma Lungring undeva lângă Iran. Evident că aceasta este o speculație, întrucât Tărâmurile Pure nu potvsă fie fixate în timp și spațiu.

În orice caz, se spune că pe pământul Olma Lungring, multe mii de ani înainte de nașterea lui Siddhartha Gautama, s-a născut un băiat. Acest băiat era reîncarnarea iluminată a unui om care, împreună cu doi frați ai săi, a promis să se manifeste ca ghid pentru întreaga omenire, în ultimele trei epoci ale acestui sistem lumesc. Acest băiat va fi cunoscut ulterior sub numele de Tonpa Shenrab Miwoche, fondatorul tradiției Yungdrung Bön. Tonpa Shenrab s-a născut ca prinț, s-a căsătorit și a avut copii. Atunci când avea 31 de ani a ales să renunțe la lume și să trăiască o viață austeră de călugăr. Pentru mai mult de cincizeci de ani el a predat pe larg prin țara Olma Lungring și mulți oameni și ființe non-umane au venit din tărâmuri îndepărtate pentru a-i asculta învățăturile. În acele timpuri Tonpa Shenrab a expus *Cele Nouă Căi ale (tradiției) Bön.* Aceste nouă vehicule formează o modalitate unică de organizare a învățăturilor Bön, în jurul unui proces gradual de rafinare. Învățăturile sunt împărțite în două mari grupe:

1. **Vehiculele Cauzale:** Primele patru vehicule se preocupă, în principal, cu îndepărtarea obstacolelor acestei vieți, cu întărirea calităților pozitive și cu diminuarea suferinței. Aceasta se realizează prin lucrul cu practici precum divinația, medicina, astrologia și diverse forme de lucru cu spiritul. Din acest motiv, ele sunt adeseori asociate cu ideea de șamanism.

2. **Vehiculele Rezultante:** Ultimele cinci vehicule se focalizează cu toate pe oferirea metodelor de realizare a eliberării personale sau a completei iluminări. Aceste învățături oferă baza pentru viața monahală Bön, lucrul cu zeități de meditație și tehnici yoghine avansate.

Se spune că Tonpa Shenrab a călătorit odată în est, căutând niște cai ce îi fuseseră furați. A ajuns până în țara Tibetului și i-a găsit pe locuitorii acestuia practicând o formă de animism ritualic, ce includea sacrificarea ființelor vii. El și a dat seama că oamenii nu erau pregătiți să primească amploarea învățăturilor sale și a ales, în schimb, să se focalizeze pe instrucțiuni care să le corecteze vederile greșite despre practicarea ritualului. Mulți oameni confundă, în mod greșit, această religie indigenă antică cu Yungdrung Bön. Confuzia poate că a apărut deoarece amândouă au fost numite "Bönpo". Indiferent de cauză, trebuie să clarificăm faptul că acestea sunt două tradiții distincte. De regulă, cu excepția faptului în care se menționează în mod expres, mereu vom folosi aici cuvântul Bön referindu-ne la semnificația sa ca tradiția Yungdrung Bön.

După ce a murit Tonpa Shenrab, studenții săi i-au dezvoltat moștenirea, continuând să predea doctrina Bön. Au fost șase regenți principali, ce au scris comentarii extinse și i-au propagat învățăturile în diverse țări, precum Zhang Zhung, Kașmir, India și China.

Zhang Zhung a fost un regat situat în nord-vestul provinciilor tibetane Ü și Tsang. Toate învățăturile Bön au fost în final scrise în limbajul din Zhang Zhung (despre care se spune că erau anterioare scripturilor care au fost introduse ulterior de către Thonmi Sambhota)(619 e.n). Aceasta e tradiția originală stabilită în Zhang Zhung, care va fi ulterior încorporată în cultura tibetană.

În est, al doilea rege tibetan Mutri Tsenpo (secolele VII-VIII) a devenit un protector influent al tradiției Bön, după ce a primit învățăturile complete de la Namkha Nangway Dokchen. Regele a obținut măiestria atât în vehiculele cauzale, cât și în cele rezultante, devenind un deținător complet calificat al Liniei de descendență a acestei tradiții. Din nefericire, el a limitat propagarea învățăturilor complete doar la familia sa regală. Deși sistemul Bön a fost foarte respectat, el încă nu era practicat de public.

Sub domnia celui de al optulea rege tibetan Drigum Tsenpo (200-100 î.e.n), tradiția Bön a experimentat prima sa persecuție majoră. Practicanții Bönpo au fost expulzați din Tibet și învățăturile lor aproape că au dispărut. Deși învățăturile vehiculelor cauzale continuau să existe, cele ale vehiculelor rezultante s-au pierdut. Din fericire, sistemul complet a continuat să fie practicat în vecinătate, în Zhang Zhung, permițând o renaştere a tradiției Bön în Tibet în timpul domniei regilor următori.

Atunci când Ligmincha (629 - 650), ultimul rege din Zhang Zhung, a fost asasinat de către regele tibetan Songtsen Gampo (569 - 649 e.n), Zhang Zhung a devenit în mod oficial parte a marelui imperiu tibetan. Întrucât Tibetul a anexat pământul Zhang Zhung, el a început de asemenea să absoarbă şi cultura acestuia. Curând sistemul de credință Yungdrung Bön a devenit dominant la curtea regală. Atunci când regele însuşi a ales să urmeze Bön, soțiile sale au introdus în Tibet forme ale budismului indian şi chinezesc. Aceste trei sisteme şi-au exercitat fiecare influența în curtea regală, pe măsură ce adepții lor s-au angajat în lupte continue pentru putere.

O sută treizeci de ani mai târziu, Regele Trisong Deutsen (742 - 797 e.n) a dezvoltat credința în budism şi a ales să-i invite în Tibet pe pandita indian Shantarakshita şi pe maestrul vajra indian Padmasambhava (725 e.n). Sub patronajul regelui, budismul s-a stabilit în Tibet şi a început să înflorească, în timp ce tradiția Bön a început să se afle sub o persecuție crescândă. În final, s-a deteriorat relația dintre bönpo şi bandé până la punctul în care practicanții Bön fie au fost alungați din regat, fie s-au confruntat cu convertirea forțată la budism.

În efortul de a preveni pierderea învățăturilor, Linia de maeştri Bön şi-a conservat învățăturile sub forma unor texte-comoară ascunse, cunoscute drept "terma". Aceste texte erau ascunse în pământ, în peşteri, în temple sau în case private. Ele au fost sigilate şi protejate în speranța că într-o zi persecuțiile se vor termina şi va fi un timp potrivit pentru ca învățăturile să înflorească din nou.

Persecutarea comunității Bön a continuat şi sub următorul rege, Tri Ralpachen (806 - 838 e.n.), care a făcut practic din budism religia oficială a statului. Politicile pro-budiste pe care le-a implementat Ralpachen au condus, în final, la asasinarea sa și la preluarea puterii de către fratele său Langdarma (803 - 841 e.n.). Langdarma a inițiat propria sa persecuție contra budiștilor, distrugându-le templele și pedepsindu-i pe practicanții budiști.

Perioada de persecuții reciproce au lăsat ambele părți puternic divizate și slăbite. Budismul s-a împrăștiat pur și simplu spre marginile îndepărtate ale regatului și doctrina Bön s-a ascuns în locații necunoscute. După moartea lui Langdarma, curând s-a dizolvat și dinastia regilor tibetani și imperiul s-a divizat într-o adunare de regate independente. Ambele tradiții au intrat într-o perioadă de redescoperire.

În următoarele secole, învățăturile Bön au fost treptat redescoperite și compilate în două mari colecții: învățăturile ce au fost efectiv predate de către Tonpa Shenrab și comentariile studenților săi. În total sunt aproximativ trei sute de volume, care constituie ceea ce este cunoscut drept *Canonul Bön*. O mare parte dintre aceste texte au fost redescoperite de către mari descoperitori de tezaure, precum Shen Chen Luga (996 - 1035 e.n.). El și contemporanii săi au fost esențiali în sistematizarea învățăturilor și răspândirea lor prin Tibet. Din aceste texte, au apărut trei tradiții, numite după regiunea din Tibet unde au fost fondate:

1. **Tezaurele sudice**: Acestea erau texte-comoară descoperite în sudul Tibetului și în Bhutan. Aceasta e tradiția ce urmează *Cele Nouă Căi ale (tradiției) Bön*, așa cum a fost ea descrisă anterior, cu patru vehicule cauzale și cinci vehicule rezultante. Ea cuprinde prezentarea Bön cea mai distinctivă și e cea mai răspândită.

2. **Tezaurele centrale**: Aceste texte au fost descoperite în regiunea centrală din Tibet, care include faimoasa *Mănăstire Samye*. Acest sistem prezintă nouă vehicule, grupate în trei grupuri de

câte trei. Este foarte similar cu învățăturile prezente în tradiția Nyingma. Deși e mai puțin cunoscută, unele mânăstiri încă predau acest sistem.

3. **Tezaurele nordice:** Aceste ultime texte au fost găsite în terenuri ce erau odinioară în Zhang Zhung și în nordul Tibetului. Se cunoaște foarte puțin despre acest sistem și se consideră că a dispărut.

Deși Shen Chen Luga a avut mulți discipoli, el și-a încredințat învățăturile la trei regenți principali. Primul a fost Druchen Namkhai Yungdrung (secolul al XI-lea), ce dădea învățăturile despre cosmologie și metafizică. Unul dintre discipolii săi a fondat Mânăstirea Yeru Wensa Kha (1072 e.n) din provincia Tsang. Această mănăstire a reprezentat pentru peste 300 de ani centrul major de învățare Bön, stabilind un sistem de antrenament filozofic și de practică graduală. Al doilea a fost Zhu Ye Legpo (secolul al XI-lea) care a conservat învățăturile Dzogchen și practicile, prin fondarea Mânăstirii Kyid Khar Rizhing. Al treilea a fost Paton Pechog (secolul al XI-lea) care este răspunzător de păstrarea învățăturilor tantrice. El a stabilit multe mânăstiri în estul regiunii Kham. Adăugând Mânăstirea Zang Ri Meu Tsang (1096 e.n) din Tibetul Central, Liniile de descendență Bön au fost revitalizate și au înflorit din nou în Tibet.

După ce Yeru Wensa Kha a fost pierdută din cauza unei inundații, a fost fondată o nouă mănăstire de către Nyamed Sherab Gyaltsen (1405 e.n.), și a fost numită Tashi Menri Ling. După ce a restabilit învățăturile tradiției Liniei de descendență Dru, Tashi Menri Ling s-a umplut de studenți din tot Tibetul. Patru sute de ani mai târziu, au mai fost construite în apropierea sa alte două mânăstiri, Mânăstirea Yungdrung Ling (1834) și Mânăstirea Kharna. Aceste trei mânăstiri au devenit centrul tradiției Bön și au inspirat peste 330 de mânăstiri prin tot Tibetul.

După invazia chineză, mulți dintre călugării Bön și practicanții laici au plecat în exil, fie în India, fie în Nepal. Comunitatea Bön, sub conducerea lui H.E. Yongdzin Tenzin Namdak Rinpoche, a fondat un stabiliment în regiunea Himachal Pradesh din nord-vestul Indiei. Ei au construit o nouă Mănăstire Menri în Dolanji și acum se ocupă de educația noii generații de călugări Bön.

BAZA FILOZOFICĂ

În timpul vieții sale, Tonpa Shenrab a oferit o mare varietate de învățături, ce dădeau sfaturi pentru o gamă la fel de largă de probleme cu care s-au confruntat elevii săi. Aceste învățături erau organizate în diverse clasificări, ca modalitate de a-și ajuta studenții să realizeze simțul a orice. Indiferent de ce versiune a doctrinei Bön este folosită, per total putem identifica două mari curente de gândire, care reprezintă diferite accente spirituale puse de către practicanți în cadrul tradiției.

Viziunea cauzală a șamanismului tibetan

Șamanismul, așa cum este el înțeles în multe părți ale globului, se bazează pe o cunoaștere foarte subtilă a interdependenței lumii. El recunoaște faptul că suntem creaturi vii întrupate într-o lume în care fiecare acțiune pe care o facem ne influențează atât experiența noastră, cât și a altora. Pe această bază, șamanismul tibetan caută să gestioneze, să optimizeze și să vindece diversele dezechilibre ce apar datorită relației dintre oameni și lumea naturală. Pentru a înțelege cum procedează ei, trebuie să înțelegem următoarele concepte:

Lumea spirituală

Învățăturile Bön identifică o gamă largă de ființe-spirit ce întruchipează (atât fizic cât și simbolic) diferitele aspecte ale lumii noastre. Există spirite elementare ale spațiului, aerului, focului, apei și pământului, spiritele celor patru anotimpuri și spirite ale naturii, care sunt asociate cu caracteristicile fizice ale pământului precum copaci, roci, munți, râuri, cer, soare, lună și nori. În această viziune, tot ce experimentăm drept lumea noastră are o dimensiune de natură spirituală.

Din cauza ignorării acestor spirite, suntem adeseori neglijenți în privința consecințelor acțiunilor noastre și astfel eșuăm în a vedea ce daune le provocăm acestora. Ca rezultat, spiritele sunt perturbate și devin furioase. Ele se lovesc de oameni, provocându-le prejudicii și noi experimentăm acest conflict sub forma bolilor, a dezechilibrului energetic ce ne condiționează spre suferință.

Slujba șamanului este să identifice aceste dezechilibre ce apar și să îndeplinească ritualurile necesare, care readuc sistemul în echilibru. Deși motivația lor se focalizează în primul rând pe aducerea de beneficii comunității umane pe care o servesc, ei lucrează cu înțelegerea nevoii de armonie cu lumea spirituală.

Modelul șamanist al minții

Cu scopul de a obține o mai mare armonie între noi înșine și lumea în care trăim, vehiculele cauzale Bön prezintă un model detaliat despre cum lucrează mintea. Acest model oferă baza pentru diverse practici șamaniste. Modelul e construit pe trei elemente principale:

1. **Sufletul (la):** În cadrul acestui model, sufletul e considerat esența fundamentală despre cine suntem ca persoană individuală. El este configurația specifică a unor energii

elementare subtile, ce ne oferă baza pentru a experimenta diversele calități elementare grosiere precum: fundamentul, confortul, inspirația, flexibilitatea și acomodarea. Această configurație de energii este cea care determină ce feluri de ființe suntem. Din acest motiv, noi putem vorbi despre diverse tipuri de suflete (de exemplu, suflet uman, un suflet de animal, un suflet de zeu). Sufletul nu este permanent și, prin urmare, se poate modifica. Întrucât are o natură energetică, el poate fi întărit sau slăbit. Se aduc daune sufletului atunci când capacitățile noastre naturale sunt constrânse sau împiedicate în a se manifesta.

2. **Experiența (yee):** Sufletul determină cine sunteți ca persoană. Pe baza acestui fapt, persoana întâlnește un flux nesfârșit de stimuli senzoriali. Experiența acestui flux este cunoscută drept *yee*, care reprezintă senzația de la moment la moment de a fi o persoană. Pe măsură ce cineva învață să-și armonizeze acțiunile sale în relația lor cu sufletul, el devine apt să-și armonizeze experiențele sale cu acel suflet.

3. **Mintea conceptuală (sem):** Mintea conceptuală este aspectul minții care e capabil să înțeleagă și să dezvolte cunoașterea despre o experiență dată. Ea are o natură conceptuală, ceea ce înseamnă că folosește etichete pentru ca să construiască semnificația despre ceea ce este perceput. Capacitatea minții de a funcționa se bazează pe calitățile prezente sau manifeste ale sufletului.

Aceste trei elemente au o natură inseparabilă. Oricare dintre ele ar apare, celelalte două o vor urma. Din acest motiv, un șaman Bön este capabil să lucreze cu dinamica sistemului, pentru a ajusta anumite calități şi să vindece orice dezechilibre ar fi prezente. Premisa de bază este că un suflet echilibrat şi clar va da naştere la stări mentale echilibrate şi clare. De asemenea, că un suflet dezechilibrat şi deranjat va da naştere la stări mentale confuze şi nesănătoase. Scopul este să le cultive pe primele şi să evite celelalte stări mentale.

Forţa vieţii

La un nivel foarte subtil, mintea e co-emergentă cu energia subtilă cunoscută drept *sok* sau "forţa vieţii". Această energie depăşeşte persoana noastră individuală şi are o natură mai universală. Trupurile şi minţile noastre se bazează pe această energie ca să supravieţuiască, deci când rămânem fără forţa vieţii, organismul nostru încetează să funcţioneze şi noi murim. În timpul procesului vieţii, noi ne epuizăm depozitul de forţa vieţii. El poate fi pierdut prin dezvoltarea în mod activ a aversiunii faţă de experienţa noastră naturală, dar poate fi îmbunătăţit prin conectarea la frumuseţea naturală a vieţii. Această conexiune hrăneşte şi întăreşte forţa vieţii, aducând minţile noastre spre o mai mare armonie. Din această cauză, mulţi practicanţi Bön scot în evidenţă practica iubirii şi compasiunii, accentuându-şi conexiunea cu lumea lor şi cu ceilalţi.

Vederea rezultantă a budismului Bön

În timp ce vehiculele cauzale oferă fundamentele pentru lucrul cu lumea exterioară, vehiculele rezultante se focalizează cu toate pe interiorul nostru. Focalizarea lor principală constă în eliberarea minţii din ciclul fără sfârşit al suferinţei şi insatisfacţiei. În acest context, noi putem identifica trei nivele de practicanţi, care se diferenţiază prin focalizarea lor particulară asupra vederilor lor:

Sutra

La acest nivel, practicantul se focalizează în primul rând pe contracararea stărilor mentale perturbate, care sunt văzute ca sursă pentru toată suferința. Este o înțelegere ascuțită a dinamicii karmei și cum ne influențează aceste stări uzuale ale minții conduita. Datorită naturii interdependente a întunecărilor, cineva e capabil să dezvolte strategii pentru diminuarea puterii acestora. În acest proces este fundamentală recunoașterea purității subiacente a tuturor ființelor. Practicantul de sutra va renunța la fenomenele impure și va lucra pentru dezvoltarea simțului purității în toate aspectele vieții sale. Aceasta e baza sistemului de etică din Bön, care include și practicile lor de monahism.

Tantra

În timp ce învățăturile din sutre susțin în primul rând constrângerea comportamentului cuiva pentru a abandona impuritățile, învățăturile tantrice caută să transforme această impuritate în puritate. Aceasta este o metodă foarte puternică pentru schimbarea completă a relației cuiva cu fenomenele cu care se întâlnește. Pentru a proceda astfel, practicanții tantrici lucrează cu două calități:

- **Extazul:** Acesta se referă la orice experiență trăită și este numită extaz întrucât este natura subiacentă a tuturor experiențelor. Pe măsură ce te familiarizezi cu propria ta experiență, devine posibil să-ți vezi mai clar natura. Este o energie foarte intensă și puternică, ce poate fi folosită pentru a dezvolta o înțelegere interioară profundă a naturii realității.

- **Vacuitatea:** Acesta este natura obiectivă a tuturor fenomenelor. Este felul în care există toate lucrurile, liber de orice identitate fixă, inerentă. În acest context, vacuitatea este obiectul asupra căruia se meditează.

Tantra lucrează pentru a cultiva stări extatice ale minţii, care sunt apoi folosite pentru a medita asupra vacuităţii. Actul de a le aduce împreună pe acestea două este numit *unificarea extazului cu vacuitatea*, care mai este cunoscută şi drept "înţelepciune". Prin cultivarea înţelepciunii, cineva e apt să-şi taie din minte ignoranţa, care transformă complet modul în care el experimentează lumea.

Dzogchen

Acest ultim nivel este cunoscut drept *Marea Perfecţiune* (dzogchen). El transcende dualitatea purităţii şi impurităţii şi se focalizează pe natura esenţială a fenomenelor. În acest context, nu mai e necesar să transformi nimic, întrucât (vorbind la nivelul esenţial), totul era deja pur. În schimb, sarcina este de a recunoaşte pur şi simplu puritatea subiacentă şi să ne spargem obişnuinţa ignoranţei, care vede lucrurile ca fiind impure. Pentru a face asta, învăţăturile Bön despre Dzogchen descriu trei aspecte inseparabile ale realităţii:

- **Mama (ma):** Baza tuturor lucrurilor este cunoscută drept mama. Ea este esenţa nenăscută a minţii, felul în care lucrurile există în mod natural. Este numită mama întrucât toate lucrurile (atât samsara, cât şi nirvana) apar în interiorul acestei realităţi. Ea este *primordial pură*, complet goală de orice greşeală şi transcende orice fel de dualitate. Este *perfect spontană*, în care sunt prezente toate posibilităţile în acest câmp nelimitat de potenţial. Este nepărtinitoare şi *neutră*, în care nu există limitări ce împiedică un tip de fenomene să apară şi pe altele să nu apară. Și, în final, este o *totalitate singulară* ce unifică toate aparițiile în natura sa non-duală.

- **Fiul (bu):** Mintea ce recunoaște această mamă este cunoscută drept fiul. Este o conștientizare de sine neascunsă, acea non-conceptualizare care cunoaște realitatea așa cum este. Întrucât esența sa este conștientizarea non-apucătoare, ea este apoi baza pe care sunt apte să se manifeste toate calitățile iluminate. Lipsa acestei cunoașteri este cea care ne conduce în ciclul existențelor și stabilește baza pentru tendințele karmice.

- **Energia (tsal):** Mișcarea energiei în starea primordială dă naștere la cinci feluri de lumină pură, care, la rândul lor, dau naștere la diverse sunete și forme pure. Această energie este baza pentru toate aparițiile. Familiarizându-se cu această energie, practicantul Dzogchen este apt să păstreze înțelepciunea Fiului, în timp ce experimentează manifestarea aparițiilor pure.

În acest sistem, în timp ce mama este atot-pătrunzătoare, fiul nu este. Totuși, prezența fiului este cea care definește dacă cineva este sau nu iluminat. Atunci când nu e înțelepciune, apare ignoranța și această ignoranță co-emergentă este cea care își pierde urma propriei naturi. Atunci când se întâmplă asta, mintea se agață de manifestarea energiei, solidificând-o și producând ulterior stările perturbate ale minții. Pe baza acestor întunecări, ființele se angajează în tot felul de comportamente dăunătoare, ce generează în viața lor suferință. Prin urmare, aici scopul este să renunțăm la toate agățările și să ne odihnim pur și simplu în mod natural în manifestarea pură a realității, așa cum e.

STRUCTURA CĂII

După cum vom vedea, învățăturile Bön sunt extinse în aria lor de aplicare și cuprind o cantitate masivă de metode ce pot fi folosite pentru a obține o gamă largă de rezultate. Această diversitate de metode înseamnă că e dificil de vorbit despre o singură Cale. Alegerea Căii care va fi practicată depinde de tendințele personale ale fiecărui practicant. Întrucât prezentarea unei descrieri detaliate a tuturor căilor depășește scopul acestei cărți, voi începe prin a prezenta structura generală a diverselor căi disponibile. După aceea, voi extinde Calea învățăturilor Dzogchen în conformitate cu una dintre practicile Bön primare, *Îndrumarea spre Starea Primordială (A-Tri)*. Am ales această Linie de descendență pentru a ne focaliza pe o metodă alternativă de practicare a Dzogchen, care e distinctă de cele ce se regăsesc în Liniile de descendență din Nyingma.

Cele Nouă Căi din Bön

Sistemul Bön de practică oferă o abordare în două direcții pentru obținerea transformării personale a cuiva, în timp ce se menține o armonie exterioară cu mediul său înconjurător. El este divizat în mod tradițional în nouă căi distincte, ce sunt proiectate ca să ofere un sprijin complet pentru practica spirituală a unui individ, în relație cu motivația sa personală și maturitatea sa spirituală.

Vehiculele cauzale

Aceste patru căi se focalizează fiecare pe un set de metode ce pot fi folosite pentru a obține un echilibru mai mare între corpul cuiva și lumea exterioară. Ea include toate practicile ce pot fi considerate ca aparținând Șamanismului tibetan. De notat că acestea toate sunt căi complementare, ce pot fi practicate la unison de către un singur practicant.

1. **Calea Previziunii (shakshen thekpa):** Această primă cale se focalizează pe ameliorarea suferinței cauzate de boli. Practicantul dezvoltă abilități în patru domenii: 1) Învață cum să folosească divinația și pronosticarea pentru a identifica afecțiunea, dezechilibrele specifice care o hrănesc și cauzele acelor dezechilibre. 2) Învață cum să facă calcule astrologice precise, pentru a prezice ce tip de acțiune ar putea fi aleasă. 3) Învață să realizeze o varietate de ritualuri ce sunt proiectate spre a îndepărta influențele negative ale demonilor și spiritelor care pot inhiba sănătatea unei persoane. Și, în final, 4) învață cum să pregătească medicamente din ierburi, care pot fi folosite pentru a restabili echilibrul sistemului acelei persoane.

2. **Calea Lumii vizuale (nangshen thekpa):** Această cale e folosită în diverse ritualuri ce pot fi făcute pentru a împăca sau a birui o gamă variată de ființe spirituale ce locuiesc în lumea noastră. Din nou, sunt patru domenii ale practicii: exorcizarea spiritelor, supunerea demonilor rău intenționați, recuperarea energiei prin răscumpărare și promovarea armoniei cu spiritele, prin forme variate de ofrande.

3. **Calea Iluziei (thrulshen thekpa):** Scopul acestei căi este de a pacifica și elibera tot felul de forțe negative ce v-ar putea amenința pe voi sau pe alte ființe simțitoare. În acest fel, practicantul trebuie să parcurgă un proces semnificativ de pregătire, pentru a-și dezvolta puterea minții, care necesită angajarea în mai multe practici principale. O parte din această pregătire include primirea împuternicirilor de la un Lama,

să faci ofrande extinse şi să practici vizualizarea zeităţilor de meditaţie şi a spiritelor protectoare. Odată finalizate, practicantul este capabil să-şi direcţioneze puterea minţii spre spiritele rău intenţionate, pacificându-le şi eliberându-le minţile, astfel încât să poată renaşte într-o stare paşnică.

4. **Calea Existenţei (sishen thekpa):** Această cale se focalizează pe lucrul cu sufletul, pentru a aduna energia, ceea ce favorizează o viaţă lungă şi sănătoasă. Practicanţii de pe această cale învaţă, de asemenea, să efectueze diverse ritualuri ca să îndepărteze obstacolele din faţa unei persoane şi, de asemenea, să-i ofere îndrumare, pentru ca ea să poată să realizeze o renaştere pozitivă.

Vehiculele rezultante

Următoarele cinci Căi rămase sunt proiectate pentru a conduce practicantul spre starea ultimă a iluminării. Aceste căi sunt considerate ca stadii graduale, în timp ce precedentele stadii erau, de regulă, gândite ca preliminarii pentru intrarea în stările mai înalte. În acest fel, practicantul este apt să îşi rafineze progresiv practicile, de-a lungul mai multor vieţi. Întrucât nu putem fi siguri că practicile au fost deja dezvoltate în vieţile voastre precedente, nu trebuie să presupunem că fiecare începe cu începutul. Unii oameni au o maturitate spirituală mai mare şi, prin urmare, sunt apţi să practice direct căile mai înalte.

Primele două căi sunt uneori numite drept *Calea Renunţării* şi corespund vederilor sutrei:

1. **Calea unui adept laic (genyen thekpa):** Aici accentul principal se pune pe înţelegerea legii cauzei şi efectului. Practicanţii încearcă să trăiască o viaţă etică, în conformitate cu cele

cinci precepte de a nu ucide, a nu fura, fără conduită sexuală neadecvată, a nu minți și a abandona diverse substanțe impure. În plus, ei se angajează în practici de acumulare a energiei pozitive, precum circumambulația obiectelor sfinte, crearea de imagini sfinte, efectuarea de prosternări și recitarea mantrelor.

2. **Calea unui călugăr (trangtrong thekpa):** Pentru cei ce doresc să-și dedice viața practicii spirituale, poate fi făcută alegerea de a fi ordinat drept călugăr sau călugărițe. Această formă de practică e caracterizată printr-un mindfulness strict pe ce e de adoptat și ce trebuie abandonat. Toate aspectele unei vieți spirituale sunt definite de către cele 250 de legăminte de călugăr și de cele 360 de legăminte de călugăriță.

Următoarele două căi sunt cunoscute sub numele de *Calea Transformării* și corespund vederilor tantrei:

3. **Calea sunetului primordial (adkar thekpa):** Această cale se focalizează, în primul rând, pe dezvoltarea siddhiurilor lumești, astfel încât cineva să acumuleze merite mai mari și să aducă beneficii ființelor simțitoare. Aici practica principală constă în practica yoga a zeității. Prin anumite metode (precum vizualizarea zeităților și recitările de mantre) practicantul dezvoltă o viziune pură, în care corpul său e înțeles ca a fi zeitatea, vorbirea sa este mantra și mintea sa se odihnește în starea de samadhi.

4. **Calea lui Shen Primordial (yekshen thekpa):** Această cale este proiectată pentru a aduce practicantul la o stare mentală foarte concentrată și puternică, care este apoi aptă să observe realitatea așa cum e și să taie toate formele de ignoranță.

Această Cale se divide în două stadii: stadiul de generare, unde practicantul se familiarizează cu diverse vizualizări și stadiul de desăvârșire, unde el folosește acele vizualizări pentru a induce o stare profundă de samadhi. Această cale combină practici meditative cu variate posturi de yoga, desenate spre a manipula corpul subtil energetic.

Și, în final, avem punctul culminant al tuturor Căilor, *Calea auto-eliberării*:

5. **Calea Doctrinei Supreme (lamed thekpa):** Aceasta este calea ce reprezintă învățăturile Bön în Dzogchen. Este o cale meditativă, unde accentul este plasat spre realizarea directă a naturii fundamentale a minții, urmată de stabilizarea minții pe acea realizare. Această cale se focalizează pe îndepărtarea progresivă a starturilor de întunecări, prin dezvoltarea calității de ne-agățare. Atunci când practicantul este capabil să fie complet prezent și conștient de fenomene, fără a se mai agăța de ele, atunci fenomenele sunt apte să se manifeste spontan și să se elibereze în mod natural. În tradiția Bön, sunt trei linii principale de Dzogchen: Îndrumarea spre Starea Primordială (A-Tri), Măreața Perfecțiune (dzogchen) *și Transmisia orală a Zhang Zhung* (Nyengyud).

Îndrumarea spre Starea Primordială (A-Tri)

Sistemul A-Tri este unul dintre cele trei principale Linii de descendență Dzogchen. El a fost fondat de către maestrul Bön numit Meu Gongdzod Ritrod Chenpo. El a extras esența acestor învățături din mai multe texte scrise de o emanație a lui Tonpa Shenrab. Aceste texte au fost apoi combinate cu tezaurul minții sale, formând o colecție de instrucțiuni, organizată în opt sesiuni de meditații. Sistemul a fost ulterior condensat în treizeci de sesiuni și, în final, în cincisprezece sesiuni, care reprezintă forma cea mai practicată actualmente. Sesiunile sunt împărțite în trei mari secțiuni, ce ghidează practicantul pas cu pas pe cale. Înainte de a se angaja pe această cale, practicantul trebuie să primească o împuternicire Dzogchen de la un maestru calificat (wang) o transmisie orală a textului de practică (lung) și instrucțiuni despre cum să se angajeze în diverse practici (tri).

Practicile preliminarii pentru maturizarea minții

Prima fază a practicii este cunoscută drept practici preliminare (ngondro). Scopul acestor practici este de a construi fundamentul pentru ca practicantul să obțină realizarea practicilor principale. În acest sistem, sunt patru sesiuni preliminare:

- **Meditația asupra impermanenței:** Prima sesiune se focalizează pe contracararea atașamentelor noastre de aparițiile iluzorii ale acestei vieți. Practicantul contemplă pe diverse aspecte ale naturii nepermanente a realității, tăind prin agățarea de existența inerentă și îndepărtându-se de ciclul existenței.

- **Refugierea după generarea bodhicitta:** Următoarea sesiune orientează motivația practicantului către practică. În acest proces sunt trei părți. Mai întâi, practicantul generează dorința de a obține iluminarea pentru binele tuturor ființelor. Această minte e cunoscută ca "bodhicitta". În a doua parte, practicantul își întărește credința în Buddha sub forma lui Kunzang Shenlha Ödkar și dezvoltă încrederea de a realiza calea. În a treia parte a practicii, practicantul generează regretul față de toate acțiunile negative pe care le-a comis, mărturisește totul în fața câmpului de refugiu şi îşi purifică karma prin dezvoltarea unei puternice hotărâri de a nu mai repeta aceste acţiuni.

- **Ofranda Mandalei:** Practica de a oferi o reprezentare simbolică a universului (cunoscută ca mandală) este comună în toate tradiţiile tibetane. Este considerată o modalitate foarte eficientă de a genera mari depozite de energie pozitivă (merite). Această energie este extrem de importantă pentru a ajuta practicantul să depăşească multe obstacole şi greutăţi cărora le va face faţă de-a lungul Căii.

- **Să facă solicitări:** Practica preliminară finală constă în angajarea în solicitarea către Lama de rădăcină a practicantului şi către Lamaşii anteriori din Linia de descendenţă. Cererile sunt făcute în principal pentru ca practicantul să primească inspiraţie (numită şi binecuvântări). Practica e proiectată pentru a-l apropia pe practicant de Guru sau de Linia de descendenţă, care reprezintă continuitatea acestei practici pe toată Calea, înapoi până la Shenla Ödkar. Inspiraţia ce vine din această practică este folosită pentru a debloca mintea practicantului şi acţionează ca un catalizator pentru practicile ulterioare.

Eliberarea pentru mintea maturată

Odată ce mintea practicantului a fost pregătită în mod adecvat, se consideră a fi "coaptă" pentru realizarea *naturii minţii*. Faza următoare a practicii se focalizează pe introducerea practicantului în acea natură.

- **Agăţarea mentală:** În această sesiune, practicantul dezvoltă concentrarea într-un singur punct, prin fixarea minţii pe o imagine a literei "A". Rezultatul acelei practici este că practicantul e apt să-și îmblânzească complet corpul și mintea, direcționându-le spre orice obiect ar alege. Aceasta se realizează prin folosirea unor posturi corporale specifice și a unor poziții specifice de privit.

- **Rămânerea în echilibru:** Practicantul continuă să-și rafineze concentrarea avansată pe care a dezvoltat-o, iar în acest stadiu este eliberată imaginea lui "A" și mintea începe să se odihnească în echilibru, în propria sa natură. Practicantul stă în această stare de echilibru până când mintea a dezvoltat o flexibilitate completă în relație cu discernerea calităților oricărui obiect pe care s-a focalizat.

- **Identificarea minții:** Prin puterea concentrării sale, practicantul începe acum să se familiarizeze cu caracteristicile minții din starea sa naturală. Extern, el vede că e ca spațiul; intern, el vede că are o natură luminoasă și vie, iar la nivel secret el vede că acestea două sunt non-duale.

- **Realizarea Naturii Ultime:** După ce a identificat clar aspectele minții, practicantul se angajează acum în proceduri yoghine ce implică vizualizări ale diverselor canale subtile, combinate cu o practică unică de respirație. Această tehnică e proiectată ca să separe aspectele pure ale conștiinței de cele impure, care, în schimb, conduce spre manifestarea înțelepciunii primordiale.

- **Eliberarea de efortul meditației:** Următoarea sesiune se focalizează pe dezvoltarea spontaneității minții, care e aptă să se odihnească fără efort în natura ultimă. Ea cere ca practicantul să renunțe la construcția conceptuală de „meditație" și la factorii mentali de dorință și așteptare, care merg împreună cu aceasta. Prin intermediul acestei practici, mintea e aptă să păstreze un flux continuu de angajare în recunoașterea înțelepciunii primordiale.

- **Meditația permanentă:** După ce și-a întărit familiarizarea cu înțelepciunea primordială în timpul sesiunilor formale de meditație, practicantul trebuie acum să amestece acea conștientizare cu fenomenele pe care le întâlnește în timpul vieții sale „obișnuite". Există o serie de practici referitoare la diferite activități ale corpului, vorbirii și minții. Atunci când el va obține capacitatea de a recunoaște înțelepciunea primordială în aceste aspecte specifice ale experienței, va fi apt să treacă la faza finală a acestei Căi.

Aducerea minții eliberate la realizare

În acest stadiu, singura practică a practicantului constă în aducerea experienței sale pe Cale. Aceasta înseamnă că se poate odihni într-o realizare continuă a înțelepciunii primordiale, în fiecare moment al zilei. Pentru aceasta, el trebuie să-și elibereze mintea de toate tendințele uzuale ce perturbă conștientizarea înțelepciunii primordiale. Sunt realizate următoarele sesiuni proiectate în jurul diverselor perioade ale zilei și felul în care pot fi folosite pentru practica spirituală:

- **Practica de seară:** Această sesiune de practică se concentrează pe utilizarea perioadelor de somn și vise. Ea implică posturi specifice și meditații pentru a adormi cu luciditate și pentru ca apoi să-ți păstrezi luciditatea și în timpul nopții. În acest stadiu, practicantul învață să recunoască natura iluzorie a întregii realități și să vadă toate experiențele sale precum un vis.

- **Antrenarea energiei reflectate:** Această sesiune se realizează în timpul zilei şi se focalizează pe purificarea minţii obişnuite (a conştiinţei). În timpul meditaţiei formale, sunt dizolvate conştiinţele şi sunt făcute să nu se mai manifeste, iar acum practicantul învaţă să permită să apară toate fenomenele tuturor simţurilor senzoriale, fără a le accepta sau a le respinge. Scopul este să se elimine atracţia spre apucare a minţii, care este cauza primară pentru generarea apariţiilor obişnuite.

- **Aducerea gândurilor discursive pe Cale:** În sesiunea anterioară, practicantul a lucrat mai ales cu înţelegerea fenomenelor ca fiind bune sau rele. Acum practica începe să devină mai subtilă, pe măsură ce renunţăm progresiv la agăţare din nevoia de a ne angaja în orice fel de control al minţii. Practicantul adoptă un mod de spontaneitate naturală, care e nemişcată din conştientizarea propriei sale naturi.

- **Realizarea perpetuă:**În sesiunea finală, practicantul e apt să rămână într-un flux constant atât de realizare, cât şi de exprimare. Ultimele valuri de întunecări sunt îndepărtate prin recunoaşterea că toate apariţiile sunt văzute drept minte, întreaga minte e văzută ca nelimitată. Această nelimitare e văzută drept cele trei Corpuri ale lui Buddha.

STAREA REZULTANTĂ

După cum am văzut, tradiţia Bön oferă o bogăţie de metode pentru a fi urmate de o mare varietate de practicanţi. La nivel individual, putem vedea că fiecare cale conduce la rezultate diferite. Totuşi, atunci când le luăm ca un întreg, toate aceste căi sunt proiectate spre a aduce practicantul, bărbat sau femeie, mai aproape și din ce în ce mai aproape de natura ultimă a realității și spre maximizarea ultimului său potențial.

Faza finală a acestui proces este încapsulată în învățăturile Dzogchen. Aici toate iluziile au fost îndepărtate și mintea este dezvelită până la esența sa. Ca un burghiu ce sapă din ce în ce mai adânc, practicantul Dzogchen trece peste mintea obișnuită și își dezvăluie puritatea sa impecabilă. Acea puritate e apoi adusă în fiecare moment al vieții, eliminând orice apucare dualistă și tăind toate lanțurile existenței ciclice.

Atunci când practicantul stabilește pentru prima dată înțelepciunea primordială în mintea sa, se spune că s-a identificat cu Fiul. Această realizare este cultivată treptat și maturizată. Precum fazele lunii, i se dezvăluie din ce în ce mai mult din această natură, până când, în final, ea strălucește puternic, iluminând totul în jurul său. În acest stadiu, mintea practicantului s-a eliberat de toate limitările. Apoi, în momentul morții, mintea se separă de corp și se dizolvă înapoi în Mamă, care e baza a tot și toate. Atunci când Fiul se întâlnește cu Mama, practicantul a atins iluminarea.

Mama este fundamentul tuturor aparițiilor, pătrunzând peste tot și fiind primordial pură. Ea este cunoscută drept *Corpul absolut* (bönku). Mintea luminoasă apărută de la sine, liberă de agățare, strălucitoare și nemișcată, este Corpul *perfect* (dzogku). Energia minții iluminate apărută de la sine și care se auto-dizolvă, este cunoscută drept corpul *iluzoriu* (trulku). Toate aceste trei corpuri au o natură inseparabilă, jucând ca într-un dans nesfârșit de manifestare pură.

Guru Rinpoche

CAPITOL 14

Nyingma

Creşterea şi stabilizarea budismului indian în Tibet nu s-a făcut peste noapte. A fost un proces lent, care s-a desfăşurat de-a lungul multor secole şi a necesitat eforturi incredibile, făcute de o gamă largă de maeştri, care se întinde pe mai multe generaţii. Ca nişte grădinari iubitori, ei au plantat nenumărate seminţe de-a lungul ţării şi le-au hrănit până când au înflorit într-un vast câmp de realizări spirituale.

Puţini maeştri au avut un asemenea impact de lungă durată asupra ţării precum maestrul vajra din Oddiyana, măreţul Padmasambhava. În tot Tibetul, el este cunoscut pur şi simplu drept Guru Rinpoche, "preţiosul învăţător". Guru Rinpoche este cel creditat cu îmblânzirea poporului tibetan şi deschiderea căii pentru ca Dharma să înflorească în Ţinutul Zăpezilor.

În multe istorisiri, referirea la „îmblânzirea Tibetului" indică adeseori un proces de subjugare a demonilor şi spiritelor rele. Amintiţi-vă că anterior sosirii sistemului Yungdrung Bön şi a budismului indian, Tibetul era o ţară de triburi nomade ce practicau o formă de şamanism animist. Deşi învăţăturile Bön autentice din Zhang Zhung ofereau metode pentru corectarea multor vederi greşite ce erau predominante, totuşi ele erau cu adevărat disponibile doar elitei conducătoare. În cadrul populaţiei tibetane încă erau foarte înrădăcinate practicile din *modalităţile vechi*.

Deci, în acest context, Guru Rinpoche a călătorit extins prin toată țara, demonstrându-și puterile și spulberând vederile greșite. Datorită eforturilor sale deosebite, poporul tibetan s-a deschis la noile idei și la noile forme de practică. Această receptivitate a ajutat la pregătirea bazei pentru ca atât învățăturile Bön, cât și învățăturile budiste, să se răspândească pe scară largă de-a lungul țării.

Guru Rinpoche este considerat a fi fondatorul a ceea ce ne referim în mod uzual ca tradiția Nyingma (veche), care este de regulă recunoscută drept primul val al budismului indian în Tibet. Această tradiție e unică prin faptul că ea cuprinde unele dintre cele mai vechi și mai noi Linii de descendență din tot budismul tibetan. De regulă, Liniile de descendențe erau trecute din generație în generație, mergând printr-o linie neîntreruptă, pornind de la însuși Buddha Shakyamuni. De-a lungul secolelor, maeștrii ulteriori au scris apoi comentarii pentru a contextualiza acele învățături la timpurile lor, făcându-le disponibile noii audiențe și conservând fluxul Dharmei. Aceasta a fost forma tradițională de transmitere a învățăturilor, cunoscută în școala Nyingma sub numele de Linia de descendență *Kama*.

Guru Rinpoche a mai folosit, de asemenea, și a doua formă de transmisie, sub aspectul unei terma. Cu ajutorul lui Yeshe Tsogyal (777 CE) o dakini a înțelepciunii, Guru Rinpoche și-a încorporat învățăturile atât în timp, cât și în spațiu, sigilându-le până când va veni timpul potrivit ca să fie descoperite aceste învățături. Aceste învățături sunt cunoscute drept Linia de descendență *Terma*.

Semnificația celui de al doilea stil de transmisie constă în faptul că tradiția Nyingma a evoluat într-un proces de dezvăluire progresivă. Fiecare ciclu al acestor învățături odată descoperit, oferea noii generații de practicanți accesul la înțelepciunea lui Guru Rinpoche, într-un mod imediat și proaspăt. Această calitate de a se implica rapid și instantaneu este cea care face ca învățăturile Nyingma să fie atât de incredibil de relevante și vibrante pentru lumea actuală.

CONTEXTUL ISTORIC

Tradiția Nyingma a apărut inițial din eforturile combinate ale câtorva protectori regali foarte înalți, motivați. Trei regi tibetani sunt cel mai adesea numiți ca fiind cei ce au condus la înrădăcinarea budismului în Tibet.

Primul a fost Regele Songtsen Gampo, care e răspunzător de adunarea tuturor triburilor tibetane pentru formarea unui imperiu tibetan. El era un om ambițios, ce și-a extins puterea peste mai multe regate învecinate și Songtsen Gampo este cel ce a reușit să anexeze regatul Zhang Zhung.

Datorită puterii sale militare și a conducerii sale intimidante, nu e nimic surprinzător că regatele învecinate au dorit să intermedieze pacea, măritându-și fiicele cu acest comandant militar tibetan. Din est, regele s-a căsătorit cu prințesa chineză Wun Shing Kongjo (628 - 680 e.n.) care i-a oferit o statuie foarte mare a lui Buddha Shakyamuni. Din sud, regele s-a căsătorit cu prințesa nepaleză Bhrikuti Devi (căsătorit în 632 e.n.) care i-a oferit o statuie a viitorului Buddha, Buddha Maitreya.

Pentru prima dată curtea regală a fost expusă la trei abordări diferite de budism, din trei surse diferite: Zhang Zhung, China și India. Datorită influenței celor două mirese ale sale, regele a ordonat construcția a două temple majore, pentru a adăposti statuile primite. Apoi s-au construit o serie de temple adiționale în punctele cheie geomantice ale țării, pentru a mai îmblânzi forțele negative.

Un alt eveniment important care a sprijinit stabilirea budismului în Tibet a fost invitarea diverșilor învățători, ce au lucrat din greu pentru a traduce textele spirituale și ca să introducă la curtea regală noile școli filozofice de gândire. Printre acești învățători se aflau Kusara și Shankara din India, Shilamanju din Nepal și Hoshang Ma-ho-yen din China. Pentru a sprijini procesul de traducere, regele l-a trimis în India pe unul dintre miniștrii săi, numit Thonmi Sambhota (557-617 e.n.) ca să învețe sanscrita și să elaboreze alfabetul tibetan ce ar putea facilita o redare mai ușoară a textelor indiene. Pe baza a ceea ce a învățat, Thonmi a dezvoltat o gramatică tibetană bazată pe scrierea Gupta.

Sub Songtsen Gampo au fost introduse în Tibet idei noi, dar a durat timp până când aceste idei s-au înrădăcinat efectiv. Sub domnia regelui Trisong Deutsen, Tibetul a început să experimenteze și să întărească înțelegerea acestora. Căutând o mai mare clarificare a învățăturilor, regele a trimis în India emisari pentru a-l invita pe Shantarakshita, marele abate indian din Nalanda. Acesta a acceptat invitația și a călătorit în Tibet, oferind învățături despre teme fundamentale, precum cele zece non-virtuți și cele douăsprezece legături ale originării dependente. Impresionat de aceste învățături, regele i-a cerut apoi abatelui să stabilească o mănăstire în Tibet, și astfel Shantarakshita a început construcția mănăstirii Samye (762 e.n.). Totuși, în fața opoziției considerabile a fracțiunilor rivale de la curtea regelui, sub o presiune în creștere, regele i-a cerut în final abatelui să părăsească țara.

Înainte de a pleca, Shantarakshita i-a oferit lui Trisong Deutsen câteva sfaturi. El i-a spus să-l invite pe mărețul maestru Vajrayana indian Padmasambhava, pe care-l vedea apt să creeze condițiile necesare pentru ca budismul să înflorească. Regele și-a trimis din nou emisarii și după ce s-au întâlnit cu Maestrul, ei au călătorit spre vest și grupul s-a întors în Tibet, unde Padmasambhava și-a demonstrat puterile sale extraordinare și a inspirat credința în învățăturile budiste.

Guru Rinpoche a rămas mulți ani în Tibet, timp în care e fost apt să finalizeze cu succes construirea primei mănăstiri budiste, *Glorioasa*

Mănăstire Samye. Shantarakshita a fost invitat din nou în Tibet, unde a fost esențial în ordinarea primilor membri ai Sangha budiste și în stabilirea fundamentelor pentru Sutrayana. Între timp, Maestrul a oferit instrucțiuni esențiale extinse unui grup de treizeci și cinci de discipoli (inclusiv regelui) punând astfel bazele Căii Vajrayana.

În această perioadă, regele a adunat sute de traducători, trimițând în India echipe de traducători care să lucreze aproape de indienii pandita, pentru a completa traducerea Canonului budist. Cu sprijinul regelui, ei au putut să traducă într-o perioadă foarte scurtă cantități uriașe de texte, redând astfel în tibetană toate sutrele, tantrele și textele de comentarii. Rezultatul acestui proces a constat în crearea în tibetană a Kangyur (învățăturile lui Buddha) și Tengyur (comentariile scrise de către măreți maeștri).

În acest fel, regele, abatele și Maestrul au fost apți nu numai să aducă învățăturile budiste complete în Tibet, dar, de asemenea, să adune toate condițiile pentru ca învățăturile să rămână aici, în fața criticilor și provocărilor dure din partea rivalilor lor Bön.

Ultimul rege care a adus efectiv budismul în prim-planul culturii budiste a fost regele Tridé Songtsen Ralpachen. Un budist devotat, regele Ralpachen a implementat mai multe legi noi, ce stabileau un sprijin financiar structurat către mânăstirile budiste. Deși aceste legi au contribuit la întărirea în țară a tradiției monahale, ele au condus de asemenea la tulburări civile între comunitățile laice. Regele este de asemenea răspunzător de punerea în funcțiune a noilor traduceri ale Kangyur și Tengyur, în încercarea de a populariza aceste învățături. Prin folosirea limbajului tibetan familiar, traducătorii regelui au introdus noi terminologii și au făcut ca aceste scrieri să devină mai accesibile unei largi audiențe.

Din nefericire pentru budism, favorizarea unilaterală a mânăstirilor budiste a generat o neliniște atât de semnificativă în cadrul societății, încât regele a fost în final ucis, iar tronul a fost preluat de fratele regelui, Langdarma. Sub conducerea lui Langdarma, budiștii au ajuns ei înșiși în situația de a li se lua privilegiile și de a li se retrage sprijinul. Se presupune că mănăstirile le-au fost închise și mulți au scăpat de persecuție fugind în zone îndepărtate ale țării.

Curând după Langdarma, imperiul tibetan s-a divizat în mai multe regate separate. Budismul a fost în mare măsură izgonit din Tibetul Central, cu doar foarte puțini membri ordinați din Sangha apți să-și continue tradiția. Din fericire, încă erau mulți călugări în est și, cu ajutorul călugărilor chinezi, au putut să restabilească ordinul monahal în provincia Ü-Tsang. Practicanții budiști au început să iasă la iveală din ascunzători, iar învățăturile Dharmei au intrat într-un proces de revigorare.

Prin puterea clarviziunii sale, Guru Rinpoche a văzut dificultățile ce urmau să vină peste budiștii tibetani. Din măreața sa compasiune, el a ascuns nenumărate învățături sub formă de comori (terma). Aceste învățături erau sigilate pentru a preveni descoperirea lor înainte ca un anumit public să ajungă la condiții foarte specifice. Cei ce reușeau să descopere textele erau numiți revelatori de comori (terton). De regulă, sunt două tipuri de tezaure ce au fost ascunse:

- **Comori din pământ:** Aceste comori includ texte fizice ce au fost îngropate în pământ, dar, de asemenea, și suluri de pergamente galbene, ce erau sigilate în stânci, stâlpi, peșteri sau ale locații secrete. Sulurile erau scrise folosind o scriere dakini ce era indescifrabilă pentru oricine altcineva decât revelatorul intenționat al textului. Pentru a recupera aceste texte, tertonul trebuia să se folosească de puterea samadhi-ului său, pentru a le putea găsi în structura solidă și pentru a scoate tezaurul. De aceea, se adunau mulți oameni în jurul său, pentru a fi martori ai dezvăluirii unei astfel de comori, inspirând o credinţă considerabilă atât în cel ce le revela, cât şi în învăţăturile ce fuseseră revelate.

- **Comori ale minţii:** Cealaltă formă de comori era încorporată în fluxul mental al conştiinţei unui individ, de regulă un discipol foarte apropiat al lui Guru Rinpoche. Întrucât acest flux mental continua să renască, într-un sfârşit va întâlni condiţiile specifice necesare pentru ca textul să apară în mintea tertonului. Textul va lua adeseori forma unor învăţături spontane, ce vor apare din pura realizare a maestrului.

De-a lungul următoarelor secole, multe învăţături au fost dezvăluite. Fiecare terton revela un ciclu întreg de învăţături, inclusiv diverse tipuri de practică. Cei cărora li s-a revelat un sistem complet de Cale sunt cunoscuţi drept *Măreţi Tertoni*. Cicluri diferite de comori s-au dovedit a se conecta cu oameni din ce în ce mai mulţi, practicanţii acestor sisteme putând fi găsiţi în multe mânăstiri din toată ţara. Acest proces de descoperire continuă până în zilele noastre este considerat drept seva vieţii tradiţiei Nyingma.

BAZA FILOZOFICĂ

Deşi sunt multe vederi temporare ce pot ajuta practicantul să progreseze de-a lungul Căii, culmea sau vârful acestor vederi în tradiţia Nyingma constă în înţelegerea Măreţei Perfecţiuni (Dzogchen). Vederea Dzogchen începe şi se sfârşeşte cu mintea, pentru ea mintea este cea considerată a fi baza tuturor experienţelor. După cum vom vedea, totul în Dzogchen se învârte în jurul apariţiilor ce apar în minte şi a relaţiei noastre cu acestea, prin urmare soluţia suferinţei trebuie să fie tot în minte. Următoarele concepte ne oferă cadrul general pe care s-a dezvoltat sistemul de practică Dzogchen.

Modelul minții în Dzogchen

Mintea este considerată a avea o natură non-fizică și cuprinde multe straturi de activitate mentală, unele grosiere sau evidente, în timp ce altele sunt mai subtile. Deși noi vorbim despre o singură minte, trebuie să fim mereu conștienți că mintea este un fenomen compozit făcut din multe părți, ce ne apar în moduri diferite. Pentru a păstra lucrurile mai simple, putem vorbi de regulă de două nivele asupra cărora apare activitatea mentală:

- **Conștiința (sem):** Acest nivel al minții este condiționat de karmă și e cristalizat în forma unui flux mental individual. El poate fi atât conceptual, cât și non-conceptual și este nivelul pe care îl folosim de regulă în viața noastră.

- **Conștientizare (rigpa):** Acest nivel al minții este necondiționat și liber de orice cadre de referință. Este puritatea naturală a minții, însemnând că este baza pe care apare conștiința. Conștientizarea e mereu non-conceptuală, trecând dincolo de modul dual de gândire.

Întrucât conștiința e derivată din conștientizare, fiecare moment de conștiință trebuie, în mod necesar, să includă și un aspect de conștientizare. Din acest motiv, e posibil ca practicantul să recunoască conștientizarea în fiecare dintre experiențele sale. Această abilitate de a o recunoaște și de a se odihni apoi în conștientizarea pură, este calitatea centrală ce e dezvoltată pe Calea Dzogchen.

Calitățile înnăscute ale conștientizării

Conștientizarea este plină de toate calitățile iluminate ale unui Buddha. Aceste calități sunt înnăscute, adică se poate spune că ele apar în mod natural în fiecare moment de conștientizare. Ele sunt fără de început și mereu prezente, manifestându-se într-o continuitate fără de sfârșit.

Deoarece conștientizarea este deja plină de calitățile iluminate, nu este necesar ca practicantul să genereze nimic. În schimb, provocarea constă în a îndepărta toate obstacolele ce împiedică calitățile naturale ale conștientizării să se manifeste în mod complet. Aceasta conduce spre o abordare a practicii ce se focalizează pe descoperirea propriei naturi a practicantului, mai degrabă decât pe dezvoltarea acelei naturi.

Una dintre calitățile conștientizării este că este conștientă de sine. Adică, este conștientă de propria sa natură. Atunci când se manifestă această calitate, o putem numi înțelepciunea primordială (yeshe) și această înțelepciune primordială cunoaște trei aspecte ale conștientizării pure:

- **Esență:** Natura esențială a conștientizării este că e *primordial pură* (kadag). Această puritate se referă la faptul că ea, conștientizarea, este complet liberă de orice greșeli și suprapuneri. Este goală de apucarea de existența adevărată (rangtong) și goală de toate convențiile (shentong).

- **Natură:** Natura funcțională a conștientizării este că e *prezentă spontan* (lundrup). Generează în mod constant un flux interminabil de apariții.

- **Capacitate:** Natura influentă a conștientizării este cunoscută drept *compasiune* (thugje). Aceasta se referă la capacitatea conștientizării de a manifesta apariții în relație cu o anume situație. Prin aceste manifestări, conștientizarea este aptă să influențeze acea situație și astfel să comunice. Această capacitate este produsă de inseparabilitatea purității primordiale și a prezenței spontane.

O bază, două fructe

Conștientizarea formează baza pe care apar toate evenimentele cognitive. Vă puteți imagina că este ca un spațiu virtual ce e capabil să producă un număr infinit de experiențe multi-dimensionale. Funcția sa unică este să genereze aparițiile și de a fi conștientă de aceste apariții. La acest nivel, ea transcende toate noțiunile duale, precum binele și răul. Atunci când combinați aceste două elemente, veți vedea că sunt doar două modalități în care se poate manifesta realitatea:

Samsara: mintea iluziei

În orice moment dat al conștientizării există potențialul de a apare înțelepciunea primordială. Ca orice altă calitate, ea poate fie să se manifeste plenar, fie parțial sau să nu se manifeste deloc. Gradul în care se va manifesta depinde de diverse condiții ce sunt prezente în acel moment. Atunci când lipsește înțelepciunea primordială, noi numim asta *ignoranța co-emergentă,* care este, pur și simplu, o necunoaștere de cineva a naturii propriei sale minți. Această formă de ignoranță creează condițiile pentru dezvoltarea altor forme de ignoranță.

Atunci când mintea nu este conștientă de propria sa natură, ea crede că tot ce-i apare este ceva ce e "altceva" decât ea însăși. Credința în sine, într-o entitate separată independentă, este cunoscută drept *ignoranță discriminantă* și se bazează pe o perspectivă duală a subiectului și obiectului. Simpla noțiune de "eu sunt" devine apoi fundamentul pe care se dezvoltă conștiința.

Pe măsură ce continuă să se genereze aparițiile, conștiința dezvoltă apoi aversiunea contra unora și atașamentul față de altele. Aceste preferințe sunt cu toate integrate în modelul minții cuiva, a ce crede sinele că ar fi. Acest sine este apoi perpetuat dintr-un moment în alt moment și apoi în alt moment, cu toate experiențele văzute prin perspectiva acelui sine.

Felul în care se manifestă sinele va depinde de tendințele uzuale, care sunt depozitate în conștiință. La momentul morții, aceste tendințe devin manifeste și proiectează persoana într-o formă specifică de existență. Odată ce conștiința adoptă noua formă, ea se identifică cu acea formă și astfel ciclul se perpetuează. Cu cât mai multe tendințe se acumulează, cu atât vor conduce spre mai multe vieți, care vor conduce spre mai multe tendințe și așa mai departe.

Nirvana: eliberarea din iluzie
Odată ce mintea va ajunge să fie întemnițată în ciclul nesfârșit al morții și renașterii, atunci va suferi o gamă largă de suferință perpetuată de la sine. Pentru a rupe acest ciclu, ființa simțitoare trebuie să oprească înțelegerea aparițiilor ca fiind separate și existente de la sine. Dacă ființa e aptă să sălășluiască în conștientizarea non-duală a realității, atunci lipiciul care leagă toate tendințele karmice se dizolvă și sinele va fi eliberat în mod natural.

Dincolo de samsara și nirvana
Deși îndepărtarea ignoranței discriminatorii ce se agață de dualitatea unui sine și a celorlalți e suficientă pentru ca cineva să cunoască pacea nirvanei, nu este suficient pentru a atinge iluminarea completă. Pentru aceasta, cineva va trebui să depășească și ignoranța co-emergentă, care e baza pe care apar prima dată aparițiile duale.

Din perspectiva conștientizării pure, nu e nici o distincție între samsara și nirvana, toate sunt unite într-o singură bază. Înțelepciunea primordială este conștientă de această unitate și, prin urmare, e aptă a cunoaște toate fenomenele, fără limitări. Aceasta este cunoscut sub numele de omniscienţă. Prin urmare, dacă cineva atinge acea stare de omniscienţă, atunci a atins starea de Buddha.

STRUCTURA CĂII

Revelarea progresivă a învăţăturilor Nyingma a însemnat că tradiţia a evoluat considerabil de-a lungul etapelor, întrucât după fiecare nou lot de comori ce a fost dezvăluit, el a trebuit apoi să fie pus în practică. În timp, eficacitatea relativă a unui ciclu particular de învăţături le va determina fie să se estompeze, fie să nu mai fie folosite, fie să se propage pe scară largă. De-a lungul istoriei, diferite cicluri s-au dovedit a fi valabile, oferindu-le studenţilor moderni o bogăţie de Linii de descendenţă din care pot să aleagă. Toate aceste linii de practică (fie kama, fie terma) pot fi înţelese în cadrul unei clasificări în nouă tipuri de vehicule. După ce voi prezenta structura generală, voi descrie în mod detaliat Calea în conformitate cu una dintre cele mai populare şi răspândite Linii de descendenţă actuală, *Noile Comori ale lui Dudjom* (Dudjom Tersar).

Cele Nouă Vehicule ale tradiţiei Nyingma

Similar cu omologii lor Bön, tradiţia Nyingma împărţea toată gama lor de practici în nouă căi sau vehicule distincte (yana în sanscrită). Aceste vehicule reprezintă o Cale progresivă, ce e aptă să aducă practicantul la iluminare de-a lungul unei singure vieţi. Putem separa aceste nouă vehicule în trei legate de sutra şi şase ce se referă la tantra:

Sutrayana

Aceste căi reprezintă învăţăturile combinate din tradiţiile Theravada şi Mahayana. Ele formează fundamentul pentru toate practicile tantrice şi, prin urmare, sunt comune în toate formele de budism tibetan.

- **Vehiculul ascultătorilor (shravakayana):** Această Cale subliniază dezvoltarea unei puternice renunțări la samsara și, pe această bază, cineva se angajează în cele trei antrenamente mai înalte ale eticii, meditației și înțelepciunii. Ea se focalizează, în primul rând, pe învățăturile lui Buddha despre *Cele Patru Nobile Adevăruri.*

- **Vehiculul realizatorilor solitari (pratyekabuddhayana):** Această Cale este pentru cei ce și-au construit deja o puternică familiarizare cu învățăturile budiste și, prin urmare, sunt apți să obțină realizarea prin intuiție. Metoda lor principală pentru asta constă în contemplația asupra *Celor Douăsprezece Legături ale Originării Independente.*

- **Vehiculul Bodhisattva (bodhisattvayana):** Această Cale reprezintă nucleul practicilor din tradiția Mahayana. Ea se focalizează în primul rând pe dezvoltarea extraordinarei minți a iluminării, *bodhicitta.* Apoi, pe baza acestei minți, practicantul se angajează în practicarea *Celor Șase Perfecțiuni.*

Tantrayana

După ce și-a dezvoltat o puternică fundație în Sutrayana, practicantul este acum calificat să facă uz de o mare bogăție de mijloace abile, care se găsesc în diverse sisteme tantrice.

Clasele externe de Tantra

Primele trei vehicule sunt comune atât în tradiția Nyingma, cât și în tradițiile Sarma. Ele reprezintă tantrele ce accentuează practicile ascetice și sunt mai aproape de tradiția shramana din India.

- **Tantra Acțiunii (kriyatantrayana):** Această Cale pune accentul pe conduita exterioară, proiectată pentru a purifica corpul și mintea. Practicanții folosesc diverse practici ascetice, precum postul și băi ritualice, pentru a menține această conduită pură. Zeitățile de meditație sunt vizualizate în fața practicantului, ce recunoaște că Zeitatea îi este superioară.

- **Tantra Reprezentării (charyatantrayana):** Această Cale pune un accent egal pe conduita exterioară și pe cultivarea interioară a samadhi prin meditație. Este o combinație între conduita din Tantra Acțiunii și vederea din Yoga Tantra. Zeitățile de meditație sunt vizualizate în față, ca o recunoaștere a faptului că Zeitatea este ca un prieten apropiat.

- **Yoga Tantra (yogatantrayana):** Această Cale lucrează aproape exclusiv cu practicile meditative. Ea cere o serie de unsprezece împuterniciri și angajamente tantrice. În această cale, practicantul se vizualizează pe sine drept Zeitatea de meditație, recunoscând că amândoi au aceeași ultimă natură.

Clasele interne de Tantra

Următoarele trei vehicule reprezintă abordarea budistă unică a tantrei. Spre deosebire de precedentele vehicule, ce erau orientate în puncte de vedere progresiv mai subtile, ultimele trei vehicule se clasifică în raport cu locul pe care își pun ele accentul. Întrucât toate trei conțin stadiul de generare (maha), stadiul de desăvârșire (anu) și învățăturile Dzogchen (ati), toate trei sunt egale în a conduce practicantul la iluminarea într-o singură viață. Totuși, datorită accentului lor distinct, fiecărui individ i se va potrivi un sistem mai mult decât altul.

- **Maha Yoga:** Această cale accentuează practicile stadiului de generare. Practicanții se focalizează pe dezvoltarea vizualizărilor extrem de vii ale mediului iluminat, plin de zeități. Aceste vizualizări sunt construite gradual și oferă baza de purificare a diverselor canale subtile și vânturi. În timpul stadiului de desăvârșire, practicantul va activa puncte cheie din corpul subtil, producând stările mentale necesare pentru a atinge iluminarea. Exemple de tantre din această clasă includ *Yamantaka, Hayagriva, Yangdak Heruka, Amrita Kundali* și *Vajrakilaya.*

- **Anu Yoga:** Această cale accentuează practicile *stadiului de desăvârșire*, care permit practicantului să manipuleze corpul său subtil, pentru a produce stări foarte puternice de concentrare. Practicantul, mai întâi, meditează într-o stare non-conceptuală, apoi se generează instant sub forma zeității. Prin această cale e produsă realizarea tuturor fenomenelor drept expresii creative ale extazului și vacuității.

- **Ati Yoga:** Această cale este sinonimă cu Dzogchen și se focalizează pe dezvoltarea realizării directe că fenomenele nu sunt altceva decât înțelepciunea primordială ce transcende dualitățile samsarei și nirvanei.

Noile Comori ale lui Dudjorm

Pentru a ilustra felul în care sunt parcurse cele nouă vehicule într-o modalitate progresivă, vom folosi, pentru a le explica, una dintre cele mai recente tradiții de comori. *Dudjom Tersar* este o colecție de texte ce i-au fost revelate lui Dudjom Lingpa (1835), un maestru de meditație vizionar din secolul al XIX-lea și reîncarnării sale ulterioare, Kyabje Dudjom Rinpoche, care a fost ulterior șeful tradiției Nyingma. Împreună, aceste texte formează un ciclu complet ce ghidează studentul de la fundațiile din Sutrayana pe toată Calea, culminând cu Măreața Perfecțiune. Calea lui Dudjom Lingpa este divizată în patru seturi de practici:

Preliminariile

Scopul practicilor preliminare este de a pregăti baza minții, astfel încât aceasta să devină roditoare pentru ca să apară acolo realizările. Această fază încorporează învățăturilor din Vehiculul Sutrayana și câteva aspecte din Tantrele exterioare. Sunt două seturi de practici cunoscute drept preliminariile comune și preliminariile neobișnuite:

Preliminariile exterioare comune

Preliminariile exterioare se focalizează pe patru contemplări, ce sunt proiectate spre a orienta mintea cuiva în afara ciclului de suferință al existenței și spre practicarea Dharmei. Ele sunt meditații analitice ce necesită ca practicantul să reflecteze asupra vieții sale și să-și evalueze prioritățile. Întrucât aceste contemplări vor conduce spre o puternică renunțare la viața lumească, ele sunt foarte apropiate de către shravakayana și pratyekabuddhhayana. Cele patru gânduri sunt:

- **Prețioasa renaștere umană:** Practicantul ia în considerare calitățile pozitive ce fac ca viața să i se potrivească în special practicii spirituale. Contemplația lucrează spre a dezvolta aprecierea potențialului vieții și a marii oportunități ce îi este disponibilă practicantului, dacă acea persoană alege să se folosească de ea.

- **Nepermanența:** După ce a recunoscut prețiozitatea și raritatea vieții sale, cineva trebuie să facă față realității că viața sa nu va dura pentru totdeauna. Aici practicantul va contempla asupra naturii impermanenței și a morții, pentru a dezvolta un simț al urgenței și dorința de a nu-și irosi viața în chestiuni banale.

- **Karma:** Cu o puternică dorință de a acționa, practicantul trebuie să se întrebe: "Ce acțiuni îmi sunt cele mai benefice?" El apoi va contempla natura cauzei și efectului, pentru a dezvolta o puternică credință în realitatea că acțiunile virtuoase conduc spre fericire, iar cele non-virtuoase conduc spre suferință.

- **Suferința din existența ciclică:** Pentru această înțelegere, practicantul va contempla apoi la numeroasele modalități de manifestare a experienței, pe baza diverselor condiții karmice ale ființelor simțitoare. Aici se focalizează pe efectuarea unei căutări exhaustive după fericirea autentică din samsara. Aceasta îl face pe practicant să ia în considerare tot felul de forme, grosiere sau subtile, de suferință și să dezvolte o puternică dorință de a se elibera din acea suferință.

Preliminariile interioare neobișnuite

Preliminariile exterioare se concentrează îndeosebi pe privirea aruncată vieții condiționate a cuiva și pe formele potențiale pe care le-ar putea lua acea viață. După ce cineva a dezvoltat un fundament al renunțării, sarcina este acum să își angajeze mintea în practica spirituală. Primul pas constă în dezvoltarea atitudinii corecte. Întrucât Vajrayana depinde de Bodhisatvayana, aceasta înseamnă că e necesară dezvoltarea supremei minți a iluminării, "bodhicitta".

- **Refugiul:** Intrarea în practica budistă constă în a-și lua refugiul în Cele trei Giuvaere, care sunt Buddha, Dharma și Sangha. Această practică oferă oricui oportunitatea de a-și reafirma încrederea în tehnicile pe care le practică și în potențialul acestora de a-l conduce la iluminare.

- **Bodhicitta:** În această practică, practicantul va contempla viețile infinitelor ființe simțitoare ce împărtășesc această lume. El va lua în considerare relația sa cu toate ființele și va genera o minte plină de iubire și compasiune. Pe această bază, persoana va genera decizia să facă tot ce îi stă în putere ca să ajute aceste ființe să se elibereze din suferința pe care o dezvoltă. Aceasta va conduce apoi la recunoașterea că singura cale semnificativă de îndeplinire a angajamentului său este ca ea să atingă iluminarea deplină. Din această cauză, persoana va folosi mijloacele abile din Vajrayana.

Cu motivația corectă alimentându-i acțiunile, practicantul va dezvolta acum condițiile necesare pentru actualizarea Căii în fluxul său mental. Aceasta se face prin acumularea de energie pozitivă și purificarea energiei negative. Următoarele trei practici vor contribui fiecare la dezvoltarea unei minți care e inspirată, încrezătoare și aptă să facă ce e de făcut, indiferent de dificultățile întâmpinate. În acest stadiu, practicantul începe să folosească aspecte din tantrele exterioare, sub forma a diverse practici de vizualizare.

- **Ofranda Mandalei:** Această practică constă în a face ofrande extinse către universul ființelor iluminate. Scopul este de a dezvolta generozitatea persoanei practicante și de a-i reduce atașamentul față de fenomenele din această lume.

- **Purificarea prin Vajrasattva:** Această practică implică recitarea de mantre, în timp ce persoana își vizualizează corpul și mintea ca fiind purificate de o lumină albă strălucitoare. Ea oferă practicantului o oportunitate de a-şi revizui obiceiurile negative şi de a le diminua puterea acestora.

- **Guru Yoga:** Guru e folosit ca punct central de conectare a cuiva cu propria sa natură absolută. În această practică, practicantul face cereri din toată inima sa către Guru, ca un efort de a-şi deschide mintea spre propriul său potenţial şi pentru a dezvolta o mai mare receptivitate spre felul în care se manifestă efectiv acest potenţial. Scopul este să fie inspirată mintea acelei persoane şi să se orienteze pe sine spre adevărul absolut.

Ultimele două preliminarii sunt considerate ca practici suplimentare, ce pot fi utilizate pentru a depăşi probleme specifice, ce ar putea împiedica pe cineva să realizeze o desăvârşire completă a Căii. Odată ce practicantul este acum pregătit să înceapă practica sa în tantrele interne, el poate decide să se familiarizeze cu aceste practici ca formă de intensificare a lor

- **Transferul conştiinţei:** Prima problemă majoră este că pentru a realiza Calea avem nevoie de timp şi nu este nici o garanţie că cineva nu va muri înainte de a o finaliza. Din acest motiv, practicantul va dezvolta familiarizarea cu procesul morţii şi va învăţa cum să îşi direcţioneze conştiinţa sa spre o renaştere favorabilă. Dacă practica e făcută în mod corespunzător, atunci practicantul se va asigura că va găsi din nou condiţiile corecte spre a continua pe Cale.

- **Practica Chöd:** Cealaltă problemă majoră constă în puterea egoului nostru. Noi suntem cu toţii foarte obişnuiţi să ne preţuim pe noi înşine şi să ne agăţăm de o existenţă inerentă a realităţii. Pentru a contracara această tendinţă, trebuie să folosim metode puternice pentru a diminua puterea acestei agățări. Chöd (care înseamnă "a tăia") este proiectată pentru a face exact asta.

Înainte de a se angaja în aceste practici ulterioare, e necesar ca practicantul să fi primit toate împuternicirile, transmisiile și instrucțiunile necesare. Întrucât ele aparțin celui mai înalt nivel al practicii Vajrayana, este esențial să aibă un învățător calificat care să-l îndrume prin acest proces. Nu toți practicanții vor avea nevoie să se angajeze în același grad în stadiile de generare și desăvârșire. Depinde de învățător, care va evalua studentul și va determina ce amestec de metode este cel mai eficient practicantului.

Stadiul de Generare

Pentru stadiul de generare, Dudjom Tersar prezintă o colecție de practici care se bazează pe Cele trei Rădăcini: Lama, Yidam și Khandro. Fiecare dintre aceste vizualizări este proiectată spre a stabiliza mintea și a purifica diverse aspecte ale corpului subtil. Prin aceste practici, practicantul dezvoltă o viziune pură asupra realității, în care toate formele sunt văzute ca zeități, toate sunetele sunt experimentate ca mantre și toate gândurile sunt experimentate ca înțelepciune.

- **Esența-inimă a Vajrei–înnăscute (Tsokye Tuktik):** Pentru a dezvolta o puternică conexiune cu Guru Rinpoche, practicantul trebuie să se vizualizeze pe sine drept Vajra-înnăscut, în timp ce recită mantre. Aceasta configurează tendințele karmice ale practicantului ca să se apropie și să realizeze starea minții lui Guru Rinpoche. Aceasta este considerată a fi Rădăcina Lama.

- **Briciul care distruge printr-o atingere (Pudri Rekpung):** Pentru această Rădăcină Yidam, practicantul se vizualizează pe sine drept Vajrakilaya YabYum. Vajrakilaya este o formă de zeitate amenințătoare ce întruchipează activitățile iluminate de Buddha. Ea este în mod special conectată cu îndepărtarea obstacolelor și purificarea tuturor formelor de poluare spirituală.

• **Esența-inimă a Dakini (Khandro Tuktik):** Rădăcina Khandro este realizată prin practicarea vizualizării măreței dakini Yeshe Tsogyal în diferite forme iluminate. În timp ce practica lui Vajrakilaya accentuează manifestarea iluminată a puterii, practica lui Yeshe Tsogyal accentuează calitățile înțelepciunii iluminate.

Stadiul de Desăvârșire cu Formă

Dudjom Tersar identifică niște practici ale stadiului de desăvârșire, extrase din ciclul de învățături Vajrakilaya. Scopul acestor practici este să manipuleze mișcările energiilor subtile din corp, pentru a produce o formă foarte puternică de concentrare (samadhi).

Această fază e cunoscută sub numele de *Stadiul Desăvârșirii cu Formă*, deoarece se bazează pe vizualizări, pentru a controla fluxul de energie. Prima vizualizare de aici este dezvoltarea a ceea ce este cunoscut drept *Focul interior* (tummo). În această practică, practicantul vizualizează diverse silabe în punctele cheie ale corpului. Prin puterea concentrării într-un singur punct, aceste silabe adună energia, care este apoi direcționată în diverse modalități. Mișcarea energiei face ca esențele subtile ce sunt distribuite prin corp să coboare, ceea ce generează nivele din ce în ce mai intense de extaz. Acest extaz generează o minte concentrată foarte puternic, care e aptă să investigheze natura absolută a realității.

Dzogchen

Până la acest punct, totul a fost o formă preliminară ce a pregătit practicantul ca să aibă o experiență directă a conștientizării și apoi să stabilizeze această experiență. Singura condiție prealabilă pentru a face acest lucru este de a fi realizat mintea de samadhi, prin uniunea shamatha cu vipasyana. Dacă practicantul s-a angajat în practicile precedentelor stadii de generare și de desăvârșire, el va fi dezvoltat o concentrare extraordinar de puternică, care îi va facilita foarte mult pașii următori. Dar nu e singura cale de a realiza acest punct.

Dudjom Lingpa însuși a oferit o cale alternativă și mult mai directă, ce implică meditația asupra mișcărilor minții pentru a îndepărta agățarea de evenimentele mentale și pentru a realiza în mod natural o minte concentrată. Această abordare este cunoscută sub numele de *Stabilirea minții în starea sa naturală*, care conduce spre starea de shamatha. Odată ce practicantul e apt să sălășluiască în substratul conștiinței, el este capabil apoi să dezvolte cunoașterea acelui substrat prin folosirea vipasyana. Această abordare seamănă în multe aspecte cu practicile ulterioare, prin faptul că se bazează pe o eliberare progresivă de efort. Practicantul învață cum să se odihnească în mod natural, fără necesitatea de a interveni sau controla ceva. Procedând așa, fenomenele mentale sunt apoi eliberate în mod spontan în minte, iar mintea rămâne să se odihnească în mod natural în echilibru.

Indiferent de abordarea folosită în acest stadiu, practica principală Dzogchen constă în două etape:

- **Tăierea prin (trekchö):** Prima fază constă în stabilirea unei experiențe directe a conștientizării pure. Ea se poate realiza de către cineva printr-o serie de contemplări analitice sau se poate realiza prin bazarea pe un învățător care e capabil să

„îi arate" acestuia natura minții sale. Indiferent de modalitate, rezultatul constă în faptul că practicantul capătă o sclipire dintr-un aspect al conștientizării. În acest stadiu, el *a tăiat prin* apariţiile ignoranţei şi este apt să vadă realitatea "aşa cum e". Practica se mută apoi la stabilirea acelei experienţe astfel încât conştientizarea pură să se poată manifesta în mod plenar. Accentul aici este pus pe generarea repetată a înţelepciunii care recunoaşte natura esenţială a conştientizării

- **Sărind peste (tögyal):** Următoarea fază se construieşte pe înţelepciunea generată anterior. Cu cât mai mult va sălăşlui cineva în conştientizare, cu atât mai mult conştiinţa conceptuală va pierde din putere şi conştientizarea va începe să se manifeste cu spontaneitate în forme pure. Această fază a practicii foloseşte aceste forme ca metodă pentru purificarea de urmele subtile ale agăţării şi ignoranţei. Practicantul va folosi nişte posturi yoghine şi poziţii specifice ale privirii, pentru a facilita aceste viziuni. În acest fel, practicantul va fi apt să aducă înţelepciunea ce cunoaşte conştientizarea în toate formele experienţei sale şi, prin urmare, să-şi actualizeze iluminarea completă.

STAREA REZULTANTĂ

În conformitate cu tradiţia Nyingma, conştientizarea pură şi vacuitatea nu sunt acelaşi lucru, Sunt legate, dar nu aceleaşi. Este posibil ca un practicant să realizeze vacuitatea întregii existente inerente, fără să realizeze în mod necesar şi conştientizarea pură. Dar reversul afirmaţiei nu e adevărat. Oricine realizează conştientizarea pură, în mod automat realizează şi vacuitatea. Prin urmare, Calea Nyingma este proiectată ca să aducă cât mai repede posibil o persoană spre realizarea conștientizării. Aceasta înseamnă că ea favorizează folosirea meditației, pentru ca cineva să poată să observe în mod direct mintea, mai degrabă decât să dezvolte o înțelegere conceptuală a acestei naturi.

O persoană care a realizat conștientizarea este cunoscută drept *vidyadhara*. Toți vidyadhara au tăiat complet ciclul existenței. Ei pot fi diferențiați pur și simplu în funcție de relația lor cu gradele de urme karmice ce le-au mai rămas. În acest fel, putem vorbi despre *Cele Patru Nivele de Vidyadhara*:

1. **Vidyadhara maturizat:** Aceasta este orice persoană care și-a eliberat complet mintea și e acum apt să sălășluiască în conștientizarea continuă, indiferent de ce apariții se ivesc. Această persoană este încă conectată cu corpul său, și va atinge iluminarea în perioada de tranziție de după moarte.

2. **Vidyadhara cu putere asupra vieții:** Această persoană este capabilă să-și folosească puterea samadhi-ului său pentru a putea arde toate urmele karmice ale corpului grosier și să îl transforme în corpul subtil de energie. Întrucât karma nu mai e aptă să se coacă, el este capabil să rămână în această stare în mod nedefinit, realizând efectiv imortalitatea.

3. **Mahamudra Vidyadhara:** Această persoană este capabilă de a transcende chiar și corpul subtil și poate să sălășluiască în forma înțelepciunii pure a zeității sale Yidam.

4. **Vidyadhara Actualizat spontan:** Această persoană și-a îndepărtat toate formele de întunecări grosiere și subtile, șo și-a actualizat mintea omniscientă, care e complet liberă să se manifeste în orice formă ar fi necesară spre a aduce beneficii ființelor simțitoare.

Odată ce practicantul a atins nivelul final de vidyadhara, atunci el sau ea se va manifesta prin *Cele Cinci Corpuri ale unui Buddha*:

1. **Corpul Înțelepciunii (dharmakaya):** Acesta este *esența* minții unui Buddha. Este starea în care practicantul și-a îndepărtat complet toate întunecările și este apt să sălășluiască în înțelepciunea primordială pură, care știe realitatea așa cum e.

2. **Corpul Bucuriei (sambhogakaya):** Aceasta este *natura* minții unui Buddha. Este prezentă spontan, o manifestare pură a calităților iluminate ale unui Buddha. Ea apare drept uniunea dintre apariții și vacuitate

3. **Corpul Emanației (nirmanakaya):** Aceasta este *capacitatea* de a manifesta infinite forme, pentru a putea aduce beneficii ființelor simțitoare. Este complet liber de orice formă de limitare.

4. **Corpul Perfect (abhisambodhikaya):** Acesta este aspectul de manifestare a unui Buddha. Sunt calitățile individuale și distincte ce apar pe baza întâlnirii minții unei ființe simțitoare cu unul din primele trei corpuri.

5. **Corpul Vajra (vajrakaya):** Acesta este *aspectul gol* al lui Buddha. Este faptul că toate aspectele de Buddha sunt inseparabile unul de altul, libere de orice separație.

Pe baza acestor corpuri, Buddha este apoi apt să se angajeze în orice fel de activitate pentru beneficiul altora. Prin actualizarea Corpului Înțelepciunii, Buddha își realizează propriul său beneficiu. Prin realizarea celorlalte două Corpuri (Corpurile Bucuriei și al Emanației) el este apt să realizeze beneficiile ultime pentru ceilalți.

Khön Konchok Gyalpo

CAPITOL 15

Sakya

După asasinarea împăratului Langdarma, Tibetul a intrat într-un război civil, întrucât cei doi moştenitori ai săi s-au luptat pentru cine va succeda la conducere după tatăl lor. Acest război a slăbit foarte mult din forţa imperiului şi a condus, în final, la completa sa dizolvare. Din nou, întreaga regiune a devenit o adunare de mici regate tribale.

Odată cu fragmentarea puterii politice a început şi fragmentarea preferinţelor spirituale. Triburile rivale erau libere să aleagă orice sistem de credinţă era preferat de regele lor, ceea ce înseamnă că, într-o anume zonă a ţării, diversele tradiţii erau unele mai puternice faţă de altele.

În Tibetul Central şi de Est, budismul a decăzut semnificativ. Se crede că multe mănăstiri au fost distruse sau Liniile lor de descendenţă au fost întrerupte. Chiar şi aşa, erau multe familii nobile ce aveau o mare credinţă în învăţăturile lui Buddha. Totuşi, ele vedeau că oricât de puţin a mai rămas din Dharma şi aceasta începuse să fie coruptă, astfel că au decis că trebuie să facă ceva.

În sud-vestul regatului lui Guge, regele-călugăr Lha Lama Yeshe Ö (959 - 1040 e.n.) a făcut eforturi semnificative ca să aibă texte traduse şi să construiască mânăstiri. El a adunat, de asemenea, o mare bogăţie, pentru a invita în Tibet un maestru indian. El spera că acel erudit va fi apt să restabilească o Linie de descendenţă de învăţături autentice. Atunci când el a fost capturat de un rege rival, fiul său Janchup Ö a reuşit să-i finalizeze viziunea şi l-a invitat pe marele maestru Jowo Atisha Dipamkara (982 - 1054 e.n.) din faimoasa mănăstire Vikramashila. Această tradiţie fondată de către Atisha a primit ulterior numele de tradiţia Kadam.

Deşi Kadam a înflorit pentru o vreme, ea nu a fost aptă să revigoreze învăţăturile. Diverşi traducători au călătorit în India pentru a traduce texte şi ca să primească învăţături. Din adunarea acestor resurse au apărut tradiţiile Sakya şi Kagyu. Împreună, aceste trei tradiţii vor deveni ceea ce este cunoscut drept şcolile Sarma.

CONTEXTUL ISTORIC

Tradiţia Sakya îşi trage rădăcinile dintr-o Linie de descendenţă ereditară a familiei Khön. Familia Khön era considerată ca fiind nobilă în baza unei mitologii ce pretindea că erau descendenţi din fiinţe celeste. Ei şi-au întemeiat autoritatea spirituală pe baza credinţei comune că erau încarnări ale lui bodhisattva Manjushri. Indiferent de originea lor, cei din familia Khön erau un clan foarte respectat, cărora li s-a dat controlul unui regat în Latö (o regiune din vestul Tibetului).

În timpul domniei regelui Trisong Deutsen, Jégungtak, patriarhul Liniei Khön, a fost numit la curtea regală drept Ministrul de Interior, unde va deveni cunoscut drept Khön Pelpoché. El avea un fiu numit Khön Lui-Wangpo, ce va fi ales de rege să devină unul dintre primii şapte călugări ordinaţi din Tibet. Lui-Wangpo (secolul al VIII-lea) se va duce să studieze transmisia orală a Liniilor de descendenţă din Nyingma, sub îndrumarea lui Shantarakshita (725–788 e.n.) şi Padmasambhava.

Atunci când clanul Khön a intrat în conflict cu puternicul clan Dro, mulţi dintre membrii săi au fost forţaţi să părăsească regatul şi au emigrat în alte zone din vestul şi sudul Tibetului. Acolo ei au stabilit diverse exploatații funciare și, după multe generații, una dintre ramurile acestei familii s-a stabilit în regiunea Yarlung. Acolo se va naște viitorul fondator al tradiției Sakya, Khön Konchok Gyalpo (1034 - 1102 e.n.).

Konchok Gyalpo și fratele său au ajuns să fie practicanți spirituali foarte respectați, ce erau renumiți pentru dedicarea lor strictă față de învățături. Atunci când Konchok Gyalpo a fost martorul a ceea ce ar fi trebuit să fie o ceremonie tantrică extrem de secretă, care se desfășura într-o piață agitată, el a fost foarte îngrijorat. Acest eveniment l-a lăsat cu o senzație foarte clară că învățăturile au ajuns corupte. Era atât de tulburat, încât el și fratele său și-au adunat toate textele de Dharma, statuile și instrumentele pe care le dețineau și le-a înglobat într-o stupa, simbolizând că ei vedeau moartea tradiției lor. Au fost salvate doar două practici, cea pentru Vajrakilaya din sistemul *Vajrakumara* și cea pentru *Yangdak Heruka*.

Din acest moment, Konchok Gyalpo a început să se focalizeze pe noile traduceri ce începuseră să apară în Tibet. El a căutat în special un învățător, Drokmi Lotsawa (992-1072/1074 e.n.) ce era faimos pentru că cerea cantități uriașe de aur ca să-și ofere învățăturile. Vânzând o parte din pământurile sale, Konchok Gyalpo a reușit să primească multe învățături de la Drokmi, mai ales învățăturile *din Calea spre Rezultat* (Lamdre). Linia de descendență primită avea o natură foarte teoretică și a devenit, în final, cunoscută drept *Lamdre pentru* însoțitori. El a continuat să studieze cu Drolmi și mulți alți traducători, devenind un foarte înalt realizat maestru și foarte erudit.

În timp ce călătorea printr-una din zonele din Yarlung, Konchok Gyalpo a dat peste un teren care, conform lui, i-a apărut a fi plin cu multe semne de bun augur. El și-a propus imediat să dobândească terenul, cu intenția de a construi acolo o mănăstire. După multe negocieri cu căpeteniile locale, el a putut în sfârșit să se asigure de teren și a început construcția Mănăstirii

Palden Sakya (1073 e.n.). Această mănăstire a fost numită după culoarea terenului înconjurător, „sakya" însemnând „pământ gri".

Pășind pe urmele lui Konchok Gyalpo, următorii cinci abați ai mănăstirii sunt în mare măsură responsabili de stabilirea tradiției Sakya drept una dintre școlile majore din Tibet. Ei sunt numiți generic drept *Cei cinci Patriarhi Sakya*.

Primul patriarh s-a numit Sachen Kunga Nyingpo(1092–1158 e.n.) și era fiul lui Khön Konchok Gyalpo. Sub îndrumarea tatălui său și a marelui Bari Lotsawa, Kunga Nyingpo a devenit un maestru foarte realizat. În timp ce era într-o retragere, se știe că i s-a revelat o învățătură profundă a lui Manjushri, numită *Despărțirea de cele patru atașamente*. După ce a primit învățături extinse și împuterniciri de la mai mulți măreți maeștri, Kunga Nyingpo a dezvoltat dorința de a practica învățăturile Lamdre. În acel moment, Sakya nu aveau o Linie de practică pentru acel sistem, astfel încât el l-a căutat pe marele yoghin Shangton Chobar (1053 e.n.). De la acesta, el a primit sistemul de practică ce va deveni cunoscut sub numele de *Lamdre pentru discipoli*. Timp de optsprezece ani, el a păstrat secrete aceste învățături. În final, el a început să predea acest sistem și a scris multe comentarii despre practicarea sa.

Următorul patriarh a fost cel mai mare fiu al lui Sachen Kunga Nyingpo, Sönam Tsemo (1142 - 1182 e.n.). Fiind oarecum un miracol spiritual, Sönam Tsemo a obținut rapid o vastă înțelegere a Dharmei și a avut de la o vârstă fragedă multe realizări înalte. El a deținut tronul Sakya doar trei ani, alegând în schimb să își cedeze poziția sa fratelui său mai mic. Până la sfârșitul vieții sale, el a călătorit în lung și-n lat prin Tibetul Central studiind, meditând și predând. El a scris o mulțime de texte ce au sistematizat diversele Linii de descendență Sakya, clarificând și mai mult învățăturile lor.

Al treilea patriarh a fost fratele lui Sönam Tsemo, Jetsün Drakpa Gyaltsen (1147 - 1216 e.n.) , care era renumit pentru puritatea disciplinei sale etice. De când era foarte tânăr, Drakpa Gyaltsen a avut realizări incredibile legate de *Tantra Hevajra*. Atunci când fratele său Sönam Tsemo a plecat ca să-și continue studiile, el a fost numit abate Sakya și, pentru mai mult de 57 de ani, el a fost responsabil de predarea învățăturilor Tantrayana către călugări. El a devenit extrem de erudit, studiind și practicând sub unii dintre cei mai mari învățători ai acelor timpuri. Ca scriitor prolific, el a scris numeroase tratate despre o gamă completă de teme budiste, de la disciplina etică până la cele mai înalte practici tantrice.

După Drakpa Gyaltsen a urmat nepotul său, Kunga Gyaltsen (1310 - 1358 e.n.), care va deveni ulterior renumit drept unul dintre cei mai mari erudiți și meditatori născuți în Tibet; mărețul pandita Sakya. De la o vârstă foarte fragedă el s-a arătat a fi incredibil de dotat în studiile sale, stăpânind fiecare dintre cele cinci mari științe ale filozofiei, medicinei, gramaticii, logicii și artelor plastice. El s-a stabilizat curând drept un maestru foarte înalt realizat și faima i s-a răspândit prin țară, atrăgând atenția hanului mongol Kodan. După ce a fost invitat în China la curtea regală pentru a oferi învățături extinse, el a câștigat respectul și devoțiunea hanului. Călătorind în nordul Chinei, el a continuat să predea și a compus multe texte și, în acest fel, el a fost instrumentul de propagare a budismului tibetan în părțile din China ce erau controlate atunci de către Mongolia.

Al cincilea patriarh se numea Chögyal Phakpa (1235 - 1303 e.n.). Pandita Sakya Kunga Gyaltsen, precedentul patriarh, era atât unchiul, cât și primul său învățător, și în timpul vizitei sale la curtea regală din China și-a întronat oficial nepotul drept noul deținător al tronului Sakya. Atunci când a ajuns la putere Kublai Khan (1215 - 1294 e.n.), el l-a invitat pe Chögyal Phakpa să-i ofere învățături și a fost foarte impresionat de către patriarhul Sakya, de la care va primi ulterior multe împuterniciri și încă mai multe învăţături. Ca ofrande pentru aceste învăţături, el l-a investit pe Chögyal Phakpa cu autoritatea spirituală şi temporară asupra întregului Tibet. După întoarcerea în ţara natală, Chögyal Phakpa a introdus un sistem centralizat de guvernare a Tibetului, cu conducerea oficială la sediul Mănăstirii Sakya şi cu treisprezece conducători regionali ca administratori. Ulterior, Chögyal Phakpa va călători în Mongolia ca invitat, oferind multe învăţături extinse şi introducând un scenariu de scriere pentru limba mongolă.

Tradiţia Sakya a continuat să conducă încă câteva generaţii după Chögyal Phakpa. Totuşi, odată ce mongolii şi-au pierdut influenţa în China, s-a diminuat şi influenţa Sakya. În acea perioadă, familia Khön s-a divizat în patru case distincte, care au început să se lupte între ele pentru a stabili cine va fi liderul lor. În final, ele au ales să se focalizeze aproape exclusiv doar pe chestiuni spirituale şi, de atunci, au lăsat altora conducerea temporală. Dintre aceste patru case, una a supravieţuit, dar a dat naştere la două Linii de descendenţă familiale, Liniile Drolma şi Phuntsok. În mod tradiţional, aceste două familii au ocupat alternativ postul de Sakya Trizin, liderul suprem al tradiţiei Sakya.

Pe măsură ce învăţăturile Sakya au început să crească în popularitate, au fost fondate mai multe mănăstiri de ramură. Aceasta a condus la crearea de diverse sub-linii, pe lângă tradiţia principală Sakya. Cele mai importante dintre acestea sunt:

- **Ngor:** Această tradiţie îşi trage Linia de descendenţă din disciplina instituită de către Ngorchen Kunga Zangpo (1382 - 1456 e.n.), fondatorul Mănăstirii Ngor Ewam Chöden (1429 e.n.). Accentul principal este pus pe tradiţia monahală de studiu şi de practicare a disciplinei.

- **Tsar:** Această tradiţie se bazează pe învăţăturile ezoterice ale lui Tsarchen Losal Gyatso (1502 - 1556 e.n.), fondatorul Mânăstirii

Dar Drangmochen. Această tradiție pune cel mai mare accent pe o colecție de învățăturile tantrice cunoscute drept *Cele Treisprezece Dharme Aurite*.

BAZA FILOZOFICĂ

Ca toate școlile tibetane, tradiția Sakya are o tradiție monahală bogată, ce s-a focalizat pe studiul textelor budiste clasice, în conformitate cu tradiția Nalanda. Printr-un program riguros de studiu și dezbatere, călugării Sakya au dezvoltat un fundament puternic în toate aspectele *Celor Trei* Întoarceri *ale Roții Dharmei*. Această cunoaștere a oferit călugărilor o puternică bază de cunoaștere teoretică, cu care să lucreze.

Ultimul lucru de spus este că vederea unică a celor din Sakya e derivată din sistemul de practică Lamdre. Aceste învățături au fost construite inițial din *Tantra Hevajra* și au primit ulterior instrucțiuni de esență de la Mahasiddha indian Virupa (secolele VII-VIII e.n.).

Indivizibilitatea samsarei cu nirvana

Esența învățăturilor Lamdre s-a dezvoltat din experimentarea directă a *indivizibilității samsarei cu nirvana*. Sistemul accentuează folosirea unui cadru întreit pentru înțelegerea acestei realități ultime:

- **Cauza:** Natura efectivă a realității, ce oferă baza pentru toate experiențele.

- **Calea:** Activitățile folosite pentru îndepărtarea întunecărilor ce acoperă acea natură.

- **Rezultatul:** Manifestarea naturii, odată ce au fost eliminate toate întunecările

Identificând relația dintre diversele elemente ale acelui cadru, noi suntem apți să obținem șase caracteristici despre felul în care există lucrurile cu adevărat:

1. **Cauza cu Calea:** Toate diversele activități pe care le îndeplinește cineva aflat pe Cale sunt prezente în baza cauzală, sub formă de *activitate potențială*.

2. **Cauza cu Rezultatul:** Toate calitățile iluminate (care sunt rezultatul Căii) sunt prezente în cauză, ca *spontaneitate naturală*. Aceasta înseamnă că, în condițiile potrivite, aceste calități se vor manifesta spontan. Provocarea constă,deci, în a crea condițiile pentru ca să se manifeste potențialitățile.

3. **Calea cu Cauza:** Atunci când o persoană practică pe Cale, există *potențialul de a* îndepărta întunecările *din cauză*. Aceasta e important, deoarece dacă nu ar exista în Cale acel potențial, acțiunile de pe Cale ar fi lipsite de semnificație și practicantul nu ar ști în ce practici să se angajeze.

4. **Calea cu Rezultatul:** De asemenea, atunci când cineva practică Calea, există potențialul ca persoana să obțină rezultatul. Aceasta înseamnă că activitățile sunt mijloace abile.

5. **Rezultatul cu Cauza:** Baza cauzală nu dispare în rezultat. Este doar configurată într-un anumit mod, astfel încât să se poată manifesta pe deplin. Prin urmare,putem spune că și *cauza continuă să existe* în *rezulta*t.

6. **Rezultatul cu Calea:** În mod similar și Calea continuă să existe în rezultat. Calea este doar *o succesiune de realizări ce preîntâmpină manifestarea ignoranței* și încurajează

manifestarea înțelepciunii. Deci atunci când este obținut rezultatul, toate aceste manifestări sunt prezente în forma lor completă.

Pe baza acestei analize, putem să vedem acum că fiecare aspect cuprinde toate celelalte aspecte, fie ca potențial, fie ca formă manifestă. Să ne amintim că acesta este un model experimental și, prin urmare, toate aceste diverse aspecte se joacă în minte. În esență, ele descriu dinamica ce influențează modul în care experimentează mintea o anume situație. Atunci când mintea e influențată de către întunecări, acțiunile noastre vor produce un singur tip de rezultat, numit "samsara". Similar, atunci când mintea e liberă de aceste întunecări, ea produce experiența „nirvanei". Ambele stări sunt recunoscute ca având o singură natură, inseparabilă de baza cauzală.

Cele trei apariții

În această înțelegere a inseparabilității, scopul este de a schimba relația cuiva cu ceea ce îi apare în minte. Întrucât totul este baza, nu e nimic ce trebuie respins. În schimb, singurul lucru ce trebuie făcut constă în transformarea percepției acelei baze de către practicant. Putem, prin urmare, să lucrăm cu trei diferite tipuri de apariții:

1. **Apariții impure:** Primul tip de apariții este cunoscut drept apariții impure. Aceasta este starea obișnuită a minții, deținută de ceea ce e numit drept o „ființă simțitoare". Ea este mintea ce se agață de existența unei persoane individuale, o entitate separată și distinctă. Pe baza acestei agățări, o ființă simțitoare dezvoltă diverse stări mentale perturbatoare, care apoi influențează modul în care persoana percepe realitatea. Factorii mentali perturbatori sunt precum ochelarii cu lentile colorate,

iar acea culoare distorsionează experiența, dând naștere la o gamă variată de experiențe nesatisfăcătoare, cunoscute drept "suferință".

2. **Apariții experimentale:** Următorul tip se referă la aparițiile ce apar în mintea cuiva, atunci când se antrenează pe cale. Pe măsură ce ne angajăm pe Cale în diverse practici, noi dezvoltăm în mintea noastră realizări. Aceste realizări acționează drept antidoturi la diverse tipuri de întunecări care ne distorsionează realitatea. Din acest motiv, cu cât cineva își stabilizează mai mult realitatea, cu atât mai mult se mută percepția sa spre puritate. Deși persoana încă e considerată ca o ființă simțitoare, ea este în procesul de transformare a percepției sale și experimentează un amestec de apariții impure și pure.

3. **Apariții pure:** Ultimul tip se referă la toate aparițiile care apar într-o minte liberă de întunecări. În acest stadiu, nu ne mai referim la persoană ca la o „ființă simțitoare". În schimb, ea a devenit ceea ce este cunoscută drept o "ființă nobilă" (arya) — o persoană ce și-a îndepărtat toate întunecările perturbatoare și este acum aptă să vadă realitatea așa cum e, fără distorsiunile înțelegerilor greșite sau ale agățării.

Din nou, trebuie să fim atenți și să nu le înțelegem pe acestea ca fiind secvențiale, ci, în schimb, să recunoaștem că ele sunt trei modalități potențiale ce pot fi percepute într-un moment dat. În fluxul mental al unei singure persoane, sunt perioade când mintea sa percepe apariții impure, perioade când mintea percepe apariții experimentale și perioade când ea percepe apariții pure. Scopul este să renunțe la aparițiile impure prin dezvoltarea realizărilor, astfel încât practicantul să poată să sălășluiască permanent în apariții pure.

Caracteristicile sistemului Lamdre

În baza înțelegerii dinamicii din *Cele Trei Apariții*, sistemul Lamdre folosește mai multe strategii care disting abordarea generală adoptată de practicanți:

- **Folosirea condițiilor imediate:** Întrucât toate fenomenele sunt văzute ca fiind indivizibile cu rezultatul, atunci toate fenomenele oferă oportunitatea ca să apară realizarea. Aceasta înseamnă că pot fi folosite drept parte a Căii.

- **Focalizarea pe minte:** În mod fundamental, toate suferințele apar din cauza felului în care noi ne percepem realitatea. Prin urmare, toată energia noastră ar trebui plasată pe lucrul cu percepțiile noastre. Dacă ne putem antrena mintea, atunci noi ne putem transforma toate percepțiile ce apar din ea.

- **Transformarea situațiilor dificile:** Dacă ducem mai departe înțelegerea indivizibilității, atunci recunoaștem că tot ceea ce, de regulă, e respins ca fiind problematic, are de fapt o natură pură. Aceasta înseamnă că putem învăța să vedem puritatea în toate situațiile dificile ce ne apar și, prin urmare, să ne dezvoltăm puterea și încrederea de a face față adversităților.

- **Recunoașterea experiențelor:** Prin conștientizarea sporită a rolului jucat de percepție în experiența rezultantă, un practicant Lamdre învață să recunoască tiparul general care apare în minte. Această recunoaștere permite practicantului să se elibereze de agăţarea sa de aceste apariţii, oferindu-i oportunitatea de a aplica orice înţelepciune ar fi dezvoltat.

STRUCTURA CĂII

Sistemul Lamdre e proiectat ca o Cale graduală ce e capabilă să ghideze practicantul de la fundamentele budismului pe tot drumul spre o iluminare completă, de-a lungul unei singure vieţi. Structura Căii este împărţită în două cicluri de practici. Primul oferă fundamentul vederii, în conformitate cu învăţăturile Sutrei. Al doilea, foloseşte acea vedere pe baza angajării în diverse metode ale învăţăturilor tantrice. În acest fel, sistemul Lamdre combină cele trei tradiţii ale budismului, Theravada, Mahayana şi Vajrayana.

Calea ca Cele Trei Apariţii

Calea Lamdre începe prin punerea bazelor pentru înţelegerea contextului actual al practicantului. Aceasta constă într-o serie de meditaţii analitice ce ajută practicantul să îşi orienteze viaţa de la apariţiile impure spre apariţiile pure.

Preliminariile

Înainte de a porni pe cale, practicantul trebuie să petreacă ceva timp dezvoltând încrederea în însăşi Calea. Este crucial ca practicantul să aibă puterea necesară a voinţei de a depăşi multele dificultăţi pe care le prezintă Calea. Cu cât e mai puternică încrederea cuiva, cu atât mai puternică îi e determinarea de a se angaja în practici şi, prin urmare, cu atât mai rapid va fi apt să dezvolte realizări. Acest subiect e divizat în două contemplări:

- **Credința în Linia de Maeștri:** Primul pas pentru practicant este să învețe istoria Liniei de descendență Lamdre. Familiarizându-se cu istorisirile despre diverșii maeștri anteriori lui, practicantul va avea o minte inspirată și va dezvolta o perspectivă asupra rezultatelor potențiale oferite de această Cale.

- **Refugiul în Cele Trei Giuvaiere:** Următorul pas este să dezvolte credința că bazându-se pe Cele Trei Giuvaiere (Buddha, Dharma și Sangha), el va fi apt să obțină rezultatul Căii.

Aparițiile impure

Pe baza acestei credințe, practicantul își începe Calea analizând aparițiile impure ale percepției sale obișnuite. Aceasta este, în esență, un "apel de trezire", care ajută practicantul să recunoască efectul pe care l-ar putea avea o percepție impură asupra calității experienței sale. Acest subiect e divizat în trei seturi de contemplări:

- **Defectele existenței ciclice:** Pentru a avea o bază de analiză, practicantul începe prin contemplarea diverselor feluri în care ființele simțitoare își experimentează viața. Aceasta se face mai întâi *învățând despre diversele tărâmuri de existență* și despre formele de insatisfacție pe care acestea le generează. Există trei tărâmuri inferioare (ființele iadurilor, fantomele înfometate și animalele) și trei tărâmuri superioare (oameni, semi-zei și zei), care formează o variație de experiențe, de la suferință intensă până la infinită plăcere. După această investigare, practicantul va ajunge să recunoască că în samsara nu există nici o altă formă de existență care este complet eliberată de insatisfacție.

- **Dificultatea de a câștiga libertățile** și înzestrările: Următoarea contemplare se focalizează pe condițiile specifice care există în prezent în viața practicantului. La precedenta accentul era pus pe amploarea suferinței, în timp ce acum practicantul ia în considerare modul în care condițiile unice din viața sa actuală îi oferă oportunitatea de a se elibera de această suferință. El va considera *raritatea vieții sale* și *natura nepermanență* a acesteia, ceea ce îl va conduce spre hotărârea de a se folosi de viața sa, atât timp cât mai poate încă să o facă.

- **Cauzele și rezultatele acțiunilor:** Aceasta conduce practicantul spre întrebarea cum e produsă samsara, care la rândul ei îl conduce spre subiectul karmei. În acest stadiu, practicantul dezvoltă o înțelegere a *dinamicii cauzei* și *efectului*, ceea ce-i oferă o bază spre angajarea într-o practică spirituală. El învață de asemenea cum să abandoneze acțiunile non-virtuoase, care îl conduc spre suferință și cum să adopte acțiunile virtuoase, care îl conduc spre eliberare.

Aparițiile experimentale

În timp ce meditațiile asupra aparițiilor impure vor dezvolta dorința practicantului de a se elibera de samsara, următorul set de contemplări se focalizează pe stabilirea unei motivații corecte pentru practică. În special aceasta implică generarea minții bodhicittei și, pe această bază, dezvoltarea convingerii necesității practicării tantrei. Acest subiect e divizat în cinci seturi de contemplări:

- **Cultivarea iubirii binevoitoare:** Cu un simț ascuțit al renunțării personale la samsara, practicantul trebuie acum să ia în considerare faptul că nu este singur în aceste experiențe.

El trebuie să vadă că e conectat cu nenumărate ființe simțitoare, care în trecut i-au oferit lui o bunătate nelimitată. Ideea este ca aici să recunoască natura noastră interdependentă și să genereze un sentiment de apropiere cu toate ființele.

- **Cultivarea compasiunii:** Pe baza acestei aproprieri, practicantul recunoaște că toate aceste ființe simțitoare dragi suferă, exact ca și el. El dezvoltă o minte căreia îi pasă cu sinceritate de binele acestor ființe dragi și care dorește să le ajute să se elibereze de suferință.

- **Cultivarea bodhicittei relative:** Pe acest fundament al iubirii și compasiunii, practicantul va lucra să-și reconcilieze actualele condiții cu o dorință aparent imposibilă de a aduce beneficii nemăsuratelor ființe simțitoare. Aici el realizează că singurul mod în care poate să-și atingă scopul este să realizeze el însuși iluminarea. Ca urmare, persoana va genera o hotărâre extraordinară de a practica Calea spre iluminarea sa, pentru a putea să conducă toate ființele la eliberare. Acest set de contemplări include practici variate, desemnate pentru a menține și întări mintea iluminării, precum *Angajamentele de Bodhisattva* și *Cele Șase Perfecțiuni*.

- **Cultivarea bodhicittei absolute:** După ce și-a stabilit un set de conduită în concordanță cu motivația bodhicittei, practicantul se va întoarce acum spre stabilirea bazei conceptuale pentru experimentarea realității absolute. Deși etica e capabilă să asigure renașteri bune în samsara, numai acele renașteri în sine nu pot să elibereze pe cineva de ignoranță. Doar înțelepciunea poate asta și, în mod specific, înțelepciunea care cunoaște realitatea așa cum este. Pentru a dezvolta această înțelepciune, practicantul trebuie să învețe să-și focalizeze mintea într-un singur punct asupra naturii realității și apoi să se antreneze în absorbția meditativă cunoscută sub numele de *rămânerea în calm* (shamatha). După dezvoltarea unei minți flexibile, persoana se angajează într-o serie de meditații care întrerup tendința duală de înțelegere a subiectului și obiectul, care dezvăluie astfel natura primordială a minții și conduc spre pătrunderea la înțelegerea *pătrunzătoare* (vipasyana).

- **Dezvoltarea certitudinii în Tantra:** În acest stadiu, practicantul și-a pregătit fluxul mental și e gata să intre în practicarea Tantrei budiste. Pentru aceasta, trebuie mai întâi să dezvolte aspirația de a o face. Aceasta se obține prin studierea diverselor beneficii ale practicii tantrice și a calităților unice ale instrucțiunilor ezoterice acordate în conformitate cu sistemul Lamdre. În acest fel, practicantul ajunge să realizeze că dacă se va baza doar pe Calea Bodhisattva, atunci va dura trei nenumărați eoni ca să-și îndeplinească scopul. În acest timp, dragele sale ființe simțitoare, mamele sale, vor continua să sufere. Datorită compasiunii el nu poate suporta aceasta și va dezvolta, prin urmare, convingerea de a se angaja în mijloacele abile ale Căii tantrice și să atingă iluminarea într-o singură viață.

Apariţiile pure

Practica spirituală nu este facilă. Ea e plină de urcușuri și coborâșuri și multe greutăți vor apărea pe drum. Pentru a persevera și a face față greutăților, cineva trebuie să fie entuziast în legătură cu Calea sa. Următorul set de contemplări este desemnat a ajuta practicantul să dezvolte entuziasmul pentru atingerea calităților iluminate, ce se vor manifesta plenar atunci când își va fi completat Calea.

- **Corpul Iluminat:** Acest set de contemplări ia în considerare aspectele pătrunzătoare al corpurilor-forme ale unui Buddha și întăresc abilitatea de a se manifesta în orice modalitate e necesară pentru a aduce beneficii ființelor simțitoare.

- **Vorbirea Iluminată:** Acest set caută capacitatea unui Buddha de a comunica cu fiecare ființă simțitoare, într-un fel ce are sens pentru acestea.

- **Mintea Iluminată:** Acest set ia în considerare mintea omniscientă a lui Buddha și abilitatea sa spontană de a ști exact ce învățături vor atenua cel mai bine suferința unei ființe simțitoare

Calea Celor Trei Continuumuri

Până aici, practicile au fost comune cu alte tradiții budiste. În primul rând, ele stabilesc practicantul pe Calea Bodhisattva și îi pregătesc fluxul mental pentru practicarea tantrei. Acum practicantul intră în practica efectivă, ce îi va maturiza mintea și-l va conduce spre iluminare. Această Cale e prezentată în legătură cu ceea ce este cunoscut sub numele de *Cele Trei Continuumuri*. În contextul practicii, aici sunt relevante doar primele două continuumuri (cauzal și metoda), întrucât continuumul rezultant va fi descris în următoarea secțiune.

Inițierea Hevajra

Primul pas în orice practică tantrică constă în primirea inițierilor necesare, care împuternicesc practicantul să se angajeze în fazele ulterioare. În acest sistem, împuternicirea e legată de *Tantra Hevajra*, care e sursa primară a sistemului Lamdre. Ceremonia de împuternicire oferă practicantului două componente esenţiale:

- **Patru iniţieri:** Scopul principal al împuternicirii constă în a oferi practicantului un fundament pe care să se construiască. Prin procesul primirii celor patru iniţieri, maestrul îi creează practicantului o oportunitate de a manifesta în fluxul său mental anumite aspecte ale Naturii de Buddha. Aceasta îi asigură o bază de experienţă, care poate fi alimentată ulterior prin practicarea Căii. În final, ceea ce a început doar ca o gustare din propriul potenţial, va putea să ajungă la manifestarea completă a stării de Buddha Iluminat.

- **Jurămintele** şi **angajamentele:** Pentru a putea să-şi alimenteze experienţa, practicantul stabileşte o legătură cu Maestrul, sub forma asumării jurămintelor şi angajamentelor tantrice. Aceste angajamente reprezintă conduita etică de pe Calea tantrică şi trebuie mereu respectate. Eşecul de a le păstra duce practicantul spre pierderea conexiunii sale cu experienţa de la împuternicire şi prin urmare, la pierderea bazei pe care sunt construite toate practicile ulterioare.

Continuumul cauzal

Ceremonia de împuternicire nu oferă practicantului nimic din ceea ce el nu ar avea deja. În schimb, creează condiţiile pentru ca practicantul să recunoască sau să-şi observe natura minţii sale. Această natură este cunoscută drept continuumul cauzal şi este sinonimă cu Natura de Buddha a practicantului. În acest stadiu, practicantul se focalizează pe dezvoltarea stabilității experimentării înțelepciunii primordiale, care este cunoscută drept indivizibilitatea samsarei cu nirvana.

Preliminariile

Ca preliminarii care conduc la meditația asupra naturii minții, practicantul se angajează în următoarele practici:

- **Ofranda Mandalei:** Se aduc ofrande universului simbolizat, pentru a acumula depozite masive de energie pozitivă.

- **Recitarea Vajrasattva:** Se recită mantra de o sută de silabe a lui Vajrasattva, pentru a fi purificate întunecările din fluxul mental.

- **Guru Yoga:** Să fie implorat din inimă maestrul, pentru a-i primi binecuvântările, ceea ce va permite practicantului să-și realizeze natura ultimă a minții sale. În timpul acestei practici, practicantul va vizualiza cum primește de la Maestru cele patru împuterniciri, care întăresc și mai mult conștientizarea continuumului cauzal, ușurând sarcina Maestrului de a i-o arăta.

Cele trei aspecte ale coemergenței

Odată ce practicantul și-a pregătit în mod adecvat fluxul său mental, Maestrul îl va introduce în natura minții sale. El face aceasta ghidându-l printr-o serie de teme desemnate spre a-i a scoate in evidență diverse aspecte ale minții. Deși practicantul și-a dezvoltat deja ceva înțelegere intelectuală a minții în timpul practicilor *Celor Trei Apariții,* următoarele practici sunt proiectate spre a provoca experiențe meditative directe. În esență, sunt prezentate trei subiecte:

- **Coemergența cauzală:** Prima temă reprezintă un set de meditații care se focalizează pe găsirea naturii minții. Este vital ca practicantul să fie apt să treacă dincolo de înțelegerea intelectuală și să recunoască această natură în mod experimental. În acest punct, Maestrul începe să pună diverse întrebări, care îl ajută pe practicant să diferențieze această natură. Dacă practicantul a dezvoltat deja ceva stabilitate a minții prin practica concentrării într-un singur punct, el va fi apt să-și observe mintea cu claritate și să dezvolte o anume certitudine. Rezultatul acestei practici este stabilizarea *unității dintre luciditate și vacuitate.*

- **Coemergența Căii:** Apoi Maestrul îi explică practicantului cum se dezvoltă pe Cale experiența lucidității și vacuității. Aici practicantul învață cum, în timpul *stadiului de generare*, meditația sub forma Mandalei-suport și a zeității-suport este luciditatea, meditația asupra naturii sale este vacuitatea și manifestarea spontană a zeității este uniunea lucidității și vacuității. În timp ce în timpul *stadiului de desăvârșire* meditația asupra canalelor și chakrelor este luciditate, natura sa este vacuitate și indivizibilitatea acestora două este în uniune. În acest fel, practicantul vede că fiecare aspect al practicii sale e proiectat spre a-i demonstra calitățile lucidității și vacuității.

- **Coemergența rezultantă:** Tema finală este menită să ajute practicantul să recunoască modul în care simpla indivizibilitate a lucidității și vacuității dă naștere la rezultatul calităților iluminate. În acest fel, practicantul vede că nu au existat niciodată aparițiile impure ale samsarei și, prin urmare, toate aparițiile apar ca și conștientizarea primordială a măreților extaz.

Cele trei puncte cheie ale practicii

După ce a primit instrucțiunile de "clarificare" de la un Maestru calificat, practicantul trebuie acum să-și stabilizeze și să-și îmbunătățească experiența sa asupra naturii minții. Dacă experiența nu apare sau apare doar ca o senzație vagă, atunci aceste puncte îi vor oferi a doua șansă de a stabili ca obiectiv conștientizarea asupra bazei. Sunt aici trei seturi de meditații:

- **Aparițiile sunt mintea:** Primul set de contemplări e dat din perspectiva unei stări mentale confuze. Fiecare dintre ele reprezintă exemple ce ilustrează natura aparițiilor și modul în care aceste apariții nu sunt separate de minte.

- **Stabilirea că aparițiile mentale sunt iluzorii:** Următorul set e constituit din opt contemplări care ilustrează natura iluziilor. Apoi practicantul meditează cum toate aceste variate apariții din minte sunt de asemenea de o natură iluzorie.

- **Mintea iluzorie nu are natură intrinsecă:** Ultimul set de contemplări se focalizează pe stabilirea naturii dependente ce apare în minte și pe natura sa inexprimabilă. Sunt exemple uzuale, desemnate din învățăturile asupra vacuității și exemple neobișnuite, extrase din învățăturile despre Natura de Buddha.

Metoda Continuumului

În acest fel, practicantul stabilește o vedere experimentală, ce va fi acum folosită pentru purificarea întunecărilor și actualizarea tuturor calităților bune. Diversele metode sunt aici grupate în cinci seturi, fiecare corespunzând uneia dintre inițierile oferite anterior.

Practici referitoare la Inițierea Vasului

Primul set cuprinde acele metode cunoscute sub numele generic de stadiul generării. Aceste practici folosesc vizualizările extinse pentru a transforma modul în care practicantul se referă la propriul său simț al identității. Scopul este de a ajuta practicantul să renunțe la identificarea cu aparițiile impure și să dezvolte simțul viziunii pure. Aici sunt două stadii de practică:

- **Stadiul de generare exterioară:** În acest stadiu, practicantul învață cum să vizualizeze Mandala Hevajra și diversele zeități din această mandală. Această practică se focalizează în primul rând pe dezvoltarea concentrării într-un singur punct, pe baza acestor vizualizări.

- **Stadiul de generare interioară:** Faza următoare începe prin conectarea la mandala vizualizată cu diverse aspecte ale corpului practicantului. Practicantul se angajează în niște vizualizări dinamice, ce îl antrenează să mențină concentrarea, chiar și atunci când mintea sa e în mișcare.

Prin aceste două stadii, practicantul dezvoltă flexibilitatea mentală a uniunii shamatha cu vipashyana. Vizualizările prin care se familiarizează cu el însuși îi vor oferi baza spre angajarea în următorul set de practici.

Practici referitoare la Inițierea Secretă

După ce și-a actualizat capacitatea de a se genera pe el însuși drept Hevajra, practicantul este acum apt să intre în practica stadiului de completare. Această fază este caracterizată prin exerciții yoghine, combinate cu vizualizări, care sunt proiectate spre concentrarea minții și generarea unui nivel extraordinar de concentrare. În acest sistem, sunt două forme de practică:

- **Yoga vânturilor vitale:** Acest prim grup de exerciții ajută practicantul să dezvolte controlul asupra energiilor subtile care se mișcă prin corpul său. Mintea este foarte strâns conectată la aceste energii și atunci când practicantul învață cum să direcționeze energiile spre locuri specifice, ele produc stări mentale specifice. Acest control este, de regulă, dezvoltat prin reglarea unor tipare de respirație, combinate cu vizualizări.

- **Cele optsprezece practici ale Focului aprig (Tummo):** Următorul grup de practici e proiectat spre a aduna energia din tot corpul, pentru a genera o minte extrem de concentrată, care e caracterizată drept *focul interior*. Acest foc topește picăturile esențiale, care la rândul lor călătoresc în jos prin canalul central, producând o incredibilă conștientizare extatică, ce poate fi folosită pentru meditația pe înțelepciunea primordială.

Practici referitoare la Inițierea Înțelepciunii

Cu cât mai mult poate păstra practicantul extazul, cu atât mai mult îi va fi mintea mai concentrată. Pentru a-și spori experimentarea extazului, persoana practicantă se poate angaja acum în practica cu o consoartă. Aceasta poate fi făcută fie prin folosirea unei consoarte fizice, fie a uneia vizualizate. Practica implică învățarea cum să-și amplifice extazul, fără a pierde energia care e suportul acestuia.

Practici referitoare la A Patra Inițiere

Până aici, practicantul a învățat cum să transforme toate aparițiile din minte în *vacuitatea extatică sublimă*. Ultimul stadiu constă în redirecționarea energiei practicantului în sus prin canalul central și folosirea acesteia pentru a-și transforma complet percepția asupra realității.

Practici suplimentare

De-a lungul fiecăruia din cele patru seturi de practici, mai există șase practici suplimentare, care pot fi utilizare pentru a îmbunătăți experiența prin sesiuni formale de meditații. În fiecare stadiu al Căii, practicantul va dezvolta o vedere din ce în ce mai subtilă, folosită apoi pentru angajarea în aceste practici în moduri ușor diferite.

- **Corpul iluzoriu:** Această practică se realizează în perioadele de veghe ale zilei, atunci când un practicant nu este angajat în meditații formale. Ea consistă în principal în faptul că persoana își amintește de natura iluzorie a corpului, vorbirii și minții sale. Ea lucrează pentru a contracara tendințele uzuale de agățare de lucruri ca fiind reale și substanțiale.

- **Yoga visului:** Această practică e proiectată ca să ne ajute să dezvoltăm capacitatea de a avea vise lucide și, prin urmare, de a ne oferi oportunitatea de a ne folosi visele pentru practica spirituală. Odată ce practicantul învață să recunoască visele, el va învăța apoi cum să le controleze. În acest mod, practicantul va putea să mențină o continuitate a practicii de-a lungul zilei și a nopții.

- **Lumina Clară:** Această practică se concentrează pe simularea procesului dizolvării ce apare în momentul morții. Atunci când murim, mintea se deconectează de constrângerile fizice corporale. În acel punct, se manifestă în mod natural nivele mult mai subtile ale minții. Dacă putem învăța să recunoaștem cele mai subtile nivele ale minții, e posibil să folosim momentul morții ca pe o oportunitate de a atinge iluminarea. În această practică, practicantul folosește experiența similară cu adormirea, ca pe un fel de repetiție. Scopul este să adormim lucid și, prin urmare, să ne odihnim în mintea cea mai subtilă a somnului fără vise.

- **Transferul conștiinței:** În cazul în care practicantul este incapabil să-și actualizeze complet Calea pe durata vieții sale, el are nevoie să practice metode care să-l asigure că în viitoarea renaștere va avea condiții propice practicii spirituale. Această practică implică vizualizări diverse, ce permit practicantului să își direcționeze conștiința spre ceea ce e cunoscut drept un Tărâm Pur de existență, care e mediul ideal de a atinge iluminarea.

- **Practicile stării intermediare:** Dacă practicantul e incapabil să se folosească efectiv de avantajul din momentul morții sau nu poate să-și transfere conștiința, atunci ar mai putea avea o șansă de iluminare în timpul stării intermediare (cunoscută drept Bardo). Aici practica constă în recunoașterea manifestărilor pure din Bardo drept expresiile minții sale și, prin urmare, îndepărtarea oricărei forme de agățare de ele ca având existență substanțială.

- **Renașterea:** Dacă toate celelalte eșuează, atunci practicantul trebuie să învețe să recunoască diversele semne ce indică formele diferite de renaștere. Ideea este de a evita renașterile improprii practicii și să se focalizeze pe cele ce sunt potrivite. De regulă, asta înseamnă să înveți cum să te asiguri că vei renaște cu o prețioasă naștere umană.

STAREA REZULTANTĂ

Ne referim la ultimul nivel de realizare spirituală în sistemul Lamdre drept *Continuumul rezultant*. Acest nivel descrie stările rezultante care se manifestă atunci când Continuumul Cauzal este condiționat prin Continuumul Metodei. Această ultimă realizare poate fi descrisă prin trei tipuri de măreții:

Măreția de a-ți aduce beneficii ție însuți

Atunci când practicantul primește prima dată cele patru împuterniciri de la un Maestru calificat, începe să se manifeste un aspect parțial al fundației pentru actualizarea celor patru corpuri ale iluminării. Prin practicile ulterioare, acea bază este purificată și natura pură e aptă să se manifeste din ce în ce mai mult. Atunci când inițierea vasului s-a maturizat complet prin practicile stadiului de generare, canalele subtile sunt dizolvate și ele devin forma iluminată a Corpului de emanație (nirmanakaya). Atunci când inițierea secretă s-a maturizat complet prin practicile stadiului de completare, vânturile subtile sunt dizolvate și ele devin vorbirea iluminată a Corpului de bucurie (sambhogakaya). Atunci când inițierea înțelepciunii s-a maturizat complet prin practica cu o consoartă-înțelepciune, esențele subtile sunt dizolvate și ele devin mintea iluminată a Corpului de Adevăr (dharmakaya). Și, în final, când a patra inițiere s-a maturizat complet prin rămânerea în samadhi-ul vacuității extatice sublime, atunci vânturile karmice sunt dizolvate treptat și se transformă în vânturile conștientizării primordiale, în corpul, vorbirea și mintea iluminate ale Corpului de esență (svabhavikakaya). În acest fel practicantul a obținut starea unei ființe complet iluminate.

Măreția de a aduce beneficii altora

Din perspectiva unei ființe iluminate, toate fenomenele sunt văzute drept înțelepciunea primordială, dincolo de orice percepție duală. Totuși, din moment ce mintea iluminată e capabilă să cunoască toate fenomenele, atunci ea e aptă să cunoască și perspectiva relativă a ființelor simțitoare. Prin urmare, din infinita lor compasiune, ființele iluminate se manifestă în nenumărate forme, pentru a ajuta la ghidarea ființelor simțitoare spre iluminare.

Măreția de a aduce beneficii atât pentru tine, cât și pentru alții

Acest ultim tip de măreție se referă la recunoașterea faptului că nimeni nu obține pe cont propriu iluminarea. Atunci când un practicant atinge iluminarea, la fel este cu Linia de Maeștri, consoarta-înțelepciune, înțelepciunea-dakini și discipolul.

Dakpo Lhajé, Gampopa Sönam Rinchen

CAPITOL 16

Kagyu

Linia Instrucțiunilor Ezoterice (Kagyu) reprezintă numele dat unui grup de Linii de descendență ce pornește din sinteza dintre tradiția Kadam a sutrei cu tradiţiile ezoterice orale ce au fost propagate de către marele traducător Marpa Chökyi Lödro (1012 e.n.). Aceste două curente au fost unite de către personalitatea enigmatică a Domnului Dharmei Gampopa (1079-1153).

În timp ce tradiţia Sakya era centralizată în jurul familiei regale a clanului Khön, tradiția Kagyu a apărut din relația guru-discipol a deținătorilor Liniilor de descendență. Prin urmare, tradiția a dezvoltat un mare număr de sub-linii, fiecare cu propriul său accent și cu propria sa interpretare asupra învățăturilor, în funcție de Liniile specifice de descendență ce au apărut de la Maestrul lor fondator. Din acest motiv, structura Kagyu seamănă cu cea a tradiţiei Nyingma, în sensul că e o familie de Linii de descendență distincte, cu ceva rădăcini comune.

O altă trăsătură specifică a tradiţiei Kagyu este că ea a pus întotdeauna un accent deosebit pe practica de meditație. Deși au fost mulți erudiți Kagyu foarte realizați, ea era mai degrabă cunoscută pentru realizările extraordinare ale practicanților săi yoghini. Mulți dintre acești yoghini au continuat tradiţia de a compune în mod spontan cântece ale realizării spirituale (doha), care călcau astfel pe urmele măreților mahasiddha din India.

CONTEXTUL ISTORIC

Originile învățăturilor ezoterice care vor forma esența tradiției Kagyu pot fi regăsite în perioada revitalizării de după dizolvarea imperiului tibetan. În vidul spiritual din acele timpuri, mulți indivizi și-au asumat o călătorie lungă și dificilă spre Nepal sau India, pentru a studia cu măreții maeștri indieni. Unul dintre acești indivizi a fost Marpa Chökyi Lödro.

După ce a studiat un timp cu faimosul traducător Drokmi Lotsawa (993-1050 e.n.), Marpa a decis că vrea să adune mai mult aur și s-a pregătit ca să plece spre sud. El a făcut în total trei călătorii, de fiecare dată studiind cu diverși maeștri, traducând texte și apoi întorcându-se în Tibet, de unde a propagat învățăturile unui grup select de studenți. Deși Marpa a primit o gamă largă de învățături din diverse sisteme de practică, el a fost cel mai strâns conectat de Liniile de descendență ce i-au fost transmise de către mărețul mahasiddha indian Naropa (955 - 1040 e.n.).

Dintre toți studenții lui Marpa, cel mai faimos a fost renumitul yoghin tibetan Milarepa (1040 - 1123 e.n.). Deoarece comisese în tinerețe acțiuni în mod particular foarte negative, Milarepa a fost motivat să-și găsească un învățător spiritual. După ce l-a căutat ceva timp, el a ajuns la Marpa și i-a devenit student. După ce a fost forțat inițial să îndure incredibile greutăți, el a primit în final toate învățăturile de la Marpa. Apoi el a adoptat o viață de ascet rătăcitor și a trecut la actualizarea acestor învățături prin practică meditativă intensă.

Pe măsură ce faima despre realizările sale mărețe s-a răspândit pretutindeni, el a ajuns în final să atragă studenți, dintre care doi vor deveni moștenitorii lui în Dharma. Primul a fost Rechungpa (1085 - 1161 e.n), care era un yoghin rătăcitor, exact ca și Maestrul său. După ce a studiat muți ani cu Milarepa, el a călătorit în India și a primit în mod adițional învățături de la niște Linii de descendență ce fuseseră transmise în mod incomplet de la Marpa. El s-a reîntors în Tibet și i-a oferit aceste Linii de descendență lui Milarepa.

Al doilea student a fost venerabilul Domn Gampopa Sönam Rinchen, care este creditat cu înființarea primei instituții monahale din tradiția Kagyu. Gampopa a fost un călugăr ordinat în tradiția Kadam. Cei din Kadam erau cunoscuți pentru restricțiile contra învățăturilor Celei mai Înalte Yoga Tantra în favoarea celor rezervate mai degrabă tradiției sutrelor. Cu toate acestea, atunci când Gampopa și-a dat seama de valoarea lui Milarepa, el a dezvoltat o credință incredibilă în yoghin și l-a căutat. Deși a petrecut mai puțin de un an cu Milarepa, el a devenit Maestru în *Cele Șase Dharme ale lui Naropa* și unul dintre discipolii de inimă ai lui Milarepa.

În final, Gampopa va fonda o Mănăstire în lanțul muntos Dalka Gampo. Acolo el a implementat un curriculum monahal ce a fuzionat Calea graduală a tradiției Kadam cu mijloacele abile ale Celei mai Înalte Yoga Tantra. Deși majoritatea vor studia sutrele, unui grup select de practicanți, care erau considerați pregătiți, li se vor oferi învățături mai avansate. Acest model va deveni tiparul pentru multe mânăstiri Kagyu, care se vor ridica în urma sa.

În primele secole de după fondarea a ceea ce este cunoscut drept Dakpo Kagyu, au luat formă primele patru principale sub-școli. Fiecare dintre aceste școli s-a format atunci când principalii studenți ai lui Gampopa au fondat propriile lor mânăstiri și au stabilit un sistem unic de practică. Aceste școli au fondat apoi multe mănăstiri de ramură, care era fiecare sub controlul unei mănăstiri centrale. Cele patru școli principale sunt:

Phakdru Kagyu

Această școală a fost fondată de către unul dintre principalii discipoli de inimă ai lui Gampopa, Deshek Phakmo Drupa Dorje Gyalpo (1110-1170 e.n.). El este cunoscut în mod special pentru realizarea și transmisia Liniei de descendență Mahamudra. El a fondat mănăstiri în regiunea Nedong, ce va deveni cunoscută ulterior drept Densa Thil (1158 e.n). Phakmo Drupa a avut opt discipoli, ce vor fonda la rândul lor câte o sub-școală:

1. Drikung Kagyu fondată de către Drikung Kyopa Jigten Sumgyi Gönpo (1143-1217 e.n)

2. Drukpa Kagyu fondată de către Drupchen Lingrepa Pema Dorje (1128-1189 e.n) și discipolul său Chöje Tsangpa Gyare Yeshe Dorje (1168-1233 e.n)

3. Taklung Kagyu fondată de către Taklung Thangpa Tashi Pal (1142 - 1210 e.n)

4. Yasang Kagyu fondată de către Zarawa Kalden Yeshe Senge (decedat în 1207 e.n) și discipolul său Yasang Chöje Chökyi Mönlam (1169–1233 e.n)

5. Trophu Kagyu fondată de către Rinpoche Gyatsa (1118–1195 e.n) și discipolul său Trophu Lotsawa Champa Pal.

6. Shuksep Kagyu fondată de către Gyergom Tsultrim Senge (1144 - 1204 e.n)

7. Yelpa Kagyu fondată de către Yelpa Drupthop Yeshe Tsekpa (1134-1194 e.n)

8. Martsang Kagyu fondată de către Martsang Sherab Senge (1134–1203 e.n)

Karma Kagyu

Această școală a fost fondată de primul Karmapa, Düsum Khyenpa (1110-1193 e.n), care a studiat cu Gampopa. Pentru mai mult de șaptesprezece generații, (tulku) Karmapa au ghidat și conservat învățăturile autentice ale tradiției Kagyu. Karmapa erau cunoscuți îndeosebi pentru realizările lor înalte și pentru activitățile lor extinse pentru beneficiul ființelor simțitoare.

Tsalpa Kagyu

Această școală a fost fondată de către Yudakpa Tsondru Dakpa (1123 – 1193 e.n), cunoscut și drept Lama Shang. El a fost un student al discipolului lui Gampopa numit Wangom Tsultrim Nyingpo. El a stabilit Mănăstirea Gungthang (1187 e.n) drept reședința sa principală.

Barom Kagyu

Această ultimă școală principală a fost fondată de către studentul lui Gampopa numit Barom Darma Wangchuk (1127-1194 e.n.). El a stabilit Mănăstirea Barom în nordul Tibetului.

În cele din urmă, a apărut un stat mare și bogat în jurul mânăstirii Densa Hil a lui Phakmo Drupa. După ce mongolii i-au dat autoritatea peste țară patriarhului Sakya, statul a fost recunoscut ca un district administrativ și a devenit cunoscut ca Phakmodru. În final, atunci când a scăzut puterea Mongolo-Sakya în regiune, călugărul-conducător Changchup Gyaltsen (1302 - 1364 e.n.) a sesizat oportunitatea de a prelua controlul asupra țării, restabilind un stat tibetan independent.

În anii următori, au apărut diferite diviziuni în cadrul conducătorilor lui Phakmodru și ei au fost finalmente deposedați de către familia Rinpungpa (1434 e.n.). Aceștia erau adepți în principal ai tradiției Karma

Kagyu, care ulterior a intrat într-o perioadă de expansiune semnificativă. Totuși, tensiunile politice au început să escaladeze, pe măsură ce familia Rinpungpa a căutat să-și afirme puterea asupra diferitelor mănăstiri din regiune. Ca rezultat, s-au intensificat diviziunile sectariene dintre tradițiile Kagyu și Geluk.

Situația s-a deteriorat și mai mult atunci când cei din Rinpungpa au fost răsturnați de la putere de către clanul Tsang (1565 - 1642 e.n.) din Tibetul de vest. Continuând patronajul asupra adepților lui Karmapa, clanul Tsang s-a angajat în persecuții semnificative asupra mănăstirilor Geluk. Cei din Geluk au început să caute un aliat cu puteri egale printre mongolii din nord. Ulterior mongolii au invadat Lhasa și l-au numit pe al V-lea Dalai Lama drept conducătorul suprem al țării. Forțați cu exilarea din Tibetul central, Karmapa s-a refugiat în regiunile estice ale țării și la vecinii acestora.

Cu atât de multă frământare în Tibetul Central, multe dintre mănăstirile tradițiilor ce nu erau Geluk au decis să își restabilească tradițiile în regiunile estice Kham și Amdo. Maeștrii Kagyu au fondat mânăstiri lângă comunitățile tradițiilor Bön, Sakya, Nyingma și Jonang. Această diversitate de tradiții a creat un mediu bogat de studiu spiritual și realizări meditative. Din acest mediu se va dezvolta ulterior Mișcarea Rimé.

BAZA FILOZOFICĂ

Tradiția Kagyu este puternic înrădăcinată în abordarea yoghină asupra filozofiei. Din această orientare experimentală a apărut vederea *Marelui Sigiliu* (Mahamudra). În multe feluri, Mahamudra este similară vederii Dzogchen a tradițiilor Bön și Nyingma, precum și a vederii Măreței Madhyamika a celor din Jonang. Deși sunt diferențe subtile pe locul pe care pun accentul, ele toate conduc spre aceeași ultimă realizare și, prin urmare, pot fi considerate ca fiind la fel de profunde, în mod egal.

Mintea obișnuită

În centrul înțelegerii Mahamudra stă recunoașterea minții obișnuite. În acest context, termenul de "obișnuită" se referă la starea naturală în care sunt lucrurile. Ea este obișnuită deoarece nu e nici specială, nici nouă, nici diferită în nici un fel de realitate. Este pur și simplu mintea așa cum e. Ea este cunoscută drept *Baza Mahamudra*, natura ultimă a fenomenelor. Este realitatea ultimă pe care se manifestă experiența tuturor fenomenelor. La nivelul relativ, deși fenomenele pot apare ca fiind distincte unele față de celelalte, ele nu sunt niciodată altceva decât această natură ultimă. În acest fel, nivelul ultim și cel relativ sunt văzute ca fiind inseparabile.

Din acest motiv, este posibil să luăm în considerare două tipuri de realizare. O putem eticheta pe prima drept *realizarea graduală*, care este un proces de familiarizare graduală cu o stare conceptuală a minții. În timp, conceptul este rafinat până în punctul în care devine identic virtual cu realitatea ce e menită a o reprezenta. În acel punct, practicantul este apt să folosească conceptul ca bază pentru experimentarea directă a aspectului realității pe care o modelează acel concept. A doua este numită *realizarea instantanee*, care se bazează pe ajungerea împreună a diverselor cauze și condiții care dezvăluie un aspect particular al realității. În timp ce prima are o abordare conceptuală, a doua este experimentală.

Mahamudra accentuează abordarea instantanee. Dacă orice apariție ce se ivește în minte este o manifestare a realității ultime, atunci orice apariție poate servi ca bază pentru realizarea acelei realități. Tot ce trebuie să știe practicantul este ceea ce caută. În acest sistem, baza poate fi descrisă ca având trei aspecte:

- **Vacuitatea:** Toate aparițiile sunt goale de orice formă de existență inerentă. Deși nu există inerent, aparițiile apar totuși datorită naturii interdependente a minții.

- **Luminozitatea:** Mintea are capacitatea de a cunoaște. Prin urmare, orice apariție ce este generată din minte poate fi cunoscută de către minte.

- **Manifestarea neobstrucționată:** Deoarece mintea e goală de existență inerentă, ea e complet liberă să se manifeste ca orice, fără nici o limitare. Ceea ce manifestă va depinde de relația dintre luminozitate și apariții. Întrucât cele două aspecte sunt reciproc pătrunzătoare și simultane, interacțiunea lor dă în mod constant forma minții.

Pe această bază, mintea e aptă să genereze o gamă infinită de apariții. Aceasta include atât aparițiile samsarei, cât și ale nirvanei. Atunci când ne referim la apariții într-un fel, experimentăm aparițiile suferinței. La fel, atunci când ne raportăm la ele în celălalt fel, experimentăm aparițiile libere de suferință. Când sunt apariții de amândouă felurile, dezvoltăm o preferință ce vede nirvana mai bună ca samsara. Ne străduim atunci spre nirvana, în timp ce încercăm să evităm samsara. Totuși, la nivel ultim, natura lor e la fel.

Inseparabilitatea vacuității cu luminozitatea dă naștere la un flux nesfârșit de apariții. Dacă noi apucăm ceva ce ne apare ca fiind permanent, atunci îl etichetăm drept "existent". Pe câtă vreme dacă apucăm ceva ce nu ne apare, atunci îl etichetăm drept "inexistent". Și totuși, din perspectiva ultimă, aceste apariții nu sunt nici existente, nici inexistente, amândouă fiind pur și simplu apariții ale naturii ultime a minții. În acest fel, putem spune că baza mahamudra e liberă de extreme.

Noi putem, de asemenea, să spunem că baza e liberă de cauze și condiții, datorită interdependenței diverselor apariții prin care e experimentată doar dintr-o perspectivă relativă. Indiferent de felul în care se manifestă realitatea ultimă, ea este tot o realitate ultimă. Deși forma se poate schimba, natura e întotdeauna la fel. Indiferent dacă mintea e dominată de confuzie sau de înțelepciune, nimic nu schimbă nivelul ultim. Din acest motiv, putem spune că, întrucât natura minții nu a fost niciodată confuză, nu este o eliberare ce trebuie realizată. Doar la nivelul relativ putem spune că eliberarea acționează drept cauză ce previne apariția confuziei.

În cele din urmă, noi putem vedea că natura minții transcende toate încercările de a o fixa într-un cadru sau într-o referință. Ea e complet liberă de toate modurile de înțelegere a "acest" sau „aceea" și e dincolo de capacitatea cuvintelor de a o descrie. Cuvintele pe care le-am folosit până acum servesc doar ca indicații după ce să ne uităm. În final, ea poate fi cunoscută doar prin experiență directă.

Cauzele confuziei

Dacă toate fenomenele sunt în mod egal pure, atunci de unde apare confuzia noastră? De ce nu putem pur și simplu să sălășluim în mintea obișnuită? Sunt cinci greșeli ce dau naștere confuziei și ne condiționează experiența ca să genereze suferință:

1. **Neînțelegerea că toate ființele au Natura de Buddha:** Toate ființele (mari sau mici) posedă aceeași natură fundamentală. Nu este absolut nici o diferență între natura unei persoane față de a alteia. Aceasta înseamnă că fiecare are exact aceeași capacitate de a experimenta realitatea așa cum este. Nerecunoscând aceasta, noi ne limităm potențialul și, prin urmare, limităm tipurile de experiență pe care le putem avea.

2. **Vederea samsarei și a nirvanei ca pe stări separate:** Când noi credem că samsara și nirvana reprezintă două stări diferite, ne întărim credința că nirvana e "undeva afară", cumva dincolo de noi. Acest lucru ne face să privim departe de minte, când în realitate trebuie să recunoaștem că totul e mereu prezent în minte.

3. **Să vezi iluminarea doar ca pe un proces gradual:** Aceasta e credința că atingerea iluminării este o călătorie lungă și grea, care este foarte departe. Păstrând iluminarea la distanță, veți eșua să priviți în proxima voastră apropiere. Dacă veți înțelege asta, veți vedea că iluminarea poate fi atinsă într-o singură clipă, pur și simplu recunoscând natura minții. Numai datorită distragerii constante de la această natură poate să apară confuzia.

4. **Să nu realizezi că apariţiile se ivesc datorită tendinţelor depozitate în minte:** Atunci când mintea eșuează să-și recunoască propria sa natură, atunci crede în mod greșit că aspectul luminos al minții ar fi subiect, și apariţiile goale ca fiind obiecte. Această credinţă în existenţa duală conduce mintea spre condiţionarea ei însăși, depozitând tendinţele acestea în minte. Aceste tendinţe vor conduce spre apariţia experienţelor de plăcere sau durere, care la rândul lor duc spre tendinţe viitoare, care sunt depozitate în minte. În timp, aceste tendinţe vor forma obiceiuri, care vor condiţiona fiecare aspect al experienţei noastre.

5. **Neînțelegerea că mintea este Natura de Buddha și, prin urmare, conţine toate calităţile iluminate:** Aceasta este credinţa că natura pură a minții este altceva decât defectele

întâmplătoare ale minţii. Defectele sunt văzute ca ceva ce trebuie îndepărtat, iar calităţile iluminate ca fiind ceva ce trebuie dezvoltat. Gândind în acest fel, asta împiedică persoana să recunoască că toate calităţile iluminate sunt inerente în continuumul său mental. Nu e nimic ce trebuie îndepărtat şi nimic de adăugat.

Recunoaşterea Celor trei Kaya

Punând laolaltă toate aceste componente, vedem că Mahamudra ne indică să privim direct spre ce ne apare în minte, chiar în acest moment. Nu e necesar să privim spre ceva exterior, nu trebuie să schimbăm nimic, nu e necesar să adăugăm nimic. Tot ceea ce e necesar este să ne odihnim în conştientizarea naturală de la sine.

Dacă cineva e capabil să facă asta, atunci e posibil să recunoască prezenţa Celor trei Kaya iluminate. Aspectul gol al tuturor apariţiilor e văzut drept dharmakaya, aspectul luminos, conştient, e văzut drept sambhogakaya şi manifestarea neobstrucţionată a acestora două e văzută drept nirmanakaya. Odihna în această realizare permite să se manifeste diversitatea completă a calităţilor iluminate.

STRUCTURA CĂII

Cu atât de multe sub-şcoli din cadrul tradiţiei Kagyu, sunt multe sisteme de practică ce se focalizează pe diverse aspecte de pe Cale. În general, putem identifica trei componente principale ale sistemului Kagyu. Primul se referă la faptul că există o cale comună ce oferă fundamentele învăţăturilor din sutrele budiste. Apoi practicantul va alege fie să practice *Sutra Mahamudra*, fie *Tantra Mahamudra*. În unele cazuri, forma sutrică de Mahamudra va fi utilizată ca preliminarii, iar apoi se vor angaja în practicile tantrice. În ce combinaţie de practici se va angaja practicantul, asta depinde de Linia de descendenţă particulară de Kagyu aleasă şi de tendinţele sale personale.

Stadiile Căii (lamrim)

Fundamentele Căii Kagyu derivă din practicile Liniilor de descendenţă ale tradiţiei Kadam. Acest sistem specific îşi organizează temele fundamentale într-un proces de realizare pas-cu-pas, culminând cu generarea bodhicittei şi practicile Mahayana ale unui Bodhisattva. Între multele Linii de descendenţă Kagyu, textul de rădăcină pentru studiul şi meditaţia asupra acestor teme constă în *Giuvaierul-ornament al Eliberării*, scris de către Lordul Dharmei Gampopa. Următoarea structură se bazează pe acest text .

Dezvoltarea entuziasmului pentru Cale

Înainte de a porni pe Cale, practicantul trebuie să dezvolte încrederea că iluminarea este cu adevărat posibilă. Din acest motiv, primul pas constă în contemplarea asupra unor teme preliminarii, care ajută persoana practicantă să înţeleagă cauzele şi condiţiile ce dau naştere iluminării.

- **Cauza primară:** Primul subiect constă în recunoaşterea că principala cauză pentru atingerea iluminării este *Natura de Buddha* şi faptul că toate fiinţele simţitoare posedă această natură. Prin contemplarea asupra caracteristicilor acestei naturi, persoana practicantă îşi stabilizează credinţa că ea este la fel de capabilă ca oricine altcineva să atingă starea de Buddha. Singura diferenţă dintre ea însăşi şi un Buddha constă în gradul în care se manifestă în prezent această natură.

- **Baza de lucru:** Deși noi toți avem Natura de Buddha, această natură nu poate să se manifeste plenar dacă noi nu avem adunate toate condițiile corecte necesare. Ceea ce noi numim starea de Buddha reprezintă realizarea celui mai mare potențial al cuiva. În acest stadiu, practicantul se uită la condițiile prezente, pentru a obține *prețioasa naștere umană*. Această formă specifică de viață umană este potrivită pentru angajarea în practica spirituală și, prin urmare, este baza ideală pentru dezvăluirea naturii noastre ultime.

- **Cauza contributivă:** Chiar dacă această viață ne oferă o platformă excelentă pe care să apară realizările, noi suntem încă ignoranți referitor la modul efectiv în care să ne eliberăm de nesfârșita suferință a existenței noastre. Prin urmare, persoana practicantă trebuie să recunoască că, pentru a-și putea depăși ignoranța, trebuie să se bazeze pe înțelepciunea unui învățător *spiritual*. Din acest motiv, ea va medita la diversele calități ce îi sunt necesare pentru a putea primi instrucțiunile autentice, care sunt apte să o ghideze spre iluminare.

Metoda efectivă de a depăși Cele patru Obstacole

Bazându-se pe instrucțiunile unui învățător spiritual autentic, practicantul va fi acum apt să intre pe Cale. Întrucât fiecare posedă deja Natura de Buddha, Calea e proiectată să ne ajute să îndepărtăm obstacolele ce împiedică această natură să se manifeste în mod plenar. Sunt patru astfel de obstacole:

- **Atașamentul de această viață:** Primul obstacol ce-l împiedică pe practicant este credința în permanența fenomenelor. Acest fel de înțelegere conduce la solidificarea aparițiilor, care conduce la depozitarea acestor tendinţe, ce perpetuează suferinţa. Prin urmare, practicantul meditează la *nepermanenţa* grosieră şi subtilă, pentru a renunţa la înţelegerea că realitatea ar exista în mod substanţial.

- **Ataşamentul de plăcerile samsarei:** După ce a recunoscut că această viaţă e doar un flux nesfârşit de schimbări, practicantul se concentrează acum pe diversele forme pe care le poate lua existenţa sa. Scopul este aici să înţelegem felul în care lucrează ciclul existenţei şi dacă e ceva ce poate fi făcut în această privinţă. Contemplând asupra diverselor feluri de *suferinţă din samsara*, practicantul va dezvolta înţelegerea felului în care samsara este plină de insatisfacţie. Aceasta va contracara agăţarea de a vedea că unele fenomene ar fi surse de fericire reală, când de fapt ele sunt surse de suferinţă. Apoi, contemplând asupra *karmei*, practicantul va câştiga perspectiva asupra a ce conduce acest ciclu, identificând, prin urmare, cum e posibil să ne eliberăm din ciclu, şi să atingem o stare de pace (nirvana).

- **Ataşamentul de plăcerile nirvanei:** Atunci când practicantul se îndepărtează de suferinţa samsarei, mintea sa se poate bloca la samsara ca la ceva la care să se străduiască. În contextul Mahayana, nirvana este pur şi simplu o stare liberă de suferinţă. Chiar dacă aduce beneficii complete cuiva, nu aduce nici un beneficiu nenumăratelor fiinţe simţitoare ce experimentează suferinţele samsarei. Prin urmare, pentru a preveni agăţarea de starea beatifică a samsarei, practicantul meditează la *iubirea binevoitoare* şi la *compasiune*. Aceasta îi întăreşte conexiunile cu fiinţele simţitoare şi se asigură că nu se va ataşa de nirvana ca un final în sine. În acest proces, persoana practicantă își diminuează mintea prețuirii de sine, care îl consideră pe el însuși a fi mai important decât ceilalți.

- **Necunoașterea metodelor de a atinge Iluminarea:** Până acum, practicantul a lucrat mai mult pentru renunțarea la diverse tipuri de atașament. Acum el trebuie să-și fixeze obiectivele asupra scopului său final, iluminarea completă și totală. Rădăcina atingerii acestui scop constă în practica de *refugiere* în *Cele Trei Giuvaere*. Cu sprijinul celor din Sangha, cineva practică Dharma și e apt să atingă starea de Buddha. Intrarea în Dharma Mahayana se face prin *generarea bodhicitta*, aspirația de a atinge iluminarea pentru beneficiul tuturor ființelor. Prin puterea acestei motivații, practicantul intră pe Calea de Bodhisattva prin practicarea *Celor Șase Perfecțiuni*. În acest fel, mintea e purificată de toate întunecările, iar Natura de Buddha a practicantului este aptă să se manifeste sub forma unui Buddha complet iluminat.

În acest stadiu, practicantul s-a stabilit pe el însuși pe Calea Mahayana. Dacă el va continua singur pe Cale, el va ajunge la iluminare după trei nemăsurați eoni. Din compasiune, Bodhisattva caută metode ce-i ajută să avanseze mai repede pe Cale. În tradiția Kagyu, sunt două Căi ce îi ajută să facă asta: *Calea Eliberării* și *Calea Mijloacelor abile*.

Practicile Preliminare (ngöndro)

Indiferent de calea aleasă, practicantul trebuie să se angajeze mai întâi în ceea ce este cunoscut drept *Practicile Preliminare*. Aceste practici sunt proiectate în mod special pentru a pregăti practicantul să înceapă antrenamentele mai înalte ale Căii Vajrayana. Este ceva uzual în tradiția

Kagyu ca practicantul să finalizeze câte 100.000 de repetări ale fiecăreia dintre următoarele practici:

- **Prosternări:** Practicantul se angajează în acțiunea fizică de efectuare a prosternărilor, în timp ce recită rugăciunile de refugiu și de generare de bodhicitta.

- **Ofranda Mandalei:** Practicantul vizualizează tot felul de obiecte minunate și dezirabile, pe care le oferă ființelor iluminate. Practica îndepărtează atașamentul și cultivă o cantitate uriașă de energie pozitivă.

- **Mantrele lui Vajrasattva:** Practicantul recită apoi mantra de-o-sută-de-silabe a lui Vajrasattva, în timp ce vizualizează purificarea întregii sale karme negative, acumulate prin acțiunile creatoare de suferință.

- **Guru Yoga:** Practicantul îl vizualizează pe Guru său și-i face acestuia cereri extinse de binecuvântări. După primirea celor patru împuterniciri, el își amestecă mintea cu mintea lui Guru și se odihnește în natura ultimă.

Calea Eliberării

Această Cale se bazează în principal pe instrucțiunile tradiției Kadam predate lui Atisha de măreţul yoghin Maitripa. Ea se concentrează pe introducerea practicantului în natura minții sale și apoi pe stabilizarea acestei realizări. Este o metodă bazată pe sutre, ce accentuează dezvoltarea concentrării (samadhi), prin practici de shamatha și vipashyana.

Absorbția meditativă

După ce și-a pregătit în mod corect fundația, practicantul este acum pe punctul în care poate să fie *introdus* în natura minții sale. Natura acestei introduceri este de a recunoaște felul în care natura ultimă e coemergentă cu aparițiile din minte. Aceasta se realizează prin meditația asupra a trei subiecte:

- **Mintea însăși este dharmakaya.** Primul pas constă în practicarea calmului mental (shamatha), rămânând cu mintea în momentul prezent, într-o stare de claritate și fără gânduri. Cu perseverență, mintea grosieră se va potoli, iar practicantul poate să rămână într-o stare neutră a conștiinței fundament. Apoi practicantul este ghidat într-un proces de analiză (vipashyana), pentru a recunoaște felul în care caracteristicile bazei (dharmakaya) sunt prezente în această conștiință.

- **Gândurile sunt expresia minții.** Odată ce conștiința-fundament a fost văzută a fi dharmakaya, următorul pas constă în stabilirea prezenței dharmakaya în diversele manifestări ale fenomenelor mentale. Practicantul analizează liniștea și mișcările gândurilor, continuitatea gândurilor și apariția agatarii de sine. De fiecare dată, el recunoaște faptul că această esență nu e altceva decât dharmakaya.

- **Lumea exterioară este inseparabilă de minte.** Ultimul pas este ca cineva să-și extindă conștientizarea dharmakaya, pentru a cuprinde toate formele de apariții. Aceasta include în mod specific toate cele cinci conștiințe senzoriale ce se manifestă în minte. În acest fel, toate formele iluzorii de experiență sunt văzute ca având aceeași natură cu dharmakaya, și, prin urmare, e risipită confuzia și poate să apară înțelepciunea primordială.

Dacă condițiile karmice sunt maturate, atunci practicantul va câștiga ceva grade de realizare în natura minții. Din acel moment, el poate să-și întărească și să stabilizeze acea realizare printr-o absorbție continuă în echilibrul meditativ. Aceasta se poate face prin trei metode:

- **Odihna în momentul prezent:** Mintea obișnuită se manifestă în apropierea imediată a momentului prezent. Prin urmare, practicantul eliberează toate agățările de trecut și viitor și se odihnește pur și simplu în conștientizarea netulburată a ceea ce apare natural și spontan în minte.

- **Odihna liberă de efort:** În acest moment prezent, nu e nimic de făcut. Practicantul trebuie să învețe să se relaxeze în starea naturală, fără a fi necesar să interfereze sau să schimbe situația. Nu e nici un obiect de meditație și nu trebuie făcut nici un fel de efort.

- **Odihna fără nici o fabricație:** Orice apare este văzut ca fiind pur. Practicantul învață să renunțe la toate judecățile ce etichetează aparițiile ca fiind bune sau rele. În schimb, el se odihnește pur și simplu în momentul prezent, liber de orice reacție care împinge de o parte unele apariții sau care le păstrează pe altele.

Întreruperea rătăcirii și devierii

Atunci când practicantul se angajează în această formă de meditație, el va experimenta o purificare treptată a minții. Pe măsură ce mintea începe să devină mai subtilă, tot așa și obstacolele încep să devină mai subtile. Practicantul trebuie să îşi menţină vigilenţa asupra următoarelor puncte, pentru a se asigura că nu se abate de pe cale:

- **Natura de bază:** Dacă practicantul se fixează prea tare pe aspectul gol al minţii, atunci nu se va familiariza cu aspectul luminos. Dacă cineva vrea ca iluminarea să se manifeste, e necesar să realizeze ambele aspecte.

- **Vacuitatea:** Dacă practicantul ajunge prea satisfăcut cu foarte puţină înţelegere a vacuităţii, atunci şi-ar putea stopa procesul acumulării de merit şi înţelepciune. Aceasta l-ar putea împiedica să fie capabil să-şi îndepărteze întunecările subtile şi şi-ar limita progresul pe Cale.

- **Antidotul:** Dacă practicantul se agaţă de speranţa atingerii iluminării, atunci nu va realiza inseparabilitatea obscurităţii şi a antidotului ei. Atât timp cât aceasta e o noţiune duală, el va fi inapt să se odihnească în starea conştientizării non-duale.

- **Sigilarea apariţiilor:** Dacă practicantul pune un accent prea mare pe etanşarea tuturor apariţiilor ştiind că agentul, obiectul şi acţiunea sunt cu toate goale, atunci el va rămâne într-o înţelegere conceptuală a vacuităţii. El trebuie ca, în final, să renunţe la aceste concepte şi să dorească să meargă mai în profunzime.

- **Extazul:** Dacă practicantul devine ataşat de experienţa extazului, atunci el va crea cauza de a renaşte în tărâmul dorinţei ca unul din cele şase tipuri de fiinţe rătăcitoare.

- **Claritatea:** Dacă practicantul devine ataşat de experienţa clarităţii, atunci el va crea cauza de a renaşte în tărâmul formei.

- **Lipsa gândurilor:** Dacă practicantul devine atașat de experiența lipsei gândurilor, atunci el va crea cauza de a renaște în tărâmul celor fără forme.

De regulă, toate aceste puncte prezintă necesitatea de a nu vă agăța sau a nu vă apuca de experiențele meditative. Dacă practicantul poate să procedeze astfel, atunci el va fi apt să îndepărteze toate obstacolele și să-și actualizeze scopul deplinei iluminări.

Calea Mijloacelor Abile

Deși *Calea Eliberării* este foarte eficientă în introducerea practicantului în natura minții sale, este totuși o cale cauzală și, prin urmare, nu are avantajul metodelor unice ale căii rezultante. Pentru cei ce au tendințele karmice de a practica tantra, există *Calea Mijloacelor abile*. Această Linie de descendență de învățături pornește inițial de la Marpa Lotsawa, ce a fost învățat de către mărețul mahasiddha Naropa. Ea este Calea extraordinară de generare a minții efective a Mahamudra și atingerea iluminării într-o singură viață.

Împuternicirea

Ca orice Yoga Tantra cea Mai Înaltă, această Cale începe prin ceremonia de împuternicire. Prin acest ritual, practicantul primește cele patru împuterniciri (a vasului, secretă, a înțelepciunii și a cuvântului), care-i oferă baza pentru a experimenta nivele crescânde de subtilitate a minții. Împuternicirea este de regulă dată în Mandala lui *Chakrasamvara* sau a *Vajrayogini*.

A patra împuternicire e de regulă dată ca niște instrucțiuni de „subliniere", unde Maestrul ghidează practicantul printr-o meditație, astfel încât să poată experimenta natura minții sale. Acest proces de realizare instantanee este cunoscut drept *Esența Mahamudrei*. Ea necesită să ajungă împreună un maestru foarte realizat cu un student a cărui karmă este de un nivel special de maturare. Dacă există condiţiile adunate acolo, atunci doar câteva cuvinte pot fi suficiente ca să declanşeze experienţa.

Stadiul de generare

Deşi tradiţia Kagyu include mai multe tipuri de zeităţi de practică, două sisteme sunt cele mai mult practicate în stadiul de generare. Acestea sunt:

- **Chakrasamvara:** Acest sistem de practică a fost transmis de către Milarepa studentului său Rechungpa. Zeitatea cunoscută drept *Heruka Chakrasamvara* este manifestarea tantrică a lui Buddha Shakyamuni. Ea se vizualizează fie în forma sa esenţială cu două braţe, un cap şi trei ochi, ori în forma sa mai elaborată cu douăsprezece braţe şi patru feţe. De regulă, este vizualizat îmbrăţişându-şi consoarta Vajrayogini, simbolizând uniunea măreţului extaz cu vacuitatea.

- **Vajrayogini:** Vajrayogini este consoarta-înţelepciune a yidamului Chakrasamvara. În timp ce zeitatea masculină reprezintă metoda (în acest caz, măreţul extaz), zeitatea feminină este de regulă asociată cu înţelepciunea (în acest caz, vacuitatea). Ea este vizualizată cu un corp roşu, e goală şi împodobită cu diverse ornamente din oase. Ea este conectată în mod particular cu practica focului interior (a se vedea ulterior).

În timpul acestei faze, practicantul face diverse practici meditative ce îl ajută să-şi purifice diferite aspecte ale minţii şi să-şi construiască o viziune pură despre corpul său precum Mandala zeităţii. Această Mandală oferă baza pentru o vizualizare a corpului subtil în stadiul de completare. Ea formează, de asemenea, mintea și ajută la dezvoltarea uniunii shamatha cu vipashyana, care este o condiție prealabilă pentru angajarea în meditațiile specifice care urmează.

Stadiul de desăvârșire

Esența *Căii Mijloacelor Abile* constă într-un set de practici ale stadiului de completare, cunoscute drept *Cele Șase Dharme ale lui Naropa*. Aceste tehnici unice și foarte avansate au fost inițial compilate din diverse sisteme tantrice de către Tilopa, învățătorul lui Naropa. Ele oferă practici meditative intensive pentru aducerea pe Cale a fiecărui aspect al vieții cuiva. Practicile sunt divizate în două grupe principale:

Practicile principale

Într-o singură zi, toate experiențele noastre pot fi clasificate în patru stări: de veche, de vis, somnul profund și extazul uniunii sexuale. Fiecare dintre practicile principale poate fi folosită pentru purificarea uneia dintre aceste experiențe și transformarea sa în conștientizarea impecabilă. Transformând toate experiențele în conștientizare impecabilă, cineva poate să atingă iluminarea.

- **Focul interior:** Această practică este considerată stâlpul principal al Căii. Este fundația ce permite practicantului să dezvolte o stare meditativă foarte concentrată, ce e aptă să realizeze Mahamudra ultimă a extazului în coemergență cu vacuitatea. Această realizare este baza arderii de la rădăcină a tuturor emoțiilor perturbatoare și a gândurilor discursive. În această metodă, cheia este meditația într-un punct vital specific din corpul subtil al practicantului. Combinând aceasta cu exerciții speciale de respirație, meditatorul e apt să adune o cantitate enormă de energie, pe care apoi o poate canaliza spre a genera stări extatice crescânde. Această apariţie a extazului este apoi experimentată în coemergenţă cu vacuitatea. Prin puterea acestei absorbţii, practicantul e capabil să dezvolte o realizare a naturii minţii mult mai directă şi mai completă, ce e în concordanţă cu învăţăturile Ultimei Întoarceri a Roţii Dharmei. În acest fel, persoana practicantă îşi purifică extazul uniunii sexuale şi aduce acea experienţă pe cale. Doar prin această practică e posibil să se atingă iluminarea. Totuşi, folosind următoarele practici, cineva poate să îmbunătăţească acest proces şi să atingă mai rapid iluminarea.

- **Corpul iluzoriu:** Pe baza focului interior dezvoltat anterior, practicantul lucrează acum cu natura iluzorie a formelor ce apar în timpul stării de veghe. Această practică se împarte în sesiuni formale de meditaţie şi sesiuni informale de practică între sesiuni. În timpul acestora, practicantul lucrează mai întâi spre a vadea toate fenomenele obişnuite ca fiind iluzorii, care apar şi totuşi sunt goale de existenţă inerentă. Aceasta e cunoscută drept dezvoltarea *corpului iluzoriu impur.* Apoi, practicantul se antrenează ca să vadă toate aceste apariţii ca fiind Mandala pură a zeităţilor. Toate aspectele experienţei sale sunt văzute ca fiind aspecte pure ale zeităţii şi, prin urmare, aceasta e cunoscută drept corpul iluzoriu pur. Faza finală a acestei practici constă în lucrul cu formele goale care apar atunci când a supus toate gândurile conceptuale şi persoana practicantă rămâne în concentrarea nemişcată a măreţului extaz. Această practică de rămânere în manifestarea formei goale este cunoscută drept *corpul iluzoriu complet pur.* Este metoda de purificare a stării de veghe şi actualizarea realizării naturii tuturor apariţiilor.

- **Yoga visului:** Următoarea practică e construită pe corpul iluzoriu, extinzând practica şi în perioada somnului. Dacă persoana practicantă a realizat deja focul său interior, ea va fi aptă să aibă o concentrare într-un singur punct ce îi permite să adoarmă în mod lucid. Fiind deja antrenată să vadă toate apariţiile ca iluzorii, va fi aptă să-şi recunoască visul ca vis. Odată ce l-a recunoscut, va fi aptă să lucreze cu aceste apariţii spre a le transforma în Mandala pură a zeităţilor. Învăţând cum să-şi recunoască, manipuleze şi să-şi controleze visele, ea se va pregăti pentru experienţă asemănătoare visului din starea intermediară (bardo). În plus, întrucât această practică este mult îmbunătăţită de precedentele două, ea acţionează de asemenea şi ca un test pentru a vedea cât de eficient practică cineva. În timp, practicantul realizează că toate apariţiile, indiferent dacă suntem în starea de veghe sau în oricare alta, cu toate se ivesc din tendinţele noastre karmice şi, prin urmare, toate sunt egale cu un vis. Această realizare purifică starea de vis şi conduce spre conştientizarea impecabilă coemergentă, care unifică conştientizarea cu vacuitatea.

- **Lumina Clară:** A patra practică constă în meditaţia asupra clarităţii luminoase a minţii. Aceasta e considerată punctul central, inima Căii, întrucât prin această meditaţie practicantul realizează inseparabilitatea tuturor fenomenelor din această luminozitate şi făcând astfel ajunge faţă în faţă cu baza ultimă. Trebuie menţionat că din perspectiva celei mai Înalte Yoga Tantra, până în acest moment, experienţa bazei care este generată prin meditaţie conceptuală este doar un facsimil al minţii efective a Luminii Clare. Lumina Clară efectivă apare în mod natural în timpul dizolvării din momentul morţii. Aceasta poate fi făcută în meditație prin angajarea în instrucțiunile ezoterice ale Yoga Retragerii, în care mintea se odihnește în mod natural, în timp ce vânturile intră și rămân în canalul central. Prin efectuarea acestei practici înainte de a adormi, e posibil să fie recunoscută Lumina Clară a somnului adânc (fără vise). Dacă practicantul poate să o recunoască, el va fi apt să recunoască Lumina Clară în momentul morții și, astfel, să fie atinsă iluminarea. În acest fel, practicantul își purifică experiențele somnului profund și generează conștientizarea impecabilă, care unifică luminozitatea cu vacuitatea coemergente.

Practici suplimentare

Următoarele două practici sunt considerate a fi suplimentare față de precedentele patru. E necesar să ne antrenăm în ele ca precauție, pentru cazul în care practicantul moare înainte de a fi putut să obțină măiestria în celelalte practici.

- **Starea intermediară:** Această practică se ocupă de *starea intermediară de existență*, care apare după ce a murit cineva, până când acesta renaște. Această stare e caracterizată ca fiind un vis, unde persoana ajunge sub forma corpului mental subtil și experimentează o varietate de apariții karmice, până când este propulsată spre viitoarea renaștere. Sunt trei oportunități în această perioadă, pentru ca practicantul să-și aducă experiențele sale pe Cale. Prima apare în punctul culminant al procesului morții, atunci când toți constituenții mentali s-au dizolvat și luminozitatea clară a bazei devine manifestă. Dacă practicantul a experimentat recunoașterea acelei luminozități clare, e posibil ca el să atingă în acel moment iluminarea. Dacă nu o face, după aceea, practicantul va experimenta o varietate de apariții. Aici practica este în recunoașterea apariților drept pure manifestări ale conștientizării impecabile. Aceasta se poate face prin antrenarea în corpul iluzoriu și în yoga visului. Dacă practicantul are succes în recunoașterea stării intermediare, atunci el va putea folosi această stare mentală incredibil de clară pentru a medita despre Cale și, prin urmare, să atingă realizarea. Dacă toate celelalte nu reușesc, atunci practicantul se va regăsi pe punctul de a se renaște. Pentru a se asigura că va renaște într-un mediu propice practicii, el se angajează în meditații ce-i familiarizează mintea cu un Tărâm Pur specific sau cu tipuri de existență preferabile. Meditând cu putere în momentul renașterii, el va matura karma ce îl va propulsa spre acel tip de existență.

- **Transferul de conștiință:** Această ultimă practică este menită a oferi practicantului diverse resurse ce pot fi folosite în timpul morții, spre a orienta mintea spre circumstanțe favorabile practicii viitoare. Aceste meditații sunt utile atunci când practicantul încă nu este priceput în nici una dintre practicile anterioare. Dacă persoana practicantă a fost introdusă în natura minții sale, atunci ea poate învăța să rămână în această stare în timpul procesului morții. În caz contrar, poate să-și amintească de antrenamentul său cu corpul iluzoriu, observând diverse semne ale dizolvării și folosindu-le pentru a-și întări recunoașterea acelei naturi iluzorii. În sfârșit, dacă eșuează, se poate angaja în diverse practici de vizualizare ce îi direcționează conștiința spre un anumit Tărâm Pur.

STAREA REZULTANTĂ

Indiferent dacă practicantul se angajează pe *Calea Eliberării* sau pe *Calea Mijloacelor Abile*, rezultatul va consta în realizarea naturii minții. Singura diferență este că prima se bazează pe mintea grosieră, iar ultima se bazează pe mintea foarte subtilă și concentrată, care rezultă atunci când vânturile intră în canalul central. Puterea celei de a doua minți va permite practicantului să-și taie iluziile karmice mult mai rapid și, prin urmare, să atingă iluminarea într-un timp mult mai rapid. Acestea fiind spuse, ambele tipuri de practicanți vor experimenta următoarele rezultate:

Cele Patru Yoga ale Mahamudra

Aceste patru Yoga reprezintă realizări progresive pe care le experimentează practicantul de-a lungul Căii. Fiecare stadiu se divide la rândul său în categoriile de mai mic, mediu și mai mare, formând în total douăsprezece stadii. Cuvântul yoga e utilizat în sensul de uniune, întrucât mintea este unificată cu conștientizarea impecabilă, care cunoaște realitatea așa cum este.

1. **Ascuțimea unică:** Această yoga reprezintă prima recunoaștere a naturii minții. Ea este momentul în care practicantul a avut o experiență directă a conștiinței-fundament și a calităților sale de bază de extaz, luminozitate și lipsă de gânduri. Pe măsură ce practicantul se familiarizează mai mult cu această stare, crește stabilitatea acestei realizări. În acest punct practicantul experimentează toate aparițiile ca expresii ale luminozității minții sale.

2. **Simplicitatea:** Următoarea yoga reprezintă realizarea că fundația nu este doar neelaborată și liberă de fabricații, dar

e, de asemenea, liberă și de existență inerentă. Realizând că mintea e goală, practicantul e capabil să unifice aparițiile cu vacuitatea. Pe această bază, el își oprește înțelegerea aparițiilor ca având existență inerentă și astfel taie agățarea ce îl conducea spre acumularea de tendințe karmice.

3. **Un gust unic:** Următorul stadiu apare atunci când practicantul realizează inseparabilitatea apariției-vacuitate cu conștientizarea. Aceasta marchează dizolvarea dualității subiect-obiect din minte și permite practicantului să rămână într-o stare non-duală. Așa cum apa se dizolvă în apă, toate fenomenele se combină într-o natură esențială unică.

4. **Non-meditația:** Și, în final, ultima yoga este atinsă atunci când toate gândurile conceptuale încetează complet. Întrucât toate întunecările sunt concepte, câștigarea stabilității acestei etape este echivalentă cu îndepărtarea tuturor întunecărilor. Atunci când se întâmplă asta, toate calitățile iluminate ale Mahamudrei Rezultante sunt apte să se manifeste.

Cele Trei Kaya ale stării de Buddha

Viziunea Mahamudra constă în faptul că atât odihna în natura bazei, cât și diferitele apariții care rezultă din ea, au toate natura celor trei kaya. Aceasta înseamnă că într-un fel, nu există diferență esențială între mintea amăgită și mintea iluminată. Ceea ce este numită iluminare reprezintă stabilizarea realizării acestei vederi . În acest punct, dharmakaya se manifestă ca mintea omniscientă, sambhogakaya se manifestă ca forma pură a înțelepciunii impecabile și nirmanakaya se manifestă ca nenumărate forme-goale.

Khunphang Thukje Tsondru

CAPITOL 17

Jonang

Dintre toate sistemele spirituale ce au apărut în Tibet, nici una nu a capturat mai mult imaginația poporului tibetan decât Tantra Kalachakra. Inspirând mai multe scrieri decât oricare alt gen, învățăturile Kalachakra străbat literatura tibetană despre astrologie, medicină și filozofia budistă. În acest fel, ideile lor au jucat un rol influent în dezvoltarea într-un fel sau altul a tuturor tradițiilor sale majore.

Încă de la început, Kalachakra a fost foarte legată de tema armoniei, atât la nivelul păcii individuale cât și la nivelul societății globale. Această caracteristică distinctă face din ceremonia de împuternicire Kalachakra unul dintre cele mai populare ritualuri, atât în Tibet, cât și în lumea modernă. De-a lungul secolelor, mii și mii de oameni s-au adunat laolaltă pentru a împărți o experiență a solidarității și respectului reciproc pentru diversitatea vieții.

Acest mesaj de integrare profundă formează fundamentul tradiției Jonang. Ca deținători inițiali ai Liniei de descendență a practicilor Stadiului de desăvârșire Kalachakra, ei au adunat împreună peste șaptesprezece Linii diferite de descendență, pentru a forma un sistem de practică unic, unificat. Acest sistem a fost transmis printr-o Linie de descendență neîntreruptă de secole, până în prezent.

Şi totuşi, deşi Liniile de descendenţă pe care le poartă par să crească în relevanţă, foarte puţini sunt efectiv conştienţi de tradiţia Jonang şi de tehnicile sale unice. Aceasta se datorează, în parte, faptului că Jonang nu au mai activat în regiunea Tibetului Central, de unde vin majoritatea comunităţii tibetane din exil. În timp ce celelalte tradiţii s-au concentrat pe restabilirea instituţiilor lor în afara Tibetului, tradiţia Jonang a rămas în regiunile îndepărtate ale Tibetului de Est. Doar în ultimele decenii Maeştrii Jonang au început să călătorească şi să împărtăşească din moştenirea lor preţioasă.

CONTEXTUL ISTORIC

Deşi Tantra Kalachakra a fost una dintre primele tantre predate de către Buddha Shakyamuni, ea a fost unul dintre ultimele sisteme tantrice ce au apărut public în India. Pentru secole, ea a fost păstrată în regatul Shambhala, un regat despre care se crede că ar fi în nordul Indiei şi în vestul Tibetului. Mulţi practicanţi Bön cred că acesta este doar un alt nume al legendarei Olma Lungring, locul de naştere al lui Tonpa Shenrab.

Deşi ar putea fi dificil de reperat cu precizie locaţia sa geografică, în acest regat a înflorit şi s-a dezvoltat sistemul Kalachakra. A fost transmis printr-o Linie de descendenţă regală, iar măreţii regi ai Shambhalei au fost apţi să-şi unifice poporul şi să construiască o societate înfloritoare şi paşnică.

În cele din urmă, după multe generaţii de practicanţi, budismul s-a dezvoltat suficient de mult în India pentru a crea condiţiile corecte pentru a putea fi înţeleasă acolo Kalachakra. Odată introdusă yoghinilor şi pandita indieni, ea a devenit rapid unul dintre cele mai populare sisteme de practică. Aceasta e evident pur şi simplu prin numărul Liniilor de descendenţă ce şi-au găsit drumul spre Tibet, prin efortul traducătorilor tibetani.

În timpurile când încă se formau școlile timpurii Sarma, erau foarte puține diviziuni sectariene. Prin urmare, era ceva uzual ca oamenii să fie expuși la o mare varietate de tradiții diferite. Atât de mult, încât un individ motivat putea să călătorească de la o mănăstire la altă mănăstire, studiind și practicând cu o mare varietate de învățători, adunând astfel un cufăr de comori de învățături.

Un astfel de individ a fost mărețul yoghin Khunphang Thukje Tsondru (1243-1313 e.n.). Este cunoscut faptul că ar fi primit toate cele șaptesprezece Linii de practică Kalachakra, precum și niște Linii secundare de descendență. După ce a practicat mulți ani în mod intensiv în diverse peșteri, Thukje Tsondru a ales să se așeze în valea Jomonang. Acolo el a construit un schit drept căminul unei comunități în creștere de practicanți dedicați, specializați în practicarea Kalachakra.

Mânăstirea Jonang (1294 e.n.), așa cum a ajuns să fie cunoscută, a început curând să atragă atenția multor mari eruditi și adepți. Unul dintre acești eruditi a fost omniscientul Dolpopa Sherab Gyaltsen (1292 - 1361 e.n.). Dolpopa a fost atât de impresionat de către practicanții Jonang, încât s-a stabilit acolo și, în final, a ajuns pe tronul de abate al mănăstirii. Așa cum era profețit în multe sutre și tantre, se va dovedi că învățăturile lui Dolpopa o să aibă un impact de lungă durată asupra gândirii tibetane.

Dolpopa este cel mai bine cunoscut datorită prezentării vederii filozofice unice a *Vacuității de Celelalte* (shentong). Această abordare particulară de articulare a Căii de Mijloc a apărut din realizările pe care el le-a obținut prin practicarea stadiului de completare Kalachakra. Din experiența sa personală, el a fost apt să recunoască semnificația definitivă a învățăturilor budiste pe care le-a primit și a comunicat în scris această semnificație. Făcând astfel, el a prezentat niște puncte de vedere inovative, care s-au dovedit a fi prea dificile pentru a fi acceptate de către majoritatea contemporanilor săi.

În pofida filozofiei sale aparent controversate, Dolpopa s-a dovedit a fi unul dintre cei mai populari învățători ai timpului său. Oriunde mergea, oamenii se adunau cu miile ca să-i asculte învățăturile. Dintre numeroșii săi studenți, paisprezece au fost în mod special apropiați de acest învățător enigmatic. Acești paisprezece discipoli- fii de inimă au devenit purtătorii de torțe pentru tradiția sa și sunt răspunzători de ascensiunea rapidă a tradiției Jonang prin pământurile Tibetului. Mulți dintre ei au călătorit în regiuni foarte îndepărtate, stabilind sute de mănăstiri și centre de retragere. În acel timp a fost stabilită în Tibetul de Est măreața Rezidență Monahală a Dzamthang (1425 CE) de către Dung Ratna Shri, studentul lui Dolpopa.

În timp ce centrele Jonang din est erau focalizate mai degrabă spre practica intensivă, Mânăstirea Jonang a devenit ea însăși un centru măreț de erudiție. Studenții lui Dolpopa au fost răspunzători pentru o explozie de comentarii ce au ajutat la formarea și expansiunea filozofiei shentong. Printr-un proces de dezbateri intense, ei și-au rafinat înțelegerea și au integrat-o complet în sistemul lor de practică. Din acest moment, tradiția Jonang s-a stabilit în mod clar ca o tradiție unică și distinctă printre celelalte școli majore.

De-a lungul timpului, vederile shentong au fost contestate cu putere de diverși erudiți, îndeosebi de cei ce erau legați de tradiția Sakya. Aceste critici au fost ulterior extinse de către fondatorul tradiției Geluk, Je Tsongkhapa (1357 - 1419 e.n.). De fapt, multe dintre propriile vederi ale lui Tsongkhapa au fost stabilite prin încercarea sa de a le respinge pe cele ale lui Dolpopa. Treptat, aceste două filozofii au ajuns să polarizeze în jurul dezbaterii despre natura ultimă a realității. În timp ce cei din Jonang cred că modul ultim, final, constă în Natura de Buddha complet stabilită, liberă de toate convenționalismele (goală de celelalte), cei din Geluk argumentează că natura ultimă e pur și simplu absența existenței inerente (goală de sine).

Într-un efort de a clarifica și apăra validitatea vederii lui Dolpopa, mărețul erudit yoghin Jetsun Taranatha (1575–1634 e.n.) a scris în mod extensiv despre subiectul Vacuității de Celelalte. Procedând astfel, el a marcat renașterea referitoare la prezența și influența tradiției Jonang în Tibetul Central. Taranatha a călătorit în lung și în lat, adunând o vastă gamă de învățături de la toate tradițiile diferite, studiind chiar cu mai mulți maeștri indieni (ceea ce era destul de rar pentru un tibetan într-o perioadă așa de târzie). Taranatha a dat învățături studenților veniți din toată țara și chiar din unele părți din Mongolia și, în acest fel, a devenit una dintre cei mai respectate și mai prețuite personalități ale timpului său.

Atunci când, în final, Mongolia a invadat Tibetul, conducătorii Tsang au fost îndepărtați de la putere și s-a instalat domnia Palatului Potala. În acel timp, Taranatha era un sfătuitor spiritual important pentru familia Tsang și, de asemenea, un învățător mult iubit de mulți cetățeni mongoli. Din punct de vedere politic, această stare de lucruri și prezența celor din Jonang în Tibetul Central a produs un disconfort considerabil pentru autoritatea celor din Geluk, ce erau în procesul de a-și stabili baza puterii lor.

După moartea lui Jetsun Taranatha, autoritățile au ales să se angajeze într-un proces de conversie forțată a instituțiilor Jonang ce fuseseră stabilite în Tibetul Central. Folosindu-se de fundalul rivalității lor filosofice pentru a-și legitima acțiunile, au etichetat filozofia shentong ca fiind "eretică" și textele lor au fost interzise de la a mai fi tipărite sau propagate. Mănăstirile au fost "recâștigate" ca instituții Geluk și, curând, Jonang erau complet dispăruți din regiunile din jurul Lhasa.

Cum condițiile se deteriorau cu rapiditate în Tibetul Central, mulți maeștri Jonang au ales să migreze spre est, refugiindu-se în multe mânăstiri ce fuseseră stabilite anterior. Din acest moment, măreața Mănăstire Dzamthang s-a dezvoltat în două reședințe monahale și anume în *Chöje* și *Tsechu*. Fiecare dintre aceste mănăstiri principale are un număr considerabil de mănăstiri de ramură, răspândite prin regiunile învecinate. Cu afluența noilor călugări veniți din Tsang, s-a fondat o nouă reședință monahală. Sub conducerea deținătorului tronului din Mănăstirea Jonang, Tsangwa Lodrö Namgyal (1618 - 1683 e.n.), Mănăstirea Tsangwa din Dzamthang a devenit noul tron al tradiției Jonang.

Pentru mulți ani, Jonang și-au păstrat o vizibilitate scăzută, întrucât și-au reconstruit instituțiile în zone îndepărtate din Tibet. În acest timp, accentul pe erudiție care a fost atât de predominant în Tibetul Central s-a diminuatbși s-a pus un accent mai mare pe practicarea Kalachakra. A devenit ceva uzual ca fiecare membru al mănăstirii Jonang să intre într-o retragere de trei ani în anumite perioade din viața sa, aceasta contribuind la prezența unor practicanți calificați ce au păstrat Linia de descendență.

Abia la apariția mărețului erudit Bamda Thubten Gelek Gyatso (1844 - 1904 e.n.) tradiția Jonang s-a reîntors spre o abordare mai echilibrată între erudiție și practică. După ce a studiat cu măreții Maeștri Rimé Jamgön Kongtrul Lodrö Thaye și cel în Dzogchen, Patrul Rinpoche (1808–1887 e.n.), Bamda Gelek a fost autorul a numeroase texte de comentarii și a devenit instrumentul reconectării Liniei de descendență Jonang cu vasta sa moștenire spirituală.

BAZA FILOZOFICĂ

Fundația tradiției Jonang își trage rădăcinile din sistemul de practică Kalachakra. În esență, Kalachakra se ocupă de o teorie despre tot—totalitatea tuturor fenomenelor. Ca atare, este o tradiție ce accentuează subiectele armoniei și integrării. Nu e nimic surprinzător că prezentarea filozofică ce s-a dezvoltat prin această școală ar trebui, de asemenea, să caute să unifice și să clarifice domeniul de aplicare complet al învățăturilor lui Buddha.

Extrăgând din studiile ample ale celor Cinci Tratate ale lui Maitreya şi din lucrările complete ale măreţilor maeştri precum Nagarjuna şi Asanga, Dolpopa a reuşit să le adune într-o viziune extinsă, ce integrează complet toate cele Trei Întoarceri ale Roţii Dharmei. Cunoscând natura limbajului şi a limitărilor sale convenţionale, el a refăcut terminologia, utilizând orice metodă posibilă pentru a comunica subtilităţile realităţii, cât mai clar şi mai direct posibil.

Viziunea Jonang rezultantă este, prin urmare, un hibrid din diverse elemente extrase din surse diferite. Ca fundament, avem învăţăturile directe ale lui Buddha Shakyamuni, aşa cum sunt ele prezentate în tradiţia Sutrelor din *a Treia Întoarcere a Roţii Dharmei*. Este sunt prezentate ca o revelaţie progresivă, unde Buddha oferă o introspecţie în aspectele din ce în ce mai subtile ale realităţii, cu fiecare nouă rundă de învăţături.

De aici, noi avem tradiţia comentariilor, care se bazează mai întâi pe *Madhyamaka comună* prezentată de către Nagarjuna şi apoi pe *Măreaţa Madhyamaka,* ce vine în primul rând de la Maitreya şi comentatorii săi Asanga şi Vasubandhu. E important să notăm că Jonang nu consideră aceste două sisteme ca fiind contradictorii. Nu poţi avea o realizare a Măreţei Madhyamaka fără a înţelege mai întâi Madhyamaka comună.

Al treilea element este literatura tantrică ce provine din Tantra Kalachakra. Spre deosebire de limbajul cu semnificaţie ascunsă al multor alte sisteme tantrice, Kalachakra descrie totul într-un mod foarte direct şi deschis. Întrucât multe dintre cele mai profunde aspecte ale realităţii sunt atât de clar descrise, ne referim adeseori la Kalachakra ca *Rege al Tantrelor.*

Una dintre trăsăturile foarte distinctive ale vederii Jonang este că nu se bazează pe un set de principii rafinate gradual. Încă de la început, învăţăturile lui Dolpopa s-au concentrat pe dezvoltarea unei înţelegeri a *Naturii de Buddha,* în conformitate cu a Treia Întoarcere a Roţii Dharmei şi cu textele tantrice. În acest fel, studenţii săi lucrează cu o vedere consecventă ce îi ghidează de la fundamente direct spre iluminare. În nici un stadiu al Căii nu e necesar să abandonezi vreun principiu, pentru a adopta o formă mai subtilă de principii. În schimb, pe măsură ce progresăm pe Cale, vederile le devin în mod natural mai subtile.

Pentru a ilustra cum ajung împreună toate aceste învăţături spre un întreg coeziv, vom folosi un model cu trei nivele, pentru a înţelege natura tuturor experienţelor noastre. Acest model se bazează pe structura generală a Tantrei Kalachakra. Ele constau în Realităţile Exterioare, Interioare şi Cealaltă, Iluminată.

Realitatea Exterioară imputată

Începem prin examinarea naturii exterioare a realităţii, care ne este imediat evidentă. Ea este cunoscută drept *Kalachakra Exterioară*. Dacă ne uităm primprejur, vedem bărbaţi şi femei, plante şi animale, maşini şi camioane, planete şi stele şi aşa mai departe. Numărul fenomenelor este nelimitat, fiecare cu propriul său nume şi cu propriul său set de caracteristici. Noi numim exterioară această realitate deoarece vedem lumea ca fiind plină de lucruri "acolo afară", separate de noi înşine. Noi credem că există în acest fel, deoarece aşa ne apare nouă.

Pe baza acestei credinţe, studiem relaţiile din diversitatea fenomenelor. Învăţăm cum lucrează şi cum sunt făcute. Vedem că se comportă în concordanţă cu legea naturală a cauzei şi efectului. O lege în care fenomenele sunt angajate într-un infinit proces de transformare, ce se joacă de-a lungul celor trei timpuri ale trecutului, prezentului şi viitorului. Învăţăm apoi cum să prezicem diverse condiţii ce vor da naştere la rezultate specifice. Exploatând această cunoaştere, noi construim tehnologii ce ne permit să configurăm lumea şi să experimentăm din ce în ce mai multe tipuri de fenomene.

Realitatea, care nouă ne apare atât de "reală", este o realitate imputată, ce se bazează pe interpretarea noastră colectivă asupra felului în care există lucrurile. Ca societate, noi agreem anumite cuvinte ce vor fi folosite spre a indica anumite tipuri de fenomene şi, prin urmare, dezvoltăm convenţiile. Aceste convenţii pot fi utilizate ca bază de a ne comunica unul altuia semnificaţia lor. Să luăm exemplul de a sta pe un scaun. Mai întâi eu percep un obiect ca pe o bază validă de a fi etichetat drept "scaun". Apoi trec la acţiunea denumită „a sta". Atunci când întreb o persoană de lângă mine despre ceea ce tocmai am făcut, ea îmi va spune că "tocmai te-ai aşezat pe un scaun". Chiar dacă acesta ar putea fi un exemplu banal, deoarece imputaţiile noastre se referă la convenţiile convenite între persoanele care le folosesc, noi putem să dezvoltăm sisteme complexe de vorbire, care sunt apte să descrie fenomene tot mai subtile.

La acest nivel, lucrăm să ne dezvoltăm o conştientizare crescândă a diverselor efecte ce vor rezulta din acţiunile noastre. Procedând în acest mod, noi putem să dezvoltăm un model conceptual ce ne permite să ne interpretăm experienţa în cel mai benefic fel. Practica e orientată spre etici şi moduri de conduită care favorizează dezvoltarea unei armonii mai mari în viaţa cuiva şi în viaţa celor din jurul său. Up

Realitatea Internă dependentă

În timp ce primul nivel al realităţii se concentrează pe felul în care noi interpretăm şi comunicăm ceea ce ne apare nouă, următorul nivel accentuează natura apariţiilor în noi înşine. Este experienţa apropiată a momentului prezent, care există cu sau fără suprapunerile noastre conceptuale. Acest nivel al realităţii noi îl numim *Kalachakra Internă*.

Pentru a înţelege cum se ivesc apariţiile, Tantra Kalachakra prezintă ideea celor *Patru Picături Subtile*. Aceste picături sunt cristalizarea înclinaţiilor karmice ale unei persoane. Ele acţionează ca prismele pentru

a condiționa energia care curge prin ele și apoi proiectează în minte
aparițiile. Fiecare dintre aceste patru picături este responsabilă cu apariția
unei game specifici de apariții:

1. **Picătura corpului:** Această picătură proiectează toate aparițiile
   simțurilor grosiere (inclusiv activitatea mentală), care sunt
   legate de starea de veghe. Ea este localizată în centrul creierului.

2. **Picătura vorbirii:** Această picătură proiectează toate aparițiile
   mentale, care sunt cel mai direct legate de starea de vis. Aceste
   apariții nu sunt condiționate de către aparițiile senzoriale
   și, prin urmare, sunt generate pur și simplu de configurația
   karmică a persoanei. Ea este localizată la nivelul gâtului.

3. **Picătura minții:** Această picătură proiectează toate experiențele
   subtile subiective ale stării de somn adânc. Aceste apariții sunt
   fundația pe care apar celelalte procese cognitive grosiere. Este
   localizată la nivelul inimii.

4. **Picătura** înțelepciunii **primordiale:** Această picătură
   proiectează conștientizarea beatifică care este experimentată
   în momentele orgasmului sexual, leșinului și strănutului. În
   aceste momente, cineva este liber chiar și de cea mai subtilă
   minte conceptuală. Ea este localizată la ombilic.

Curgerea energiei în jurul acestor picături se face printr-un sistem
complicat de căi subtile care se numesc canale. Aceste canale acționează
ca un sistem circulator pentru diverse forme de energie cunoscute sub
numele de vânturi. Într-un anume moment, energia se va aduna îndeosebi
într-o zonă a corpului, făcând ca una dintre cele patru picături să fie atunci
dominantă.

Cel mai important lucru de înţeles aici este că acest corp subtil de picături, canale şi vânturi se află într-un proces constant de influenţă reciprocă. Energia este adusă în sistem, canalizată spre zone diverse ale corpului şi filtrată prin lentilele unice ale picăturilor. Apariţiile ce apar în minte ca rezultat al acestui proces interdependent sunt baza pentru ca noi să stabilim realitatea imputată. Pe baza interpretărilor noastre, noi ne angajăm în acţiuni specifice care vor afecta fluxul energiei şi, prin urmare, modifică ceea ce ne apare în minte ulterior.

Faptul că toate apariţiile se ivesc în mod dependent conduce spre recunoaşterea că toate apariţiile sunt goale de existenţă inerentă. Dacă ar exista cu adevărat în felul în care ne apar, atunci ar exista independent de toate celelalte fenomene, separate şi în mod izolat. Dar nu este cazul. Tot ce ne apare este rezultatul interacţiunii dintre proprietăţile co-emergente ale minţii. Atunci când se schimbă condiţiile, se schimbă apariţiile, conducând spre un număr infinit de posibilităţi.

Atunci când raportăm această realitate internă la realitatea externă, putem vedea că apariţiile ivite dependent sunt complet goale de imputatiile pe care noi le proiectăm asupra lor. Pentru a continua cu exemplul nostru, nicăieri în apariţii nu putem găsi ceva despre care am putea spune că este esenţa "scaunului". „Scaunul" e văzut ca fiind pur şi simplu o imputare pe o simplă apariţie. Această absenţă a imputării din apariţie este vacuitatea sinelui. Din această perspectivă, putem spune că realitatea exterioară este fabricată complet şi nu există absolut deloc. Realitatea internă există interdependent şi, prin urmare, este goală de existenţă inerentă.

La acest nivel al realităţii, încă lucrăm cu noţiunile duale de subiect şi obiect. Obiectele sunt forme de apariţii dependente care îi apar subiectului, care este mintea ce le interpretează. Prin dezvoltarea înţelegerii interdependenţei şi vacuităţii, cineva e apt să-şi îndepărteze agăţarea ce alimentează laolaltă şi realitatea dependentă şi realitatea imputată. Dacă cineva face asta suficient de mult timp, atunci picăturile sunt purificate treptat și nu vor mai apare aparițiile duale.

Tradiția Jonang vorbește despre intrarea în Tărâmul Pur al *Shambhalei* în timpul acestui proces. Deși Shambhala este adeseori romanizată ca fiind cumva un regat ascuns cuibărit undeva în munți, ea este de fapt percepția purificată chiar a acestei lumi în care noi trăim. Foile de parcurs lăsate de maeștrii din trecut sunt instrucțiuni despre cum să ne stabilizăm această stare mentală. Regatul magnific pe care ei îl descriu este pur și simplu felul în care poate apare lumea cuiva ce și-a purificat mintea în mod suficient. Este cunoscut ca fiind un tărâm uman, deoarece este accesată pe baza purificării complete a unui corp uman cu cele patru picături. Este o înțelegere unică a Shambhalei, ce face ca această lume să fie atât de potrivită spre realizarea Căii Kalachakra.

Realitatea Iluminată Perfectă

Ultimul nivel al realității este ceea ce ni se dezvăluie atunci când mintea duală încetează. Este cunoscută drept *Cealaltă Kalachakra, cea Iluminată.* Este chiar baza pe care pot să apară toate celelalte realități. Ea este prin natura sa non-duală, ceea ce înseamnă că ea este experimentată direct, fără punctul de referință fixat al unui experimentator și a ceea ce este experimentat.

În acest sistem, este important să ne amintim din perspectiva cui vorbim: a ființei iluminate sau a ființei simțitoare. Din perspectiva unei ființe iluminate, nici realitatea dependentă, nici realitatea imputată nu există în nici un fel substanțial. Ele sunt expresii egale ale energiei inerente a minții. Nu sunt nici existente, nici inexistente. Mintea iluminată experimentează totul ca o singură natură, direct și spontan. Din această perspectivă, nu putem vorbi de cauze și condiții. Nici nu putem discuta despre apariția, rămânerea și dizolvarea acesteia. Chiar și noțiunea unei simple absențe se dizolvă în natura pură a minții. Ea este complet goală de aceste convenționalități și, prin urmare, putem spune că este *goală de celelalte.*

Pe de altă parte, din perspectiva unei ființe simțitoare, putem începe să folosim cuvinte pentru a descrie ultimul nivel al realității. Totuși, atunci când procedăm astfel, trebuie să ne amintim mereu că acestea sunt simple imputații ce ne arată realitatea și nu sunt realitatea însăși. În acest fel, putem spune că natura absolută a realității este *vacuitatea sublimă plină cu toate posibilitățile.* Atunci când mintea noastră realizează această realitate, ea o experimentează ca pe o etalare nelimitată de forme-goale, ce apar spontan din chiar energia minții. Co-emergentă cu aceste forme este conștientizarea ce recunoaște felul în care se manifestă aceste apariții. Această conștientizare apare din experiența extazului imuabil, care nu se schimbă niciodată și niciodată nu e confuz referitor la natura sa.

Acest adevăr absolut e etichetat drept Natura de Buddha, pentru a indica că atunci când mintea e liberă de toate conceptele ce îi întunecă vederea, ea se va manifesta ca un Buddha complet iluminat. Tot ce e necesar este deja prezent. În mod convențional, am putea spune că trebuie pur și simplu să ne separăm de ignoranța care se agață de toate aparițiile ca fiind reale. La nivelul ultim vorbind, nu e nimic de separat și nimic de realizat.

STRUCTURA CĂII

Procesul prin care o persoană își purifică toate aparițiile confuze este prin practicile numite Cele Șase *Vajra Yoga* ale *Tantrei Kalachakra.* Deoarece tradiția Jonang este o Linie de descendență compusă, ce adună laolaltă toate celelalte diverse Linii Kalachakra, ea este considerată Linia de descendență cea mai completă ce se mai practică încă acum în Tibet.

Ca toate tradițiile majore tibetane, Jonang folosește o abordare graduală, ce ghidează practicantul printr-o serie de practici preliminarii, care asigură faptul că persoana ce practică este pregătită corespunzător pentru practica principală a Celor Șase Vajra Yoga. Deși studiul academic este util, esența practicii constă în credința neclintită ce se dezvoltă prin experimentarea directă. Din acest motiv, toate practicile accentuează dezvoltarea realizărilor meditative.

Preliminariile externe

Preliminariile externe lucrează cu dezvoltarea unei relații cu Kalachakra Exterioară. Este o oportunitate ca practicantul să evalueze cum îi apare minții sale realitatea și dacă este capabil să-și îndeplinească complet dorința sa spre o fericire autentică și eliberarea de suferință.

Cele patru convingeri ale Renunțării

Aceste patru gânduri sunt desemnate spre a ajuta practicantul să dea naștere minții renunțării. Aceasta este mintea ce se îndepărtează de căutările lumești și se focalizează pe angajarea în practica spirituală. Acesta e un pas esențial, necesar ca să spargă tiparele uzuale ce-l păstrează înlănțuit în samsara. Deși sunt modalități diferite prin care puteți lucra cu aceste patru gânduri, o secvență ar putea fi următoarea:

- **Karma:** Practicantul începe prin contemplarea naturii cauzei și efectului. El ia în considerare calitatea acțiunilor sale și felul în care aceste acțiuni îi influențează experiența și viețile celor din jurul său. Persoana dezvoltă un simț de responsabilitate și angajament la cum îi va evolua viața.

- **Natura de suferință a samsarei:** Pe baza înțelegerii karmei, practicantul ia apoi în considerare tipurile de existență produse de diversele stări mentale. El meditează la natura acestor experiențe și vede că sunt nesatisfăcătoare. Ca o albină prinsă într-un borcan, persoana practicantă își alimentează dorința de a se elibera din ciclul nesfârșit de suferință.

• **Prețioasa naștere umană:** Următorul pas este de a lua în considerare dacă se poate face ceva pentru a schimba situația. Practicantul caută diverse condiții prezente în viața sa și recunoaște dacă este un potențial semnificativ pentru practica spirituală. El cultivă un sentiment de apreciere ce îl motivează să se folosească de avantajul acestei prețioase oportunități.

• **Nepermanența și moartea:** Pentru a-și întări decizia de a se angaja în practica spirituală, practicantul contemplă natura nepermanentă a vieții sale. El recunoaște că oportunitatea e de scurtă durată și că se va duce curând, prin urmare trebuie să nu mai amâne sau să se lase distras de la scopul său. În acest fel, el dezvoltă un simț al urgenței, care îl propulsează înainte pe Cale.

Credința în Linia de descendență

Cu o puternică dorință de a se elibera din samsara, practicantul trebuie să se întrebe pe sine ce Cale i se potrivește minții sale. În acest stadiu i se prezintă lunga istorie a sistemului Kalachakra și cât de mulți Maeștri foarte înalt realizați au mers în trecut pe această Cale. Aici scopul este să se stabilească o conexiune cu Linia de descendență, deoarece pe baza acestei conexiuni practicantul va putea primi inspirație și binecuvântări.

Preliminariile interne

The next set of preliminary practices are focused on developing deeper insight into the nature of reality as experienced at the level of the Inner Kalachakra. It begins by exploring the interdependent nature of our relationships with others. This is done through two topics:

Următorul set de practici preliminarii se focalizează pe dezvoltarea unei perspective mai profunde asupra naturii realității, așa cum e ea experimentată la nivelul de Kalachakra Internă. Începe prin explorarea naturii interdependente a relațiilor noastre cu ceilalți. Aceasta se face prin două subiecte:

- **Refugierea (cu prosternări):** Pentru a se putea elibera din ciclul nesfârșit al suferinței, practicantul are nevoie de ajutor. El ia în considerare diverse tipuri de sprijin de care ar avea nevoie ca să se bazeze pe ele și dezvoltă credința în capacitatea acestora de a-l conduce spre fericirea autentică. Prin practicarea prosternărilor fizice, practicantul renunță la mândrie și se deschide pe sine spre influența iluminată a Celor Trei Giuvaiere.

- **Bodhicitta:** Deși ființele iluminate pot ghida practicantul, el are de asemenea nevoie să se bazeze pe ființele simțitoare, pentru a-și depăși mintea ce se auto-prețuiește, care e cea ce îi alimentează suferința. El contemplă la natura interdependentă a existenței sale și recunoaște bunătatea nesfârșitelor ființe simțitoare. Prin cultivarea iubirii și compasiunii, el dezvoltă aspirația de a-și dedica viața spre beneficiul celorlalți. Această minte e cea care va deveni motivația sa centrală spre angajarea în mod specific cu mijloacele abile ale Căii Kalachakra.

Până în acest stadiu, practicantul a dezvoltat un sentiment puternic de conexiune cu ființele simțitoare și este foarte conștient că bunăstarea sa este interdependentă cu bunăstarea oricui altcuiva. Pe baza acestei realizări, practicantul trebuie să creeze acum condițiile pentru a-și experimenta natura goală a minții sale. Aceasta se face prin două tipuri de procese, de purificare și de acumulare:

- **Purificarea Vajrasattva:** Practicând recitarea mantrei lungi a lui Heruka Vajrasattva, practicantul vizualizează cum se spală de toate întunecările negative ce îl împiedică să-și realizeze natura minții sale. El își reduce agățarea de tiparele uzuale și începe să se conecteze cu puritatea subiacentă a propriei sale minți.

- **Ofranda Mandalei:** Practicantul învață să se folosească de calitatea infinită și extensivă a minții sale, pentru a putea aduce ofrande extinse ființelor iluminate. Această practică ajută practicantul să-și cultive o minte a non-atașării, ce e aptă să renunțe la atașamentul său de apariții. În acest proces, el acumulează cantități enorme de energie pozitivă pe care o poate folosi apoi spre depășirea obstacolelor.

Ultimul pas în acest set de preliminarii constă în dezvoltarea conexiunii cuiva cu propria sa Natură de Buddha. Această conexiune va fi alimentată și întărită în fazele ulterioare ale practicii. Metoda de stabilire a acestei conexiuni constă în practicarea devoțiunii în propriul nostru Guru.

- **Guru Yoga:** Această practică deosebit de puternică este desemnată a aduce practicantul mai aproape de natura absolută a minții sale. Această natură este cea considerată a fi *Guru Absolut*. El face aceasta prin rugăciuni de cereri extinse către apariția lui *Guru Convențional* și primirea celor patru împuterniciri. După ce s-a deschis în acest fel pe sine însuși către inspirația de la Guru, practicantul se va odihni în conștientizarea că mintea lui Guru este inseparabilă de propria sa minte.

Preliminariile unice

Până în acest punct, practicantul a distrus aparițiile obișnuite ale Kalachakrei Exterioare. El și-a purificat mintea într-un asemenea grad, că e apt să capete ceva senzații ale naturii iluzorii a realității dependente și acum e pregătit să înceapă familiarizarea sa cu aparițiile pure din Kalachakra Iluminată.

Următorul set de preliminarii sunt unice în sistemul Kalachakra și oferă în mod progresiv o fundație contemplativă din ce în ce mai subtilă, pentru ca apoi să se angajeze în practica principală a Vajra Yoga. Acest stadiu este împărțit în două părți, fiecare dintre acestea necesitând ca practicantul să primească un set de împuterniciri care îi vor matura mintea și vor crea fundația pentru practica următoare.

Prima parte se focalizează pe purificarea fluxului mental al practicantului și cultivarea calităților minții care sunt în mod specific legate de Mandala Iluminată Kalachakra.

Șapte Împuterniciri de a Intra precum un Copil

Primul pas constă în primirea unei serii de șapte împuterniciri ce-l introduc pe practicant în Mandala Kalachakra, în timp ce își stabilește înclinațiile karmice pentru generarea acelei Mandale în mintea sa. În timpul acestei ceremonii, practicantul intră într-o relație de student-discipol cu Maestrul, luându-și variate legăminte și angajamente ce servesc la dezvoltarea tendințelor pe care le-a primit.

Stadiul de Generare Kalachakra

Practicantul este apoi autorizat să se angajeze în lucrul cu o zeitate de meditație. Sunt diverse forme ale acestei practici, pe baza nevoilor specifice ale practicantului. În tradiția Jonang sunt practicate următoarele variații:

- **Practica condensată:** Practicantul meditează la forma esențială a lui Kalachakra, cunoscută drept *Kalachakra* Înnăscut. El ar mai putea alege, de asemenea, să practice o versiune mai elaborată, cu douăzeci și patru de brațe și patru fețe. Practicantul se vizualizează pe sine atât drept Kalachakra, cât și ca Vishvamata, aflați în uniune. Aceasta simbolizează *uniunea extazului imuabil cu forma-goală.*

- **Practica de lungime medie:** O practică un pic mai elaborată constă în vizualizarea zeității principale înconjurate de opt zeițe cunoscute drept Cele Opt Shakti. Aceste zeități adiționale reprezintă variatele vânturi ce circulă prin corp. Practicând cu Mandala cu nouă zeități, practicantul e apt să își purifice aceste vânturi și canalele prin care ele circulă.

- **Practica extinsă:** Cea mai extinsă formă de practică implică vizualizarea completă a Mandalei Corpului, a Mandalei Vorbirii și a Mandalei Minții, care include 636 de zeități diferite. Fiecare dintre aceste zeități corespunde la un aspect diferit al experienței practicantului și, prin urmare, oferă cea mai completă formă de purificare.

După ce a finalizat practicile stadiului de generare, practicantul trebuie să abandoneze identificarea sa cu apariţiile obişnuite şi trebuie să-şi construiască o nouă identitate, pe baza înţelepciunii care realizează natura vidă a minţii. Deşi viziunea pură a stadiului de generare reprezintă o îmbunătăţire faţă de agăţarea de o viziune obişnuită, ea este încă de natură conceptuală. În acest sistem, practicantul trebuie să reteze mişcările conceptuale ale minţii sale şi să înceapă să realizeze natura sa ultimă. Următoarea fază e desemnată spre a-l aduce spre o stare non-conceptuală.

Cele Patru Împuterniciri Superioare şi Cea mai Înaltă Împuternicire

Întrucât acum practicantul se angajează în practicile stadiului de completare Kalachakra, el trebuie să primească ceea ce este numit cele *Patru* Împuterniciri *Superioare* şi *Cea mai* Înaltă Împuternicire. Aceste împuterniciri se focalizează în mod specific pe stabilirea unui fundament karmic pentru purificarea în cele din urmă a celor patru picături subtile. În timpul acestui proces, practicantul este introdus în natura minţii sale într-un mod similar cu cel din tradiţiile Dzogchen şi Mahamudra.

Cele Trei Solitudini

Următorul pas constă în dizolvarea minţii grosiere până la conştiinţa-fundaţie. Aceasta este o minte complet neutră, care e caracterizată ca fiind *extatică, lucidă* şi *calmă*. Ea este obţinută prin practicarea unei concentrări într-un singur punct, cunoscută sub numele de shamatha. În tradiţia Jonang, practicantul foloseşte o metodă unică ce combină posturi yoghine cu meditaţia non-conceptuală într-o cameră întunecată. Această tehnică extrem de puternică conduce la ceea ce este cunoscut sub numele de *Cele Trei Solitudini*:

- **Solitudinea corpului:** Practicantul e apt să-şi păstreze postura fără disconfort sau distragere, atât timp cât doreşte. Corpul îi devine suplu şi manevrabil.

- **Solitudinea vorbirii:** Practicantul e apt să stea în liniște fără experimentarea plictiselii sau a dificultăților.

- **Solitudinea minții:** Mintea rămâne fără efort în substratul conștiinței-fundament. Ea este clară, luminoasă și complet antrenată, făcând-o a fi ideală pentru angajarea în practicile ulterioare.

Cele Șase Vajra Yoga

Practicile stadiului de completare în acest sistem al Tantrei Kalachakra este cunoscut drept Cele Șase Vajra Yoga. Inițial, practicantul primea instrucțiuni despre o yoga numai după ce obținuse realizări în precedenta. Cumva tradiția a evoluat, cu practicanții angajându-se în retrageri de trei ani, unde primeau instrucțiunile pentru un set complet de practici. Ulterior, acești practicanți se vor angaja în retrageri solitare, pentru a completa secvența. Cele Șase Yoga pot fi împărțite în patru stadii:

Abordarea

Primele două Yoga se focalizează pe generarea formelor-goale. Acestea sunt aparițiile ce se ivesc în minte odată ce vânturile au intrat în canalul central. Ele sunt forme pure ce se ivesc spontan și nu sunt condiționate de către karmă.

- **(Yoga) Retragerii Individuale:** În acest set de practici, practicantul învață să își retragă complet conștiința de la cele cinci simțuri și să-și adune vânturile în deschiderea din partea superioară a canalului central. Atunci când face asta, persoana va experimenta o secvență de zece semne. Sunt patru semne ce sunt produse în timpul yoga nopții și șase semne ce sunt produce prin yoga zilei. Atunci când practicantul ajunge priceput în acest stadiu, el va fi apt să declanşeze în mod lucid apariția acestor zece semne, într-un mod consistent şi controlabil.

- **(Yoga) Stabilizării:** După ce a învățat cum să dea naştere formelor-goale, practicantul trebuie acum să dezvolte o înclinație analitică, ce îi permită să rămână în echilibru meditativ în timpul diverselor manifestări ale acestor forme. Aceasta este foarte important, întrucât va permite practicantului să se angajeze în diverse vizualizări precise, fără a-şi pierde stabilitatea concentrării sale. Baza pentru această practică constă în lucrul cu diverse facultăți ale simțurilor, amestecându-le formele subtile interne cu conştientizarea celui ce le percepe. În timp ce persoana practicantă rămâne în echilibru, ea va experimenta patru stadii de rafinare a atenției sale, permițându-i să experimenteze toate aspectele percepției sale ca forme-goale. Această realizare e însoțită de un sentiment de extaz şi de certitudinea că toate formele-goale sunt inseparabile de minte. În final, practicantul va fi capabil să-şi amestece extazul cu formele-goale într-o asemenea măsură, că acestea vor deveni co-emergente şi non-duale.

Aprope de realizare

Prin precedentul stadiu de practică practicantul a dezvoltat un control complet asupra corpului şi minții sale. Aceasta e cunoscută drept uniunea shamatha cu vipasyana. A făcut aceasta pe baza lucrului cu formele-goale ce se ivesc spontan atunci când cele zece vânturi se adună şi rămân în canalul central. Următoarele două yoga se focalizează pe dezvoltarea controlului precis asupra acestor vânturi, astfel încât practicantul e apt să-și direcționeze energiile și să producă stări de extaz din ce în ce mai puternice.

- **(Yoga) Controlul vânturilor:** Bazându-se pe *yoga vânturilor vitale*, metoda viguroasă de *valorificare a forței de susținere a vieții* și prin *yoga concentrării meditative* care împletește conștientizarea și formele goale, cu cele cinci vânturi primare și cele cinci vânturi auxiliare sunt unificate. Aceste practici se focalizează, în primul rând, pe lucrul cu canalele ce circulă prin chakra ombilicului. Unul câte unul, practicantul învață să tragă vânturile afară din canalul stâng și din canalul drept în canalul central. Aceasta oprește circulația vânturilor prin cele șase chakre și dezactivează complet mintea conceptuală.

- **(Yoga) Reținerii:** Întrucât am învățat cum să aducem vânturile în canalul central și să le facem să rămână acolo, vânturile vor ajunge să se amestece cu formele goale și cu conștientizarea extatică. Practicantul va trebui acum să amestece aceste trei elemente cu esențele subtile, cunoscute drept picături, care sunt localizate în fiecare dintre cele șase chakre. Începând cu chakra ombilicului, el urcă spre chakra coroanei și apoi înapoi, spre chakra de bază. În fiecare chakră, practicantul păstrează vânturile în acea chakră și își amestecă mintea cu esențele adunate acolo. Pe măsură ce face asta, esențele se dizolvă și el experimentează un nivel crescând de extaz. Prin practica *focului interior*, extazul e rafinat în continuare, până când apar cele patru bucurii.

Realizarea

Până în acest stadiu, practicantul a obținut măiestria în două aspecte ale naturii minții sale: formele-goale și mărețul extaz. Pasul următor constă în aducerea acestora două în mărețul sigiliu cunoscut drept *Mahamudra*. Această yoga produce o unificare a marelui extaz și formei goale în ceea ce este cunoscut drept supremul extaz imuabil.

- **(Yoga) Amintirii:** Practicantul se angajează acum în practica cu o consoartă, pentru sporirea și stabilizarea extazului imuabil. Pe măsură ce-și continuă rafinarea experienței sale extatice, practicantul nu va mai avea nevoie de bazarea pe o consoartă fizică sau vizualizată. În schimb, el va fi capabil să genereze mintea *extazului imuabil* prin simpla intrare în uniune cu formele-goale. Acestea două sunt complet amestecate, până când toate experiențele apar ca uniunea lor.

Măreața Realizare

Totul a fost proiectat până în acest punct în mod special pentru a permite practicantului să genereze mintea extraordinară a extazului imuabil suprem. Atunci când este realizată această minte, practicantul devine o ființă Arya și și-a tăiat complet conexiunea cu samsara. Deși mintea s-a transformat complet în zeitatea Kalachakra, corpu,l care este condiționat de karmă, încă rămâne. Prin urmare, faza finală lucrează spre a completa procesul de maturare și ardere a rămășițelor tendințelor karmice.

- **(Yoga) Absorbției:** Având măiestria asupra Yoga Amintirii și bazîndu-se pe înțelepciunea impecabilă a extazului imuabil suprem, constant și inseparabil, practicantul își împrăștie treptat cele douăsprezece sfere seminale impure. Pin mijloacele stabilizării absorbției meditative și progresând succesiv de-a lungul celor douăsprezece stadii de absorbție, practicantul realizează uniunea cu corpul co-emergent al zeității Kalachakra.

STAREA REZULTANTĂ

Prin practica Celor Șase Vajra Yoga, practicantul va obține cea mai înaltă realizare a iluminării complete. În timpul stadiului *Abordării*, el realizează uniunea dintre shamatha cu vipashyana pe baza formelor-goale. În timpul stadiului *Aproape de realizare*, el actualizează marele extaz produs de cele patru bucurii. În *Realizare*, el unește formele-goale cu marețul extaz pentru a realiza supremul extaz imuabil. Apoi în stadiul final al *Mareței realizări*, practicantul rămâne în această stare, transformând toate aparițiile karmice în momente ale extazului imuabil.

Cele patru Vajra

Prin construcția unei continuități de momente, practicantul traversează cele douăsprezece baze ale unui bodhisattva și realizează starea ultimă de Vajradhara. Corpul fizic e complet epuizat și practicantul realizează corpul de curcubeu complet manifestat. Acest proces poate fi înțeles în contextul purificării progresive a celor patru picături, cunoscute drept *Cele Patru Vajra*:

1. **Înțelepciunea Primordială Vajra:** Mintea ce vede toate aparițiile ca momente inseparabile ale extazului suprem imuabil. Ea apare atunci când este purificată picătura Înțelepciunii Primordiale de la ombilic.

2. **Mintea Vajra:** Sublima vacuitate ce e înzestrată cu toate aspectele, un câmp de infinite posibilități ce se manifestă din luminozitatea propriei minți. Ea apare atunci când este purificată picătura minții aflate la inimă.

3. **Vorbirea Vajra:** Toate sunetele sunt experimentate drept sunete-goale, vibrații indestructibile ce sunt baza tuturor comunicațiilor. Ea apare atunci când este purificată picătura vorbirii de la gât.

4. **Corpul Vajra:** Toate formele sunt experimentate drept forme-goale, manifestându-se spontan din energia înțelepciunii primordiale. Ele apar atunci când este purificată picătura corpului de la frunte.

Shambhala Absolută

Pe baza acestor patru vajra, ființele iluminate manifestă *Shambhala Absolută*. Aceasta este puritatea ultimă a întregii experiențe și expresia absolută a armoniei din mintea cuiva. În acest stadiu, putem spune: Kalachakra Exterioară și Kalachakra Internă s-au dizolvat complet în Cealaltă Kalachakra Iluminată, iar acum ființele iluminate sunt libere să se manifeste în orice fel de forme-goale ce sunt necesare spre beneficiul altora.

Je Tsongkhapa, Losang Drakpa

CAPITOL 18

Geluk

Atunci când marele pandita Atisha Dipamkara a ajuns în Tibet, Regele Jangchup Ö (959 - 1040 CE), discipolul său, l-a rugat ceva. În regatul său din vestul Tibetului, Dharma era atât de denaturată, că nimeni nu mai știa cum să practice cu adevărat. Mai erau încă unele texte, dar nu mai erau prea mulți învățători care să le arate oamenilor cum să-și aplice în viață învățăturile. Ca să înrăutățească și mai mult lucrurile, mulți călugări au abuzat de cele mai înalte învățături tantrice și s-au angajat într-un comportament ce i-a făcut pe oameni să-și piardă încrederea în învățături.

Regele i-a cerut lui Atisha să ofere învățături clare și practice, pe care poporul le-ar putea folosi ca să-și facă un fundament pentru dezvoltarea sa spirituală. Atisha i-a răspuns compunând un text scurt și concis, cunoscut sub numele de *Lampa pentru Calea spre Iluminare*. În numai câteva duzini de versete, Atisha a subliniat fundamentele Căii budiste, de la intrarea pe Cale și tot drumul, până la iluminare. El a pus un accent deosebit pe cultivarea bodhicitta, mintea iluminării și pe conduita celui ce generează o astfel de minte. În acest fel, el a pus bazele tradiției *Stadiile Căii*.

Câteva secole după aceea, mărețul reformator Je Tsongkhapa (1357 - 1419 CE) se confrunta (în opinia sa) cu o situație similară. Practica instrucțiunilor ezoterice ale Tantrei crescuse considerabil, conducând spre declinul practicării stricte a vinaya budiste (codul monahal de conduită).

El a simțit că trebuiau clarificate înțelegeri greșite ale viziunii, conduitei și formei de practică. Deși cel mai probabil nu și-a propus în mod intenționat să creeze o nouă tradiție, prin învățăturile sale, el a introdus o re-imaginare a budismului tibetan. Această viziune va crește ulterior până va ajunge una dintre cele mai mari tradiții din Tibet.

CONTEXTUL ISTORIC

Je Tsongkhapa a fost un student vorace în toate tradițiile ce erau prezente în acea vreme. Deși Linia sa de descendență primară se trăgea din tradiția Sakya, e cunoscut faptul că el a primit învățături extinse de la maeștri din Nyingma, Kadam, Kagyu și Jonang din acele timpuri. Tsongkhapa e legendar pentru cunoașterea sa enciclopedică, inteligența sa ascuțită și logica sa inexorabilă. Pe baza dezvoltării unei înțelegeri atât de extinse, Tsongkhapa a identificat niște vederi populare pe care el le considera a fi înțelegeri greșite. Un erudit pasionat de sanscrită, Tsongkhapa a făcut eforturi deosebite pentru a-și urmări viziunea până la măreții maeștri indieni. În acest fel, el spera să clarifice intenția originală a lui Buddha și să îndepărteze interpretările eronate cu care considera el că a fost distorsionată Dharma.

Pentru a-și prezenta sistemul său vast și profund, Tsongkhapa a scris o serie de tratate. În acest sistem, fundamentele erau inspirate direct din învățăturile lui Atisha. Mergând pe urmele acestuia, Tsongkhapa a accentuat puritatea monahală și a pus un accent deosebit de puternic *pe* cultivarea bodhicitta. Abordarea sa filozofică se baza mult pe lucrările lui Nagarjuna și Chandrakirti (600 - 650 e.n.). Pe baza acestei fundații, Tsongkhapa a trasat o cale complet integrată pentru practicarea diverselor clase de tantre, îndeosebi sistemul Celei Mai Înalte Yoga Tantra. Deși a transmis mai multe Linii de descendență tantrică, este clar că a accentuat în primul rând *Tantra Guhyasamaja*.

După ce a stabilit în Tibetul Central Mănăstirea Ganden (1409 e.n.) chiar în afara Lhasa, Tsongkhapa a atras o mulțime de studenți. De asemenea, el și-a atras și patronajul conducătorilor de atunci, din clanul Phakmodru (1354 e.n. - secolul al XVII-lea). Deși, în mod tradițional, ei erau de partea tradiției Kagyu, se pare că purtau un respect deosebit purității practicanților ce erau adepți ai lui Tsongkhapa, precum și dedicării lor spre studiu. Urmând tradiția Mânăstirii Zhalu (1003 e.n.) și a învățătorului său Büton Rinchen Drup (1290 - 1364 e.n.), Tsongkhapa a ales să poarte o pălărie galbenă la ceremonialurile ritualice. Pălăriile galbene ale celor din Ganden au devenit semnul distinctiv al tradiției lor.

În timp, mulți dintre discipolii apropiați ai lui Tsongkhapa au fondat la rândul lor mânăstiri. Două rezidențe monastice erau cele mai proeminente: Drepung (1416 e.n) și Sera (1419 e.n). Aceste universități monahale au crescut, devenind la rândul lor ca niște orașe întinse. În culmea activității lor, erau peste 20.000 de călugări ce trăiau în aceste trei centre. Aceste trei mânăstiri și-au formalizat curriculum-ul lor în jurul studiilor riguroase ale sutrelor budiste și ale comentariilor maeștrilor indieni. Printr-un intens proces de studiu și dezbateri, călugării vor petrece undeva între cincisprezece și douăzeci de ani pentru a primi gradul de *Geshe*. Cei ce au obținut cele mai înalte nivele vor trece apoi la studiul ritualurilor extinse și la teoria despre tantrele budiste.

În final, baza de putere a celor din Phakmodru a intrat în declin și clanul Rinpung (1435 - 1565 e.n.) a ajuns la o influență considerabilă în regiune. Datorită mărimii mânăstirilor Geluk din jurul Lhasa, cei din Rinpung știau că erau prea mulți suporteri ai Phakmodru în jurul capitalei. Din acest motiv, ei au implementat mai multe restricții contra mânăstirilor Geluk. Una dintre schimbările introduse a fost că nu le-au mai permis participarea la *Festivalul Măreţelor Rugăciuni* fondat de către Tsongkhapa. În schimb, ceremonia era ţinută de către călugări din Kagyu şi Sakya.

Odată cu pierderea puterii protectorului lor principal, mânăstirile Geluk se aflau sub o presiune crescândă de a-şi găsi noi protectori. Cantitatea de alimente şi materiale necesare spre susţinerea comunităţii lor era considerabilă. Aceasta însemna că Lamaşii cei mai înalţi trebuiau să călătorească regulat în regiunile învecinate, pentru a-şi extinde baza de sprijin în comunităţile laice. O astfel de călătorie a fost făcută de către Lama Sönam Gyatso (1543 - 1588 e.n.) de la mânăstirea Drepung, care s-a dus în Mongolia, la cererea lui Altan Khan (1507 - 1582 e.n.). El a călătorit prin regatul mongol şi a oferit învăţături extinse. Discipolii săi mongoli l-au numit "Dalai Lama", care era o traducere din cuvântul tibetan „gyatso", care înseamnă „ocean".

Atunci când clanul Tsang (1565 şi 1642 e.n.) a invadat Tibetul Central, ei au alimentat flăcările sectarismului. Suporteri fermi ai tradiţiei Karma Kagyu, au început să persecute deschis mânăstirile Geluk, reducându-le proprietăţile şi tăind din fluxul resurselor acestora. Persecuţiile au crescut într-un asemenea grad, încât călugării din Drepung şi Sera au ridicat armele într-o încercare de a-i răsturna pe conducătorii Tsang. Ei au eşuat în eforturile lor, iar ca rezultat mănăstirile le-au fost jefuite şi mulţi dintre călugări au fost exilaţi din regiune.

În acea perioadă, ei au trimis mesageri către protectorii lor mongoli, informându-i de situaţie şi cerându-le ajutorul. Hanul mongol a trimis o armată numeroasă în Tibetul Central şi a alungat forţele celor din Tsang. Armatele rivale din estul Tibetului au mărşăluit spre mongolii ce erau în Lhasa, în speranţa de a-i alunga, ca ele să preia controlul. Una din armate a ales să se predea, iar cealaltă a fost nimicită. Într-o perioadă relativ scurtă de timp, mongolii au reuşit să aducă sub dominaţia lor majoritatea teritoriului ţării.

Cu un Tibet unificat din nou sub un singur conducător, Gushri Han a oferit puterea supremă Celui De al Cincilea Dalai Lama (1617 - 1682 e.n) atât ca lider spiritual, cât și ca șef laic al țării. Deși a rămas personalitatea conducătoare, Dalai Lama a stabilit structura unui guvern centralizat, care operează din Ganden Podrang din Lhasa. Unul dintre primele acte ale acestui guvern a fost să epureze complet toți suporterii regimului învins Tsang. Aceasta însemna, în mod specific, că multe mânăstiri Kagyu și Jonang au fost vizate spre a fi convertite.

În anii următori, reîncarnările succesive ale lui Dalai Lama s-au amestecat în numeroase scandaluri ce le-au slăbit relațiile cu mongolii. Întrucât instituția Geluk era foarte dependentă de ajutorul străin pentru a putea supraviețui, ei au început să dezvolte o relație cu dinastia Qing (1644 - 1912 e.n.) din China.

La un moment dat, a fost o neînțelegere referitoare la cine era Dalai Lama din acel timp, cu două tabere care se luptau pentru putere. Pe de o parte, era împăratul mongol, ce pretindea că fiul său era adevărata reîncarnare. De cealaltă parte, era tibetanul Kelsang Gyatso (1708 - 1757 e.n.), care era sprijinit de către poporul tibetan și de împăratul chinez. Atunci când diverse facțiuni mongole au început să lupte între ele, chinezii au intervenit pentru a stabiliza regiunea. Pentru aceasta, l-au instalat pe Kelsang Gyatso ca al Șaptelea Dalai Lama. Dalai Lama au continuat să păstreze puterea în Tibet până la invazia comunistă din secolul al XX-lea. În exil, Dalai Lama al XIV-lea a ales să transfere toată puterea politică unui guvern ales în mod democratic și, de atunci, el operează doar ca personalitate pur spirituală.

BAZA FILOZOFICĂ

Inspirat de învățăturile lui Atisha și ale maeștrilor Kadam, Tsongkhapa a dezvoltat o abordare filozofică bazată pe cultivarea a trei forme de înțelepciune: înțelepciunea studiului, înțelepciunea reflecției și înțelepciunea meditației. El a studiat mai întâi, în mod extins, fiecare dintre școlile contemporane lui, precum și pe măreții maeștri filozofi din India precum Nagarjuna, Aryadeva (200 - 250 e.n.), Asanga, Vasubandhu, Buddhapalita (470 - 550 e.n.), Bhavaviveka (500 - 578 e.n.), Chandrakirti și așa mai departe. El a reflectat asupra numeroaselor lor puncte de vedere profunde, analizându-le și dezbătându-le din multe unghiuri. Apoi el a meditat, în final, la semnificația lor și a dezvoltat o perspectivă asupra naturii acestora.

Totuși, așa cum Atisha a spus adeseori, înțelepciunea singură nu este suficientă. Ca să atingă iluminarea, cineva trebuie să se bazeze pe mijloacele abile ale compasiunii, care caută să aducă beneficii tuturor ființelor simțitoare. Acestea două sunt adeseori asemănate cu cele două aripi ale unei păsări. E nevoie de amândouă pentru ca să se poată zbura. Sprijinindu-se reciproc, ele permit practicantului să progreseze pe fiecare stadiu al Căii. Prin metode, noi dezvoltăm o înțelepciune mai mare. Prin acea înțelepciune, noi suntem apți apoi să folosim și mai multe mijloace abile. Aceasta conduce spre o dezvoltare din ce în ce mai profundă a înțelepciunii, până când, în sfârșit, ignoranța este eliminată. Această temă a echilibrului dintre metodă și înțelepciune apare mereu și mereu în învățăturile lui Tsongkhapa.

Depășirea ignoranței

Întrebarea care apare este: Ce fel de înțelepciune trebuie cultivată și cum? Răspunsurile vin din înțelegerea suferinței noastre. Dacă analizăm cu atenție relația cauzală dintre experiența și suferința noastră, vom ajunge să vedem că rădăcina tuturor suferințelor se datorează ignoranței noastre referitoare la cum există de fapt realitatea.

Deoarece ne agățăm de ceea ce ne apare, noi creăm ipoteze despre cum există lucrurile. Aceste ipoteze ne conduc spre angajarea în tot felul de acțiuni, ce ne condiționează să reacționăm în moduri diferite la experiențe. Noi devenim selectivi, agățându-ne strâns de unele tipuri de experiențe și aruncându-le pe altele. Noi perpetuăm aceste prejudecăți iar și iar și din nou și din nou.

Din acest motiv, cei din Geluk argumentează că rădăcina samsarei este ignoranța ce se agață de aparițiile ce apar în mod dependent și de un sine care ar exista în mod inerent. Acest fel de ignoranță nu este doar o neconștientizare a realității, ci, în schimb, o proiecție activă a înțelegerii eronate. Prin urmare, ca să putem îndepărta înțelegerea eronată, trebuie să dezvoltăm un tip specific de înțelepciune.

În acest sistem, singura înțelepciune care e capabilă să îndepărteze ignoranța este înțelepciunea ce poate realiza vacuitatea. Aici vacuitatea se referă la inexistența totală a oricărui fel de natură intrinsecă ce ar exista independent într-un fenomen dat. Când vedem ceva, avem senzația că există "acolo", separat de noi. Că are o natură independentă, care o face așa cum este. Dar dacă noi căutăm acea natură, vedem că nu o putem găsi. Această *nedescoperire* este recunoașterea faptului că acea natură inerentă nu există.

Această realizare și mintea ce crede într-o existență reciprocă se exclud reciproc. Acestea două nu pot exista în același timp în aceeași minte. Întrucât suntem obișnuiți să credem că lucrurile au o existență inerentă, noi trebuie să contracarăm acest obicei, obișnuindu-ne cu înțelepciunea ce recunoaște că ele nu există în acest mod.

Pentru ca cineva să se elibereze de suferinţă, persoana trebuie să realizeze natura goală a sinelui său. Aceasta este numită *lipsa de sine (vacuitatea) persoanelor*. Dacă o puteţi realiza, atunci vă veţi tăia legăturile ce vă ţin legaţi de samsara. Dar această realizare nu este suficientă ca să atingeţi iluminarea. Chiar dacă aţi fi liberi de suferinţă, încă sunteţi legaţi de un flux individual, unic, de experienţă. Apariţia unei existenţe inerente încă apare, chiar dacă nu are putere să vă influenţeze. Este o întunecare foarte subtilă, ce trebuie îndepărtată pentru a putea realiza mintea omniscientă de Buddha. Aceasta este numită *vacuitatea fenomenelor* şi se realizează prin dezvoltarea unei înţelegeri profunde a relaţiei dintre adevărul convenţional şi cel ultim.

Cele Două Adevăruri

În interpretarea realităţii lui Tsongkhapa există două forme de adevăr care se exclud reciproc: adevărul convenţional şi adevărul ultim. Termenul de "adevăr" e folosit aici ca să ne referim la felul în care ceva există efectiv. Deci putem spune că un fenomen dat există într-un mod convenţional şi, de asemenea, există într-un mod ultim. Vă puteţi gândi la ele ca la cele două faţete ale unei monede.

Adevărul ultim al oricărui fenomen este natura sa goală, simpla absenţă a oricărei existenţe inerente. Acest adevăr poate fi găsit prin analiza fenomenului, folosindu-ne de mintea raţională. Atunci când cineva face o astfel de analiză, persoana nu poate găsi un obiect cu existenţă inerentă şi, prin urmare, ceea ce rămâne e simpla sa absenţă. Pe măsură ce persoana dezvoltă (prin meditaţie) o minte din ce în ce mai concentrată, ea este aptă să realizeze această analiză într-un mod din ce în ce mai rafinat şi mai precis.

Adevărul convenţional, pe de altă parte, este baza imputaţiei ce rămâne neatinsă de această analiză. Este foarte important, întrucât vacuitatea nu neagă apariția sinelui, ea neagă existența inerentă a acelei apariții. La nivel convențional, putem spune că deși nu există fenomene inerente, fenomenele apărute în mod dependent există.

Originarea dependentă

Prin analiza Celor Două Adevăruri, cineva e apt să recunoască că deoarece un fenomen e gol, e posibil ca el să apară în dependență de cauze și condiții. De asemenea, deoarece el apare dependent, trebuie să fie lipsit de existență inerentă. În acest fel, e posibil să realizăm că între două concepte e o dependență încorporată. Nu poți avea unul fără altul.

Tsongkhapa argumentează că toate fenomenele există doar la nivelul imputației convenționale. Acestea se bazează pe interdependența relației dintre un subiect și obiect. La nivelul ultim, nimic nu poate fi găsit ca existând. La nivelul convențional, lucrurile există, dar doar ca simple imputații făcute pe baza aparițiilor ce se ivesc în minte. În acest fel, conștiința ce percepe aparițiile este indisolubil legată de realitatea care îi apare.

Această dependență dintre subiect și obiect înseamnă că toate formele de realitate au, din perspectiva minții ce le percepe, o validitate egală. Nici măcar o singură realitate nu poate fi concepută ca fiind mai "adevărată" decât alta. Acestea fiind spuse, convențiile pot fi dezvoltate în cadrul unui grup de persoane care păstrează vederi similare și, prin urmare, stabilesc baza pe care este valabilă acea convenție pentru grup.

Aparițiile iluzorii

Peste tot în prezentarea vederii sale, Tsongkhapa păstrează o distincție între subiect (mintea) și obiect (aparițiile ce se ivesc dependent în minte). Atunci când mintea se angajează în analiza naturii ultime a fenomenelor, ceea ce îi apare este vacuitatea. Dacă totuși nu se angajează în această analiză, atunci se vor ivi diverse apariții interdependente.

Aceste apariții pot părea a avea o existență inerentă, dar de fapt nu o au. Prin urmare, ele sunt considerate drept iluzii, ce apar într-un fel, dar există în altul. Practicantul Geluk se antrenează să recunoască această natură iluzorie și, astfel, contracarează agățarea de o existență inerentă a acestor apariții. Aceasta e posibil datorită desemnării dependente a naturii goale și a naturii iluzorii. Atunci când persoana practicantă realizează direct vacuitatea, ea experimentează o realizare explicită a naturii goale. Cu această realizare apare și realizarea implicită a naturii iluzorii a fenomenelor ce au fost analizate. De asemenea, atunci când cineva experimentează o apariție asemănătoare cu visul, este o realizare implicită a vacuității.

În acest fel, este posibil să se amestece aceste realizări până când amândouă, atât realizările implicite, cât și cele explicite, devin de putere egală, cu una făcând imediat să apară și cealaltă. Când realizați asta, atunci ați stabilit *uniunea apariției cu vacuitatea*.

Distingerea între Sutre și Tantre

Pe baza acestei viziuni a apărut o metodologie. Dacă confuzia referitoare la adevărul ultim este sursa atât a suferinței unei persoane, cât și a suferinței altora, atunci modalitatea de a îndepărta această confuzie este prin cultivarea înțelepciunii ce realizează cum stau efectiv lucrurile. În acest sistem, asta înseamnă realizarea adevărului ultim că toate fenomenele sunt goale de existență inerentă și, prin urmare, ele există doar ca adevăruri convenționale.

Deși o înțelegere conceptuală a acestui adevăr este un bun punct de pornire, nu este suficient de puternic ca să depășească tendința uzuală ce ne-a condiționat de-a lungul a nenumărate vieți. Pentru a putea tăia efectiv rădăcina ignoranței, trebuie să obținem o realizare directă a vacuității.

Trebuie să ne perfecționăm asupra obiectului negației (existența inerentă) și să vedem că pur și simplu aceasta nu există nicăieri. Când facem asta, putem să începem să ne formăm o nouă obișnuință, care integrează această realizare în toate aspectele experienței noastre.

Dacă nu putem să identificăm experimental obiectul ce este de negat, atunci noi nu putem experimenta absența acelui obiect. Prin urmare, trebuie să îndepărtăm straturile ce maschează sau distorsionează obiectul. Ca un laser, trebuie să străpungem o gaură până la miez, pentru ca astfel să putem îndeparta cancerul.

Acum intră în vizor cele două Căi ale Sutrei și Tantrei. În tradiția Geluk, vacuitatea ce trebuie realizată este exact aceeași în ambele sisteme. Singura diferență e viteza cu care cineva e apt să-și îndepărteze întunecările. Dintre cele două, Tantra e infinit mai rapidă, deoarece folosește mijloace abile ca să genereze o stare mentală foarte subtilă, ce poate fi utilizată pentru realizarea vacuității și atingerea iluminării într-o singură viață. Pe de altă parte, Sutra folosește mintea grosieră și, prin urmare, durează timp de trei nenumărați eoni până se obține același rezultat.

STRUCTURA CĂII

Tradiția Kadam accentuează o distincție strictă între Sutra și Tantra. Atisha recunoștea faptul că majoritatea practicanților din timpul său nu erau pregătiți pentru incredibil de puternicele metode ale tantrei budiste și, prin urmare, și-a sfătuit adepții să se focalizeze în primul rând pe Calea graduală a Vehiculului unui Bodhisattva. Numai după ce discipolii vor obține un fundament solid în Sutre, li se vor putea prezenta Mandalele *Celei Mai Înalte Yoga Tantra*. Sistemul Geluk pune un accent specific pe obținerea realizărilor renunțării, bodhicittei și vacuității. Aceste *trei aspecte principale ale Căii* sunt considerate premisele minime pentru angajarea în practicarea Tantrei.

Stadiile Căii (Lamrim)

Atisha a prezentat stadiile Căii în relație cu trei motivații diferite pe care le-ar putea avea un practicant. Practicanții *de o capacitate mică* sunt cei ce caută doar să obțină condiții mai bune în viața viitoare. Întrucât beneficiul este doar temporar, a fost considerat a fi "mai mic". Practicanții *cu o capacitate medie* sunt cei ce caută să obțină eliberarea lor personală din samsara. Chiar dacă asta înseamnă să obțină fericirea lor durabilă, ei nu iau în considerare nenumăratele ființe simțitoare care suferă și, prin urmare, este considerată a fi "medie". În sfârșit, există practicanții *de mare capacitate*, care caută să obțină iluminarea completă și totală, pentru beneficiul tuturor ființelor simțitoare.

În contextul budismului Mahayana, cea de-a treia motivație este cea pe care un practicant încearcă să o dezvolte. Pentru a face asta, el trebuie să se angajeze în practici comune cu persoanele de celelalte două capacități.

Preliminariile

Înainte de a porni pe Cale, practicantul trebuie mai întâi să se asigure că are toate condițiile necesare, pentru a fi apt să practice Dharma în modul cel mai bun. Sunt două condiții principale, care trebuie colectate:

- **Bazarea pe un Învățător Spiritual:** Rădăcina Căii este reprezentată de devoțiunea față de un Învățător Spiritual. Fără prezența unui Învățător, nu e nici o modalitate de a intra în contact cu învățăturile. Fără practică, nu e nici o șansă de a obține realizările. Din acest motiv, practicantul trebuie să petreacă ceva timp luând în considerare ce tip de învățător îi e necesar, pe care se poate el baza. Practicantul analizează diferite calități pe care să le caute și apoi ia în considerare natura relației învățător-student. Odată ce practicantul a stabilit o relație pozitivă cu un ghid spiritual, el poate să înceapă să se dedice practicării învățăturilor pe care le-a primit.

- **Viața umană cu plăceri și oportunități:** După ce a învățat despre Calea spre iluminare de la un Învățător Spiritual, persoana practicantă trebuie acum să vadă dacă ea are condițiile personale și externe necesare pentru a urma efectiv Calea. Prin contemplarea diverselor caracteristici ale unei prețioase vieți umane, practicantul va dezvolta un sentiment de apreciere și încredere în abilitatea sa personală de a practica. Este atât de ușor să ne concentrăm doar asupra problemelor cu care ne confruntăm în viață, conducându-ne spre un sentiment de apatie sau disperare! Privind la aspectele existenței umane, practicantul învață cum să-și vadă viața ca fundația spre obținerea fericirii autentice. Aceste contemplări îl conduc spre a se angaja complet pe Calea celor trei tipuri de capacități.

Practicile comune cu oamenii de capacitate mică

Următoarea fază se focalizează pe impulsionarea practicantului spre angajarea pe drumul transformării sale personale. Fără dezvoltarea acestor realizări fundamentale, el nu va fi apt să-și depășească atașamentul pentru plăcerile lumești. Prin urmare, practicantul se va angaja într-o serie de meditații analitice, pentru a-și dezvolta:

- **Frica:** În acest context, frica este simpla recunoaștere că nimeni nu vrea să sufere. Se manifestă dorința intrinsecă a cuiva de a fi liber de suferință și de cauzele suferinței. Practicantul dezvoltă acest sentiment contemplând mai întâi asupra *nepermanenței și morții*. Procedând astfel, persoana începe să realizeze că prețioasa sa viață nu va dura mult și că ar putea muri în orice moment. Aceasta naște întrebarea, "Ce se va întâmpla după moarte?" Ca să înceapă să-și răspundă la întrebare, practicantul privește la *suferința care este experimentată în tărâmurile mai joase*. Acestea sunt trei forme de existență ce apar din stările mentale perturbate. Din această contemplare, practicantul începe să realizeze că dacă nu face niște pași spre a-și schimba obiceiurile, categoric nu o să-i placă ce i se va întâmpla în viitor.

• **Credința:** Odată ce a înțeles complet pericolul în care se află, practicantul începe să caute ajutor. În acest caz, o ființă obișnuită nu poate să-l ajute. Îi este necesară o sursă reală de refugiu, care să fie aptă să asigure practicantul că nu va experimenta suferința din tărâmurile inferioare. Contemplările din această fază se concentrează în special pe identificarea diverselor *calități ale Celor Trei Giuvaiere* (Buddha, Dharma și Sangha), pentru a dezvolta încrederea că ele sunt o sursă veritabilă de *refugiu*. Odată ce și-a creat încrederea, practicantul va învăța despre refugiul efectiv față de suferință: *practicarea Dharmei*. Aceasta se referă în mod specific la dezvoltarea încrederii în legea karmică a cauzei și efectului. Ea include baza etică a practicilor de restrângere a non-virtuților și de cultivare a virtuților.

Practicile comune cu oamenii de capacitate medie

Prin refugiu, practicantul stabilește o direcție sigură a vieții sale. Dacă practică cu sârguință, se poate asigura că măcar nu va răni pe alții și va crea cauzele pentru fericirea autentică. Următoarea etapă de antrenament se focalizează pe extinderea înțelegerii persoanei despre ciclul existenței, pentru a include forme chiar și mai subtile de insatisfacție. În acest fel, practicantul va cultiva o dorință și mai puternică de a se elibera din samsara. Modelul de angajare în această analiză este prin meditația asupra *Celor Patru Nobile Adevăruri*:

- **Natura de suferință a samsarei:** După ce a meditat anterior asupra tărâmurilor inferioare, practicantul contemplă acum *natura tărâmurilor superioare* de existență. Aceasta îl face să ia în considerare felul în care toate formele de plăceri lumești sunt, în final, nesatisfăcătoare. El începe să dezvolte senzația de a fi prins în cursă și dezvoltă dorința de a se elibera.

- **Originea suferinței:** Următorul pas ia în considerare, în primul rând, de ce suferim. În acest stadiu, practicantul va contempla asupra *naturii întunecărilor* și a karmei pe care ele o creează. Apoi el va studia și reflecta la *cele douăsprezece legături ale originării dependente*, care oferă un model detaliat pentru înțelegerea felului în care se perpetuează existența ciclică.

- **Încetarea suferinței:** Aceasta conduce practicantul spre realizarea faptului că într-adevăr e posibil să oprească complet procesul morții și renașterii. Aici, practicantul contemplă la beneficiile *realizării eliberării* pe baza unei *renunțări* intense *la samsara.*

- **Calea spre Încetare:** Dacă practicantul este efectiv motivat de eliberarea personală, va începe să practice cele trei antrenamente mai înalte, în concordanță cu *Nobila Cale*

Octuplă. Totuși, întrucât scopul său este practica Mahayana, practicantul va începe să se angajeze pe *Calea unui Bodhisattva.*

Practicile oamenilor de capacitate mare

Totul până în acest punct a constat în pregătirea pentru dezvoltarea unei motivații extinse a unui Bodhisattva: Aspirația de a atinge eliberarea pentru beneficiul tuturor ființelor simțitoare. Această motivație este cea care marchează intrarea în Mahayana și reprezintă singura motivație ce se potrivește fundamentului practicării Vajrayana. În acest antrenament sunt trei faze:

- **Generarea minții bodhicittei:** În funcție de tendințele practicantului, el va practica, de regulă, una dintre cele trei metode ce pot fi folosite spre generarea bodhicittei. Pentru cei cu un simț puternic de conexiune cu alții, există *Metoda celor șapte cauze și un efect.* În timp ce pentru cei cu o natură mai logică, este în mod particular efectivă *Schimbarea sinelui cu alții.* Tsongkhapa a mai oferit și a treia opțiune, care combină cele două tehnici. Indiferent de metoda aleasă, cu toate lucrează pentru crearea unei fundații a bunătății iubitoare și a compasiunii, care conduc la nașterea unei decizii altruiste de a atinge iluminarea pentru binele tuturor ființelor.

- **Păstrarea și întărirea bodhicittei de aspirație:** Odată ce a fost generată bodhicitta, următorul pas este de a alimenta această dorință. Prin diverse practici de mindfulness, practicantul se va familiariza din ce în ce mai mult cu bodhicitta, până când ea va deveni motivația spontană pentru toate acțiunile sale.

- **Angajarea în conduita unui Bodhisattva:** Atunci când forma bodhicittei de aspirație va deveni puternică, ea îl va motiva în mod natural pe practicant să acționeze în beneficiul altora. În acest scop, sunt două seturi de practici în care se angajează practicanții. Primul set este cunoscut sub numele de *Cele Șase Perfecțiuni* și reprezintă un cod specific de conduită pentru un Bodhisattva. Așa cum o sugerează și numele, prin practica lor practicantul ajunge în mod gradual să fie capabil să-și perfecționeze toate calitățile sale bune și să atingă starea completă de Buddha. Aceasta este combinată cu *Cele Patru Metode de Adunare a Adepților*, care este focalizată pe felul în care un Bodhisattva poate lucra cu alții, ca să îi ajute pe aceștia să atingă iluminarea.

Meditația asupra vacuității

Înainte de a trece pe Calea tantrică, este important ca practicantul să dezvolte ceva experiențe cu vacuitatea. Din acest motiv, este uzual ca el să înceapă să mediteze din acest stadiu la vacuitate. În contextul practicării Celor Șase Perfecțiuni, practicantul va folosi sesiunile sale formale de meditație pentru a dezvolta ultimele două perfecțiuni (concentrarea și înțelepciunea). Apoi, în perioadele dintre sesiuni, el se va focaliza mai mult pe conduita unui Bodhisattva referitoare la primele patru perfecțiuni (generozitatea, disciplina etică, răbdarea și strădania bucuroasă). Abordarea generală a meditației în tradiția Geluk este următoarea:

- **Calmul statornic (shamatha):** Mintea pe care o folosim noi de obicei este ușor a fi distrată, plină de concepte și alimentată de întunecări. Aceasta face să fie foarte dificil de a o folosi ca bază pentru observarea naturii realității. Prin urmare, înainte ca cineva să poată efectiv să mediteze asupra vacuității, trebuie să stabilim ceva grade de stabilitate mentală și claritate. Aceasta se face prin practicarea concentrării într-un singur punct, cunoscută drept shamatha. În acest fel de meditație, practicantul alege un obiect asupra căruia să mediteze. Folosind facultățile introspecției și mindfulness, el își antrenează mintea ca să rămână focalizată pe obiect pentru o perioadă cât mai lungă de timp. Este uzual ca în această tradiție să se folosească o imagine mentală a lui Buddha Shakyamuni, ca obiect preferat de meditație, din moment ce aceasta stabilește în minte tendințe virtuoase și ajută practicantul să se pregătească pentru practicile de vizualizare din Calea tantrică. Rezultatul acestei practici constă într-o minte care e focalizată, flexibilă și pregătită acum să investigheze natura fenomenelor.

- **Viziunea superioară (vipashyana):** Următoarea etapă este când practicantul își întoarce mintea spre obiectul efectiv al negării. Dacă el și-a dezvoltat atenția în mod suficient, ar trebui să fie apt să opereze la un nivel mult mai subtil al minții. În acest nivel, sunt mult mai puține întunecări ce blochează recunoașterea agățării cuiva de un sine ca existând în mod inerent. Pe baza acestei conștiințe mult mai simple, practicantul mai întâi identifică simțul materializat al sinelui. Apoi el dezvoltă certitudinea că sunt doar două posibilități, fie că sinele care apare există, fie că nu există. El începe apoi să investigheze sinele, pentru a determina care dintre aceste două opțiuni este adevărată. Practicantul aplică apoi o serie de raționamente logice asupra obiectului negării. El continuă să caute sinele cu existență inerentă, încercând să se perfecționeze în asta, dar în final nu este apt să găsească nimic substanțial. Prin raționamente, aspectul aparent solid al sinelui se dizolvă într-o *simplă absență a sinelui*. În acest punct, practicantul își odihnește mintea în simpla absență. Eventual, din cauza obișnuinței, sinele va reapare. Practicantul repetă procesul, identificând obiectul, analizându-i natura prin raționamente și apoi odihnindu-se în concluzia la care a ajuns.

Este important să observăm că acest proces va produce o înțelegere conceptuală a vacuității, care este foarte concordantă cu realitatea. La început, acest concept va fi suficient ca să îndepărteze agățarea grosieră. Totuși, în timp, devine din ce în ce mai rafinat, până când conceptul este abandonat complet și mintea este capabilă să experimenteze vacuitatea în mod direct.

Cea Mai Înaltă Yoga Tantra

Dacă practicantul dorește, el va continua cu o practică exclusivă a celor șase perfecțiuni și, în final, va atinge iluminarea. Din nefericire, acest proces va dura mai mult, peste trei miliarde de ani, pentru a se finaliza. Datorită intensității bodhicittei, este insuportabilă ideea unei ființe simțitoare suferind chiar mai mult de o secundă decât este absolut necesar. Pe această bază, practicantul decide să intre pe Calea Celei mai Înalte Yoga Tantra. Prin această Cale, devine posibil să atingem iluminarea în timpul unei singure vieți.

În tradiția Geluk practicanții sunt încurajați să practice sisteme diferite, pe baza tendințelor lor karmice personale. Majoritatea practicanților tind să practice fie *Guhyasamaja, Chakrasamvara* sau *Yamantaka*. De asemenea, Tsongkhapa a dezvoltat, de asemenea, un sistem ce le practică pe toate trei împreună. Odată ce a primit împuternicirea în Mandala yidamului ales, practicantul se va angaja apoi în două stadii ale practicii tantrice: stadiul de generare și cel de desăvârșire. Din scopuri ilustrative, ne vom focaliza aici pe Calea conformă sistemului lui Guhyasamaja.

Stadiul de generare

Scopul stadiului de generare este de a ascuți mintea practicantului, astfel încât să poată oferi o fundație de lucru pentru angajarea în practicile stadiului de completare. Acest proces de pregătire este efectuat prin practicarea Yoga Zeității și recitarea de mantre. Sunt două faze în stadiul de generare: grosier și subtil.

Generarea grosieră este proiectată spre antrenarea practicantului în vizualizarea unei mandale specifice a zeităților. Aceste zeități reprezintă aspecte pure ale experienței practicantului. De asemenea, ele sunt niște hărți cu locații specifice ale corpului subtil al practicantului, permițându-le să funcționeze ca puncte focale pentru manipularea unui flux de energie în stadiile ulterioare. Această fază are trei meditații principale:

- **Aplicarea inițială:** Primul pas constă în construirea unei vizualizări generale a universului iluminat, ce este reprezentat prin Mandală. În acest mediu, practicantul vizualizează o varietate de zeități, fiecare dintre ele plasate în locații specifice. Aici accentul este pus pe familiarizarea cu toate aceste elemente și cu procesul ce are loc pentru construirea acestei vizualizări.

- **Regele suprem al Mandalelor:** Odată ce practicantul e apt să construiască o vizualizare generală, el începe să rafineze această vizualizare, concentrându-se pe diverse detalii. Totul în vizualizare poartă o semnificație simbolică. Practicantul trebuie să învețe ce înseamnă fiecare element și să dezvolte o vizualizare clară a acestor elemente.

- **Regele suprem al acţiunilor:** Odată ce Mandala a apărut cu claritate în mintea practicantului, el lucrează apoi să o aducă în viaţa sa. Mandala nu e menită a fi un instantaneu static al realităţii iluminate. În schimb, fiecare dintre zeităţi se angajează în mod constant în activităţile iluminate pentru a aduce beneficii fiinţelor simţitoare. Practicantul îşi imaginează cum fiecare zeitate îşi trimite emanaţii ale sale şi apoi îşi imaginează că acestea se adună înapoi în zeitate.

Atunci când el este apt să genereze cu claritate întreaga Mandală şi să îşi odihnească mintea în acea vizualizare, el intră în stadiul de generare subtilă. Principalul scop al acestei faze constă în realizarea uniunii dintre *shamatha cu vipashyana,* pe baza Mandalei iluminate. Această fază este caracterizată prin ceea ce este cunoscut drept Yoga subtilă:

- **Yoga subtilă:** În esenţă, practicantul vizualizează toată Mandala, în spaţiul unei singure picături. Cu cât e mai mică dimensiunea acestei picături, cu atât devine mai concentrată mintea sa. Practicantul multiplică în afara picăturii infinite manifestări, ce creează nenumărate mandale. Aceste mandale sunt apoi trase înapoi în picătura unică. Prin repetarea acestui proces, practicantul e capabil să dezvolte simultan atât shamatha, cât şi vipashyana şi obţine, prin urmare, o incredibilă rafinare subtilă a concentrării sale.

Stadiul de desăvârşire

Prin stadiul de generare, practicantul transformă felul în care el se raportează la ceea ce îi apare în minte. El adoptă o vedere pură despre sine şi învaţă să se identifice cu acea vedere. Acum el îşi va folosi vederea pentru a manipula bazele energetice ale minții sale, ca să poată să inducă o stare mentală incredibil de subtilă, ce poate fi folosită pentru realizarea vacuității.

Stadiul de desăvârșire, în concordanță cu sistemul Guhyasamaja, este cunoscut sub numele *Cele Cinci Stadii*. Deși sunt diverse prezentări ale acestui sistem, Tsongkhapa favorizează practica Liniei de descendență a lui Nagarjuna. Împărțind prima etapă în două stadii, vom avea șase faze.

Prin aceste practici, practicantul învață în esență cum să reproducă procesul natural al morții, în care mintea se separă de corp și de toate straturile grosiere și subtile de experiență. În acel moment, pentru o scurtă clipă, cel mai subtil nivel al minții este cunoscut drept manifestarea *Luminii Clare*. Deși, de regulă, suntem inconștienți atunci când se întâmplă asta, un practicant antrenat este capabil să treacă în mod lucid prin procesul de dizolvare și, după aceea, să preia controlul acestui proces. Atunci când apare mintea Luminii Clare, ea poate să fie folosită pentru a medita direct asupra vacuității și, prin urmare, să taie rădăcina ignoranței și să se atingă iluminarea.

Primele trei etape ale antrenamentului se focalizează pe izolarea diverselor aspecte de experiență, inducând efectiv aceleași dizolvări ce apar în timpul morții.

- **Solitudinea fizică:** Această fază continuă de la yoga subtilă a stadiului de generare. Picătura este adusă în jos la deschiderea inferioară a canalului central și concentrându-ne în acest punct, vânturile încep să intre în canalul central. Când fac asta, aprind în mod natural *focul interior*, care va începe să se amestece cu picăturile esențiale ce sunt localizate în vârful corpului. Pe măsură ce se topesc, ele coboară prin canalul central, producând grade crescânde de extaz. Acest extaz e folosit apoi pentru a medita la vacuitate. Odată ce s-a obținut *uniunea extazului cu vacuitatea*, practicantul amestecă această realizare cu orice îi apare în minte. Prin urmare, toate aparițiile iau aspectul extazului vacuității. Alternând meditația asupra vacuității cu vederea aparițiilor ca extaz vacuitate, mintea practicantului devine tot mai subtilă și nodurile care împiedică mișcările vânturilor în canale sunt slăbite. Pe măsură ce se slăbesc nodurile, vânturile și picăturile converg în chakra inimii.

- **Solitudinea verbală:** Pentru următoarea fază, practicantul se angajează în vizualizări subtile, desenate pentru a slăbi nodurile specifice din chakra inimii. În centrul chakrei inimii este un vânt subtil care acționează ca un munte pentru mintea luminii clare. Această picătură e cunoscută sub numele de *picătura indestructibilă*. Scopul acestui proces este de a amesteca complet mintea cu această picătură și să se manifeste Lumina Clară. Dar, atât timp cât canalele sunt legate de noduri, celelalte vânturi nu se pot dizolva în picătură. Prin *practicile de control al respirației* din această etapă, nodurile sunt slăbite și vânturile încep să se dizolve în chakra inimii.

- **Solitudinea mentală:** Prin precedentele faze, practicantul a adunat cu succes în picătura indestructibilă majoritatea vânturilor și picăturilor ce erau active în corpul său. Este un singur vânt care este extrem de subtil și care pătrunde în tot corpul. Pentru a aduna în inimă acest ultim vânt, practicantul trebuie să se angajeze în uniunea cu o consoartă fizică. Prin puterea extazului generat prin această practică, toate vânturile se dizolvă în picătura indestructibilă, iar aparițiile acestora sunt cunoscute drept apariţia *celor patru goluri*. În acest punct, toate minţile conceptuale s-au dizolvat şi practicantul rămâne cu o experienţă directă a *inseparabilităţii extazului cu vacuitatea.*

Pe măsură ce practicantul continuă să practice acest proces de dizolvare, el câştigă în fiecare etapă un control din ce în ce mai mare. Vânturile sunt purificate, canalele sunt deblocate, iar picăturile esenţiale se dizolvă în inimă. El a dezvoltat efectiv abilitatea de a manifesta atunci când doreşte mintea foarte subtilă a Luminii Clare. Ultimele trei etape se focalizează acum pe folosirea minţii ce realizează vacuitatea şi se manifestă într-o formă pură iluminată.

- **Corpul iluzoriu impur:**Atunci când mintea se dizolvă prima dată în Lumina Clară, practicantul încă nu a învăţat cum să-şi stabilizeze mintea. Din această cauză, mici fluctuaţii în mişcările vânturilor fac ca practicantului să i se ivească în mod spontan forma zeităţii. Această formă e cunoscută sub numele de *corpul iluzoriu impur*. E considerată a fi impură, deoarece încă nu şi-a abandonat întunecările perturbatoare. Atunci când stadiul de dizolvare este inversat, practicantul se reuneşte cu vânturile, dar această perioadă poate fi descrisă cel mai bine ca un corp de vis. Acest corp poate fi perceput doar de practicant sau de alţi yoghini aflaţi la un grad similar de realizare. În acest stadiu, practicantul se focalizează pe familiarizarea cu generarea corpului iluzoriu.

- **Lumina Clară:** Prin meditaţie (în timpul morţii) practicantul se familiarizează cu dizolvarea în Lumina Clară. Înainte de a se manifesta ca un corp iluzoriu, el învaţă să rămână şi să se odihnească în această stare non-duală. Folosind această minte, el învaţă apoi să îşi focalizeze conştientizarea pe experimentarea directă a vacuității. Această realizare taie prin toate iluziile şi eliberează efectiv practicantul din ciclul existenței.

- **Uniunea învățaților:** Cu o realizare stabilizată a minții Luminii Clare, practicantul este acum capabil să manifeste *corpul iluzoriu pur.* Acest corp poate fi apoi folosit pentru a manifesta infinite forme, ce realizează activități virtuoase nemăsurate. Vastul merit şi înțelepciunea enormă acumulate de aceste forme permit practicantului să progreseze pe nivelele de Bodhisattva într-un proces extrem de rapid şi astfel să atingă iluminarea completă.

STAREA REZULTANTĂ

Atunci când ne uităm la întreaga Cale prezentată într-o carte sau în spusele unui învățător, iluminarea poate fi văzută ca foarte aproape de noi şi posibilă. Apoi, când începem să practicăm efectiv, putem vedea cum iluminarea devine cumva ceva foarte îndepărtat, dincolo de realizare. Aceasta poate conduce spre frustrare şi să devină descurajant. Parțial din acest raționament, Tsongkhapa a accentuat un proces gradual de dezvoltare spirituală pentru studenții săi. Deşi Calea tantrică este aptă să aducă practicantul la iluminare pe durata unei singure vieți, este o Cale dificilă, care solicită o determinare şi o perseverență extraordinare. Mulți oameni, pur şi simplu, nu au condițiile karmice ca să realizeze acest țel.

Din acest motiv, practicanții Geluk accentuează lucrul cu două motivații : o motivație temporară, de a obține o renaştere mai înaltă şi o motivație ultimă, de a obține bunătatea definitivă a iluminării complete. Folosind împreună aceste două motivații, o persoană poate să se asigure

că, în final, indiferent dacă mai devreme sau mai târziu, îşi va atinge cu
siguranţă scopul său ultim.

Renaştere mai înaltă

Aşa cum învaţă practicantul prin contemplarea nepermanenţei şi a morţii,
viaţa se poate sfârşi în orice moment. Chiar dacă condiţiile actuale ale
cuiva pot fi perfecte pentru practicarea Dharmei, nu este nici o garanţie
că aceste condiţii vor continua mult mai mult. Dacă practicantul eşuează
să-şi creeze cauze pentru o altă renaştere umană preţioasă, atunci el se va
afla în situaţia de a irosi nenumăraţi eoni în tărâmurile joase, fără nici o
şansă de a practica virtutea.

Prin urmare, atunci când începem lucrul, prioritatea noastră numărul
unu este să creăm cauzele de obţinere a unei renaşteri propice practicării
Dharmei. Cea mai bună metodă pentru aceasta constă în practicarea *Celor
Şase Perfecţiuni* ale unui Bodhisattva. Rezultatele vor fi următoarele:

1. **Prosperitatea:** Prin practicarea *generozităţii,* cineva va crea
   cauzele de a renaşte cu o mare bogăţie şi cu multe resurse.
   Aceasta înseamnă că nu va mai trebui să vă zbateţi să vă
   acoperiţi necesităţile de bază, prin urmare veţi avea mai mult
   timp pentru practicarea Dharmei. Mai înseamnă, de asemenea,
   că veţi avea capacitatea ca, prin generozitatea voastră, să
   atrageţi studenţi şi să-i ghidaţi pe Cale.

2. **Preţioasa renaştere umană:** Cauza de a se naşte în tărâmul
   oamenilor este practicarea *disciplinei etice.* În mod special prin
   practicarea conduitei unui Bodhisattva, cineva va crea cauzele
   de a se conecta cu Mahayana şi să îşi continue dezvoltarea sa
   spirituală. Întrucât baza eticii constă în a nu răni pe ceilalţi, ea

creează de asemenea și cauzele de a fi iubit și a avea grijă de cei din jurul vostru.

3. **Capacitatea de a-și îndeplini toate scopurile:** Prin practicarea *perseverenței*, cineva va stabili cauzele de a avea succes în propriile sale acțiuni. O astfel de persoană e aptă să se angajeze pe Calea spirituală, să depășească toate greutățile și să-și îndeplinească dorința sa ultimă.

4. **Absorbțiile fără forme:** Prin practicarea *meditației*, cineva va crea cauzele să exceleze în practicile meditative. Aceasta va permite persoanei să-și suprime toate întunecările și să obțină stări foarte subtile de absorbție, ce pot fi folosite spre realizarea naturii realității.

5. **Inteligența discriminantă:** Prin practicarea înțelepciunii, cineva va crea cauzele de a renaște cu un nivel foarte înalt de inteligență. Această inteligență îi va permite să recunoască sursa reală de suferință și sursa adevărată de fericire. Pe această bază, cineva se poate angaja pe Cale și să atingă rapid progresul spre starea de Buddha.

Bunătatea definitivă

Odată ce a stabilit cauzele pentru o renaștere mai înaltă, cineva e liber să dedice oricât de mult timp i-a mai rămas din această viață pentru atingerea bunătății definitive și a iluminării complete și depline. Această stare este realizată prin actualizarea celor două corpuri de Buddha: Corpul de Adevăr (dharmakaya) și Corpul Formei (rupakaya). Corpul de Adevăr îndeplinește beneficiile specifice personale ale cuiva, în timp ce Corpul

Formei îndeplinește beneficiile pentru alții. Ele sunt rezultatul adunării laolaltă a Celor Două Acumulări:

1. **Acumularea de Înțelepciune:** Corpul de Adevăr este produs prin realizarea directă a vacuității. Întrucât o experiență momentană a vacuității este suficientă să taie din agățarea de o existență inerentă (întunecările emoțiilor negative), ea nu este suficientă spre a preveni apariția existenței inerente (întunecările cognitive). Pentru a îndepărta aceste urme subtile, cineva trebuie să străbată temeinic toate percepțiile care realizează natura lor goală. Când și ultima urmă este îndepărtată, atunci e atinsă mintea omniscientă a dharmakaya.

2. **Acumularea de Merit:** Corpul Formei este rezultatul perfecționării minții pline de compasiune, care se angajează în acțiuni virtuoase, pentru beneficiul celorlalți. Fiecare acțiune virtuoasă lasă o urmă în minte, condiționând-o spre virtute. Atunci când practicantul ajunge să fie obișnuit total cu virtutea, aceasta va apare spontan. Odată ce întunecările finale au fost îndepărtate de acumularea de înțelepciune, acumularea de merit se va matura sub forma unor corpuri de emanație spontane, ce vor lucra spre beneficiul ființelor simțitoare.

The Great Rimé Master, Kunga Drolchok

CAPITOL 19

Mișcarea Rimé

Dacă privim înapoi în istorie, la credințele și practicile fiecăreia dintre tradițiile tibetane, putem vedea că au avut o parte echitabilă de provocări și conflicte. Nu a fost nici atunci și nu e nici acum o societate perfectă în adevăratul înțeles al cuvântului. Ceea ce este totuși, este o societate ce a trecut printr-o evoluție semnificativă de-a lungul ultimelor două milenii. Ca multe alte societăți din această lume, ea a experimentat un proces dinamic de schimbare, alimentat de speranțele și fricile populației sale. Aș dori să abordez acum această schimbare.

Dacă am lua-o superficial, am putea fi tentați să blamăm creșterea violenței sectariene și a persecuției dintre diversele doctrine și practici. Totuși aceasta pare a fi o greșeală. Dacă privim cu atenție la ceea ce a predat efectiv fiecare tradiție, putem vedea că toate sunt în mod egal la fel de profunde în capacitatea lor de a conduce la rezultatul iluminării complete. Oricine atinge efectiv un anume grad de realizare în cadrul acestor tradiții e capabil să vadă aceasta. Din această cauză, e mult mai probabil ca motivațiile din spatele unor astfel de conflicte să fi fost conduse în primul rând de luptele politice pentru putere.

Trebuie să separăm întotdeauna cu mare atenție acțiunile unor practicanți autentici ai tradiției de acțiunile protectorilor lor. Dacă eșuăm în a proceda astfel, am putea ajunge la concluzia că este o tradiție greșită și am putea-o respinge. În schimb, dacă folosim exemplul celor care chiar au pus în practică aceste învățături, vom putea vedea beneficiile uriașe oferite de aceste tradiții.

Dacă facem un pas înapoi și căutăm o imagine de ansamblu, putem începe să identificăm niște tipare generale care marchează manifestarea progresivă a *Filozofiei Rimé*. Vom vedea că principiile esențiale ale toleranței, receptivității, curiozității și flexibilității au jucat un rol esențial în formarea fiecărei perioade importante din dezvoltarea Tibetului. În acest mod, putem recunoaște că cea la care noi ne referim drept *Mișcarea Rimé* din secolul al XIX-lea nu a început prin efortul unei singure persoane. Ea a crescut din determinarea combinată a generații după generații de maeștri, care au personificat aceste calități.

DESCHIDEREA CĂTRE IDEI NOI

Înainte de ridicarea Imperiului tibetan, Tărâmul Zăpezilor era divizat între mai multe clanuri nomade rivale. Atunci când aceste clanuri au fost reunite sub conducerea unui singur Rege, s-a intrat într-o nouă etapă de dezvoltare spirituală. Pe măsură ce regii ulteriori au extins imperiul, ei au fost expuși unor noi modalități de a vedea lumea. Au venit mai întâi cei din Bön, apoi budiștii din China, Nepal și, în final, din India.

Deși ar fi putut foarte ușor să-și folosească puterea lor militară ca să distrugă orice urmă de spiritualitate străină, ei au ales în schimb calea toleranței. Ei au invitat practicanți din fiecare dintre aceste tradiții să le devină miniștri și sfătuitori la curtea regală. Pe baza înțelepciunii lor, regii tibetani au creat fundația pentru dezvoltarea unei noi ordini sociale.

Rezultatul acestei colaborări poate fi văzut în influența reciprocă pe care au avut-o aceste tradiții, unele față de altele. Ritualurile șamaniste extinse din Bön au fost complet integrate în toate formele din ceea ce numim acum budismul tibetan. De asemenea, prin procesul de dezbateri filozofice cu Bandé, cei din Bön au fost apţi să redescopere plenitudinea propriei lor moşteniri bogate, mergând dincolo de vehiculele cauzale, pentru a include, de asemenea, din ce în ce mai profund şi căile rezultante. Datorită deschiderii unora faţă de celelalte, amândouă tradiţiile au beneficiat în final din interacţiunea lor.

Un bun exemplu despre aceasta poate fi găsit în modul în care au fost introduse în Tibet învăţăturile Măreţei Perfecţiuni. Atunci când regele Trisong Deutsen căuta translatori care să călătorească în India, el l-a selectat pe marele traducător Vairotsana (Secolele VIII - IX e.n.), unul dintre primii călugări budişti, ca să fie ordinat de către Shantarakshita. Înainte de a deveni călugăr, Vairotsana primise un număr semnificativ de învăţături din tradiţia Bön, unde era cunoscut sub numele de Yungdrung Tsuklak. După ce a fost hirotonisit, el s-a antrenat exclusiv cu Padmasambhava în Tibet şi cu Shri Shri Simba (Secolul VIII e.n.) în Oddiyana. De-a lungul vieţii sale, el a continuat să traducă texte, atât din surse Zhang Zhung, cât şi sanscrite, păstrând o filozofie non-sectariană ce a accentuat unitatea dintre Bön şi Dharma. Ca urmare, el a putut introduce tibetanilor multe dintre învăţăturile profunde ce i-au ajutat să deschidă calea pentru amândouă tradiţiile, atât Bön, cât şi Bandé, spre a se angaja în practica Dzogchen.

În timp, aceste învăţături au oferit o bază comună, unde se puteau întâlni aceste două tradiţii. Pe măsură ce practicanţii şi-au dezvoltat realizările, au început să pătrundă în practicile lor nuanţe subtile ale vederilor lor, reformulându-le relaţiile cu Calea şi rafinând semnificaţia ritualurilor lor. În acest fel, s-a putut manifesta plenar intenţia combinată atât a lui Tonpa Shenrab, cât şi a lui Buddha Shakyamuni.

Mai târziu, atunci când învăţăturile Nyingma au început să decadă în Tibetul Central şi Tibetul de vest, un nou val de traducători a înfruntat lungul drum spre sud, pentru a aduna mai multe învăţături. Pe măsură ce învățăturile aduse la întoarcerea lor în țară au început să pătrundă în toată țara, au fost construite mănăstiri și centre de retragere și s-au dezvoltat comunități în jurul diverselor Linii de descendență de practică. În acele timpuri, era uzual pentru călugări să călătorească de la o mănăstire la altă mănăstire, primind învățături și instrucțiuni într-o gamă largă de sisteme. Din acest motiv, mulți dintre marii maeștri ai acelei perioade s-au dedicat în studiul și în practica lor unei atitudini non-sectariene.

CLARIFICAREA ÎNȚELEGERII

Odată cu explozia noilor idei ce înfloreau în Tibet, s-au făcut eforturi crescânde pentru a da un sens tezaurului de înțelepciune care era acum disponibil. Măreți erudiți yoghini s-au angajat în dezbateri critice, provocând pozițiile filozofice diferite și rafinându-și înțelegerea lor asupra diverselor aspecte ale învățăturilor. Nedorind să accepte o înțelegere pur și simplu intelectuală, ei au integrat ideile cu practicile meditative și au obținut nivele incredibile de realizare. Pe baza propriilor realizări, ei au compus tratate în care și-au prezentat viziunea și practicile lor vaste, făcând astfel să fie disponibile și altora, spre a le urma. A fost cu adevărat o perioadă de incredibilă creativitate și inovare.

Unul dintre cei mai prolifici scriitori din acea perioadă a fost Longchen Rabjampa Drimé Öser (1308-1364 e.n.). El este renumit pentru crearea *Celor Șapte Tezaure* și a *Celor Trei Trilogii*, ce au sistematizat efectiv învățăturile complete ale tradiției Nyingma și îndeosebi pe cele ale Măreței Perfecțiuni. Întrucât a studiat extensiv tradițiile Kadam, Sakya și Kagyu, Longchenpa a obținut o înțelegere enciclopedică a fiecărei faze de practică și a fost capabil să-și comunice viziunea sa într-un mod coeziv și inspirat. El este, de asemenea, răspunzător de adunarea laolaltă a comorilor textelor sale, precum și pe ale altora, conservându-le pentru viitoarele generații.

Al treilea Karmapa, Rangjung Dorje (1284–1339 e.n.) este de asemenea cunoscut pentru a fi introdus o serie de inovații importante în înțelegerea Kagyu despre Mahamudra, inspirate în bună parte din învățăturile despre Dzogchen pe care el le-a primit de la învățătorul său, Rigdzin Kumaradza (1266 - 1343 e.n.). Scrierile sale filozofice extinse au ajutat să se dea formă unei sinteze unice a *Yogacara*, Madhyamaka și variatelor învățături despre Natura de Buddha.

În același timp, omniscientul maestru Jonang, Dolpopa Sherab Gyaltsen, a compus opera sa magnifică de căpătâi, *Doctrina Muntelui*. În acest tratat inovator, Dolpopa a prezentat contemporanilor săi un întreg vocabular inedit pentru înțelegerea naturii realității. Prin citate extinse din surse clasice indiene, Dolpopa a elucidat intenția ultimă a învățăturilor lui Buddha, unificând astfel toate cele Trei Întoarceri ale Roții Dharmei într-un sistem unic. Abordarea sa va deveni cunoscută sub numele de *Filozofia Shentong*.

În urma dezbaterilor intense generate de multe dintre ideile lui Dolpopa, Losang Drakpa, Măreţul Lord al Dharmei, își va prezenta propriul său sistem filozofic. După o intensă perioadă de studiu, cercetare și meditație, Tsongkhapa a luat o poziție critică față de toate punctele de vedere predominante din timpul său. Într-o încercare de a oferi și mai multă clarificare și precizie, el a formulat interpretările sale personale asupra textelor clasice și a scris o serie de tratate care i-au dezvăluit prezentarea sa unică despre poziția *Prasangika Madhyamika*, în conformitate cu Nagarjuna și Chandrakirti.

Cineva din afară ar putea să creadă că existența atât de multor puncte de vedere diferite ar putea fi baza pentru apariția diviziunilor sectariene. Într-adevăr, mulți oameni folosesc aceste diferențe filozofice ca scuză pentru a se angaja în diverse forme de persecuție. Totuși, diversitatea de opinii nu înseamnă neapărat că unul dintre sisteme e superior celorlalte.

După cum am putut vedea, din când în când, fiecare școală de gândire e mai apropiată de practici specifice, în care e încorporată acea filozofie. Din acest motiv, fiecare oferă o perspectivă alternativă, ce poate fi folosită de către un practicant ca să progreseze pe Calea aleasă de el. Aici nu există un singur răspuns corect. În schimb, sunt prezentări pur și simplu diferite, care evidențiază cu pricepere diferite aspecte ale semnificației ultime, pentru beneficiul unui grup particular de discipoli. Chiar și procesul de încercare de a înțelege diferitele subiecte de dezbatere poate ajuta un practicant să-și rafineze înțelegerea sa și, în final, să obțină o experiență mai profundă.

CREȘTEREA APRECIERII DIVERSITĂȚII

Pe măsură ce sistemele individuale ale diverselor mănăstiri continuau să se maturizeze, instituțiile lor creșteau ca mărime și influență. Schituri modeste se transformau în universități cu drepturi depline și cu studenți ce se îngrămădeau la porțile lor. Oamenii petreceau luni de zile călătorind din tot Tibetul, doar pentru a avea oportunitatea de a studia cu marii maeștri contemporani lor. Apoi se întorceau în locurile lor natale, aducând cu ei cunoașterea pe care și-o dezvoltaseră. Mulți dintre acești studenți au fondat mănăstiri de ramură sau centre de retragere, în diverse regiuni ale țării.

Nu a durat mult până când s-au format maeștri foarte realizați în mai multe tradiții. Prin aprecierea lor pasionată pentru enorma valoare a învățăturilor, acești maeștri rimé timpurii au devenit curând recipiente pentru multe Linii de descendență rare și pe cale de dispariție. Datorită acestei calități unice a lor, ei erau adeseori invitați de o mare varietate de mănăstiri din tradiții diverse, pentru a transmite mai departe ceea ce primiseră ei.

Un astfel de exemplu e constituit din mărețul maestru Kunga Drolchok (1507 - 1566 e.n.). El se născuse în Nepal într-o familie din nordul regiunii

Mustang şi crescuse în tradiţia Sakya. Cu mai multe ocazii, el a călătorit în Tibetul de vest pentru a primi învăţături în principala mânăstire Sakya şi în mai multe centre de retragere din apropierea acesteia. După studii intense şi retrageri de meditaţie, Kunga Drolchok devenise foarte priceput în sistemul Lamdre.

După ce a fost hirotonisit şi ulterior a fost numit abatele Mănăstirii Pupak, Kunga Drolchok a ales să-şi abandoneze poziţia şi să adopte viaţa unui pustnic retras. În cele din urmă a ajuns să călătorească în Tibetul central, unde a studiat în măreaţa mănăstire Tsurphu din Kagyu (1189 e.n.). Aici a primit Linia de descendenţă completă a Karma Kagyu.

În această perioadă a vieţii sale, Kunga Drolchok a primit Linia de descendenţă profundă a Shangpa Kagyu. Iniţial, această Linie de descendenţă fusese propagată de către Khyungpo Naljor (1050-1127 e.n.) şi discipolii acestuia, dar apoi a fost transmisă doar unui număr foarte restrâns de studenţi, ajungând ceva extrem de rar. Kunga Drolchok a simţit imediat o conexiune cu aceste învăţături şi a primit numeroase învăţături vizionare de la cele responsabile de inspiraţia originală a Liniei, Dakini Niguma şi Dakini Sukhasiddhi.

Condus de pofta sa nestăvilită de a practica Dharma, Kunga Drolchok a dezvoltat aspiraţia de a practica Cele Şase Vajra Yoga din Kalachakra. Şi-a căutat un învăţător şi a studiat sub supravegherea maestrului Jonang Lochen Ratnabadhra (1489-1563 e.n.). Sub îndrumarea acestuia, el va deveni un măreţ maestru în această Linie de descendenţă. Atât de mare, încât a fost numit succesor la tronul Jonang. A rămas în Mănăstirea Jonang, oferind învăţături, scriind tratate şi practicând intens, până la sfârşitul vieţii sale.

Kunga Drolchok este îndeosebi cunoscut pentru adunarea a variate instrucţiuni ezoterice într-o singură colecţie, numită *Instrucţiunile Esenţiale ale lui Drolchok*. Această compilare oferă unul dintre primele exemple de erudiție rimé. Nu numai că a adunat instrucțiunile de esență din opt Linii de descendență de practici, dar a adăugat, de asemenea, o varietate de texte suplimentare, precum istoria, rugăciunile Liniei și diverse ritualuri divine. Pentru prima dată, toate aceste învățături prețioase erau adunate laolaltă, astfel că puteau fi transmise cu ușurință și păstrate pentru generațiile viitoare.

Procesul de conservare ce începuse cu Kunga Drolchok a fost continuat de imediata sa reîncarnare, Jetsun Jonangpa Kunga Nyingpo, cunoscut drept Taranatha. După ce a fost recunoscut imediat drept reîncarnarea lui Kunga Drolchok, el a primit o gamă largă de împuterniciri și învățături, în conformitate cu cele propagate de către predecesorul său. În plus, Taranatha a mai primit învățături extinse din Linii de descendență rare, de la o varietate de mahasiddha indieni și pandita care au călătorit în acea vreme prin Tibet.

Realizând că o mare parte din tradiția Jonang nu avea o înțelegere clară a principiilor prezentate de Dolpopa și de discipolii acestuia, Taranatha a făcut un efort semnificativ oferind comentarii ce au clarificat și au restabilit viziunea Jonang. Deși el nu s-a obosit să argumenteze despre meritele unui sistem comparativ cu altul, el credea cu adevărat că era extrem de important ca aceste vederi să fie înțelese cu claritate. Această capacitate de a distinge punctele esențiale ale diverselor vederi sau practici a devenit semnul distinctiv al maeștrilor rimé ce îi vor urma.

Ca parte a vastelor sale activități, Taranatha a scris mai multe practici și rugăciuni din practicile unice ale Liniei de descendență Shangpa. În tradiția Jonang, aceste practici s-au răspândit pe larg și reprezintă un factor important pentru supraviețuirea lor continuă. Prin acestea, precum și prin alte scrieri, Taranatha a completat și extins *Instrucțiunile Esențiale ale lui Drolchok*, pentru a produce colecția actuală, cunoscută sub numele de *Cele 108 Instrucțiuni Esențiale ale Jonang*.

UN OCEAN DE ÎNȚELEPCIUNE NON-SECTARIANĂ

Odată cu nou instalatul guvern din Tibetul Central, multe regiuni ale țării s-au trezit în mijlocul unui război civil. În estul regiunii Kham, autoritățile centrale au măturat văile, înlocuind toate semnele de rezistență față de puterea lor. De prea multe ori asta a însemnat distrugerea mănăstirilor ce au oferit adăpost luptătorilor locali. În mijlocul acestor incredibile frământări, a apărut o pereche de maeștri vizionari ce au reprezentat avangarda *Filozofiei Rimé*.

Primul a fost eminentul maestru rimé Jamyang Khyentse Wangpo (1820 - 1892 e.n.). Se știe că el a avut în total peste o sută cincizeci de învățători. Deși înțelegerea și realizarea sa se refereau la toate tradițiile majore, el a fost cel mai strâns conectat de tradițiile Sakya și Nyingma. Toate fluxurile filozofiei și practicii se varsă în această persoană, făcându-l un vast ocean de înțelepciune. Foarte rapid, Khyentse Wangpo a devenit unul dintre cei mai respectați și faimoși maeștri din regiune.

Khyentse a avut o relație foarte strânsă cu unul dintre cei mai cunoscuți maeștri rimé, Jamgön Kongtrul Lodrö Traye (1813-1899 e.n.). În timp, ei vor juca rolul fie de maestru, fie de discipol, împărțind învățăturile primite și împărtășindu-și înțelepciunea pe care o dezvoltaseră. Dintre cei doi însă, Khyentse a fost adeseori sursa inspirației multora dintre activitățile lui Kongtrul. De fapt, datorită încurajării primite de la Khyentse a ajuns Kongtrul un scriitor atât de prolific.

Jamgön Kongtrul s-a născut într-o familie de preoți Bön și a crescut în tradiția Bön. În cele din urmă, el s-a simțit atras de învățăturile lui Padmasambhava, și a primit ordinarea în tradiția Nyingma. Ulterior, Kongtrul a fost recunoscut ca reîncarnarea unui Lama din Karma Kagyu și s-a dus să studieze cu Tai Situ Padma Jungne (1700–1774 e.n.) la Mănăstirea Palpung. Acolo a gustat pentru prima oară gustul sectarismului, când i s-a cerut să-și reia angajamentele, în concordanță cu altă Linie de descendență. În pofida prejudecăților instituționale ce prevalau în mănăstirea sa, Kongtrul a studiat cu succes cu o gamă largă de maeștri din diverse tradiții, dintre care Khyentse Wangpo a fost de departe cel mai influent în viața sa.

Cele Cinci Mărețe Comori

De regulă, ne referim la Scrierile extinse ale lui Jamgön Kongtrul sub numele de *Cele Cinci Comori*. Ele constau în peste 90 de volume de teorie și practică din tradițiile Bön, Nyingma, Sakya, Kagyu, Jonang și Geluk. Munca sa a fost pe larg motivată de dorința de a face accesibile aceste învățături spre o cât mai largă audiență. Adunându-le împreună în această colecție cuprinzătoare, Kongtrul a continuat pe urmele predecesorilor săi rimé, Kunga Drolchok și Jetsun Taranatha.

Khyentse este cel ce a prorocit inițial că Kongtrul va compune aceste tratate și tot Khyentse este cel ce l-a încurajat pe Kongtrul să le scrie, creându-i acestuia toate condițiile necesare pentru a avea succes. În acest proces, Khyentse i-a transmis lui Kongtrul fiecare strop de Dharma pe care el o adunase, făcându-l astfel moștenitorul său incontestabil.

Aceste lucrări inovatoare vor deveni un far pentru dezvoltarea filozofiei non-sectariene, care va cuprinde toată întinderea învățăturilor budiste. Tema centrală în abordarea lui Kongtrul a constat în reformarea modului în care practica budistă ar trebui clasificată. În loc să se focalizeze pe instituțiile monahale, el a ales să accentueze textele și practicile Liniilor de descendență deținute de către aceste instituții. În acest fel, el a separat complet Dharma de contextul politic ce se dezvoltase în jurul instituțiilor acelor timpuri și a reîntors focalizarea spre contextul spiritual ce putea ajuta practicanții ca să atingă iluminarea.

Cele Cinci Comori sunt următoarele:

1. **Comoara cunoașterii (3 volume):** Kongtrul a scris inițial acest text ca un comentariu la genul de învățături al Celor Trei Legăminte. El a ales să extindă premisa de bază a textului, pentru a include o prezentare completă a cunoașterii combinate ce venise din India în Tibet. Atunci când i-a arătat lui Khyentse Wangpo compoziția sa în versuri extrem de concise, Khyentse i-a lăudat eforturile și i-a cerut să scrie și un auto-comentariu la această lucrare. Rezultatul a constat într-o capodoperă în trei volume, care se întindeau pe zece secțiuni extinse. Combinația textului de rădăcină cu auto-comentariul său a devenit cunoscută drept *Comoara cunoașterii*. Este în esență o prezentare foarte extinsă a Celor Trei Antrenamente Mai Înalte ale budismului (conduita etică, meditația și înțelepciunea), evidențiind toate formele variate de studiu și practică ce sunt disponibile în tradițiile tibetane.

2. **Comoara Tantrelor Kagyu (4-6 volume):** Aceasta este o colecție din mai multe Linii de descendență, adunate inițial de către mărețul translator Marpa Chökyi Lodrö și transmise de el discipolilor săi. Ea cuprinde toate împuternicirile, manualele de practici, instrucțiunile esențiale și diversele ceremonii de permisii ale acelei tradiții. După marea proliferare a Liniilor de descendență Kagyu ulterioară lui Marpa, a fost prima dată când ele au fost adunate laolaltă, într-o singură colecție.

3. **Comoara Giuvaerului (60-63 volume):** Din vremea când a început să apară în Tibet prima comoară de învățături (terma), au fost descoperite nenumărate texte și apoi puse în practică. Recunoscând că tradițiile autentice de terma erau dificile chiar și pentru cei mai abili practicanți, Kongtrul a căutat

să organizeze toate Liniile de descendență ale comorilor cât mai clar posibil, ca să evidențieze condițiile descoperirii lor și practicile care au fost dezvăluite. Acesta este de departe cea mai extinsă comoară ce a fost compilată și reprezintă abundența evoluției continue a tradițiilor Bön și Nyingma.

4. **Comoara Instrucțiunilor ezoterice (10 volume):** Pentru Kongtrul, budismul tibetan se distinge datorită accentuării deosebite a învățăturilor Vajrayana. Aceste învățături sunt prezentate cu cea mai mare acuratețe în forma *Celor Opt Mărețe Linii de descendență de Practică.* În acest set de zece volume, Kongtrul adună laolaltă împuternicirile, manualele de practică, rugăciunile și instrucțiunile esențiale folosite în angajarea fiecare dintre aceste fluxuri unice de înțelepciune. Ca un supliment la aceste texte pe care le colecționase pentru sine însuși, Kongtrul a mai inclus și un set complet al *Instrucțiunilor Esențiale ale Jonang.*

5. **Comoara neobișnuită (10 volume):** Ultima dintre comori conține toate celelalte lucrări scrise de către Kongtrul, care nu se potrivesc nici unuia dintre celelalte tratate. Aceasta include o mare varietate de rugăciuni și texte de practică, învățături extensive din ciclurile Vajrakilaya, diverse zeități de practici referitoare la școlile Nyingma și Sarma, precum și propriile sale scrieri despre Mahamudra și Dzogchen.

Tsadra Rinchen Drak

Deși Kongtrul este răspunzător de o cantitate enormă de scrieri, el a fost mereu atent în a contextualiza materialul în cadrul practicii. Scopul ultim din spatele oricărei erudiții era să conducă practicantul cât mai aproape de rezultatul completei iluminări. Din acest motiv, el a tins să se focalizeze mai degrabă spre înțelegerea naturii esențiale a învățăturilor, decât pe infirmarea diferitelor puncte expuse de către tradiții.

În acest scop, Jamgön Kongtrul a stabilit în munți un mic schit, mai sus de Mânăstirea Paplung. El l-a numit *Tsadra Rinchen Drak (1857 e.n.)*, ceea ce înseamnă "stânca bijuteriei care seamănă cu Tsari". Locul i-a fost revelat inițial lui Kongtrul de către mărețul terton Chokgyur Dechen Lingpa (1829-1870 *e.n.*), care a binecuvântat terenul prin descoperirea unor învățături comoară acolo.

În timp ce lucra la multele sale comori, Kongtrul a stabilit un *Program Rimé de Retragere*. De-a lungul a trei ani, trei luni și trei săptămâni, cinci participanți se vor angaja într-o schemă special desemnată, ce încorpora învățături din șapte sau opt Linii de descendență de practică. Structura generală a retragerii era după cum urmează:

- **Preliminariile:** Prima fază a retragerii era petrecută în angajarea practicilor preliminarii, în conformitate cu *Instrucțiunile orale ale Liniei de descendență Karmapa.* Kongtrul a scris un comentariu la aceste practici, care era folosit pentru ghidarea practicilor meditative. Ele se orientau cu precădere spre practicile Meditației Mahamudra, conform Liniei de descendență a Marpa Kagyu. Aceste meditații erau suplimentate cu studiul *Stadiilor Căii* (lamrim) și *Cele Șapte linii de antrenare a minții (lojong)*, din tradiția Kadam. Această perioadă dura de regulă circa cinci luni.

- **Shangpa Kagyu:** Pentru următoarele cincisprezece luni ale retragerii, accentul era pus îndeosebi pe profundele meditații din Shangpa Kagyu. Deși Jonang reușise să-și păstreze această tradiție sub orientarea lui Kunga Drolchok și Taranatha, după pierderea mânăstirilor lor din Tibetul Central, practicile erau din nou în pericol de dispariţie. Recunoscând valoarea inestimabilă a acestor învăţături, Kongtrul a dedicat perioade extinse din retragere pentru această Linie de descendenţă unică. Practicile se focalizau îndeosebi pe stadiul de generare a *Chakrasamvara* şi vizualizarea *Celor Cinci Zeităţi Tantrice* (Hevajra, Chakrasamvara, Guhyasamaja, Mahamaya, Vajra Bhairava). Stadiul de completare va fi practicat în concordanţă cu *Cele Cinci Doctrine de Aur* (focul interior, corpul iluzoriu, yoga visului, lumina clară şi transferul conştiinţei). Cel aflat în retragere va primi toate împuternicirile necesare, chiar înainte de a se angaja în fiecare fază de practică.

- **Cele Şase Vajra Yoga:** Următoarele şase luni vor fi petrecute în practicile stadiului de generare *Kalachakra*, urmate de stadiile complementarii de practici ale celor Şase Vajra Yoga, în conformitate cu tradiţia Jonang. Kongtrul a suplimentat aceste învăţături cu instrucţiunile esenţiale unice ale *Liniei de Descendenţă a Abordării şi a Realizării* lui Orgyenpa.

- **Dzogchen:** Ultimul an al retragerii era dedicat practicării în conformitate cu învăţăturile tradiţiei Nyingma. În această fază, se va practica stadiul de generare al lui *Vajrasattva* şi al lui *Yangdak Heruka*, urmat de stadiul de completare al Măreţei Perfecţiuni. Aceste practici particulare vor fi în conformitate cu Linia de Descendenţă Mindrolling Tersar, care fusese revelată de către măreţul terton Orgyen Terdak Lingpa (1323 - 1360 e.n).

- **Practici Suplimentare:** De-a lungul retragerii, participanţii se vor angaja, de asemenea, într-o varietate de practici, ce includea ofrande extinse către protectorii Dharmei, sărbătorirea vieții maeştrilor importanți ai Liniei de Descendență şi practica ofrandei propriului corp, în concordanță cu Linia de Descendență a *Separării* (chöd).

Kongtrul a condus numeroase astfel de retrageri, rafinându-şi de fiecare dată programul prin adăugarea propriilor sale scrieri. Deşi retragerea era istovitoare pentru participanții săi, ea oferea o oportunitate rară de dezvoltare a înțelegerii profunde a esenței practicii Vajrayana. Mulți dintre cei ce au terminat acest program au ajuns să întemeieze propriile lor centre de retragere, unde au călcat pe urmele maeştrilor lor.

RIMÉ LA O SCARĂ GLOBALĂ

După invazia chineză în Tibet, mulți Lamaşi foarte înalt realizați şi-au căutat refugiul la vecinii lor sudici. Ca prim front de lucru, aceşti lamaşi şi-au stabilit sarcina de a conserva Liniile lor de descendență în comunitatea din exil. Datorită eforturilor cuprinzătoare făcute de maeştri precum Jamgön Kongtrul şi Khyentse Wangpo, multe dintre învățăturile foarte rare fuseseră deja adunate într-un format ce le facilita transmiterea. Acestea fiind spuse, ele erau totuşi doar o mică parte din vasta literatură ce fusese produsă în Tărâmul Zăpezilor.

Unul dintre maeştrii influenți în mod deosebit din tradiția Nyingma a fost Sfinția Sa Dilgo Khyentse Rinpoche (1910 - 1991 e.n.), una din numeroasele reîncarnări ce i-au urmat lui Jamyang Khyentse Wangpo. Ca unul dintre puținii învățători ce şi-a finalizat antrenamentul în Tibet, Dilgo Khyentse Rinpoche a fost un exemplu extraordinar de abordare non-sectariană. Şi-a petrecut o mare parte din viață căutând în mod activ sau primind un depozit vast de Linii de Descendență, din toate tradițiile majore. A avut un atât de mare succes în această privință, încât erau foarte puțini oameni în exil care să nu fi primit învățături de la el.

Deși conservarea reprezenta, în mințile multor lama exilați, cel mai important lucru, ei trebuiau, de asemenea, să facă față unei expansiuni rapide a comunității globale. Țări din toate colțurile lumii și-au deschis porțile pentru refugiații tibetani și s-au stabilit noi comunități. Pentru prima dată, înțelepciunea străveche a Tibetului a fost prezentată audiențelor moderne.

Dar budismul tibetan nu a intrat într-un vacuum spiritual. Lumea era deja plină de sisteme de credință foarte dezvoltate. Chiar și în cadrul budismului, tradițiile tibetane Vajrayana se găseau acum cot la cot cu omologii lor din Theravada și Mahayana. În fața unei asemenea diversități, semnificația "rimé" s-a extins dincolo de limitele Liniilor de descendență tibetane.

Maeștri non-sectarieni, precum Sfinția Sa Dalai Lama al XIV-lea, au stabilit ca prioritate deosebită dialogul interconfesional. Prin discuții deschise și sincere, practicanții din toate tradițiile au realizat că există o incredibilă bogăție pe care lumea o are de oferit și au ajutat la cultivarea unei mai mari armonii în spațiul spiritual. Aceste eforturi au inclus, de asemenea, extinderea colaborării cu comunitatea științifică, ceea ce a dus la perspective semnificative asupra înțelegerii fericirii autentice.

După cum se poate vedea, *Mișcarea Rimé* a evoluat în budismul tibetan de-a lungul a peste un mileniu. Mesajul său de toleranță și respect reciproc s-a dovedit a fi o contra-forță în fața conflictelor și a ajutat la promovarea unei mai mari armonii în diversitatea de vederi. Acest proces de dezvoltare nu s-a terminat. De fapt, acum el intră într-o fază foarte importantă a evoluției sale. Prin aplicarea acestor lecții într-un context mai larg, global, *Filozofia Rimé* poate juca în mod potențial un rol semnificativ, ajutându-ne să depășim multe provocări cărora trebuie să le facă față lumea modernă.

Gânduri de încheiere

În timp ce citeați această carte, sper că ați găsit oportunitatea de a vă întâlni cu multe perspective și idei noi, despre felul în care să vă înțelegeți experiențele personale și relațiile voastre cu ceilalți. Aici există o mulțime de informații și probabil că veți folosi câteva dintre ele pentru a le integra într-un mod semnificativ. Pentru a vă facilita acest proces, vreau să vă ofer câteva puncte esențiale, care poate că vă vor ajuta să aplicați *Filozofia Rimé* în propria voastră viață.

Ca să începem, mie mi se pare cel mai ușor de amintit că absolut totul există la nivele diferite. Sunt nivele grosiere și nivele subtile. Filozofia Rimé nu e diferită de asta. La un nivel grosier, putem vorbi despre *Rimé la nivel convențional*, iar la un nivel mai subtil, putem vorbi despre *Rimé la nivel ultim*. Dacă veți putea învăța să vă dezvoltați conștientizarea asupra acestor două nivele, aceasta vă va ajuta apoi să vă adaptați la multe situații ce vă apar în experiența voastră cotidiană.

RIMÉ LA NIVEL CONVENTIONAL

Tot ceea ce ați studiat până acum se referă la nivelul convențional de dezvoltare a Filozofiei Rimé. La acest nivel, voi lucrați cu *"cum puteți înțelege"* această lume și locul vostru în ea. Voi folosiți concepte ce vă ajută să înțelegeți lucrurile și, pe baza acestor concepte, identificați diversele practici ce vă pot ajuta să vă îndepliniți nevoile de bază și dorințele voastre.

Atunci când începeți, cel mai important este să rămâneți deschiși și iscoditori. E atât de ușor să sari la concluzii pe baza unor informații parțiale și incomplete! Prin urmare, trebuie să dezvoltați mintea începătorului, care începe dintr-o fundație a smereniei. În loc să vă grăbiți să formulați concluzii, petreceți ceva timp doar ascultând și extinzându-vă înțelegerea. Clarificați totul, cât mai mult posibil. Obțineți semnificația sferei de aplicare a subiectului despre care învățați.

Poate fi util să conectați diversele idei de dorința de bază pentru o fericire durabilă și autentică. Pentru aceasta, imaginați-vă că ideile sunt ca medicamentele. Ele țin cont de boala pentru care sunt realizate ca să o vindece. Urmăriți efectiv intenția unei anumite idei și încercați să identificați cum ar putea fi ea benefică. Amintiți-vă că nu contează să dovedim că o idee ar fi benefică în orice circumstanțe. În schimb, încercați să obțineți o înțelegere a diverselor probleme cu care se confruntă oamenii și multele soluții ce-i ajută să depășească aceste probleme.

Chiar dacă vă veți întâlni cu o idee ce vouă vi pare ciudată sau prostească, încercați să rezistați tentației de a o respinge total. Când găsiți o astfel de idee, ea e de fapt un semn ca să o priviți mai îndeaproape. Puneți mai multe întrebări: "Cum a apărut această idee? În ce scop? Cum se leagă de celelalte idei? Ce importanță poate avea în viața unei persoane ce crede în ea? Cum o ajută?" Cercetând mai adânc, puteți să vedeți un context mai larg și să vedeți că până și ideile mărunte pot aparține unei viziuni mult mai largi.

Angajându-vă într-un astfel de proces, veți fi apți să vedeți valoarea ideii de a avea o diversitate de vederi. Chiar dacă ea ar părea nerelevantă pentru vederea voastră personală, puteți măcar să aduceți altora beneficii. Doar pe această bază, puteți începe să dezvoltați un mai mare respect pentru oamenii ce cred în acele idei. Ca să continuăm cu metafora medicală, dacă pe voi nu vă doare acum capul, asta nu înseamnă că nu vedeți nici o utilitate în existența unui leac pentru dureri de cap. De asemenea, în timp ce unele medicamente pot să aducă doar alinări temporare la suferință, altele sunt apte să ofere efecte de mai lungă durată. Indiferent de durata efectelor, atunci când cineva e în suferință, orice formă de ușurare e cu adevărat un lucru bun.

Pe măsură ce vă crește cunoașterea, veți începe să dezvoltați un anume grad de siguranță și de putere a minții. Veți fi apți să vedeți unde vi se potrivesc vederile în schema mai mare a lucrurilor și relația pe care o au cu puncte de vedere similare. După ce vă va crește această încredere, veți putea începe să pătrundeți mai adânc în alte sisteme, analizându-le doctrinele și comparându-le cu cele ale propriului vostru sistem. Prin raportarea constantă a ideilor înapoi la viziunea voastră personală, veți putea să vă rafinați treptat viziunea și să o integrați într-o gamă mai largă de experiențe umane.

În acest stadiu, poate că veți ajunge a identifica foarte rapid valoarea esențială a orice întâlniți. Ca un expert bijutier, sunteți apți să îndepărtați toate impuritățile din jurul unei idei și să mergeți direct la prețioasa bijuterie din centrul acesteia. Indiferent de situație, puteți găsi mereu ceva folositor, ceva valoros, ceva benefic. Atunci când se întâmplă asta, chiar și cele mai dificile situații ce vă apar în viață vor fi pentru voi oportunități de a dezvolta o înțelepciune și mai profundă.

Dezvoltându-vă atât de mult înțelepciunea, veți putea să evaluați instantaneu situația și să vedeți cu ce probleme se luptă oamenii. Datorită vastei voastre înțelegeri, veți putea să identificați leacul corect, care-l ajută să-și rezolve problemele. Și, din moment ce sunteți conștienți de semnificația principală a acelui leac, veți fi apți de a-i prezenta utilitatea într-o manieră ce o comunică clar și eficient.

În acest fel, Rimé la nivel convențional reprezintă un proces de dezvoltare a unui mod angajat de viață, în care individul e apt să relaționeze cu ceilalți într-un mod abil și benefic. În interiorul tradiției mele din budismul tibetan, orice societate construită în jurul acestor principii este o bază validă pentru a fi numită *"Shambhala"*. Este o societate care celebrează interconectarea noastră reciprocă și promovează cultivarea înțelepciunii în toate aspectele vieții. La acest nivel, reprezintă punctul culminant al păcii și armoniei globale.

RIMÉ LA NIVELUL ULTIM

La un nivel mai subtil, noi putem discuta despre un proces de transformare în *felul în care experimentăm* lumea. Pentru a înțelege, să luăm în considerare situația noastră actuală. Gândiți-vă la cum v-ați caracteriza diversele experiențe ce vă apar în timpul zilei. Pentru majoritatea oamenilor, aceștia vor identifica un proces de multe suișuri și coborâșuri. Sunt lucruri bune și rele. Uneori avem niște experiențe destul de bune și de plăcute, iar alteori facem față unui flux constant de probleme, una după alta. Această experiență este numită a fi „condiția umană".

În nucleul său, Rimé se referă la dezvoltarea armoniei. Armonia în relațiile cu alții și, de asemenea, și armonia cu propria noastră experiență. Amândouă sunt interconectate, cu una sprijinind-o pe cealaltă. Dacă ne uităm din nou la Rimé convențional, dintr-o perspectivă experimentală, noi putem identifica o transformare paralelă care apare.

Dezvoltând calitățile de toleranță, receptivitate, curiozitate și flexibilitate a minții, voi veți fi apți să integrați în mod armonios din ce în ce mai multe experiențe. Si apoi, când vor apare probleme, veți fi apți să le puneți în context într-un așa fel încât să nu mai fie probleme. Vârfurile și coborâșurile experienței voastre vor începe să se niveleze și vi se vor îmbunătăți calitățile generale ale vieții.

Cu înțelepciune, veți dezvolta abilitatea de a vedea dincolo de diferențele superficiale și să penetrați spre un nivel mai esențial. În loc să vă fixați pe ceea ce divide, voi veți accentua ceea ce unește. Fără a vă pierde individualitatea, veți începe să recunoașteți că noi, cu toții, aparținem aceleiași familii. Această idee este frumos ilustrată într-o povestire din învățăturile Kalachakra:

În Țara Shambhala, era un rege măreț numit Manjushri Yashas. Regatul său era împărțit în regiuni variate, ce conțineau fiecare dintre ele mii și mii de orașe. Era un regat vast, unde oamenii urmau o mare diversitate de credințe diferite.

Regele a devenit conștient de faptul că regatul său se afla sub o serioasă amenințare, de invazia unor forțe inamice. S-a uitat la poporul său și a văzut că erau divizați între ei. Se agățau de un regim rigid de caste, iar conduita lor aducea dizarmonie și conflicte. El știa că dacă va veni invazia, regatul va fi cu siguranță pierdut.

În înțelepciunea sa, Manjushri Yashas a ales să conducă o ceremonie uriașă de împuternicire, ca modalitate de a-și unifica regatul. Cei ce simțeau o conexiune cu Kalachakra, puteau alege să participe complet, în timp ce ceilalți erau bineveniți a observa. În acest fel, el a creat o oportunitate pentru ca toți să se unească într-un singur popor, într-o experiență comună de respect reciproc și armonie.

Liderii diferitelor grupuri religioase s-au înfuriat și au protestat. Au simțit că Regele încearcă să-i convertească la religia sa. Regele le-a spus că nu este așa. El le-a explicat că, indiferent de sistemul de credință urmat, ei toți fac parte din aceeași familie. La cel mai profund nivel, toți erau frați și surori. Chiar dacă unii oameni pot favoriza un sistem mai mult decât altul, atunci când sunt practicate pur, toate aceste sisteme pot să aducă practicantul mai aproape de cel mai profund dintre adevăruri.

Acest adevăr este cel ce ne adună pe toți împreună la nivelul ultim. Și aceasta este uniunea, plenitudinea care este numită *Rimé la nivelul ultim*. Indiferent dacă îl numim Kalachakra, Shambhala, Dumnezeu, Alalh, Brahma, Jina, Buddha, Tao, Principiul natural sau Câmpul Cuantic, la nivelul ultim, toate aceste etichete punctează același adevăr. Dezvoltând vederea din Rimé Convențional, noi vom ajunge în cele din urmă la realizarea lui Rimé la nivelul ultim. Indiferent de unde izvorăsc râurile, toate apele vor curge în cele din urmă înapoi în ocean.

UN ÎNDEMN SPRE ACȚIUNE

Aș dori să sfârșesc această carte cu o cerere făcută vouă, frații și surorile mele. Noi, cu toții, putem vedea o mare cantitate de violență și conflicte în lumea noastră. Nu putem spera ca situația să se schimbe, dacă noi nu ne străduim să creăm cauzele pentru ca aceasta chiar să se petreacă. Viitorul lumii noastre se bazează pe alegerile pe care le facem noi, acum și aici. Puteți alege să vă petreceți altfel timpul. Puteți alege unde să vă investiți energia. Puteți alege dacă acțiunile voastre vor genera conflicte sau armonie. Este alegerea voastră. Deci întrebarea este: „Cum vreau eu să-mi petrec viața?"

Dacă doriți să faceți diferența în lume, atunci va trebui să acționați. Nu putem să fim satisfăcuți doar cu cunoașterea de dragul cunoașterii. Trebuie să aplicăm în viața noastră principiile pe care le-am învățat. Următoarele aspecte sunt doar câteva modalități pe care sugerez că le-ați putea face voi :

1. **Păstrați prin practică culturile înțelepciuni:** Rasa umană are o istorie extraordinară, plină de o incredibilă înțelepciune. Nu putem lăsa ca această înțelepciune să ni se scurgă printre degete și să dispară. Conservați-o, căutându-i în mod activ pe cei ce întrupează această înțelepciune. Vorbiți cu ei, învățați de la ei. Documentați ceea ce au ei de spus. Puneți în practică această înțelepciune și actualizați-le învățăturile lor în viața voastră. Fiți un exemplu viu referitor la beneficiile pe care le poate oferi această înțelepciune.

2. **Creați comunități în jurul înțelepciunii:** Chiar dacă drumul acesta este categoric plin de provocări, nu trebuie să pășim singuri pe el. Luați în considerație condițiile ce vă sunt necesare pentru a putea fi apți să înfloriți cu adevărat și faceți-le să se manifeste. Prin crearea de spații pentru colaborare și învățare, vom putea învăța cum să construim societăți ce sunt orientate spre cultivarea unei păci și armonii globale.

3. **Conectați-vă cu alții prin dialog:** Rădăcina urii este ignoranța, deci folosiți orice oportunitate veți avea ca să vorbiți cu oamenii și să învățați despre credințele lor. Creându-vă conexiuni semnificative cu oamenii cu care vă întâlniți, voi ajutați la cultivarea unei mai mari toleranțe și înțelegeri.

4. **Sprijiniți-i pe alții în dezvoltarea lor spirituală:** Noi, cu toții, depindem unii de alții, pentru bunăstarea și fericirea noastră ultimă. Prin urmare, este în interesul vostru să-i ajutați pe ceilalți spre a-și actualiza potențialul lor spiritual. Dacă găsiți oportunitatea de a sprijini un practicant spiritual, atunci faceți-o. Oferindu-i lucruri precum adăpost, hrană, haine sau resurse, voi faceți posibil ca acea persoană să crească și să se

dezvolte spre un model pozitiv pentru alţii. Avem nevoie de astfel de modele, care să inspire efectiv lumea spre schimbare.

Dacă puteţi să vă dedicaţi fie şi o mică parte din timpul şi resursele voastre spre una sau mai multe astfel de activităţi, atunci veţi contribui nu numai la propria voastră fericire, dar şi la fericirea oricăruia dintre cei pe care îi cunoaşteţi. Iar aceasta este (în umila mea părere) o modalitate destul de semnificativă de a vă petrece viaţa.

SARVA MANGALAM

Despre autor

Khentrul Rinpoche este un Maestru Non-sectarian al buddhismului tibetan. El şi-a dedicat viaţa unei largi varietăţi de practici spirituale, studiind cu peste douăzeci şi cinci de maeştri din toate marile tradiţii tibetane. Deşi are un respect autentic şi apreciază toate sistemele spirituale, el are cea mai mare încredere şi experienţă în Calea sa personală a *Tantrei Kalachakra*, aşa cum a învăţat-o în tradiţia Jonang-Shambhala.

Rinpoche are o minte ascuţită şi iscoditoare în tot ceea ce face. Învăţăturile sale sunt accesibile şi, în acelaşi timp directe, de multe ori subliniind o sensibilitate foarte pragmatică. De-a lungul anilor, Rinpoche a scris diverse cărţi pentru a-şi îndruma elevii. În special, el a făcut mari eforturi pentru a traduce şi a oferi comentarii asupra unor texte care prezintă stadiile graduale ale Căii Kalachakra.

Rinpoche crede că lumea noastră are, cu siguranţă, potenţialul de a dezvolta pacea şi armonia autentică, conservând în acelaşi timp mediul şi umanitatea. Această *Eră de Aur a Shambhalei* este posibilă prin studiul şi practica Sistemului Kalachakra. În acest scop, Rinpoche a început să călătorească prin lume pentru a împărtăşi cunoştinţele sale despre această Linie de descendenţă unică, eliberate de orice părtinire sectariană.

Viziunea lui Rinpoche

Institutul Rimé de Buddhism Tibetan a fost fondat cu scopul expres de a-l sprijini pe Khentrul Rinpoche în realizarea viziunii sale, pentru o mai mare pace și armonie în această lume. Pe măsură ce comunitatea noastră continuă să crească și să se dezvolte, tot mai mulți oameni se implică în acest efort extraordinar.

Pentru a vă oferi o idee despre viziunea lui Rinpoche, putem vorbi despre opt obiective care reflectă prioritățile sale pe termen scurt și lung:

ȚELURI IMEDIATE

În cele din urmă, fericirea de durată, autentică, este posibilă numai prin transformarea personală profundă. Acum, mai mult ca oricând, avem nevoie de metode pentru a ne dezvolta înțelepciunea și să ne realizăm potențialul nostru maxim. De aceea Rinpoche acordă prioritate maximă conservării descendenței Liniei Jonang-Kalachakra. Există patru moduri prin care Rinpoche își propune să facă acest lucru:

1. **Crearea oportunității de conectare cu o Linie de descendență autentică și completă Kalachakra, în strânsă colaborare cu meditatorii dedicați din îndepărtatul Tibet.** Scopul

nostru este de a oferi întregul sprijin practicării Kalachakra în conformitate cu maeștrii autentici ai Liniei de descendență, care de mii de ani au păstrat această tradiție. Facem acest lucru prin realizarea de statui și picturi, scriind cărți și oferind învățături în întreaga lume. Punem un accent deosebit pe autenticitatea materialelor noastre, bazându-ne pe profunda experiență a unor meditatori deosebit de realizați, care și-au dedicat viețile acestor practici.

2. **Crearea de centre internaționale de retragere pentru studiul și practica Kalachakra.** Ca să integrăm învățăturile în mintea noastră, este esențial să avem posibilitatea de a ne angaja în perioade de practică intensivă. Prin urmare, noi lucrăm pentru a crea infrastructura necesară care să susțină și să hrănească membrii comunității noastre în angajarea în retrageri, atât pe termen scurt, cât și pe termen lung. Aceasta include achiziționarea de terenuri și construcția a tot ceea ce este necesar pentru efectuarea retragerilor în grup și solitare. Scopul nostru pe termen lung este de a dezvolta o rețea de astfel de centre în întreaga lume, formând o comunitate globală ce sprijină o varietate largă de practicanți.

3. **Traducerea și publicarea unor texte unicate și rare ale maeștrilor Kalachakra.** Pe parcursul lungii istorii a Tibetului, sistemul Kalachakra a fost subiectul a nenumărate texte. Până în prezent, doar o mică parte din aceste texte au fost traduse și sunt disponibile în Occident. Deși textele teoretice sunt importante, ne propunem să ne concentrăm în special asupra instrucțiunilor ce îi vor ghida pe practicanții dedicați spre experimentarea mai intensă a acestor învățături profunde.

4. **Dezvoltarea instrumentelor și a programelor necesare experimentării unei învățări structurate.** Având elevi răspândiți în întreaga lume, noi credem că este important să profităm la maximum de tehnologiile moderne, pentru a facilita studenților noștri procesul de învățare. Scopul nostru este de a dezvolta o platformă educațională on-line robustă, care să permită comunității internaționale să acceseze programe de studiu de calitate, care sunt intuitive, structurate și angajante.

ȚELURI PE TERMEN LUNG

Chiar dacă fiecare lucrează individual în vederea atingerii păcii finale și a armoniei în propria sa minte, nu trebuie să pierdem din vedere faptul că trăim în contextul unei mari diversități de indivizi. Aceste persoane dau naștere unei mari varietăți de credințe și practici care, la rândul lor, transformă modul în care ne raportăm și interacționăm unii cu alții. În această realitate interdependentă, este esențial să se găsească strategii viabile pentru promovarea unei mai mari toleranțe și respect. În acest scop, Rinpoche propune patru domenii specifice de activitate:

1. **Promovarea dezvoltării filosofiei Rimé prin dialogul cu alte tradiții.** Din dorința de a fi membrii constructivi ai unei societăți pluraliste, trebuie să învățăm modalități de reconciliere a diferențelor noastre. În acest scop, ne propunem să ajutăm oamenii să dezvolte calități pozitive, care să promoveze o atitudine de respect reciproc, deschiderea față de ideile noi și o dorință copleșitoare de a depăși ignoranța.

2. **Elaborarea unor modele extrem de bine realizate prin oferirea de sprijin financiar practicanților dedicați.** Pentru a asigura autenticitatea tradițiilor noastre spirituale, este imperativ sa existe practicanți care sa atingă cele mai înalte realizări spirituale. De aceea, dorim sa creăm un program de burse de studiu care sa ajute practicanții autentici care vor să își dedice viața dezvoltării spirituale, indiferent de sistemul pe care îl practică. Ajutând oamenii să înțeleagă învățăturile, ei vor deveni modele pozitive pentru cei din jurul lor, inspirând și ghidând generațiile care vin.

3. **Actualizarea măreţului potenţial al practicantelor, prin dezvoltarea de programe de formare specializate.** Cultura tibetană are o lungă istorie de formare a unor maeștri cu înalte realizări, prin formarea intensivă a celor recunoscuți că aveau un mare potențial. Din păcate, poate prea adesea, căutarea potențialului s-a concentrat doar asupra candidaților de sex masculin. Rinpoche consideră că este important să existe și modele de sex feminin puternice, extrem de realizate, care pot aduce un echilibru mai mare în lumea noastră. Din acest motiv, lucrăm la dezvoltarea unui program unic de formare, care să ofere femeilor posibilitatea de a-și dezvolta potențialul lor spiritual. Scopul nostru este de a proiecta un curriculum de specialitate, precum și infrastructura financiară pentru a sprijini pe deplin toate aspectele legate de educația lor.

4. **Promovarea unei mai mari flexibilități a minții și a unei înțelegeri mai largi a realității, prin programe educaționale moderne.** Într-o lume ce evoluează rapid, trebuie să regândim tipurile de abilități pe care le predăm copiilor noștri. Structurile

rigide ale trecutului sunt adeseori prost echipate pentru a pregăti studenții în fața provocărilor cu care se vor confrunta în timpul vieții lor. Prin urmare, ne propunem să dezvoltăm o varietate de programe educaționale care pot ajuta copiii să devină mai flexibili și mai apți de adaptare la circumstanțele vieții lor. O parte importantă a acestor programe reprezintă dezvoltarea unei mai mari conștientizări a rolului pe care mintea noastră îl joacă în experiențele vieții noastre de zi cu zi. De asemenea, ne propunem să reformăm sistemul de învățământ monahal, pentru a-l ajuta să devină mai relevant pentru această lume modernă

CUM PUTEȚI VOI AJUTA?

Nici unul dintre aceste obiective nu va fi realizabil fără sprijinul și participarea dumneavoastră. Această viziune necesită o mare cantitate de merite și de generozitate de la cât mai mulți binefăcători, de-a lungul multor ani. Dacă doriți să ajutați, atunci nu ezitați să ne contactați.

Tibetan Buddhist Rimé Institute
1584 Burwood Highway
Belgrave VIC 3160
AUSTRALIA
temple@rimebuddhism.com
www.rimebuddhism.com

Rezumat

Trăim timpuri de violență și conflicte deosebit de puternice, în care regiuni întregi ale globului sunt angajate în lupte ideologice care au rădăcinile în ignoranță și frică. Numărul mare de povești despre durere și suferință pe care le auzim poate fi uneori copleșitor și greu de înțeles.

Cum ne eliberăm atunci din această situație? Cum putem învăța să ne vindecăm rănile și să trăim în armonie cu vecinii noștri? Cum putem realiza cu adevărat pacea și fericirea durabilă? Acestea sunt întrebări dificil de răspuns. Aici nu există un bine și un rău clar. Acestea fiind spuse, tocmai aceste întrebări au fost puse de mii de ani de către mulți măreți înțelepți. Înțelepciunea lor profundă și-a găsit calea spre transmiterea sa din generație în generație, sub forma unei game variate de tradiții spirituale care oferă sprijin continuu și inspirație pentru milioane de oameni.

În această carte, Khentrul Rinpoche prezintă un set unic de instrumente practice pe care cu toții le putem folosi pentru a profita de marea diversitate a înțelepciunii și metodelor pe care această lume le poate oferi. Prin dezvoltarea unei viziuni largi, care cuprinde toată această diversitate, fiecare ne putem găsi o cale care să ne conducă spre pacea pe care o căutăm. Apoi, cercetând tot mai adânc pe acea cale, devenim apți să ne descoperim cel mai profund adevăr. În acest proces, aflăm că diversitatea nu trebuie să ne împartă. În schimb, ea poate fi o forță puternică, care să ne adune împreună.